最早的汉语

——甲骨文之前的汉语样貌

江荻 ／ 著

中西書局

图书在版编目（CIP）数据

最早的汉语：甲骨文之前的汉语样貌／江荻著. --
上海：中西书局，2024
ISBN 978-7-5475-2267-7

Ⅰ. ①最…　Ⅱ. ①江…　Ⅲ. ①古汉语—研究　Ⅳ.
①H109.2

中国国家版本馆 CIP 数据核字（2024）第 090456 号

最早的汉语——甲骨文之前的汉语样貌

江　荻　著

责任编辑	郎晶晶
装帧设计	黄　骏
责任印制	朱人杰

出版发行　上海世纪出版集团
　　　　　　　®中西書局（www.zxpress.com.cn）

地	**址**	上海市闵行区号景路 159 弄 B 座（邮政编码：201101）
印	**刷**	常熟市人民印刷有限公司
开	**本**	700 毫米×1000 毫米　1/16
印	**张**	22
字	**数**	346 000
版	**次**	2024 年 10 月第 1 版　2024 年 10 月第 1 次印刷
书	**号**	ISBN 978-7-5475-2267-7/H·150
定	**价**	108.00 元

本书如有质量问题,请与承印厂联系。电话：0512-52601369

目　　录

English Contents

英汉术语对照表

articulation gesture	音姿
abiotic linguistic genes	非生物性语言基因
non-biological linguistic gene	非生物性语言基因
accent	轻重音,(重音)凸显
accent pattern	重音模式
anaptyctic vowel	伴生元音
bisyllable	双音节
disyllable	双音节
consonant cluster initial	复辅音声母
consonant syllable	辅音音节(|C|)
contoid syllable	辅音音节
couplet(s)	联绵词(汉语)
depictive	描摹性
doublet(s)	重言词(汉语)
enclitic(s)	附置词,后附词
enclitic with "qi 其"	"其"字尾(词)
expressive morphology theory	表现形态理论
iambic	抑扬格(轻重格)
iambic-trochaic law	拟扬格-扬拟格定律
ideophone	状貌词
initial consonant	首辅音(音节)
light syllable	轻音音节(|LV|)
main syllable	主音节
mingwu names	名物词
minor syllable	次要音节/弱首音节
monosyllabicization	单音节化
monosyllable	单音节

null vowel syllable	无韵音节(丨L·丨)
phonetic correlates	语音关联物
polysyllable	多音节
presyllable	前置音节(成分)
proclitic(s)	词头词,前附词
proclitic with "you 有"	"有"字头(词)
quasi-disyllable	准双音节
quasi-morphological types	准词法类型
rhyme structures	韵律结构
segmental rules	分音(节)规则
sesquisyllable	一个半音节
one and a half syllable	一个半音节
single-consonant initial	单辅音声母(音节)
single-letter syllable	单字母音节
single-symbol syllable	单符号音节
syllabary	音节表
synchronization mechanism	同步机制
synchronization syllable	同步音节(丨CV丨)
syntactic integration	句法整合
trochaic	扬抑格(重轻格)
vowel syllable	元音音节(丨V丨)
vocoid syllable	元音音节
word-syllable structure	词音节结构/词形结构

缘起：汉语大历史观与史前语言样貌

1 单音节和多音节

1.1 主题及其来源

这本书稿的中心议题已酝酿多年，有些想法也逐步撰文发表。这次归拢成集时凭感觉初拟了一个书名：最早的汉语。可是，如果真是把书名的内容实实在在地落实下来，按照学界的理解习惯，恐怕写的应该是甲骨文汉语，或者先秦汉语这类研究专著，又或是甲骨文、金文、《诗经》、《尚书》或相关年代专书文献的专题语言论著。当然，这都不是我的专长和领域。可偏偏近些年来，我的部分语言演化论述或学术报告中竟多次提及一个有点奇怪的概念——"穿越甲金文"。

说这个话的时候，我是想看看商周，特别是商代汉语之前的汉语是什么样貌。商代汉语指的是甲骨文记录的语言，甲骨文发明之前，这种语言可以称作史前语言，或史前汉语。结合历史，它应该是商代早中期和更早传说中夏代的语言，它究竟是什么样子的，令人好奇。促动这个想法的思路很朴素，与我长期从事的汉藏语和藏语研究的相关性较为紧密一些。大约在 21 世纪之前，中外不少汉藏语研究专家常持一种不变的观点，他们认为复辅音是一种古老的语音形式，而且是存世文献和当代语言中最古老的形式。其时，我深受这个观点的影响。藏语存世文献主要指的是 9 世纪以前的敦煌古代文献，抑或更早的金石碑铭，据统计至少有 220 余种复辅音声母。（江荻 2002）当代语言则主要有嘉戎语（林向荣 1993）、道孚语（黄布凡 2007）等四川西部羌语支语言，它们的复辅音声母数量多达 100 余项，其中的道孚语（又称为尔龚语、霍尔语），我在 20 世纪 80 年代中期就局部调查过，可惜后来没有继续跟进,但留下了深刻的印象。复辅音为什么会被认为是一种古老的语言形式呢?依我浅薄之见,这种观点之由来,一是人们受到欧洲语言数量众多的辅音丛的影响。自从腓尼基和希腊字母文字的发明,经历约4 000多年的传播,发展为上百种其他字母文字,不仅历史源远流长,而且文献丰富,记录清晰,造成复辅音可能代表人类语言古老形式的强烈印象。二是1 300年前吐蕃王朝古藏文的复辅音对汉藏语研究者的直接影响,无论他们接受或不接受"汉藏语系"假说,古藏语的复辅音都可能影响他们的思路,时间长了,很可能复辅音就成为人们观念中的汉藏共同语的早期形式。

复辅音怎么来的?这个问题似乎较少专题研究。潘悟云接受包拟古(1980)将上古汉语复辅音声母分为两类的观点。一类是 C·r-、C·l-,一类是Cr-、Cl-。包氏这个分类是为解决上古汉语语音构拟体系问题,牵涉上古 Cr-到中古二等字,上古 Cl-变为中古一等、纯四等和重纽四等这些构拟问题。潘悟云(1987:13—14)睿智地指出,虽然上古汉语这两类复辅音的实际区别至今尚不清楚,但是,Cr-、Cl-类发展为中古的二等韵、重纽三等韵,或者中古一等、四等和非重纽三等韵;C·r-、C·l-发展为中古的来母,或者流音塞化变为端组字,所以前者可假设是结合程度较紧的复辅音,后者是结合程度松散的复辅音。潘文这种预见性在10年后大放光彩,顺利解答了这两类复辅音的内涵差异。C·r和C·l并非真正的复辅音,其中 C·是双音节的前一音节,具有读音轻短性质的弱化音节,也称次要音节,前后双音节合起来成为一个半音节。这种现象普遍出现在现代南亚语言,在东亚其他语言也时有发现。(潘悟云 1999:125—127)潘悟云以此视角观察古代汉语,提出次要音节逐步消失导致两个后果,一是发展为双音节,例如"蝴蝶",二是次要音节整体脱落,变为单音节词,例如*g·ram"蓝",北京话读 lan。[①] 还有一种情况是次要音节元音脱落,前后音节声母合并为复辅音。例如粤语中山话"角",字音读作 [kɔːk²²],口语读作 [kˀlɔːk⁵⁵tʰɐu⁵¹](角落头),源自上古*groːg。(潘悟云 2000)

10余年前,潘悟云(1987)原本意图证明复辅音的类型和来源,结果一石二鸟,发现了汉语词的音节发展规律。他说:东南亚语言大的发展趋势是从双音节的语素发展为一个半音节,一个半音节再缩减为一个音节。(潘悟云

---

① 潘悟云(1999)论证了这类塞音带流音声母演变成来母字。这是因为 C·是次要音节,是弱音节,比主要音节 r-来得弱,因此易于脱落。例如,"蓝"字的泰文借词是 gram(蓝靛),这证明上古汉语"蓝"字不可能是*ram。

1999：144）这里明显包含了音节长度的历史演变描述。

　　黄树先（2001）的文章从题目上看也是探寻上古汉语复辅音声母的来源，但在实际论证上却把重心放在双音节缩减为单音节，表现为首音节（次要音节）韵母脱落，前后音节或演变为一个半音节，或合并为复辅音单音节，即：CVCV>C·CV 或 CVCV>CCV。黄文用了 41 个汉语例词来支持这个观点，有很强的说服力。该文是最早提出复辅音声母来源观点的文章之一。

　　2013 年白一平教授邀我参加北美第 25 届汉语语言学会议，在会议期间，我跟沙加尔讨论了复辅音类型问题。白一平和沙加尔当时已完成了他们最新的上古汉语新构拟。[①] 我当然只是从藏缅语语料提出问题，主要意见是：藏缅语应区分南北，南藏缅仅有主辅音带流音类（或近音）复辅音，即 Cl- 或 Cr-。特别是藏东南的义都系语言（包括达让语等）具有典型一个半音节韵律特征，跟南亚语相近，即 C·CV 或 CᵒCV。相反，北藏缅的代表性语言是藏羌语言，他们的复辅音如此复杂，恐怕跟早期汉语差别甚大，特别是其中的次要音节现象未完全厘清，很难借鉴为汉语的早期复辅音模板。因此，我认为白一平和沙加尔的上古部分复辅音构拟不易被人们接受，例如：*k·p-、*k·t-、*p·t-、*p·k-、*t·p-、*t·k-等。[②] 数年后，白一平和沙加尔（2020）中译本出版，我方得知白一平和沙加尔构拟的各种理据或原因，并非套用藏羌语复辅音类型。例如"匡"的构拟是：*k-pʰaŋ>*kʷʰaŋ>khjwang>kuāng，并提出构拟的依据。有兴趣的读者可参阅白一平和沙加尔（2020：217）。不过，我认为，白一平和沙加尔（2020：64—65）虽然同意次要音节观点，处理办法却过于简单化，也就是说，无论主音节之前的成分是否是音节（次要音节），由于元音可有可无，都可作为前置辅音对待。[③] 这样来看，C·r-、C·l-和

---

　　① 2013 年春，端木三教授来信告诉我，白一平教授邀请我参加第 25 届北美汉语语言学会议，我很高兴。到达安娜堡那天，白教授亲自来车站接我，令人特别感动。白教授成名已久，乍见面就感觉到他的温文儒雅。他也很高兴地告诉我他跟沙加尔的新著已经完成并提交出版。在此再次感谢白一平教授的邀请和端木三教授的帮助。

　　② 参看白一平、沙加尔所著《上古汉语新构拟》2020 年出版的中译本 4.4.3 和 4.4.4 小节。

　　③ 白一平和沙加尔（2020）上古汉语音节构拟了次要音节，在著作91 页说道："我们将上古汉语中主元音之前的音节成分定义为一个词的音首，它包括：（1）可能存在的任何前置音节成分，最多可以包含两个辅音，包括前缀，元音 *ə 可有可无；（2）主要音节的声母；（3）介音 *-r-（某些情形下是个中缀），如果有的话"。白一平和潘悟云（2018）讨论前置辅音和次要音节时，白一平（2018：411）强调："从语音的观点来看，*sm-和 *s.m-的发展是一样的。"

Cr-、Cl-都是复辅音,差别只是类型可能不同,处理方法不同。其实这是一种"头疼医头、脚疼医脚"的局部解决办法,忽视了词汇整体样貌或词的音节结构类型,以及它们可能对语言总体系统的影响。词形音节长度是人类语言的基本特征,甚至是韵律、形态等各种语法要素依托生长的培养基。(江荻 2021a)这次北美会议之所以跟沙加尔讨论这个问题,也是因为我自己的参会文章就涉及藏缅语复辅音,以及依据复辅音类型对藏缅语的分类。后来该文发表在中国社会科学院民族学与人类学研究所建所 60 周年纪念文集中。(江荻 2018)而关于藏缅语区分南藏缅和北藏缅的讨论,(江荻,孟雯 2014)我们也提交给了第 47 届国际汉藏语言暨语言学会议。

　　另一个触发点跟我做的田野调查材料相关。2001 年,我在西藏察隅县做了几种语言的调查,有义都语、达让语、格曼语和札话。竟发现义都语和达让语具有典型的一个半音节词特征,绝大多数词属双音节词,首音节呈现出次要音节特征,即仅带伴生元音的音节,双音节词总是呈轻重型双音节韵律模式。例如达让语案例"蟑螂":

　　(1)[kʰə³¹lɯ⁵³]/[kʰ·lɯ⁵³]
　　(2)[kʰlɯ⁵³]

　　其中:(1)是一个半音节形式(sesquisyllablic,one and a half syllables),或者准双音节形式(quasi-disyllable),前一音节是除伴生元音(anaptyctic vowel)外不带其他元音的音节,前后辅音之间略有时间间隔,用一个间隔点表示;(2)是复辅音形式(consonant cluster)。撰写《义都语研究》书稿时,我还只是说"义都语与达让语、独龙语、景颇语等都存在类似的前缀轻音节,这一点不同于藏语支语言"(江荻 2005:228),撰写《达让语研究》时则分出几类不同案例:(1)脱落次要音节辅音声母例词;(2)次要音节元音脱落而与后音节合并为复辅音例词;(3)或者成为带伴随元音的一个半音节词例词,并就此归纳出东南亚语言多音节演化过程阶段表。(江荻等 2013b:262)这个案例带来的启迪是,义都语和达让语次要音节是十分类似南亚语系语言的独特例证,它们是居于世界多音节词和东亚单音节词之间的又一种词音节类别。

　　单音节词语言的全球地理分布也十分令人震惊,翻开地图就可知道:世界范围内,中国长城以南至东南亚区域的语言呈现为典型单字词(单音节)语言(江荻 2011a),例如汉语被西方学者称作单音节无形态孤立语(高本汉

1923)。学术传统上,由于商周甲骨文和金文物证,汉语单字词起源被认为无需论证,成为先秦以来的文化遗产传承至今,例如唐诗宋词均以字为吟诵韵律节奏划分单位,书写目视更是以字的工整排列布局为规则格式,形成独特的单字格式和韵律美文化。环顾四周,该区域北面是环北极阿尔泰语和乌拉尔语,西面和南面是印欧语系、亚非语系、南亚语系和非洲语言,东面是南岛语系、巴布亚语系、澳洲语言和美洲语言,除个别外,这些语言都是多音节词语言,由此可见东亚单音节词语言地区只是世界之中很小一个区域。东亚语言为什么是单音节词语言呢? 我相信这是一个值得深入发掘的命题。我自己虽对该问题成因有诸多思考,部分答案线索已蕴含在本书之中,但仍希望有贤才俊杰全面阐述并予终极解决。

1.2　汉语"单音节词神话"

词的音节数量或者词的音节长度竟然可以将世界语言划分为单音节词和多音节词语言两大类型,这意味着什么呢? 参考 Greenberg(格林伯格 2005)关于世界语言发生学的观点,乃至 Rulen(鲁棱 1994)提出的世界语言单源论观点,单音节词语言和多音节词语言之间可能存在相互转化的渊源关系,一者为"源",一者为"流"。那么,谁转换为谁呢? 单音节词语言变为多音节词语言,还是多音节词语言变为单音节词语言? (江荻 2000)

照理说,若要问上古汉语是单音节词还是多音节词,这个答案早就一边倒了。我们不妨引周法高(1968：71)的说法和转述:

自高本汉(Bernhard Karlgren)发表《中国语和中国文》(1923)以来,学者们对汉语是单音节还是多音节的问题已经讨论了半个多世纪。正如李方桂教授所指出的(1951：256),大多数学者都认为,"在汉语中,大多数语素无疑是单音节的"。

可是,面对汉语中语素跟词的纠结,从事上古汉语研究的美国汉学家 Kennedy(金守拙)感到了困惑。根据一项汉语词频统计(Chen Ho-chin/陈鹤琴 1928),如果承认词语而不是语素是汉语的结构材料,人们就不能不承认汉语是一种多音节词语言。金守拙(Kennedy 1951：161—166)正是在这个认识基础上提出了汉语"单音节词神话"命题。作为汉学家,金守拙原本相信每个词都是单音节的,可是除了复合词,从古至今汉语中还是有数量不少的多音节词。举例来说,汉语的许多语素(或词)都包含一个以上的音节。金守拙以 húdié(蝴蝶)为例,它是用两个字写的(每个音节一个字),但实际上与英语单词如 orange 或 button 没有什么区别。为此,说汉语是单音节词语言有点言过其实。

后来,赵元任(Chao 1968:138)撰写《语言与符号系统》的时候再次提到这件事并评价道:就所涉及的古典汉语及其书写系统而言,这个单音节词神话是汉语神话中最真实的神话之一。显然,赵元任对语素、音节及其书写形式汉字的认识是深切的。赵元任(1968:102)从语言单位角度提出:

> 汉语几乎就是语素书写的完美典范,其中每个符号通常指一个汉字,表示一个语素,因为大多数的语素是单音节的,每个汉字也对应一个音节。由于在古汉语里面,在一个句法单位意义上一个语素通常也就是一个词,所以这种书写系统也可以被描述为一种"词-符书写系统"。

在理论层面上,赵元任之所以把汉语单音节词现象称为真实的神话,应该是对着世界其他语言的多音节词普遍现象而言的。这从一个侧面说明汉语是一种极为独特少见的单音节词语言。汉语为什么会具有这样的特征和样貌呢?此处暂不寻根究底,而是关注先秦以来汉语逐步走向多音节形式(复合词),造成一种单—双或单—多音节词语极为杂糅的状况(唐钰明1986:117—135;马真 1998:284—302),其结果带来对多音节词单位性质的辨识和词类划界困境。赵元任完全意识到汉语的词单位不容易确定,涉及词单位的大小和同一性现象。赵元任(2002c:905)将词这个概念分解为"音节词""结构词",以及轻重节奏等概念,他提出:

> 基于前面的讨论,现在我们可以来回答汉语到底是单音节还是多音节的问题了;或者不如说,我们可以拒绝回答这个问题了。一个语言是单音节还是多音节,实际上是一个语言的词单位是单音节还是多音节的简略说法。由于汉语中没有词但有不同类型的词概念,所以我们可以说汉语既不是单音节的,也不是多音节的。

赵元任究竟遇到了怎样的难题?为什么说汉语既不是单音节的也不是多音节的?为什么"单音节词神话"这样的问题既可以回答也可以拒绝回

答？赵先生当然把这些问题回答得圆满无瑕，①我们可做的大概只是补充一点细节论证和过程案例。

我们的补充涉及更早的语言形式问题，或者说最早词汇的样貌和类别，它们的来源。按照上文的叙述，我们可以将最早词语样貌假设为多音节。实际也就是本书稿需要论证的问题。表 1 列出汉、藏、英三种多音节词对比，内部构成大致也按照形态分列。

表 1　汉藏英三种多音节词内部形态构成

	英语	藏语	汉语	形态类型
1	color 色彩	i^{132}tɕhi^{53} 信心	huǎng·hū 恍惚	多音节词
2	tum(-ti-)tum 玎玎(声)	siŋ^{13}siŋ^{55} 杂乱	lǐnlǐn 凛凛	状貌叠音
3	misjudge 误判	ə^{55}ɕiŋ^{55} 门曰	kə$\mathcal{P}^{54\text{-}21}$tsau^{54} 圪蚤②	词根加缀
4	fistfighting 拳击	khəp^{55}ky^{53} 针线	qīshù 漆树	词根复合
5	criss-cross 纵横交错	khoɹ^{55}koɹ^{53} 巡回	chángcháng 常常	词根重叠

对一般读者来说，汉语"恍惚""凛凛"读上去似乎有那么点生疏或隔阂，这种感觉正是汉语词汇来源上的"不明"造成的。不读古书的人对"恍""惚""凛"这几个音节字的意思一时还真答不上来，跟他们日常读书最一般的感觉不太一样，跟表中另外几个词不一样。反之，"漆树""常常"每个字的意思都清晰明了，都有现代词法规则管着，或者复合或者重叠。"词根加缀"是对应着上古汉语首音称为词头的类型说的，内部又有分别。例如有一类：马蜩、胡蠑、姑获、豾貍，基本是名物词，前一个音节字都不是实指，游汝杰（1995）称作词头；还有一类，第二个音节字可能是状词或动词，例如《诗经》

---

① 赵元任（1968：56）分古代跟现代汉语来叙述，指出了问题的症结所在：古典汉语中，几乎每个语素都是一个音节，用一个字来写，而且是自由的，因此人们普遍认为汉语是一种单音节语言，也就是说，它的词是单音节的。然而，在现代汉语中，虽然语素是单音节的，但它们并不总是自由的或多能的，往往需要两个或三个语素（音节）来形成单元，这些单元的行为更像英语中所说的单词。这样的单位在汉语中被称作什么？没有，至少在日常用语中没有。有一个日常用语"字"，它的意思是单音节语素或书写时使用的字符。

② 此例是太原话"圪蚤"。包括北京话，大多数方言都有带词头的词，太原话最为典型，可为例。

里面的：有溃、其雿、斯怒、思媚，第一音节也是词头（周法高 1973）。这些所谓词头的成分很难确定其语法价值，但是，我们能肯定的是，它们是词音节的一个部分。江获（2021a）提出一个新的概念，称为"音节数形态"。音节数形态指以词的音节数量作为形态标准来区分词的结构和类型。[①] 音节数形态首先表现为词的音节长度并反应在词形上，词形包括词长和词型两个要素，词长以音节为单位衡量，区分单音节词、双音节词、三音节词和多音节词。词型特指单纯词、派生词、重叠词、复合词这种词法意义上的分类，既跟音节长度有关又跟词型类别有关。考虑到在目前的语法体系尚没有具体办法识别音节数形态，我们暂时称之为"隐形态"，也可暂时作为一种形态预设，作为语法知识的储备。相对汉语这种隐形态，表中英语用的是"亮形态"词语，即带前缀 mis-（否定）的 misjudge，汉语隐形态用太原方言"圪蚤"，"圪"是大家都接受的词头。但实际上，很多方言都有汉字用字不同的词头。就词头性质而言，甲骨文汉语甚至《诗经》时代尚未产生典型词缀这类派生形态，不宜把词头附会为词缀。这里说"加缀"算是套用了形态语法的说法，并不合适。

回到单双音节来说，或许我们可以说，单音节词神话就隐藏在人们这样的细微感觉中。这是因为，说汉语的人感觉词的语音形式是单一音节，或者说，词的语音外形等于一个音节，二者之间的音义对等关系是固定不变的。不妨称为单音节词心理知觉模式。可是，除了"蝴蝶""恍惚"这类来源不明的双音节词，[②]语言演变也会破坏这种认知关系。当单音节词组合构成复合词，新的困惑出现了，复合词内部原来的单音节词还算词吗？例如物体名词"靠背"，意思是"支撑人体后背以使身体上部竖立的物件"。显然，组成这个词的两个单音节词没有这样的意义，不能算作词了。而其作为词需要另一个构词进程，即转喻。更典型的例子是赵元任（2002a：902）说的"体面"，这个形容词是"好看，有光彩"的意思，但通常不会感觉到它的来源："体"是"身体"，"面"是"脸"。所以，即使读过古书的人相信汉语单音节词是真实的，且这种观念持续了 3 000 年，但现实中他们说话交际，大多数意义搭载的

---

① 沈家煊（2016）第 11 章专门讨论了音节数量对名词和动词的作用，具有重大的理论深度。

② 所谓"来源不明"是指在单字（音节）起源观点下，这些单字的意义不明，组合的理据不清。请参看下文第 3.4 节：人类最初怎样造词。

形式还是多音节的。这一定让他们感到迷惑，说好的单音节词哪儿去了？恐怕单音节词神话就是这样产生的。

2 语言的古老样貌

2.1 古老与起源：苏美尔语与甲骨文汉语

想了解最早的汉语，很自然地就会产生一种想法，那就是离最早语言在时间上距当代最近的文献语言都有些什么特征？我们说的是甲骨文汉语，是中国的文字发明以来记录早期汉语的文献。与后世汉语相比，它的语音、词汇和语法都有哪些特别的特征？不过，这种想法有普适性吗？我们发现，真还有其他类似语言可以比对着来说，那就是苏美尔语，记录的历史更为古老。无论甲骨文汉语还是苏美尔语，这些语言都是数千年前古代人们用文字记录的语言资料，现代语言学从文字还原出它们的语言样貌，可以让人们了解到它们的语言性质和体系结构，具有启示作用。[①]

苏美尔语（Sumerian）是美索不达米亚文明（Mesopotamia Civilization，古巴比伦）时期的语言，距今约5 000年。此处，我们从国外部分论述考察其几个特征：

语音方面，根据现代人们对苏美尔语古文字系统的研究，以元音为例，苏美尔语只有四个基本元音：[i e a u]。苏美尔语音节结构相对也十分简单，只有CV、VC和CVC结构，其中，VC也可能带喉塞音[ʔ]。换句话说，苏美尔语没有起首辅音丛和词末辅音丛，多音节词的中间辅音连缀实际在音节切分中也被分开，例如，nin-da（bread 面包），ab-sín（furrow 沟，皱纹）。（Jagersma 2010）

词汇和语法方面，此处仅以有无形容词来讨论。Zólyomi（2018：92）认为苏美尔语没有可区分的形容词词类。这是一个有争议的问题，Black（2000：3—27,2002：60—77）和Jagersma（2010：267—284）认为苏美尔语有一个数量极少且封闭的形容词词类。不过，这个问题跟状貌词又有关联，后者也是本文

---

① 用苏美尔语对着汉语来说实则是可以简化问题，也有点躲避论证或写起来偷懒的原因，并非二者存在什么特定意义上历时或共时的关系。

意欲提及的。Jagersma(2010)讨论形容词重叠列举多个案例,例如 maš gal-gal 大公羊,形容词 gal"big/大"重叠。straps gibil-gibil 新绳带,其中 gibil 是"new/ 新"的意思,重叠后则是"all new/崭新"的意思。可是,讨论 tur"small/小"的重 叠形式则拼写为 tu-ur-tu-ur,这种重叠形式很不一样,实际上是状貌词,类似情 况还有不少。换句话说,Jagersma 的形容词讨论可能与状貌词混为了一谈。通 常说,形容词是一种功能化词类,从句法继承而来,而状貌词是天生词类,从表 现形态造词而来。(Zwicky & Pullum 1987;江荻 2021c)Jagersma(2010:86) 举的最典型例词是 bu-ud-ba-ad(咔哒声),这与藏语 ABA'B 式状貌词基本属于 同一模式,而 bùl-bal(泡泡声)则与汉语双声叠韵联绵词一样,tur-tur(小的)与 汉语叠音重言一样,汉语联绵词和重言也是状貌词。(Jiang 2023)

　　相比起来,甲骨文汉语实际也处于苏美尔语相似的状态,是 3 600 年前 中国始源文字记录的最早的语言。

　　文字的创造是人类进入文明的标志之一。甲骨文测年时间下限约为公 元前 1 300 年,相当于历史年代的殷商中晚期。可是,人们也知道,语言的产 生远早于文字的出现,世界只有极少数族群自发地发明过文字。甲骨文或 者比甲骨文更早的中国文字发明的时间上限目前不能确定。虽然如此,但 没有疑问的是,甲骨文一定是为了特定功能创造的书写方式,而常规的殷商 文字应该是写在树皮、木板、竹条或者兽皮上的字形。这也正是裘锡圭 (2013:48)所说:"我们可以把甲骨文看作当时的一种比较特殊的俗体字,而 金文大体上可以看作当时的正体字。"就此而论,商代的王朝国事、政令文书、 世俗生活也应被记录下来。据考古和历史推断,当时的记录工具和载体是跟 后世一样的软毛笔、竹简和木条之类,用红色和黑色颜料(天然砂石类)书写, 并且甲骨文和金文的竖行书写方式也是源自竹简编册形成的习惯。《尚书·周 书·多士》也记载说:维尔知,惟殷先人,有册有典,殷革夏命。所以,根据裘锡 圭(2013:34),甲骨文代表的早期汉语年代应在夏商之际,距今约 3 600 年。

　　早期汉语这个概念在汉语史研究中有一个相近的专业术语称为上古汉 语。不过,专家的上古汉语分期还是略有差异。王力(1980:35)提出:"公 元三世纪以前(五胡乱华以前)为上古期。"张世禄(2020:13—14)也提出相 似的上古汉语分期:公元前 15 世纪(?)至公元 3 世纪("五胡乱华"之前)。 向熹(1993:14—15)的分期为:从公元前 18 世纪到公元 3 世纪,即商、周、秦、 汉时期。其中商是上古前期,周秦是上古中期,两汉是上古后期。前、中、后期又各有特点。前期以甲骨卜辞为代表，词汇数量不大，复音词不多；语法比较单纯，虚词也少，语音系统还不十分清楚。徐朝华（2003：13）以词汇为对象提出：上古汉语词汇史的上限定在殷商时代，即甲骨文时代。该时代又可分为上古前期，约公元前14世纪到公元前6世纪，相当于殷商时期到春秋中期。上古中期约在公元前5世纪到公元前3世纪末，是春秋后期到战国末期。上古后期约为公元前2世纪初到公元3世纪初，大致是历史上的秦汉时期。

根据各家的意见，甲骨文记录的语言可以算作上古汉语的起始。关于这个阶段语言的性质，裘锡圭（1979：439）指出："商代后期的甲骨文是我们现在能够利用的最古的汉语资料。古汉语里的很多语法现象，都可以在甲骨文里找到最古的例子。"喻遂生（2002：1）的论述更具体："殷墟甲骨文是我国现存最早的成系统的文字材料，其所记录的语言，一直被视为汉语现在所能追溯的最早的源头，对甲骨文的研究，亦被视为汉语史研究的起点。"当然，类似论述还有不少。我们从这些论述可知，甲骨文语言跟后世，例如周秦语言，直至现代汉语是一脉相承的语言，甲骨文语言就可定位为早期汉语。按照分期，从商代中后期到春秋中叶都可算作上古汉语前期，文献资料有：甲骨文、金文，以及少量石刻、陶文、甲骨和玉器上的墨书和朱书，以及时代略晚的传世典籍《尚书·周书》《诗经》等。

这个时期汉语的词语究竟呈现怎样的样貌？这可以从两个角度观察。一是形式和结构上"有什么和没有什么"，二是语法功能上"有什么和没有什么"。

元音方面，根据多位汉语历史语言学家的古音构拟，上古汉语（先秦）基本属于四或六元音系统。李方桂提出四元音系统：[i ə a u]；王力提出六元音系统：[e a ə u o ô]；白一平—沙加尔、Starostin 和郑张尚芳—潘悟云提出的也是六元音系统，差别较小，以郑张尚芳—潘悟云为例是：[i e a ɯ u o]。汉语以汉字记录，以上的上古汉语元音系统是学者们的语音构拟。（潘悟云2000：250—251）

关于汉语的音节结构，郑张尚芳（2003：41），Matisoff（马提索夫 1991：469—504），孙宏开（1999：2），丁邦新（1998：13），白一平、沙加尔（2020：65），潘悟云（2000：104），施向东（2021：99—117）等主要以汉藏语构拟形式加以描述。一般认为主要音节结构是：CV、CVC、VC 几类，构拟的上古汉语则加上复辅音声母，例如：CCV、CCVC 等。只有极个别的时候，人们才会构拟三个以上更复杂的复辅音。例如：郑张尚芳（2003），蝗（虫）：$^{*}g^{w}rɑŋ$，酗

（酒）：*qhos，崀：*sruːꭓ；白一平、沙加尔（2020），撤（除）：*ʈrhjet<**tʰret，画（图）：*hweak<**gʷˤrek。①

　　词汇语法方面，本文尝试以甲骨文形容词来观察早期汉语的样貌，这样做也方便与苏美尔语做一对比。

　　早在20世纪50年代，管燮初（1956）提出甲骨文约有11个形容词，陈梦家（1988）则认定为10个，向熹（1993）认定为10个，徐中舒（1989）认定为15个，于省吾（1996）补充了各家没有的"黑"。杨逢彬（2003）在这个基础上进一步对各家选定词做句法功能筛选，最后确定甲骨文形容词为12个，分别是：幽、黄、黑、白、赤、大、小、多、少、新、旧、高，都是性质形容词。此后，梁银峰（1998）以不同句法功能分类提出了甲骨文的27个形容词，张玉金（2003：123）批评杨逢彬忽视一词多义导致的一词多类可能性，因此选词范围过窄，数量过少。张玉金（2001：8）提出的形容词数约为25个。

　　总体来看，古汉语诸家基本认定甲骨文汉语已初步产生形容词词类，只是数量极少，功能不明，影响论证。反过来，其实也可以说甲骨文汉语似乎只是有些词带有后世形容词功能的用法案例，承担这样功能的词语是否为形容词性质尚无法确定。特别是形容词重叠等形态形式尚未产生，仅用充当谓语、定语、状语等句法功能无法确证。况且形容词的来源似乎也没有明确的讨论，推测的性质较重。所以，对早期语言某些萌芽中的语法现象还真的不能以今人语法观念来判定。

　　事实上，到了西周乃至春秋时期，《诗经》中的状态形容词有了较大发展，（石锓 2010）包括单音节的和双音节的，而性质形容词则仍处于萌芽之中，更没有产生今时形容词常见的重叠形态手段。这样的认识对反推甲骨文汉语有否形容词或者形容词状况有重要参考价值。本书稿重言篇对此有所论述，可参考。

2.2　甲骨文汉语的词汇语音样貌

　　以上讨论只算得上对早期语言的可能样貌之一瞥。不过这也就够了，每个语言与自身所处时代是相适应的，人们不能用后世语言之丰富和完善

---

① 星号"*"或者双星号"**"表示古音构拟，此处前者应表示中古，后者表示上古。

来衡量早期语言。上文从苏美尔语和甲骨文汉语抽取元音数量、音节结构、形容词产生状况加以考察,一定程度上在某些方面代表了早期语言的普遍样貌。为此,我们可以借机来观察甲骨文汉语的音系和词汇原貌。

按照上文第 1.2 节表 1(汉藏英三种多音节词内部形态构成)所列词语的形态类型,我们对甲骨文汉语词语结构类型做扼要分析,并对其在甲骨文汉语中或其后世状态进行评估:

1)多音节词;

2)状貌叠音;

3)词根加缀;

4)词根复合;

5)词根重叠。

根据邹晓丽(1999)研究,甲骨文献的单音节词占绝对优势。由于单音节词无法呈现词语结构类型,为此,本表未列单音节词类型。

1)多音节词:所谓多音节词指的是词语天生就是多音节的,称为单纯多音节词。这就好像英语 secret[ˈsiːkrət]"秘密"、elephant[ˈelɪfənt]"大象",其中不包含后世形态语法体系典型的前缀、后缀、附加、重叠等词法成分,每个音节都只是词的语音构成部分。据刘钊(2018:120),甲骨文汉语里面至少有一个双音动词"凡皇"(意为:彷徨,徘徊)。还有人指出有些人名也是多音节的,例如:自般,上丝(严宝刚 2009:4),数量极少。但是,在略晚一些的商周金文中,多音节词逐步出现,至《诗经》时代,以联绵词为典型的双音节词蓬勃呈现(江荻 2013a),例如:缉熙、滂沱、婆娑、栖迟。与之同时,还有相当一批双音名物词和族名、人名也在《诗经》等传世文献中涌现出来。例如:雎鸠、脊令、梧桐、常棣、玁狁、昆吾、终南、焦获、戚施。这些数量不小的双音节词是未被甲骨文记录下来呢?还是在书写条件改善之后才在汉语中涌现出来的呢?孤立地看,两种可能都难以排除。这是历史语言学家或古汉语学家需要回答的问题。

2)状貌叠音词:实际指的是后世例如《诗经》《尚书》等文献中出现的重言(词)。例如:蔼蔼,濊濊,瀼瀼,俣俣,愮愮,茀茀,旆旆,湛湛,芯芯,绰绰,赫赫,萋萋。可是,或许除个别例外,目前在甲骨文汉语里面并没有发现这种多音节词汇。直到西周金文才陆续出现。例如西周早期:烈烈、穆穆、显显(顯顯),西周中期:锗锗、桓桓、施施、宪宪。(杨怀源等 2015)至《诗经》《尚书》,重言逐渐增多。的确,从演化时序观点看,单单依据文献记载,重言词有可能是商代晚期或周初之后才出现的。(向熹 1987)

上古多音节词和状貌叠音词(汉语联绵词和重言)合起来称为状貌词。(何毓玲 1989)状貌词是很独特的词,来自表现形态造词,又称摹声拟态词。(江荻 2021c)状貌词有很多令人费解的特征和行为,有自成一体的语音特征,例如长音和轻重韵律;还有异于普通词汇的结构模板,例如叠音和半叠音(重言和联绵);独特的结构形式,例如 AA 式、AB 式、ABB 式、ABAB 式等可用代码指称的名称术语;最令人诧异的是,语义也会呈现独特特征,例如,藏语 ABA'B 反映同类状貌词无一例外具有相同的贬损义语义倾向;此外,状貌词在很多语言中逐渐被形态句法整合和驯服,例如功能上接近形容词(沈家煊 1997;江荻 2021)。关键在于,状貌词源自一种不依赖形态条件的造词行为,数千年来古今都有。(江荻 2022)从目前的研究来看,《诗经》时代是典型的状貌词造词时期,(Jiang 2023)更早的甲骨文汉语时期也不应例外。只看人们记录下来没有,上文引刘钊提出的甲骨文联绵词"凡皇"释读若能成立,算是甲骨文汉语一例。有此一例就不能排除更多 AB 式联绵词案例。同样,也不敢妄断甲骨文时期及更早时期就真的没有 AA 式重言。

3)词根加缀:这里所说的词根和词缀都是现代语法的形态学术语,把词根用于甲骨文汉语应该没有什么问题,而词缀这个术语就得谨慎使用。现今对甲骨文汉语的分析中通常指出可能存在前缀和后缀两种类型,前者如:有周、有正、有年、有麋(喻遂生 2002:75—84;张玉金 2003:95),实际上,前一个音节多称为词头。王显(1959)、周法高(1973)、黄奇逸(1981)等众多学人都对先秦上古汉语"有"字词头做过专门研究,喻遂生(2002)更是对甲骨文"有字头"详加研究,无论对其中"有"字如何定性,都在形式上确定"有"字是附加于词根前的成分。江荻、张辉(2015)独辟蹊径,提出"有字头"的词头不是词缀、不是衬音词,也不是实词,只是早期汉语双音节词的一个语音组成部分,是双音节词的首音节。相比重言词来说,"有字头"等词头词对于探索史前汉语具有更重要的价值,重言是状貌词,状貌词是表现形态造词,任何时代都能产生。词头词源自古老的双音节词,词头脱落转变为单音节词,大约在战国之后词头词基本消失,何其遗憾。相比西周春秋或者《诗经》时代,甲骨文汉语数量有限的词头词似乎比率并不算低,我们注意到张玉金(2001)列举了:有正、有宗、有祖、有吕、有玉。除了这五项,喻遂生

（2002：75—84）列出：有虎、有鹿、有麋、有狐、有豕、有犬、有兕、有牛、有雉、有土、有妣、有师、有邑、有田、有年、有佑、有疾。词头词的价值在于提供了从早期汉语双音节词逐渐演变为单音节词的痕迹。例如，周：有周、荡：有荡、忡：有忡：忡忡、瀰：有瀰：瀰瀰、哀：有哀：哀哀，呈现出多形式同现，叠音和脱落状态。这是史前汉语词头词演变的重要遗存证物。还可以补充的是，这些带词头的词有名词词根的、动词词根的，还有形容词词根的。此外，还有所谓后缀，张玉金（2003：101）提出的"词根+词缀"结构，仅列举一例："至于"，未做解释。周法高（1973：253—305）提出过名词和状词后附词，有些是句法性的，有些不排除可能是词尾或后缀，例如，斯：赫斯；其：淒其、啜其、温其；焉：怒焉、潸焉。

4）词根复合：词根与词根结合构成复合词，这种结构甲骨文汉语已较为常见。唯一尚有争执的是，它们是复合词还是句法结构（短语），这是句法上的事情，此处无需多议。例如：甲子、祖乙、大采、日明、作册、臣沚。词根复合词是甲骨文汉语最主要的构词方式。

5）词根重叠：词根重叠方式造成的复合词可称为重叠词，一般具有一定形态学意义。不过，甲骨文汉语中尚未发现这类形态结构。

从汉语词汇发展来看，甲骨文汉语恰好处在一个独特的进化位置，它的单纯多音节词虽然不多，但的确可以跟后世不远的金文、《诗经》文献等多音节词衔接。至于多音节词为什么数量极少，可能与甲骨文记载材料的限制有关，更与史前语言的单音节演化相关。不过，李如龙教授（2011：31—32）提出：甲金文时代联绵词（含重言词）很少，到了西周春秋传世文献中则数量猛然大增，再到汉代以后数量又逐渐减少，这段时期的突然增多很可能表明它们是历史的积累，待到书写便利和表达内容需要之时就猛然爆发出现了。

从记录的角度观察，到了《诗经》《尚书》等传世文献时代，重言和联绵词大量单音节化，对应的单音节和双音节词同时出现，形式类别众多。虽然如此，它们似乎还可能通过造词继续产生。词头词则进化进程不太一致，到《诗经》时代，该类词只剩下为数不多的残余，其中"有头字"最典型："有周""有荡""有忡""有年""有哀"。其他词头有："其、斯、思、言、爰、聿、曰、薄"等，但构成词的数量不多，到战国时期，以上词头词或许在书面文献里基本消失了，或者说，词头可能已经完全脱落了。

甲骨文汉语词语结构中，只有词根复合是活跃发展的类型，为汉语词汇的形态发展奠定基础,其内部语义关系和词法形态也逐渐丰富,从甲骨文汉语一直延续至今。

3　语言始于造词

3.1　协调知觉—发声技能

如果认为人天生就会说话,这明显有点言过其实,至少不算是科学的表述。我翻译过《国际语音学会手册》,给本科生和研究生讲授过"语音学概论"课程,可是千真万确的是,作为语音学授课教师,我也不能够读全那页国际音标表的所有语音。这是有原因的,而且这个原因是所有学者都面对的。

根据近年来古人类学与基因科学的发现,现代人在全世界的迁徙和分布大约只有 10 余万年之久。从语言角度来看,这个时候人类已经进化出产生和运用语言的生物神经基础,即所谓的"语言器官"。这些器官包括唇舌腭、口鼻喉(声带),以及产生语言动力的肺部气流和构成音段的声道装置。当然还有控制所有器官的大脑。不过,"语言器官"并非功能性进化的结果,而是呼吸、进食、呼叫等生存需求进化的伴随结果。在儿童语言习得研究中可以发现发音能力的获得滞后于声音感知和大脑理解,这说明人类说话产出声音需要口内器官动作或多器官的协调运动。这种运动是在呼吸、进食、呼叫等器官进化的同时或完成后的进一步发展,可能还需要后天口腔动作技能弥补。这里我不准备引用专门的儿童语言习得的心理学和行为科学研究成果,而以我作为语言学家亲身经历的一个故事代之。

几年前,我家小孙子出生。约 6 个月之时能不自觉地开始所谓的语言发音,最早的元音音节是[ə],这个元音持续了很长时间才出现[ɪ]。[①] 最早的

---

① 一个常听说的故事是：小孩子第一次发出"爸"[pa]这个音,祖父母常夸赞说"这比他爸说话还早"。实际上这并不是小孩子有意义的学说话。据心理学专家介绍,婴儿 7 个月时开始重复发出无意义的音节,例如/ba/和/ma/之类,这就是所谓"呀呀语"(咿呀学语)。呀呀语帮助婴儿学习口腔运动和听觉之间的关系,协调知觉—运动技能。这是自发的,而不是对成人言语的简单模仿。呀呀语是启动口语获得过程的进化方式。参见 Patel(2012：272)。

辅音是双唇音[p]或[m]，同时还有带元音[ɐ]的类喉塞音。12—24个月之间，元音增多，有[i]、[ɤ]、[a]、[o]或[u]，偶有[y]和[ai]、[au]和[ei]。近音[w]和[j]出现得也较早，15个月后陆续出现塞音[t]、鼻音[n]和边近音[l]。家庭称谓"爸爸、妈妈"早期是[pɐ]和[mɐ]，逐渐调整为[pa]和[ma]。"爷爷"是[ja]，28个月才发出[je]，这与汉语语境没有前次高元音有关。辅音的发音顺序很有意思，发音部位和发音方法各有难度和时间先后。普通话的三套擦音和塞擦音一直是难点，擦音稍早于塞擦音。18个月时能发出龈—硬腭擦音[ɕ]，略晚[tɕ]，以及软腭擦音[x]。25个月发齿龈擦音[s]，例如"三"，但不能带舌尖元音[ɿ]，例如"四"。数数的时候，由于不会发"三"和"四"的音，就回避说"一二三"，而只说"七八九"。26个月发卷舌擦音[ʂ]能带[u]，例如"树"和"书"，带其他元音则不行，特别是"十"[ʂɭ]。最难的好像是卷舌擦音[tʂ]、软腭塞音[k]，因此，"水"说成"翡"（不知何时学会了唇齿音），"打开"说成"打呆"。软腭塞音未必都说成齿龈塞音，有时候会说软腭擦音，例如"看看"说成[xan⁵³xan⁵¹]。小孙子最爱汽车模型，可是"车"[tʂɤ⁵⁵]为卷舌音，不好发音，于是以颜色指称玩具车，又为了双音步顺口，以"大／小"冠于颜色呼之，"大白（车）""大红（车）""小黑（车）"。小孩子最坦诚，不能说的就直接表示"不会"，结果是[pu³³fei⁵¹]（[x]和[f]可以交替）。孩童的发音和说话进程作为家庭主题话语令人兴趣盎然，家中总是欢声笑语，乐不可支。

这个故事让我思忖良久，现代人具备先天语言能力，可是婴幼儿习得语言的时候，即使不断从环境练习发音，相对来说也需要较长时间才能掌握母语的声音，获取母语的发音能力。显然，所谓语言能力不单纯是大脑概括、判断、推理思维和组织词语的抽象能力，还有控制口鼻、协调知觉，运用口腔器官动作构成声音的能力。为此，不妨推测和假设人类发音运动能力是在受到自然选择进化压力下产生的。换句话说，现代智人必定在具备口腔器官之后还要经历长时间的发音活动才可能进化产生现在这样的发音能力。我记得Patel（2012）对此有详细论证。我采纳他的部分观点，看看能否支持我的想法。

针对人类的语音发音运动能力，我曾有过较长时间的思考，甚至搜索网络查看过有关哺乳动物声带的普遍类型问题，也阅读过鸟类鸣唱研究的部分网络文献，并反复模仿鸟类的鸣声。我了解过Lieberman（1967，1969，1984）有关人类喉头下降利于语言进化的观点，但这似乎是人类身体直立导致喉头下降的结果,碰巧符合了发音需求。不过,对比部分较大体型哺乳动物,我发现人类舌体长短对于发音能力的形成具有重要的作用。狗和猫是家养动物,它们的发音基本只有两种音节类型,① 要么是双唇音[wa]、[m^i au],要么是声门音[ʔɔ]、[ʔau]。这是为什么? 因为狗和猫的舌体太长,无法壅塞在口腔内构成气流阻碍部位,包括产生元音的声腔。只有双唇和声门能造成自然开合部位,就成了自然发音部位。据 Patel(2012∶269)描述,部分禽鸟,例如夜莺可以唱出结构顺序各不相同的歌曲。夜莺的舌体应该适合它的喙腔,故而可能产生多种口腔阻碍形状以发出不同的语音。但是,夜莺类禽鸟的歌曲基本属于求偶、觅食、领地警告等本能性反应,仅仅是自发性的发音能力进化,它的大脑并没有产生抽象能力的进化。Patel(2012∶287)进一步提到白顶雀幼鸟如果不从父母那儿学习歌曲,或是仅在其他鸟类鸣声中学习,就无法唱出正常的歌曲。这种能力是该物种自然选择的产物,需要漫长的物种进化时间,属于先天本能的进化。同时,这个案例也证明白顶雀个体只需要短暂物种内的学习就能获得与自己物种歌唱发音相匹配的发音器官运动技能。相应的是,很多普通人家饲养的鹦鹉也能在快速声音教学中掌握非自己物种的各种声音鸣叫。在这个意义上,人类发音器官的运动技能相对大脑协调知觉能力进化的时间可能要短很多。如果说现代智人 10 余万年前已经具备发音生物生理基础,那么单纯获得发音器官运动技能的时间则可能相对短很多。

上文所举婴幼儿习得语言的过程还有一个重要特点∶习得内容是单个的词。虽然现代人掌握语言是通过母语习得,跟远古人类进化创造语言全然不同,但是,母语习得虽然表现为逐词学习和掌握,实际上却包含了语音的学习和掌握。婴幼儿发音器官的运动发声跟人类种群从无声到有声的动作协调配合过程有相近之处。婴幼儿具有先天的语言习得环境,每个语音都能反复听辨和模仿,属于技巧发展。通过归类记忆,掌握的时间很短,两三年而已。人类族群从模仿自然声音和自身感叹发声造词,在口腔造声造词过程中锻炼发声器官,训练唇舌腭、口鼻喉和动力气流配合,这个过程相当缓慢,应该是一种生物性进化,形成生物性语音机能。所以,我们相信语

---

① 狗是较为罕见的可以一音一顿或者说可以分音节吠叫的哺乳动物。我们猜想这种能力可能与模仿人的语言有关系。狗是由狼进化而来的,是人类 1.5 万年前驯化的动物,与人的关系极密切。狼是使用声带长时间振动嚎叫发声的动物。

言起源是在生物性语言机能基础上，从创造语音和创造词语开始的，经历了艰难的发音器官成音运动摸索，[①]经历了语音形式跟意义结合的大脑思维过程，以及词语在种群个体之间的传播和记忆。

3.2　语言始于造词

跟早期语言相关的另一个问题是语言的起源，此处的所谓起源并非单纯历史语言学意义上某个语族或者某个具体语言的起源，例如汉语或者汉藏语系语言的起源。反之，这个问题一定意义上涉及人类语言起源或人类语言起源的方式，所以，我们在这里还会讨论语言从无到有的这个概念。这项讨论跟本书主题也是相关的。

人类语言起源领域充斥着各种推测和猜想。正规的教科书和各级科普读物都可能容纳这方面的内容。例如 Matthews（2013）所著牛津通识读本之一的 *Linguistics* 也会谈及手势语演变为语言。甚至古人类学家和分子人类学家撰写的人类起源科普读物都不能不谈及语言起源现象。[②] 例如古人类学家理查德·利基（Richard Leakey 1995）、人类遗传学家卡瓦利–斯福扎（L. L. Cavalli-Sforza, *et al*. 1998）的著作都有论及。不过，这类作品关于语言起源的叙述大多猜想多于事实，虽不乏启迪价值，却未必让人们获得确切认知。例如语言由手势演变而来的观点虽然获得较多支持，但争议不断，难以定论。

我们认为，讨论语言起源要关注两个原则。一是人的认知发展与语言产生的关系，其本质是什么？二是语言产生是渐进的还是整体突然涌现的？如果是渐进的，起始于语音、词汇还是语法？对于前者，作为语言学家我只能略加讨论，以之作为前提或条件即可。

近年，认知科学抛弃了心智与大脑或者肉身无关的理论，取得突破性进展，产生具身认知学说。该学说认为感官知觉、身体行为和心理认知是密切相关的联合体，呈现为有机体适应环境的一种活动。语言正是身体知觉世界的活动。对于人类知觉，身体最主要的感知是视觉和听觉，此外还有嗅

---

① Patel（2012：273）认为："进化论的观点揭示口语学习是一个不寻常的特质，只在少数几个动物群体中存在（包括鸣禽、鹦鹉、鲸类）。"

② 分子人类学家经常追寻世界各地的小语种。他们通过语言来发现不同的人类族群，然后检测他们的基因类型，并最终用于人类基因分类和地理分布。

觉、味觉、肤觉、触觉等器官知觉。视觉和听觉是心智最依赖的要素,它把外部事物及其行为转化为与声音合一的大脑图景,再模仿它的声音,包括事物在心理上呈现的声音来指称该事物或其行为,造成表征该事物的声音符号。这是人的身体亲身感知和亲身表征世界的行为,蕴含着语言起源最基本的要素和过程。

另一方面,语言的起源并非人类突然产生了完备的语言系统。看看甲骨文到秦汉的古代汉语可知,无论词语类别和数量,语义和语法都是逐步发展的,直到现代汉语这样的系统。就语言本体所涉及的语音、词汇、形态和句法等具体内容而言,从源起的视角观察,最初产生的显然是单个的意义及其形式,也就是语词及其声音。换句话说,任何语言的听说表征都依托一个个具体的词,词的表现是语音:音节或音节串。这些词最初是怎么产生的呢?是通过手势演变而来的?还是命名产生的?

Aitchison(艾奇孙 1996/2000:215)对词的起源提出了最基本的原则:"没有什么是凭空产生的。"(nothing comes out of nothing,此句译文参看桂诗春 2004)她描绘说,几乎所有创造都是对已有构造物或借用物的重新分析。在最早的阶段,第一个词或者第一批词可能来自大自然的声音,无论生物的还是非生物的:风声、水声、虎啸、狼嚎、鸟唱、虫鸣,乃至果实掉落触地声、溪涧水流哗啦声、山石滚落轰鸣声等,更有人类感叹、哭笑、疼痛呻吟和熟睡喉鼻呼噜鼾声,或者其他驯养动物咂嘴、喘气、惊叫、示警、呼唤发声。如果时间够长,人类模仿自然声音的发声就会成为惯例,表达某种意义,带上约定俗成的意思。我们很赞成艾奇孙的看法,这些最早阶段的词语不是婴幼儿那样的喃喃学语,此时还无语可学。在第一批词产生之前,所谓"已有构造物或借用物"指的是自然声音或声音图景,人们模仿这些声音,命名声音事物和声音图景,这就是对自然的摹声拟态,就是在造词,自主地创造词语,用词语来表达世界。

我们把以上两方面结合起来就得到了初步的结论:语言始于造词。但是这个造词不是现代语言学意义上的造词或者构词概念,而是构建事物与其声音形式之间对应关系的方法,通过这种方法,人们用模仿的声音指称事物,创造出事物的名称,这就是造词。从认知方面说,人们以感官知觉,特别是听觉和视觉感知外界事物,获取事物的凸显特征,又反过来用这种特征指称事物,这是一种基于身体且源于身体感知基础上的心智创造方法,是人对世界的具身认知模式。更准确地说，通过具身认知，人们凭借声音与事物的象似性用声音描摹事物，或者勾勒出事物图景，这就是所谓摹声拟态造词。

　　摹声拟态造词从简单的象声词（有指称的也有陈述的）到建构声音图景和描摹状态，应该经历了一个复杂的过程：简单模仿、建构图景、心理图景发声。但是如果我们不能正确揭示最初语言的发端，在我们建构语法体系的时候，就可能产生无穷尽的疑难。我记得读过一位非洲语言专家 Childs（蔡尔兹1989）的文章："状貌词从何而来？"（Where Do Ideophones Come From?）他在研究几内亚 Kisi 语的时候，对状貌词的来源十分困惑。考察了状貌词与动词、名词、形容词的关系之后，他初步认为状貌词的来源跟动词关系最接近，但是，有很多反例使他不敢下此结论。他说"动词和状貌词之间的相似性还不足以支持 Kisi 语状貌词实际是动词的一个子类的说法"。显然，Childs 陷入了西方语法理论的误区。众所周知，词类是从句法功能或句法分布（形态）归纳而来，某些词类则可能是从其他语法类分化而来，例如英语部分动词可以通过添加词缀转变为形容词，大多数副词是形容词添加后缀派生而来。作为摹声拟态产生的状貌词很可能在西方语法学体系建立之前，大多已经转化为其他词类，系统没有为状貌词保留位置。因而 Childs 只能在文章结尾无奈地表述说"我们可能有一些关于状貌词的最终起源的线索。如果状貌词最初不是状貌词，那么它们很可能是动词。现在唯一的问题是确定动词的来源"。这不又陷入了死循环吗？说明状貌词的来源和定性有着广泛的影响。又有中国学者采纳一套语法框架系统性地区分了汉语 20 种词类和次类（郭锐 2002），唯独提出无法确定拟声词的词类地位（转引自陆俭明 2022：11）。

　　对 Childs 的提问我们换一种问法，状貌词究竟怎么来的？我们也不能光说不练。以下就是一个生动的例子。[①]

rgyal-po　de　mig　gnyis　hu-hrig-hrig　yod_pa_vi

国王　　　那　眼睛　两　　亮铮铮　　　　有_NMZ_GEN

mi　vdra-chags-po　cig　bris_yog-red.

人　雅观　　　　　一　画（PST_ASP）

把那个国王画成双眼炯炯有神的帅男子。

---

　　①　该例摘自土丹旺布、索多、罗秉芬（1995：189）编著《拉萨口语会话手册·给国王画像》。

　　这是从西藏民间故事抽取的一段描述,说书人的细微描述为听众勾勒出一幅栩栩如生的景象,画师所画国王双眼聚焦凝视,眼光虎虎生威,令人心生敬畏。为了达到故事渲染的效果,说书人临场创造出 hu-hrig-hrig(亮铮铮)一词。这个词或许口语中曾经有过,也可能不曾产生过,[①]其独特的语音和结构格式(ABB),显示它就是第 2 节叙述过的状貌词。(江荻 2022)那么,这个词是否在句中充当什么重要的句法成分呢? 它既不是主谓宾成分,也不是定状补成分,[②]它的价值就是呈现一幅客观世界的图景,通过创造一个声音词来实现说话人想要表达的生动图景。

　　根据莱科夫和约翰逊(叶浩生 2020:77):语言的获得以身体经验为基础,人类的语言既不是外部环境强加给我们的,也不是心智固有的,而是在人类进化过程中,通过身体与世界的互动,通过感觉-运动系统的经验获得的。上文例子中,说书人脑海中那两只亮铮铮的眼睛有可能构成发声的图景,这就是他创造出 hu-hrig-hrig 的理据。

3.3　符号任意性之谜

　　说起(语言起源的)摹声拟态造词,那些读教科书而不纳新学的人是一定要反对的。他们最坚实的理由来自 100 多年前的费尔迪南·德·索绪尔(Ferdinand de Saussure)。索绪尔公认是现代语言学的奠基人,他的语言第一原则是符号的任意性,指符号的"能指和所指的联系是任意的"。按照这个观点,上文所述表现形态或摹声拟态造词完全违背了任意性原理,因为摹声拟态词是理据性词语,是通过模仿事物的声音或者心理上呈现为声音的事物把声音跟意义联系起来。换句话说,用自然事物自身的声音指称事物,这样的音义关系当然是有理据的。我们不妨看看现代方言的案例。晋语吴堡话称形体细小的鸟(如麻雀)为 $ts^hi\gamma^{41}ts^hi\gamma^{213}$(雀雀),又称啄木鸟叫为

---

① 国内外出版的主要藏语词典均未收入此词。例如《藏汉大辞典》(张怡荪1985)、《格西曲札藏文词典》(格西曲吉札巴 1957)、《藏汉拉萨口语词典》(于道泉等1983)等。按照藏语构词规则,hu 作为词根甚至都不算是典型的词,最多是一个象声词。

② 江荻(2022)、Jiang(2023)认为原生状貌词不是作为句法成分产生的,因此可以不充当任何句法功能。本句这个词如果说具有修饰语作用,作为后置修饰语,语序上亦应处在数词之前。

pəŋ^{24}pəŋ^{21}（锛锛），前者来自麻雀的叫声，后者是模仿鸟的啄木之声。（邢向东，王兆富 2014）以声音给物命名，其理据是充足的合理的。

继续讨论语言第一原则之前，我们先铺垫一个普遍的观点。索绪尔提出符号音义关系之前，乃至今时，人们思维中一直存在一个默认的或先天的看法，即词语音义任意关系是无理据命名产生的，就像西方《圣经》记载的亚当命名故事(Adam's Naming)。据《创世记》："上帝把所造之物拿给亚当，看他怎么称呼，于是不管亚当怎么称呼每一有生之物，所呼之名即是此物之名。"（转引自许国璋 1988：6）Saussure（索绪尔 1959：65）所写《普通语言学教程·一般原则》开篇即说："有些人认为，当语言简化为其构成要素时，它只是一个命名过程——一个词语的列表，每个词都与它所命名的事物相对应。"紧接着，索绪尔对这句话的观念进行了批判，但涉及的是语言符号连接概念和声音还是概念跟音响形象这样的问题。此后他提出了符号的任意性原则，并在"符号的不变性和可变性"一章做了大量叙述，可惜，他的各类叙述都跟任意性的产生没有直接关系。反之，在直接涉及符号任意性来源的表述中，他说："在任何时代，哪怕追溯到最古的时代，语言看起来都是前一时代的遗产。曾几何时，人们把名称分派给事物，在概念和音响形象之间订立了一种契约——这种行为是可以设想的，但是从来没有得到证实。我们对符号的任意性有一种非常敏锐的感觉，这使我们想到事情可能是这样。"（索绪尔 1980：107—108）索绪尔这样的表述让我们疑虑：如果不追溯事物之源可能就意味着人们内心已有确定的观念。这样的观念很可能就是西方最普遍的亚当命名观，源自基督教的《圣经》。[①] 由此我们知道，索绪尔是同意或默认亚当式事物命名方法的，并用这种观点看待那些无法解释音义关系的词语，称之为"音义任意性"。除此之外，索绪尔应该还受到 19 世纪中后期实证主义思潮影响，不愿意讨论语言起源问题。他的著作（1980：108）清晰地写道："事实上任何社会，现在或过去，都只知道语言是从前代继承来的产物而照样加以接受。因此，语言起源的问题并不像人们一般认为的那么重要。它甚至不是一个值得提出的问题。"如果真是这样的话，我们不能不说索绪尔的符号任意性学说留下了一个隐藏的黑洞，他没有直接回答音

---

① 在上文中，索绪尔虽然用了"曾几何时"这类表述，却没有把音义关系归为不可知论。他的叙述清楚表明，概念和音响形象之间所订立的契约就是"把名称分派给事物"。

义关系任意性是怎样产生的问题，跳过了符号任意性关系的产生之源，并将这个原理直接带入成熟的社会语言系统。

针对符号任意性原则，著名人类学家列维-斯特劳斯认为："从先于经验的角度看，语言符号是任意的，从后于经验的角度看，它不再是任意的。"（转引自许国璋译文 1988：2）要充分理解这段话的内涵，我们需要进一步考察索绪尔的思想。

为了维护语言符号的系统原理学说，索绪尔（1980：167）提出一个观点："就所指或能指来说，语言不可能有先于语言系统而存在的观念或声音，而只有由这系统发出的概念差异和声音差异。"以本文语言起源角度理解，当人类语言成其为语言之前，语言中只有不同的概念和不同的声音，不能有所指和能指组成的符号（即词）。这是十分奇怪的观点。上文描述过婴幼儿个体发声，以说明人类学会发声技能需要较长时间，也提出语言始于造词的观点，词语是逐个逐个创造出现的，这些意在证明人类语言的产生是一个漫长过程。那么，在这个漫长的过程之中，没有语音器官的运动进化，没有代代相传的词汇积累，何谈语言和语言系统？

"符号不可能先于语言系统"之说虽然是从体系上说的，但根源还在符号任意性假定。[①] 列维-斯特劳斯的"先于说"和"后于说"区分了语言可能的两个阶段，一是发生阶段，二是发展阶段。"先于经验"指的是语言诞生之初或者发生阶段，其时的原始生民，语音不全、词汇稀疏、语法未现。列维-斯特劳斯提出"语言符号是任意的"也证明他同样接受了词语任意性关系的亚当式命名。"后于经验"当然指的是人类形成社群的发展阶段，就词汇而言，这个时候的语言逐渐发展出丰富的构词和构形形态，或者丰富的复合词法，语言已启动自身构词机制来构成新的词语。

事实上，索绪尔自己对符号任意性假定是有隐忧的，尤其是拟声词和感叹词，所以他专门对这两类词语加以论述。首先，他提出："拟声词从来不是语言系统的有机成分，而且它们的数量比人们所设想的少得多。"（索绪尔1980：104）这是极为片面的观点。拟声词（象声词）属于上文叙述的状貌词小类，这类词在印欧语言的确数量少且语法功能不彰，这是因为早期状貌词在印欧语言里面可能大多已经转化为名动形副等词类，而世界其他地方的

---

① 为叙述方便，本文将索绪尔符号任意性原理称为"假定"，也就是一种学术假设。

语言状貌词数量庞大，表达功能很强。（Dingemanse 2023；谢纪锋 2011；Jiang 2023）无论如何，索绪尔面对部分拟声词和感叹词无法否定的音义关联案例，还得承认它们之间存在音义之间的自然联系，这使其任意性假定出现破绽，也使得他不得不继续尝试弥补其中的漏洞，提出相对任意性和绝对任意性理论。（索绪尔 1980：181）

如果音义关系的任意性真是语言系统的内在原理，就应该是逻辑严谨的，可证伪的。按照索绪尔（1980：181—185），一些词（符号）是绝对任意的，即符号的音义关系不可论证，一部分词是相对任意的，即一定程度上可以论证。这究竟说明了什么呢？随着选择语言的不同，选择词汇还是语法来论证的不同，以及语言演化深度不同，甚至还有论证人的论证水平不同，其结果都可能导致不同结果。那这样的理论一定不是一个好的理论。至于按照单纯词和合成词来检验该理论也未必得出合适的结论。

好的语言理论应该是一以贯之的。现代语言的词汇构成基本都是音义关系可论证的，也就是说每个词都有构词理据，其背后也一定有某种语言理论支撑。例如屈折、派生、附加、重叠和复合。这个道理同样也可贯彻到语言的起始发生阶段，最早的词语产生也一定有自身发生的理据。许国璋（1988：2）就符号任意性提出相当尖锐的问题：语言是理性行为，何以又包含任意性因素？任意性到底存在哪里？他说："在远古时期，理性的人开始创造语言，经过分化和变异，成为世界上数以千计的语种。"这话意味着人类语言起始之时也不会采用导致产生符号任意性的亚当命名模式，而一定有所依凭。当年，索绪尔跳过了符号起源的理据环节，提出符号任意性原理，这是存在问题的。

3.4　人类最初怎样造词

推测人类口语起源需要还原一定的背景，有两条是必不可少的：根据Hurford（2014）的研究，一是此时人类在生物进化之路上，言语感知能力和言语运动能力基本完备，能够听音和发音，二是起源时间应定在语言系统产生之前，这个时候族群活动中尚未出现有意义的词汇，或者词语数量上还达不到产生出系统。（Hurford 2014：99，115）关于发音器官的作用，上文第3.1节已有所讨论，此处简略论述发音器官产生的最基本声音形式。MacNeilage

（2008），MacNeilage 和 Barbara（1999，2000）认为，人类语音最基本的结构是 CV 音节，该音节起源于哺乳动物和鸟类，跟咀嚼和吸吮有节奏的开闭下颌动作相关。Vennemann（1988）和 Carlisle（2001）从大规模共时和历时案例证明 CV 结构的普遍性。因此，人们有理由推测 CV 音节是人类口语发声最早的形式。从儿童语言习得和历史最封闭族群语言来看，CV 音节或者最易于学习，或者是唯一音节形式（例如夏威夷语）。本书稿收录的《音节的本质和元辅音性质新说》也指出，现代语言的 CVC、VC、CCV、VCC、VV 都是后来历史发展中产生的形式，说清这个背景为人类语言起源铺垫了叙述基础。

在完全没有词语或者没有语言系统的状况下，原始人类如何创造他们的第一个词呢？上文说了，在各种语言起源学说中，本文倾向摹声拟态造词方法。这种方法认为，人类个体以听音感知能力为基础，模仿自然界或者动物、飞禽、昆虫等生物的声音，以声音作为事物的名称。这就是象声词。真正开启人类语言大门的是象声词。本文提出"语言始于造词"本应以象声词为典，只是早期文献所记录的以声指物象声词数量有限，很难完整地概括。以《诗经》为例，叠音式名词、动词、叹词只有"燕燕、处处、言言、嗟嗟"等 7 个，名词和动词性联绵词只有数十个，名词多为草木虫鸟称名，或者人名、地名、氏族名等。（向熹 1987：205—207；朱广祁 1985：95—101）这些词部分还能看出象声词的来源，例如，知了、仓庚。换句话说，《诗经》时代汉语已经走到摹声拟态造词的高峰，以状貌性造词为主。象声词是状貌词的小类，是摹声拟态造词的第一步。

象声造词是摹声拟态的最直接的方式，其理据就是用自然之物的声音指称自然之物。例如《诗经·伐木》"坎坎鼓我，蹲蹲舞我"，"坎坎"即模仿伐木声。这正是章太炎（2003：32）所说"物之得名，大都由于触受"。

可是，自然界可摹声拟态的事物或生物毕竟有限，人们慢慢发展出一套更宽泛的方法，即所谓表现形态理论。表现形态是 Zwicky 和 Pullum 提出来的概念，他们认为"表现形态与某种表现性、游戏性、诗意性或单纯的炫耀性效果有关"（Zwicky & Pullum 1987：335），所以表现形态所造的词很独特，"需要从普通形态中分离出来加以描述，因为它们涉及特殊的语音、音韵、句法、语义和语用学，并表现出与其他词汇的形态无关联性"（Zwicky & Pullum 1987：334）。表现形态所造的词就是状貌词。在此基础上，江荻（2021c：718）提出"表现形态理论"（expressive morphology theory），认为世界语言中存在一套跟传统语法形态全然不同的词汇来源系统，并在多篇论文中以汉语、藏语阐述了表现形态理论以及状貌词的语音词汇句法特征，讨论了状貌词产生的心理认知原理。

　　表现形态理论的核心是造词，即创造状貌词。该理论认为，世界万事万物乃至它们的行为、状态都是有声的。人在表现客观世界的时候，会凭借身体与世界的互动，描摹事物的图景并幻化出图景产生的声音。这样的声音代表了事物自身，因而可以用声音来指称该事物。不过，很长一段时期以来，人们一般总是把摹声跟拟态区别开来，对拟态用声音表达十分纠结。实际上，摹声是模仿客观世界的声音并指称声音所代表的事物或状态，拟态是模拟心理上呈现声音意象的事物或状态，二者都是跟声音关联的，都是借声音创造出音义象似词（phonosemantic）。据我们统计，《诗经》全部 353 个重言中，摹声重言 50 例，拟态重言 292 例，摹声和/或拟态 11 例。[①] 但是，无论哪一种，都是对事物及其属性或者状态的主观表达，都是根据物体特征或状态引发想象的声音描摹。《诗经》案例证明，拟态转化为心理上的声音意向造词大幅增加了状貌词的数量。（Jiang 2023）再以上文《诗经·伐木》为例来说明，当人们诵读该诗句时，"坎坎鼓我，蹲蹲舞我"之"蹲蹲"明显描摹出一幅击鼓起舞的场景，生动的舞者和跃动的肢体，整个场景自发地产生一种鼓乐之声，因而"蹲蹲"舞姿也化为"舞声"。此例应是拟态转化为声音的典范案例。

　　人类早期语言形成过程实际应该更为复杂，造词也不仅仅只有摹声拟态造词方法。我们认为，前贤提到的感叹词也应该是部分词汇的来源。（马清华 2011）甚至感叹词的产生更早于状貌词，或者表现形态造词可能还受到感叹词的启示，成为造词的理据。因为感叹词是人类自身情感的声音表达，不同的感叹声与不同的情感意义自然相连。例如英语：Aha[ɑːˈhɑː]表示喜悦许可，Ahem[əˈʔəm]请求注意，Ouch[autʃ]表示疼痛，Sh[ʃ]请求轻声或不出声，Ugh[ʊx/ɯːx]表示嫌恶或不快，Phew[fju]表示热啊、累啊、宽慰，Wow[wau]表示极大的惊奇和钦佩。又如汉语："哦"表示了解，"嗬"表惊叹，"呸"表鄙视，"噫"表疑惑，等等。

　　当然，当词汇增长到了一定数量，人们可能创新造词方式。这是因为人类的语音自由发音能力已经初步实现，而且语言中已经积累了一定的词汇。

---

① 参看本书《汉语重言词是哪儿来的》之附录 2：《诗经》全部重言用字分类列表。

这个时候人们开始运用另外一种智慧,即通过假借已有词汇的语音来指称事物、行为和状态。回顾上文,在本节伊始我们提出,语言词汇在从无到有的起始阶段,无论人们主观上还是客观上都不具备给事物指称命名(亚当式命名)的可能性,因为这个时候尚不存在完备的语言系统,更没有经验性的命名方法。而一旦表现形态(理论)造词积累出词汇,就完全有可能引致产生其他构词方式,意义是十分重大的。

从象声词到摹声拟态造词,反映了人类造词方法的演进过程。可是,这一段历史现在模糊不清了。我们估量,一是时间太过久远。据考古学家推断,人类语言直到 3.5 万年前才出现,依据是旧石器时代晚期突然出现了大量精致的工具类型,反映了技术多样化的变化,还有洞穴绘画和雕刻艺术等,这些都需要有语言在其间促成。(利基 1995)不过,3.5 万年前指的是语言系统出现呢? 还是词汇产生开始呢? 目前很难有可信的答案。从有史以来世界语言进化过程来看,推测后者更为妥当。二是象声词和状貌词这类词汇产生以后,它的形式可能随着语言变化发生变化。正如历史语言学家 Campbell(2008:79)所说"由于跨越如此漫长的年代,发生如此巨大的变化,原初语言没有任何东西以任何形式在现代语言里残留下来"。这话说得有点过头,像汉语这样的语言,人们还是能从早期文献看到或想象出最近的远古语言面貌的。不过,正是由于时间的久远和语音形式的变化,人们所能见到的语言乃至部分古老文字记录的语言都很难清晰地辨认其音义之间的联系,这是符号任意性产生的现实基础,也是索绪尔提出任意性原则的客观依据。

上述讨论初步描述了摹声拟态造词学说的价值和功能,解决了人类语言最初造词中一个极难解决的问题,那就是声音形式与意义的匹配。至于更多的细致的论证有待未来的努力。

本文倡导将语言起源转化为"语言始于造词"命题,而实际上历史上一些重要哲人也都有这类表述。17 世纪哲学家莱布尼茨是当时自然主义哲学思潮代表人物,他明确提出拟声词是"人类言语的原始形式"(参见 Ullman 1962:80),并将其与自然主义对语言起源的解释联系起来。赫尔德(J. G. von Herder)是 18 世纪柏林皇家科学院"语言起源专项奖"唯一获奖人,他认为拟声词至少在语言起源的早期阶段起着重要的作用(参看姚小平译著 1998)。达尔文(1894:87)更是提出:我毫不怀疑,语言的起源是对各种自然声音、其他动物的声音、人类本能的呼喊以及手势的模仿和修改。近年,最新的研究也认为最早的词语基本是基于物体与声音特征之间存在一些天然联系而创造出来的，其间的关系称为语音联觉。（Hurford 2014：116）如果这样的联觉反复呈现，就可能不断造成新词，这是人类语言的"第一批"词，为语言的起源奠定了基础。

　　讨论到这里，我终于松了一口气。我回想起最初端详状貌词的时候，这个在汉语里站立了几千年并被称为词的东西，真的像是凭空捏造出来的。我们对它的了解还实在太少，特别是在句法上几乎没人关注。所以，我用著名状貌词研究学者 Dingemanse（2023：466—476）的话来结束这一节的讨论："在不同的语言中，状貌词的形态句法行为的共性可能与它们作为声音描写的性质和起源有关。"

3.5　第一批词效应

　　从摹声拟态产生出"第一批"词语开始，人们的口语交流逐渐丰富起来。这是语言词汇的原始积累阶段，经历了十分漫长的过程。根据人类学家和语言学家的推测，这个过程至少应以万年为单位加以推测。Aitchison（1996/2000：38）提出，可能至少早在公元前 25 万年，一种简单的语言开始出现。词语慢慢地一点一点地出现，大约在公元前 10 万年到前 7.5 万年之间，语言达到了一个关键阶段：迅速发展且具有戏剧性的阶段。到公元前 5 万年左右，语言的发展速度逐渐放缓并稳定下来。Aitchison 这个时间点和持续时间段的推测可能缺乏更坚实的证据，但我是同意这个递进过程的。为什么需要这么长久的时间呢？这是我们应该讨论的内容。

　　当人类还在唧唧哝哝发声的时代，无论是自然感叹发声还是模仿外界事物的声音，这样的声音需要稳定的形式。[①] 稳定的语音形式与所描摹的对象形成固定的关联并不容易，一方面依赖发音人个体对对象事物稳定的认知，一方面要记得住对以往事物或状态的描摹声音（形式），并能在发音上重复相同或相似的声音形式。这样产生的声音才能有效地关联声音形式与描摹对象。从认知角度来看，建立声音与事物之间的自然联系是有难度的。

---

　　①　任何语言都有感叹词，但感叹词数量不多。这是因为引起感叹发声的声音类型有限，不同人类个体对相同类型的感叹反应较为接近，产生的感叹声相似。此处主要讨论摹声拟态造词。

以单纯模仿声音来看,不同对象产生的声音有一定差异,例如跌落溪涧的各种瀑布有地势高低、水量大小等差别,造成的声音也很不相同。每次模仿不同的自然声音来指称相同或相似事物会造成记忆上和心理联系上的混乱。这是人类认知需要不断改进、反复尝试才可能成功的必要过程。当然,认知不同的对象,模仿的次数和记忆的效果不一样,有些可能会更快一些。那些更复杂的摹声拟态造词在技术实现上远远难于单纯声音模仿的象似词,它是人类在长期认知经验基础上,仿真模拟心理上呈现声音意象的事物、行为或状态,同样实现声音形式指称客观事物来造词。

　　由此可见,人类认知的发展和声音描摹技术的繁复,包括不断重复试错,都需要耗费时间。恰如 Aitchison(2000)的推测,人类初始造词一定花费了漫长的岁月,确实需要数千上万年积累。

　　语言从来都不是个人的事情,创造语言更不可能是一个人的事情。从本质上说,人类是典型的社会合作物种,语言实际也是人们合作的产物。词虽然是个体的人一个个造出来的,但是,每个词的声音形式和所指事物的关联需要族群认知上的合作,族群每个个体都接受所造词的声音形式和所指事物,这个词才算取得词的地位。这也称作群体约定。获得群体约定的词会进入群体记忆,词的数量增多,形成族群的共同心理词库。词的群体约定或者社会约定一般发生在族群之内,当族群不同个体都造出了新词,则存在词和词的竞争,胜者取得约定地位。随着族群代际繁衍,词库必须传承,于是语言习得技能也开始了运作,并将词的群体记忆传承下来,父母的词演进为子女的词,子女的词又传承为下一代的词,数量逐渐地扩展丰富。以词语为表意的语言就这样一代代持续繁衍演进。在这个意义上看,从造词到语言系统产生,人类获得语言及语言能力必定经历了极为漫长的征程。

　　"第一批"词数量增加的过程也是语言发生变化的过程,时间长久必然导致词的声音形式变化并与造词意义之间的自然联系越来越弱,甚至发展到人们完全看不出造词上曾经的音义关系理据,丢失了描摹音义联系的可能来源。例如汉语"牛、马、鸭、琴"等词已很少有人意识到它的拟声来源了。(石安石 1989:5)这就是后来索绪尔符号任意性学说的渊源。

　　第一批词的积累和音义关系的丢失带来意想不到的后果,族群发音能力不再成为障碍,造词方式也趋向开放。这样的后果从很多方面都可以观察到。例如,词义的束缚被释放,词的原始意义由引申、比喻产生新的词义。

古代汉语"汤"原指热水，现在指食物煮后所得的汁水。英语 horse"马"来源于古英语 hors，又源于古日耳曼语*harss-，可以参考印欧语其他古代语言：古北欧语 hross、古弗里斯兰语和古撒克逊语 hors、中古荷兰语 ors、荷兰语 ros、古高德语 hros、德语 Roß。在起源不明的情况下，恐怕很难追溯它的摹声来源。或许这正是李葆嘉(1994：25)描述过的：象声词既受语音系统的制约，历史演变又使它丧失了初生时与模仿物之间自然联系的某些特性。

第一批词产生之后最主要的后果是：比摹声拟态造词更便捷的方式出现了，其中之一是语音假借造词。以甲骨文语言为例，郑振峰(2001)对《甲骨文合集》进行统计，在所考察的 1 481 个字中共确定假借字 1 229 个，占总字数的 83%，邹晓丽等(1999)统计出《甲骨文字典》假借字占已识字的46.8%。姚孝遂(1980)以《殷墟书契菁华》为基本材料，抽样统计出假借字在甲骨文总数中约占 74%。从《诗经》重言来看(Jiang 2023)，假借造词的同时也假借造字。由此，我们可以想象历史上的汉字有多么丰富，人们在字形上添加了各种形旁以示区分和意义，读音大多还是不变的。

促使词语进一步增加的因素还有事物命名(贺川生 2002：28；曾涛等2015：223)，除了传统指称命名方式，还有心理学上的命名洞察力(naming insight)。Aitchison(2000：94)说："在命名洞察力之前，人类可能已经能够使用各种来源的声音。命名洞察力和大量词汇的发展奠定了词语组合的基础。"我们相信，语言的起源始于造词。正是在最初造词的推动下，语言得以产生和发展。譬如，汉语继承和发展了甲骨文的复合词构词方式，连绵不绝地产生新词，藏语也是典型采用复合词形态造词的语言，(江荻 2021d)而英语等西方语言则依赖形态学方法通过屈折、派生、加缀、重叠、附加等方式产生新词。

3.6　造词方法和案例

简单模仿声音创造象声词的过程通常易于理解。本文讨论的表现形态理论及摹声拟态造词涉及心理描摹，为此我们以实际案例进一步说明。

摹声拟态是一套系统造词机制，由应用需求驱动。摹声拟态跟日常简单模仿鸟兽鸣叫声音或者自然音响现象不在一个层面上，后者基本只是单纯的声音模仿，甚至期盼达到仿真程度。摹声拟态重在描述感官意象的知觉图景，具有动态性，是一种借助真实世界的声音和景象的主观说话行为。

不妨看看《诗经》诗句描述男女约会场景：

东门之杨，其叶牂牂。昏以为期，明星煌煌。（《诗经·陈风·东门之杨》）

这幅场景描绘有情人黄昏来到城市的东门，脑海中浮现出的情景是：城墙边，大杨树，人约黄昏后，风吹树叶沙沙响。在这样的诗境里，诗人似乎看到树叶飘动呼响，但是，诗人一时竟找不到现成的词语来描摹这样的图景，于是随着"杨"（yáng）字韵脚借用"牂"（záng）字重言表达枝繁叶茂、有缘相会景象，这是典型的临场造词。

实际上，《诗经》353 个重言状貌词中，140 个完全是摹声拟态造词产生的，192 个是利用假借字实现摹声拟态造词产生的，二者占《诗经》全部重言状貌词的 94% 强。（江荻 2019；Jiang 2023）诗歌是所有文学作品中最具想象力和最生动描摹情景的形式，这也是为什么《诗经》能够容纳如此之多重言状貌词的重要原因，重言的基本功能就是描摹感官体验到的声音和图景。

那么，摹声拟态造词究竟怎么运作？是否形成规律性机制？下文以藏语拉萨话 ABA'B 格式状貌词为例，尝试从状貌词自身特征、造词动因、条件、方法和路径多方面加以介绍。

（1）状貌词 ABA'B 格式（拉萨话用音标，括号内是书面藏文的拉丁转写）

$ȵa^{13}pe^{55}ȵo^{13}pe^{55}$（nya-pe-nyo-pe）萎靡不振

$t^haŋ^{55}ŋe^{55}t^hiŋ^{55}ŋi^{55}$（thang-nge-thing-nge）犹犹豫豫

书面藏语的 A 一律用低元音［a］，A' 用高元音［i］或［u］（或变体［o］）；B 的声母与 A 的辅音韵尾相同，元音是［e］或［i］。拉萨话中，A 的元音央化为［ə］，A' 元音不变。

轻重韵律上，ABA'B 的四个音节两两为一个韵律感知段（用"‖"隔开）。声调高低上，ABA'B 式的模式分别是：A[高]B[高]-‖-A'[高]B[高]（高高型）和 A[低]B[高]-‖-A'[低]B[高]（低高型），并且 A 重 B 轻，形成 A[重]B[轻]-‖-A'[重]B[轻]重轻模式。

（2）词义倾向

拉萨话 ABA'B 式状貌词具有负面或贬损意义，无一例外。例如：

$ts^hə^{55}pe^{55}ts^hu^{55}pe^{55}$（vtshab-be-vtshub-be）慌慌张张

$rə^{13}pe^{55}ro^{13}pe^{55}$（rab-be-rob-be）粗枝大叶，马马虎虎

（3）独特词形结构或叠音

汉语重言词：AA 式（重言）、AA' 式（联绵词）、ABB 式（烂乎乎）、A 里

AB 式（稀里哗啦）、ABCD 式或 A+SUF 式（黑咕隆咚）。

藏语状貌词：ABA'B 式：ʂɛː⁵⁵le ʂy⁵⁵le（hral le hrul le）破破烂烂，ABB 式：maː⁵⁵tʰiŋ⁵⁵tʰiŋ⁵⁵（dmar-thing-thing）红彤彤，AA' 式：caʔ⁵⁵co⁵¹（kyag kyog）弯弯曲曲，xA 式：tʰom⁵⁵mə²pa³¹（vthom-me-ba）迷迷糊糊的。

（4）受形态语法辖制，藏语 ABA'B 功能上逐渐被驯服添加标记而归入普通词汇

　　　　添加状语标记：dmar-lhang-lhang_du 红彤彤地_ADV①

　　　　添加定语标记：skyo-lhang-lhang_gi 惨兮兮的_GEN

　　　　添加定语标记：vkhyar-re-vkhyor-re_vi 踉踉跄跄_GEN

　　　　添加补语标记：tshag-tshig_tu（gyur）（变得）慌慌张张_FAT

（5）藏语 ABA'B 或 AA' 句法功能被整合近似形容词，仅少数保留句法独立性

　　　　例如：chal-chol　khungs-med_kyi　gtam　ma-shod_cig.

　　　　迷迷糊糊　无根据_GEN　　　话　　NEG-说_IMP

　　　　不要迷迷糊糊说些没有根据的话！（《红楼梦》）

状貌词 chal-chol 不带任何标记，很难给它定语、状语身份的定性。

真是不看不知道，一看吓一跳。摹声拟态状貌词竟然有如此之多令人想象不到的独特特征。特别是，这些特征是人们现有语法知识体系无法推导出来的。因为，当代语法学，无论何种流派，都是基于欧洲语言所建立的体系。当人们观察古老的汉语、藏语等东亚语言状貌词的时候，那些西方语法理论的屈折、派生、附加、重叠等形态方法似乎都难以套用其上，无法解释这些现象的来源。

状貌词，英文作 Ideophone，是克莱门特·杜克（Clement Doke 1935）研究非洲班图语时创造的术语，界定为："用声音生动地表达一种思想。一个词，通常是拟声词，用来描述谓语、限定词或副词在方式、颜色、声音、气味、动作、状态或强度方面的变化。"这个定义指称传统描写上的摹声词和拟态词，把状貌词与其他词类区分开来。近年，帝格曼斯（Dingemanse 2011）提出了一个简洁的界定，他说："状貌词是描述感官意象的有标记词。"表 2 的案例

---

　　①　状貌词内部音节之间用连字符，与语法标记之间用下画线连接，对译文同样在注释词与标记缩写之间加下画线。

取自非洲的 Siwu 语,注意观察其中的结构和叠音形式。

表 2　Dingemanse 采录的 Siwu 语状貌词举例①

		词形	例词 1	例词 2
叠音	1	ABAB	*vɛlɛvɛlɛ* 'dizzy'	*bɔgɔbɔgɔ* 'flexible'
	2	AA	*sɛsɛsɛsɛ* 'shivering'	*ɟiɛɟiɛ* 'running engine'
	3	AAB	*gbògbòrò* 'tough'	*fɛfɛrɛ* 'light-weight'
	4	ABB	*yɛ̀rɛ̀rɛ̀* 'disgusting'	*kananaa* 'silent'
常规	7	ABC	*wùrùfùù* 'fluffy'	—
	9	AB	*nyàɖàà* 'sensation of stretching out'	—

据帝格曼斯(Dingemanse 2011),类似 1—4 这样的叠音词语是 Siwu 语的常态,数量很多,结构相当普遍。我们在南岛语、南亚语和汉藏语更多的语言中都发现这样的词汇,并且还有长音等更多的结构形式。

总起来说,表现形态是一种区别于传统形态学的高层体系,状貌词的各种叠音或独特结构都来自该形态,它的长音、叠音,甚至语义倾向,都来自说话人造词的主观性和表现性,即造词之初就产生了这些特征。可是,表现形态不是全局性的,它的功能仅局限在造词阶段,或者在辨识中发挥作用。换句话说,表现形态本身不能独立运作,而必须附着于普通语法系统。对任何状貌词而言,一旦词汇产生,虽然它继续承担表现功能,造词的使命则业已完成。所以,当状貌词进入普通语法形态的管控空间,它的演化发展即受形态语法辖制。这是因为状貌词必须与形态语法的词汇合作才能完整遣词达意,才能有效运作,并被传统语法形态整合,状貌词也才逐渐变得更像普通词汇。

传统语法体系本质上是一种遵循客观演化观点的学说,而表现形态理论则充满了主观观念。人们怎么能够在造词的时候把主观的语义倾向赋予词汇呢?怎样主观地决定语音的结构格式和韵律特征呢?这些的确给研究者带来困惑。要想解释清楚表现形态呈现的目的性和主观意图价值,我们需引入具身认知模式加以阐释。

---

① 表内编号是引书原序。略去一些普遍性不高的类型。

状貌词概念的核心在于它的来源,它所关注的是词语与事物的关系,或者概念与世界的关系,先有事物再有命名。事物的属性和特征通过人的感官知觉,例如视觉、听觉、触觉把人内在的心理活动与现实环境联系起来,创造出一幅客观世界的图景,最终成为命名的依据。由于人的知觉又是通过身体器官感知来实现的,这就造成人类认识世界的方法与自身身体密切相关,通过大脑、身体和环境交互作用。这就是近年来认知科学出现的新取向,产生出具身认知学说。

莱科夫和约翰逊(Lakoff & Johnson 1999)认为:语言的获得以身体经验为基础。在这个意义上,以人的身体经验为基础所造状貌词不能完全视作主观意图所为,概念命名和词语名称与人的生理反应、感知-运动机能,以及镜像神经元系统相关。杜克(Doke 1935:118)认为"用声音生动地表达思想"并非凭空任意造词,而摹声拟态显然是客观现象反射到生理知觉的再造。

4　语　言　基　因

4.1　什么是音节

本书论述的主题跟语言最基本单位密切相关。可是,什么是语言最基本的单位?语法学范畴下,语素算是最基本单位,也有人说词才是基本单位。语音学领域内一般认为元音和辅音是基本单位,或者还可以包括声调、重音这些超韵律单位。不过,这也不算定论,有人认为音节是最基本的单位。

所以我们这里专门来讲一讲音节及其构成。第 1 节里,我们已经围绕汉语"单音节词神话"论题讨论过相关问题,这里主要从音节类型及其来源做进一步阐述。

大多数人认为,假如我们不能对事物的本质加以界定,就很难对该事物加以研究。目前,音节好像就是这么一个对象。那么,从什么样的角度来定义音节呢?似乎做实验的学者比较倾向从实验微观角度阐述,表述中充满了严谨的实验思维和术语,(石锋,冉启斌 2019)而做理论思辨的学者往往从结构、功能和属性方面来看,表述有些抽象。(史延恺 1985)作为综述,我在这里只打算从传统描写来思考。

从发音的角度看,音节应该是个体的人一次完整发音动作造成的声音。发音行为有可能牵动到发音器官的各个部分:肺部气流、声门或者咽腔开合、声道肌肉紧张度、气流释放过程,但最重要的是组织发音产生的声音类型及其边界形式。以下几个发音要点涉及音节产生的过程和结果,应逐一描述:

肺部气流:肺部气流是发音的动力源,但也有不用肺部气流发音的语音。

声门:主要由声带构成,声带振动与否决定发出的声音带声或者不带声,即元音或辅音、清辅音或浊辅音等。①

声道:口腔肌肉形状构成元音通道,成阻部位器官闭合和靠近度以及肌肉紧张度构成不同辅音。

气流释放:元音释放的通过状态,辅音除阻的释放状态。

声音类型:同时同步辅元音型,元音型,辅音型,轻辅音型,伴随元音型。

声音类型基本也就是音节类型。换句话说,通过以上各种器官发音活动描述,可知音节的具体发音和听音活动造成人们心理上的声音表象,这个声音表象基本等同于人的一次发音行为,也就是一个音节,一个自然语音单位。

音节的这些特征或者性质实际以元辅音的名义在各个领域方向上都有仔细而详尽的论述,是近百年来语音学和音系学领域一系列研究的重要成果和精华,包括来自传统描写领域的深化认识、对语音学科的深度结构分析、对语音心理认知或言语产生的实验,还有非线性音系学理论阐述,以及语音声学实验多维度分析等。有成功的,也有错误的,有读起来似乎有所发现的,也有完全不知所云的。可惜语音的这些研究仍然有相当部分缺乏直抵真相的洞察。在这些成果或算得上成果的基础上,本书稿收入了一篇重新解读元辅音性质和重新界定音节的文章《音节的本质和元辅音性质新说》,作为对该学科关键语音单位的证伪研究。在一定意义上,这篇文章提出了一个全新的语音学体系的基础。

如果音节是人类语言的最基本单位,那么它是否像当前语音学系统所述那样,是由元音和辅音组合而成的呢? 当然不是。我们在文章里全面阐述了音节不是元辅音组合而成的理由,换句话说,音节是语言的最小语音单

①　在下文中,我们认为学术界有关元音和辅音的性质界定存在历史性的失误。在阐述本文观点之前,我们暂时先采用传统术语及其内涵来论述。

位,音节之下不存在更小的组成单位。那么,什么是元音,什么是辅音呢?在文章中,我们否定了元音音素和辅音音素这两个单位,但是我们赞成发音上声音所具有的元音性质和辅音性质,甚至发音上声音具有辅音和元音同时产生的性质。声音的元音性质、辅音性质或其他性质是由发音的音姿和方法决定的,具有客观性。进一步,我们把元音性质的声音和辅音性质的声音分别称为元音音节和辅音音节,这跟我们把辅音和元音同时发音产生的声音称为音节是一样的道理。这就是所谓按照音节类型分类,也就是按照音节的内在属性分类。如果我们进一步细化元音音节和辅音音节,并且区分这两类音节,那么,就可以从这个分类区分出音节的形式和边界。

读者读到这里,可能会有疑惑的感觉:这是玩文字游戏吗? 当然不是。以上叙述实际上是一次对语音学理论真相的逼近。文章介绍了拉迪福吉德(P. Ladefoged,又译赖福吉 2012:187,199)对元辅音音素客观存在的质疑,认真思考了拉迪福吉德内心的反思、以及他对认识音节真相的呐喊。这也使我们深深感觉到蒙在音节上的迷雾,于是,从 5 000 年前文字创始开始梳理,我们发现语音学的元辅音单位竟然是来自文字的字母单位。尽管字母一定程度上是语音单位的映射,但毕竟概念差距太大,不能替代语音学单位。再通过揭示心理学的言语产生单位实验(音素还是音节)、辅音和元音同步发音声学模式实验,验证了元音和辅音作为音素的假象,厘清了它们的本质属性。最后通过理论建构还原了元辅音的真身,即它们呈现的就是元音音节和辅音音节,它们与字母文字中的元音字母和辅音字母不是同一个概念,不能认为把文字中描述的字母换个名称称为元音音素和辅音音素就能顶替语音概念。从语音学表层上看,元音和辅音不再称为音素或者音位绝非简单地转换角色,它们就是音节。而当前语音学对元音和辅音音素的研究基本可以理解为对不同类型音节的研究。

值得提到的一项重要研究是冉启斌倡导的音素融合度概念。冉启斌(2012b:166)提出:"汉语属于比较典型的音节融合型语言,汉语音节的紧密程度很高,音节内部具有较强的向心作用。"显然,冉文的切入点是听觉感知,即"融合程度与语音的听觉心理有很大的关系"。冉启斌(2012a:134)还用 CV 和 VC 举例讨论了融合概念,其中 CV 音素之间气流是连续的,而VC 则必然出现气流中断,"听起来像是两个音"。更进一步,冉文指出,VC跟 CC 听上去并无不同,二者都可切分为两个音节。尽管该文仍以元辅音音素作为语音基本单位,但对音节性质的理解已经相当接近本文将音节作为最小语音单位的概念。

我们把音节界定为人类语言最小的基本声音单位。音节可分为五种基本类型:同步音节、元音音节、辅音音节、轻声音节、无韵音节。我们也给音节类型设计了双竖线表征符号"‖",分别是:同步音节|CV|、辅音音节|C|、元音音节|V|、轻音音节|LV|、无韵音节|L·|。符号 C、V 或 CV 无需解释,L 表示轻音节,取自英语术语 light syllable,"·"表示伴随元音或无韵元音(详看下文讨论)。

回到音节的本质问题上来。我们认为,音节的本质是它可以构建一种符号系统,这个符号系统可以表征创造它的分音节生物共性、反映它的物理声学共性、承载它所运行的意义价值共性、接受它的历史变化,并且服从管辖它的语言高层体系。可以说,音节是唯人所有的物质,既有形又无形,作为(声音)实体是有形的,作为(系统)概念是无形的。既是天赋又需要习得,跟人的生物性基因相似又相异,一方面依赖遗传,另一方面没有社会实践仍不可获得。所以说,音节是一种具有唯人属性的符号系统。

4.2　非生物性语言基因

探索音节本质是为了证明人类语言拥有一种独有的符号特质,是其他生物或非生物的符号交流系统绝对没有的属性,我们称之为"非生物性语言基因"。非生物性语言基因具有生物共性、物理声学共性和符号体系共性,同时还具有一定的社会属性共性,因此,它是人类的、普世的、遗传的、具身的和可习得的。

"非生物性语言基因"是比拟生物基因而言的。人类语言基因是一段可以编码元辅音音节的序列,完整的基因片段总是通过词语呈现,弄清词语的音节序列称为语言基因测序①。测序的方法是通过音节类型实施。首先将词的具体语音记录形式转化为抽象音节表征形式。例如英语 bee[bi:]"蜜蜂"转换为|CV|,clinik[ˈklɪnɪk]"诊所"转换为|CCVCVC|。然后按照类型

---

① 完整的语言基因序列指有意义的音节序列。从篇章、节段、句子、小句、短语,最终到词,都是语言基因序列,最典形的语言基因序列是完整的词,包括附着于词的形态语音形式。

划分音节，|CV|只有一个同步音节，不再分，|CCVCVC|为多音节，划分为
|C.CV.CV.C|，包含两个辅音音节和两个同步音节。表 3 分别采集英语和汉
语的词例，记录每个词的声音形式，然后转化为音节表征形式，称为词形
结构。

表 3　英语和汉语词形结构及其语音形式举例

	语音形式	词形结构			语音形式	词形结构	
1	ˈθʌndə	CV.C.CV	thunder	7	ˈz̩u⁵³tʂɻ	CV.CV	褥子
2	ˈkʰrʌmbli	C.CV.C.C.CV	crumbly	8	ˈa⁵⁵i²¹⁴	V.V	阿姨
3	streŋθ	C.C.CV.C.C	strength	9	iɛn²¹ˈtɕi⁵⁵	V.C.CV	阉鸡
4	tʰɛkʰstʰs	CV.C.C.C.C	texts	10	ʂən⁵⁵in⁵⁵	CV.C.V.C	声音
5	ˈtʰaiə	CV.V	tire	11	mor⁵³	CV.C	沫儿
6	ˈeəriə	V.V.CV.V	area	12	dəˈhʷɑ⁵³	LV.CV	的话

　　我们这里设计的词形结构转换原则跟教学上英语音节切分并无关系，
采用的是基于音节类型分类原则，并能反映假设的语言词汇起源造词规则
以及语言演变造成的变体规则。前者假设词汇采用的是 CV……CV 模式，
即人类创造的初始词汇都拥有同步音节模式，不同的词音节数不等，从单个
同步音节到四个五个或更多同步音节都有可能。我们用 |CV|$_{(p)}$ 表示，p
（poly〈syllable〉）是变量，例如两音节长是 |CV|$_{p=2}$，即 |CV.CV|。
　　由于历史演变，音节属性可能发生变化，例如元音属性磨蚀或脱落，产
生 |C·CV|，或者辅音属性消失或脱落，产生 |CV.V|。英语 [streŋθ] 文字是：
strength，按照英语传统音节读音切分只有一个音节，可是按照本文音节类型
和历史原则划分则有 5 个音节，也就是说我们认为历史上音节的基本形式是
|CV|，多个辅音音节连缀表明其中的元音属性发生脱落。strength 的词形结
构是 |C.C.CV.C.C|。当代北京话 [ta⁵¹ʂ(ɻ)²¹lanr⁵¹]"大栅栏"可以划分为
|CV.CV.CV.C|，但是其中第二音节似乎已经脱落元音属性，于是该词可处理
为无韵音节，转换为 |CV.C·CV.C|。考虑到划分音节类型之前的音节表征
形式可直观呈现词形结构，反映音节属性变化或脱落，我们把这种形式称为
表层形式，反映的正是人类非生物性语言基因的片段。

4.3 韵律作为语言习惯

这一节主要以汉语为对象,并用到"字"的概念,相当于单音节词,或者是只能用于构成(多音节)词的单音节词。

这里说的韵律主要包括单字声调和多字轻重音。单字指单音节词,每个词是否有固定的声调取决于该语言是否为声调语言,例如汉语、藏语、越南语。不过,即使是声调语言,每个单音节字的声调也不一定那么稳定。汉语普通话里面很多词可能读不同的调,而且并非能够区别意义的不同声调。例如:场 cháng 院,市场 cháng;钻 zuān 探,钻 zuàn 床。为什么有那么多的多调字呢?这与汉语的单音节词现象有关,更与单音节词声调的产生有关。

上古汉语单音节字有浊音声母、有长短元音、有多种辅音韵尾,这些现象是音韵学界的共识。在这样的认识基础上,人们也同意汉语声调的产生与字音的构成成分有密切关系。例如"清高浊低"指的是清塞音声母来源的字读高调,浊声母来源的字读低调。还有"声母定高低,韵尾定升降",指的是单音节字的声调高低由声母决定,而声调的升降则由韵尾有无和类型决定,分别是塞音韵尾、鼻音韵尾、擦音韵尾和流音韵尾。历史上,随着声母的浊音清化,韵尾脱落,单音节字声调所赖以形成的声韵条件发生变化。但是,习惯成自然,清声母来源的音节字仍然读高调,浊声母来源的字保持读低调,声调遂成为区别意义的要素。[1] 东亚语言产生声调时间各不相同,与很多因素相关,但最重要的是单音节化。甲骨文汉语在商代中晚期之前(或者说史前)已大致完成单音节化过程,因此具备了产生声调的初步条件。

按照这样的分析,原本音高是单音节字的音韵条件自然形成的,一旦条件失去,字音的高低由什么来决定呢? 笔者提出一种"社会群体约定"假说(郭承禹,江荻 2020),该假说指同一地域内同一语言或方言的使用群体对音高或声调具有相同的感知模式,即母语感知。该实验采用了三个方言实验测试同一被试群体对不同方言音高形式的敏感性,分别是母语方言感知、相似方言感知和异方言感知实验。结果证实被试仅对母语方言中范畴化的

---

① 江荻(1998)指出声调产生取决于自主与不自主嗓音调控机制。人类嗓音发声特征的变迁是声调起源的根本原因和内在因素,而与不同嗓音造成的音高相联系的成系统的音段或音段特征的变化则是促成声调产生的必要外因条件。

音高具有辨别能力，这种特定的音高被称为声调。他们听辨其他方言时只能采用物理音高线索判断或者利用母语经验来对比判断。更准确地说，各类单字音节在声学上蕴含了无限多的音高形式，唯心理感知产生的或范畴化的音高形式才能获得声调地位。这是为什么呢？从发音角度看，个体发音的物理音高可能千差万别；从感知角度看，同一地域内同一语言或方言使用群体会对其中某些音高及其模式达成约定，逐渐形成敏感性范畴化感知。文章结论是：声调是同一社会群体约定的范畴化音高形式。

声调的群体约定性跟约定的普遍性和习惯性有关。我在调查三亚迈话的时候，不时会遇到发音人对声调读音的迟疑表现，特别是调查人模仿两种声调请发音人判断单字调高低的时候，发音人总是念叨揣摩双字调来判断音高然后抽取单字调确定其声调。① 这说明即使是声调成熟的方言，人们也未必记得住所约定的声调。最有意思的是李蓝教授讲的一个故事。② 他在调查兰州红古话的时候，发现该方言高低两调相当不稳定，于是将低调字和高调字混排成一行，请发音人念读。结果顺着念的时候全部是高调，逆着念的时候全部是低调，为什么呢？原来起首的汉字读高调，行尾的汉字读低调。换句话说，红古话只有高低两种习惯调，说话人群体内没有形成字音高低的约定，声调与字义之间没有形成固定联系，因此，每个汉字读高调或读低调都是可以的。③

还有一个我亲历的故事。有一年，我在上海师范大学参加一位维吾尔族研究生的答辩，论文是用汉语撰写的。该生答辩报告采用念读方式陈述，虽然感觉他的报告跟日常说话不一样，但是完全能够听懂。我做评议时调侃了一句说：该生普通话不错，全部汉字都用高平调念读，字字清晰，好听易懂。这意味着什么呢？显然，该学生虽学会说汉语识汉字，但可能未曾经历过普通话社群的声调约定过程。所有汉语单字一律用高平调念读，意味着

---

① 发音合作人是两位中年男性，属迈话群体，至少会三种口语：迈话、海南闽语、普通话。参看欧阳觉亚、江荻、邹嘉彦（2019）。

② 李蓝教授这个故事让我深受震动，对我形成"声调的社会群体约定"观点产生积极的推动作用。李蓝教授把红古话录音材料发给我，让我随意选材料，令人感动，在此谨致诚挚谢意。

③ 中国民族语言学界认为单音节字音仅有高低两调的语言不算是声调语言。我推测，人们的口语交流总是处在语流语境下，单纯依靠单个音节高低区别意义的几率不高，因而两调难以形成别义的心理压力，这可能是两调语言群体不约定声调的原因吧。

他所使用的字词没有声调。这件事说明,在上下文语境下,不区分四声念读也能让汉语母语人听明白,意味着汉语的声调没那么重要。

声调或者字调不重要的说法是相对的,有一定的前提,需要专门论证。但日常遇到的案例很普遍,很可能与声调功能可以被替代有密切关系。汉语里能替代声调功能的要素主要是多音节词的轻重音。

轻重音是汉语特有的韵律表征方式,是利用重音凸显与轻音的对比区别意义的语言特征之一。它是在语言源起和词汇累积过程中逐渐形成的,极其古老。江荻(2011b,2021b)认为世界语言主要有三种重音凸显方式:欧洲重读重音语言(stress-accent,又称"力重音"),以英语为代表;非洲和美洲的音高重音语言(pitch-accent),以依格博语(Igbo)为代表;东亚和东南亚声调重音语言(tone-accent),以汉语为代表。

以上三类重音凸显语言在呈现重音条件和利用语音材料方式上差别很大。欧洲重读重音是以重读音节音高和音节发音饱满度与非重读音节对比形成凸显,后者元音音节弱化趋向中央元音属性。非洲音高重音大多呈现音节之间的音高对比,并形成音节之间降阶或升阶连续音高梯度。东亚和东南亚声调重音是最复杂的重音系统,主要依赖音高和音长等要素在多音节对比中作为凸显相关物呈现,例如区分音高型重音和音长型重音,并采用前后音节"轻重"或"重轻"对比方式表现韵律凸显。

声调重音之所以复杂,主要由两种制约因素导致。一是它的多音节词有自身确定的轻重音韵律模板,或"轻重"或"重轻"模板。二是进入多音节词的单音节字带有自己的调性,包含高低和升降形式,这些形式在说话人心理上形成某种定势。如果带调音节字与双音节词的轻重韵律模板谐和,两种韵律模式合一,相安无事。但是,由于两种韵律模式都依赖基频音高,当单字声调的音高模式与轻重音模式不一致,则可能强烈地干扰多音节词固有的轻重音韵律,而轻重韵律模式就必然迫使其变化。这种情况就是通常描述的连读变调,其中的单字调由低变高或者从高变低。

Kratochvil(巴维尔 1987)曾讨论过汉语轻重的移位现象,认为北京话轻声源自重音是历史上发生重音左移的结果。这是一个有意思的观点,启发我们把轻重音的历史演变折射到地理上观察。例如,胡伟湘等(2008)统计方言双音词轻重比例发现,广州话和普通话(北京话)单念的时候轻重和重轻类型的数量比率完全倒转。

表 4　广州话和普通话双音节词轻重音分布比率

	单念轻重型	单念重轻型	语流中轻重型	语流中重轻型
广州话	1 279/60.76%	826/39.24%	4 581/42.77%	6 130/57.23%
普通话（北京话基础）	414/38.91%	650/61.09%	2 603/23.42%	8 510/76.58%

表 4 数据透露了两条信息：第一，广州话轻重型双音节词比率远高于普通话；第二，为什么单念和语流双音节的轻重比率差别很大？文章没有讨论。我们根据语流特点认为这部分材料可能口语性增强，也就是常用性增强，可以作为一种原因解读。为此，语流中普通话的轻重型比率较之单念的大幅降低，重轻型则大幅上升。反之，广州话的变化似乎有点怪异，也是轻重型比率降低，重轻型增高。按照单念的规则，广州话轻重型与重轻型比率相反，前高后低。为什么语流中这两种比率却颠倒了？

武波（2018）对多个汉语方言双音节词进行轻重音判断，调查词表收录700 余词。此处摘取其中部分方言韵律轻重比率来观察，详见表 5。

表 5　南北方言双音节词轻重音比率

方言	轻重型（LH）	重轻型（HL）	方言	轻重型（LH）	重轻型（HL）
广州话	74%	26%	上海话	50.7%	49.3%
福州话	59.3%	40.7%	长沙话	36%	64%
梅县话	52.4%	47.6%	北京话	19.4%	80.6%

这项统计勾画出汉语轻重韵律历史发展的基本脉络，以常用口语词观察，汉语南部方言以轻重型为主，北部方言（北京话）以重轻型为主，明显呈现出方言之间的轻重音分布差异。从方言轻重音比率看，越往南，轻重型（LH）韵律越丰富，越往北，重轻型（HL）韵律越强势。这是为什么呢？这种现象是怎样发生的呢？

我们再看看更细致的案例。以《普通话简明轻重格式词典》（宋怀强2009）来看，统计发现，在29 417 条双音节词中，轻重型21 242，占72.21%；重轻型6 081，占 20.67%；轻声型 1 341，占 4.56%；重轻型和轻声型合计占25.23%；两可型753，占2.56%。对比 HSK（非汉语母语者的汉语水平考试

标准)规定的 5 000 词汇,其中相配的双音节词 3 697 条,①轻重型占 57.48%,
重轻型(含轻声)占 36.38%,两可占 6.14%(归入重轻型),二者数量已趋平
衡,轻重型略多一点。

　　这项统计说明,在近 3 万双音节词条的大规模数据中,轻重型占绝对优
势。这意味着代表北方方言的普通话从根本上说是轻重型韵律性质的语
言,这个结论与我们日常对普通话甚至更普遍的官话方言的印象完全相悖。
我们猜测这种感觉仍然与语用因素有关。通过匹配常用性较高的 HSK 词
汇,我们从中获取十分之一略多的较常用词,发现轻重型所占比率大幅度下
降,重轻型则明显上升。从上文表 4 和表 5 中国南北方言轻重音韵律地理分
布来看,可以推测普通话及其基础方言的北方官话很可能是从轻重型向重
轻型转变而来。这个推断可以获得很多方言现象的支持。例如广州话基本
没有轻声现象,因为广州话代表早期典型的轻重型方言,即后重方言,后重
怎么可能产生词尾轻声呢? 再如北京话、西安话等北方方言"子、儿、头"等
后缀也是依赖重轻型韵律支撑逐步产生的现象,反之,广州话等南部轻重型
方言基本没有或完全没有这类后缀(参看孟雯 2017)。

　　我们不妨再采用直接分级分类普通话数据来观察。《汉语国际教育用
词语声调组合及轻重音格式实用手册》(刘英林 2019)收录了 11 092 个词
语,其中双音节词语 8 347 条。② 该手册最突出的特点是标注轻重音格式,而
且词语按照国家标准分级收录,并附有录音,可随时查核。现将双音节词轻
重音统计数据列表,如表 6 所示。

表 6　汉语双音节分级词汇轻重音统计表

双音节级别	代码	数量	轻重词数	轻重比率%	重轻词数	重轻比率%
一级一类	A1	252	154	61.11	98	38.89
一级二类	A2	566	453	80.03	111	19.61

---

　　①　即在 HSK 词汇中,有 3 697 条词汇与《普通话简明轻重格式词典》对应,相当于
标注了轻重音类型。

　　②　原书收入 8 389 条,本文对原书少量词条作了技术性处理,例如"有(一)些"之
类归入双音节词,儿化音归为独立音节等。

双音节级别	代码	数量	轻重词数	轻重比率%	重轻词数	重轻比率%
一级三类	A3	723	660	91.28	63	9.00
一级合并		1 539	1 267	77.57	271	22.37
二级	B	2 417	2 205	91.23	212	8.77
三级一类	C	3 454	3 177	91.98	277	8.02
三级二类	D	937	862	91.99	75	8.01
三级合并		4 391	4 039	91.98	352	8.01

注：① 原书对多音节词标注时采用了"中重"类别，双音节词里面只有一个词(的话)属轻重，此处将双音节词的"中重"改为"轻重"，纳入"的话"(原为一级二类)。② 双音节儿化词归入重轻型。

表6词语分为6级，A常用性最高，又分三个小类等级，其次是B和C(也分两个小类)，常用度依次递减。数据显示，普通话越常用越倾向重轻型，反之，不常用的轻重型比率最高。不过，A1和A2在轻重差异上无论内部分类和归入常用一级都是合理的，而A3显然跟二级B和三级C没有数量比率上的差别。详见图1所示。

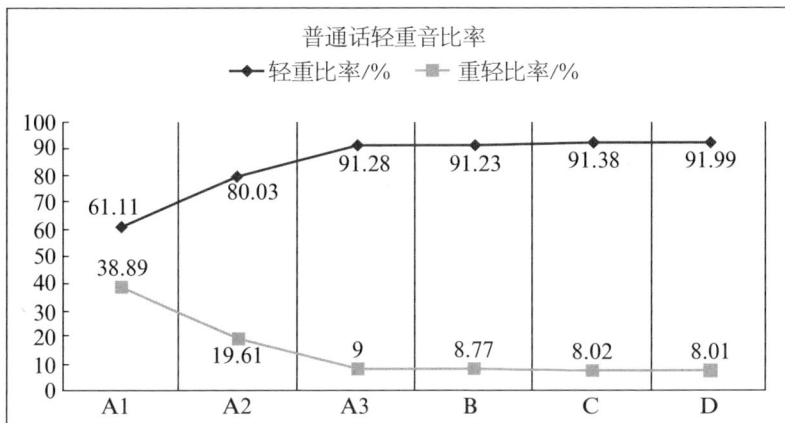

图1　普通话轻重型和重轻型双音节词常用性分级比率(详见书末彩图附录)

上文讨论的世界语言韵律凸显，无论是欧洲的重读重音还是非洲的音高重音，都只是采用一种韵律要素呈现凸显。可是汉语和其他东亚的语言，单音节的音高声调和多音节轻重混合起来,导致很长时期以来,或者说从古代到现代,人们的认识局限于单音节字的声调,对汉语是否有重音一直持怀疑态度。由于有这样的观点和争议,汉语轻重音研究整体上没有全面开展。迄今为止,汉语词典,包括方言词典都没有标注轻重音。这让我想起一件事来。我曾跟语言所的朋友说,按常理,我作为语言学家应该可以念读任何汉语《方言词典》词语,可是我不能。为什么呢? 就是因为这些词典没有标注轻重音,标注单字声调或者连读变调不能替代多音节词的轻重韵律。本书很多文章都跟轻重韵律有关,甚至是基于轻重韵律的。以我之见,汉语乃至东亚语言研究怎么强调轻重音之价值都不为过。这让我想起曾经亲历的一些富于启迪性的事件。

2015 年伦敦大学 Hill 教授邀请我去英国做学术交流。记得到达那天,我从机场搭乘地铁到达大学城附近,出地铁遇到一位教师模样的银发老先生,于是我问路: Would you tell me how to go to Tavistock Hotel? 这位老师很疑惑,似乎是没听明白。我重复了三遍宾馆名称∕tɐˈvistɔk həuˈtel∕,他终于明白了,顺口纠正说∕ˈtævɪstək həuˈtel∕。当然是我发音错误: 重音错位。这个错误也让我想起来另一个真实的故事。我曾读过 Patel 等人(2006)的一篇文章,该文论证英法两国音乐家谱曲的重音韵律特征完全对立,英国作曲家的曲子多为重轻节奏(扬抑格),法国作曲家的曲子多为轻重节奏(抑扬格)。Patel 做实验发现,这个现象跟他们各自的语言重音规律完全一致,源自他们的母语轻重韵律。其时恰好遇见杨玉芳教授,[①]聊起这个问题时,她告诉我,他们已将 Patel(2012)的《音乐、语言与脑》(*Music, Language, and the Brain*)译成中文出版。读后我又学到很多相关知识,学术交流何其重要啊。

伦敦的故事还没完,我去温莎参观的时候,除了始发站站名,火车上发现一路十来个站名都是重轻型地名,所以我在返程之后专门到售票厅找到这条路线的旅游指南加以验证。[②] 果不其然,重音规则与所听一致。那个滑铁卢站为什么读音先轻后重呢? 这是一个借词,来自布鲁塞尔附近一个小村子名,

---

① 杨玉芳教授是中国科学院心理研究所心理学家,曾任中国科学院心理研究所所长。

② 伦敦滑铁卢站至温莎城堡沿线各站名,并带标注重音的国际音标读音: London Waterloo〔ˈlʌndənˌwɔːtəˈluː〕, Vauxhall〔ˈvɑksˌhɔl, ˈvɑksɒl〕, Clapham Junction〔ˈklæpəmˈdʒʌŋkʃn〕, Putney〔ˈpʰʌtnɪ〕, Richmond〔ˈrɪtʃmənd〕, Twickenham〔ˈtʰwiknəm, ˈtʰwiknˌhem〕, Whitton〔ˈwitən〕, Feltham〔ˈfelˌtʰen〕, Ashford〔ˈæʃfəd〕, Staines〔steins〕, Wraysbury〔ˈreisˌbəri〕, Sunnymeads〔ˈrʌnimiːd〕, Datchet〔ˈætʃet〕, Windsor〔ˈwɪnzɚ〕。

属法语，我对比听了网上的英法两种读音，记录下来的法语读音是：[we'tʰɛˌluː]。

　　Tavistock，这个小小地名恐怕一般词典上都查不到读音，可我为什么读错呢？这正是 Patel 揭示的那个谜。我的母语方言是汉语湘方言长沙话，这个方言恰好就是一个相对典型的轻重型韵律词汇为主的方言。这个错误还真不是我主观犯错那么简单。太巧了！这也是这个故事有趣的地方。

5　汉语大历史观

5.1　大历史观的认知基础

　　|CV|是人类语言的普遍现象，这一点已经得到广泛认可。任何语言的音节结构都包含|CV|形式。通过观察音节的普遍性，人们进一步提出词音节结构概念，江荻等（2014）对词音节结构的考察又一定推动人们提出初始语言多音节的必然性。这一系列创新思维把我们导向汉语的大历史观和世界语言的全球观。

　　汉语的大历史观说的是，我们分明知道无论甲骨文还是之后的金文、篆文、隶书等，记录的就是汉语，汉语的真实历史应该远远早于甲骨文字创制时代，那么人们不能假装好像甲骨文之前就不存在汉语或前汉语，而把我们的研究深度禁锢于甲骨文汉语及其后的语言和方言。大历史观要求我们追溯甲骨文汉语之前的汉语，重建汉语大历史。此为其一。

　　其二，世界语言多音节性的普遍现象一定冲击人们固守的语言单音节起源观念。在千千万万生物中，只有人类创造了语言，成为智慧生物。即使世界各地语言不是真正意义上的共同起源，人类语言一定存在本体论意义上的共性。这种共性也一定是语言最基本单位的核心价值，反映了只有人属才具备的表达和交际的语言符号属性。试想，如果人们创造了 10 个单音节，每个音节都赋值意义，那也就是 10 个单音节词；如果创造的 10 个单音节两两连成双音节，赋值后就是 100 个词；如果连成三音节词，就是 1 000 个词。如果假设创造更多音节，例如创造 20 个音节、40 个音节、60 个音节、100 个音节，使他们连成双音节、三音节，甚至更多音节词，那连接成的多音节词词数就会多得不可计数。① 这是一种高效造词方法,适用于人类所有现行语言。反之,如果仅以单音节造词,语言中的词汇数量必定十分有限。所以,早期汉语词语不可能普遍是单音节的,甲骨文记录的汉语呈现出单音节性必定有其原因,本书多篇文章阐述了其中的单音节化成因。而到了西周春秋之后,人们发明了复合词构词方法,再度解决了词汇数量发展问题。

其三,所谓本体论意义上的语言共性首先表现为共同的造词方式。上文虽然指出早期语言可能存在的多种造词,象声、摹声拟态、感叹和指示,甚至还有稍后时期更普遍的假借、语义引申和命名洞察力。但是,上文指出,已经造出的"第一批"词的方法可能是相同的,即象声和摹声拟态造词。只有用这种方式造词才具有本体论意义上的共同性,才具有可信性。重要的是,一旦人们采用共同的造词方法,即使同一区域人群开始分化,分化到各地的人群对相同事物或状态的造词仍然会呈现相同或相似的形式。因为共同造词方式是人类具身认知的反映。(江荻 2022)象声词、状貌词广泛分布于世界各地,亚洲、非洲、美洲和大洋洲都十分普遍,欧洲语言实际上也常见。换句话说,状貌词在世界语言中是一个必有的且大数量级的古老词语类别,汉语也不会例外。

我们相信,以上三方面事实奠定了汉语大历史观的基础。不过,此处讨论的造词指的是最初的语言造词,或者人类语言起始的造词。不能把后世在西方语言基础上建立的形态理论和语法体系套用于此处,例如屈折、词缀、重叠、附加、复合等方法的构词。英语利用词缀派生的构词方式,使得其词汇数量达到惊人的数十万之多。虽然汉语史上人们未曾开展史前汉语样貌及其词汇的推测和研究,但是涉及早期象声词、状貌词或者摹声拟态词的造词和形式研究却一直未曾中断。

5.2　语言基因的可计算性

众所周知,当前学术界主要有三种途径追溯人类史前文明:考古学或考古人类学、生物基因科学或分子人类学,再有就是语言学或从其派生出来的史前

---

① 所谓创造单音节连成多音节只是一种表述,为了说明音节数量。实际上人们可能是直接创造了 100 个双音节,而不是用 10 个单音节来连接成 100 个双音节。意义"赋值"也是一种比喻性说法,词语的意义是在词语的形成过程中以某种方式产生的。参见本文第 3 节摹声拟态和命名等相关论述,以及现代语法形态规则的造词。

人类语言学。考古学是实物和实证科学，对确定历史事件、时间、地点和人物均有重要价值，基因科学具有长时程价值，对数千年乃至上万年以上人类迁徙、分化和融合能提供可靠的时间证据。目前，史前语言的探索刚刚萌芽，少量成果是借助考古学、历史学和基因科学平行比拟下的推测，推测内容尚未超出历史语言学现有框架：语系语族的发源地点、发源时间和迁徙演变路经。例如 Atkinson(阿特金森 2011)提出，相比非洲生物基因遗传多样性最高来看，非洲语言音素数量最多，这种相似性是人类起源于非洲的有力证据，也证明语言起源于非洲。这是一种典型的平行比拟，且不论非洲语言音素最多正确与否，它本身不能自证起源于非洲，故而作为支撑人类起源的旁证也就难以服人。

2007 年,《汉藏语言演化的历史音变模型》"第二版"印行之后，我开始关注语言演化的计算问题。之后，我引导一位博士生选择这个方向开展研究。后来，该生于 2010 年以"元音系统演化计算"为题通过学位论文答辩。[①]

2012 年 5 月，我受金力教授[②]邀请在复旦大学生命科学院做了"从语言基因论证人类起源的单源性"专题报告，并与基因科学专家和研究生开展了相关讨论。报告从可计算角度阐述了语言特征的数学建模方法，以及特征演化的过程和结果。2014 年 4 月，我们在《中国科学通报》发表了《词形结构进化与世界语言的多样性》一文(Jiang *et al.* 2014)，首次提出非生物性语言基因概念，[③]完全凭借语言自身要素开展进化计算分析，发现世界部分主要语言词形结构多样性指数的地理分布，它们在历史演化过程中的进化位置和深度。这篇文章题目和文内的术语"词形结构"可理解为"词的音节形式的类型结构"，也可称为"词音节结构"。该概念最重要的原则是：词形结构一定是词的全部音节序列构成的。

2016 年 9 月，我应邀在中国社会科学院语言研究所语言学沙龙报告近

① 云健是我在上海师范大学兼任教授时期指导的一位博士研究生，他的毕业论文是《传播与传承视角下基于模因理论的元音系统演化计算研究》，目前他在大连民族大学任教授。

② 此前我曾两度与金力教授会议上见面讨论语言演化计算问题。感谢金力教授的邀请，当时，金教授任复旦大学生命科学院院长，现任复旦大学校长，为中国科学院院士。

③ 感谢复旦大学分子人类学家李辉教授，承蒙他提示"语言基因"在基因科学中专指大脑某些区域的生物性基因，建议本项研究采用"语言特征"这一术语。此后，该项研究采用了"非生物性语言基因"特指人类语言遗传(代际习得)信息的基本单位及其组织结构。

期研究动向,①我以"汉语在世界语言进化中的位置与汉语大历史观"为题, 一方面介绍甲金文之前汉语(和诸华夏语言)是多音节词语言,一方面提出 借助非生物性语言基因的可计算性,探索人类起源和世界语言的演进,以及 汉语在世界语言演进中的进化位置。可惜近年来我的研究进度太慢,虽然 逐步建构起该主题的基本研究框架和技术路线,但完全实施起来尚需时日。

　　语言基因的可计算性是依托具体词音节标音的抽象词形结构来实施的。 涉及的内容主要有词音节结构的长度、词形结构的偏移度和偏移方向,并通过 具体数据计算每种语言的词形结构多样性指数、均匀度指数或者优势集中性 指数和频次数等。这些计算数据可以精确地将语言的词音节形式抽象为音节 结构类型,例如辅音音节连缀型,元音音节连缀型。前者意味着音节演化朝元 音属性消失或脱落为主的方向发展,形成表层上辅音音节丛结构,例如英语等 印欧语言;后者则是朝辅音属性消失或脱落的方向发展,形成元音音节丛结 构,例如夏威夷语等南岛语言。如果演变结果表层形式是单音节辅音连缀型, 则类似古藏语,如果是单音节元音连缀型,则类似非洲的 Dinka 语。(陈卫恒 2019)还有些语言呈现出一个半音节特征,则其词音节结构更加复杂。

　　词音节结构的计算是一种系统性工程,需要收集世界各种类型语言加 以操作。如果语言数量够多,词汇语音数据量够大,则计算精度就十分可 靠。例如东亚语言的单音节化是基于世界语言多音节词共性的假设,没有 这个背景或者条件,谈不上东亚语言的单音节化。通过计算,我们很可能就 能够获得一份世界语言演进的阶梯表,呈现出每种语言演进的位置,这个演 进位置甚至可以跟人类迁移发展时间和路径比较或对勘,跟区域文明和族 群文明程度相对比。在这个基础上,亦即语言演进阶梯基础上,引入历史、 考古确认的词语真时数据作为历史标度点,例如驯化动植物、文明表征的物 件、人类发明发现大事件、天文地理物候名称、宗教传说神话故事、古邦猷国 王朝君王人物,以及各种名称词语,借助带有先验验证功能的贝叶斯统计或

──────────

　　① 感谢沈家煊教授的邀请,感谢完权教授的帮助,使我有机会跟语言所老师和同 学深入交流。沈先生是当代中国眼光远大、富于开拓性的学者之一,他提出的汉语名动 包含理论深深影响了当代中国语言学界,对汉语语法研究方向具有历史性的影响。本书 与沈家煊先生(2011)研究的相关内容主要有"摹状词"和形容词。特别是沈先生(1997) 在《语言共性何处求》中提出的"寻找语言原始项"观点,给了我关键性启示,促进了我对 状貌词渊源的研究(参见 Jiang 2023)。

其他数学模型进行计算。如果各类真时数据能与语言演进阶梯总的框架吻合，并且迭代数据合理，则有可能获得可信的结论。

　　作为非生物性语言基因计算案例，此处以英国和法国常见人名为例做简单介绍。从历史语言学角度，语音的演变是语言演变的重要方式。怎样通过计算方法观察其中的历史演变呢？首先我们以人名长度为目标，回答英语和法语哪种语言人名的音节数更多。计算的具体形式是英国人名和法国人名的词音节形式。请观察表7。①

表 7　英语常用人名音节长度和演化状态

词音节	长度	辅音	元音	次数	偏移距离	偏移角度
CVCV	2	2	2	115	0.0	0.000 0
CVC	2	2	1	107	1.0	-0.321 7
CVCVC	3	3	2	64	1.0	-0.197 3
CVCVCV	3	3	3	27	0.0	0.000 0
CVCC	3	3	1	23	2.0	-0.463 6
CCVC	3	3	1	22	2.0	-0.463 6
VCVC	3	2	2	22	1.4	0.000 0
CVCCV	3	3	2	22	1.0	-0.197 3
CVCCVC	4	4	2	21	2.0	-0.321 7
VCV	2	1	2	16	1.0	0.321 7

　　本文汇集的最常见英语人名，来自《牛津高阶英汉双解词典》第六版附录六。(霍恩比 1997：2086—2090)该材料共汇集人名681个，通过符号形式转换，得到83种词形结构。表7提取了出现频率最高的前十项结构，占总词数出现率的64.46%。我们对法语也做了相同的操作，数据来自法语网络数据。②该材料法语常用人名400个，我们抽取出55种词形结构。具体数

---

　　①　这是一份多年前的手稿，其时尚未正式提出元音音节和辅音音节等概念。此处仍按照元音和辅音音素概念来叙述。

　　②　本数据由法国东方语言文化学院李庭博士提供，特此致谢。网页名为：LEXILOGOS：mots et merveilles d'ici et d'aillevrs(词典：来自远近的文字和奇迹)。说明：数据下载时间是 2015 年 4 月 7 日，由于网址变化，此处提供 2023 年 9 月 5 日网址：https://www.lexilogos.com/prenoms.htm。

据详见表8。

表 8　法语常用人名音节长度和演化状态

词音节	长度	辅音	元音	次数	偏移距离	偏移角度
CVCVC	3	3	2	70	1.0	−0.197 3
CVCV	2	2	2	48	0.0	0.000 0
CVCCVC	4	4	2	42	2.0	−0.321 7
VCVC	3	2	2	25	1.4	0.000 0
CVCCV	3	3	2	18	1.0	−0.197 3
CVCVCV	3	3	3	16	0.0	0.000 0
CVCVCVC	4	4	3	14	1.0	−0.141 8
CVC	2	2	1	13	1.0	−0.321 7
CCVCVC	4	4	2	11	2.0	−0.321 7
VCV	2	1	2	11	1.0	0.321 7
CVVC	3	2	2	11	1.4	0.000 0
VCVCV	3	2	3	10	1.0	0.197 3

　　进一步讨论之前,我们提出一种假设,即设定标准音节是 CV,且所有词均为多音节词,可以用公式 $|CV|p$ 表示。[①] 随着语言演化,词的语音形式变化,导致元音和辅音脱落,造成词音节形式变短,称为偏移距离。由于该假设并未设定起始词音节长度,因此可能存在偏移距离为零的情况。如果脱落的不是 CV 音节整体,元音脱落则造成辅音连缀(辅音丛),辅音脱落则造成元音连缀,称为偏移方向。偏移数据呈负数形式的表示产生了辅音连缀。

　　对比英语和法语人名演化结果,英语总体偏移距离为 1.137 4,偏移方向为 −0.147 2。法语总体偏移距离 1.220 7,偏移角度 −0.131 7。说明英语语音

---

　　① 　$|CV|p$ 中,p 代表多音节意思(polysyllable),$|CV|p=3$ 表示三音节词,余类推。可参考本书《词形结构进化与世界语言的多样性》《音节的本质与元辅音性质新说》。其中,元音和辅音均为音节类型,因此,仅脱落元音或辅音不引起词音节长度变化,只有 CV音节脱落才造成词形结构变化。

演变脱落小于法语,而元音脱落造成辅音连缀强于法语。这种结果体现了什么样的语言学意义呢? 根据上文 Patel(2006)所述,英语和法语分别为抑扬格和扬抑格词韵律模式,一种可能的推测是:抑扬格是重音在后,前面的轻音节或其辅音容易变化和脱落。再从词长数据来看,英语平均词长为4.120 4,法语平均词长 4.036 3,英语词语长度长于法语。当然,以上推测只是一种可能性,提供了一种二者词形结构变化的差异线索。

词形结构计算还可以拓展更多内容。例如,人们知道文字记录语言有一定滞后性,拿文字与语音相比,文字代表早期语音,那么,文字形式应该长于语音形式。[①] 例如,上述英语和法语人名词长——

英语: 按语音计算是 4.120 4,按文字计算是 4.386 6;

法语: 按语音计算是 4.036 3,按文字计算是 4.841 6。

暂时撇开文字与语音对应的符号差异不计,英语和法语都是文字代表的早期词语,长度显著高于语音。为此可以说,英语和法语的语音演变趋势都是朝变短的方向演变。

总体来说,语言非生物性语言基因的可计算性为我们探索语言进化提供了极大的可能性。这项研究一旦实现,可以相信其探索的时间深度将远远大于历史语言学,比现有的任何其他语言与基因平行比拟研究方法都更具有科学性和可信度。

5.3　汉语进化的位置

20 世纪初,自梁启超提出世界四大古代文明概念以来,学界普遍认为中华文明是其中唯一延绵至今的文明。[②] 结合历史可知,中国主体族群的语言及其文字也一直传承未曾中断,说的就是甲骨文以来的汉语和汉字。上文很多地方都提到状貌词呈现的语言起源现象,拿汉语为例,我们明确看到当时的甲骨文处在一个关键节点上。此时的汉语一方面总体上表现为单音节词形式,所造甲骨文也是单音节符号,后来称为字或者汉字。另一方面,甲骨文汉语之后

---

① 实际上这样说不严谨,因为文字还涉及多字符表音等现象,此处仅仅示意说明。

② 参见蒋英豪(1997,附:梁启超.1902.《二十世纪太平洋歌》、《新民丛报》2 月 8 日第1 号)。

约300年,①《诗经》语言中出现了大量重言状貌词和联绵状貌词。我们相信这些多音节词不可能短时间内突然涌现,更可能是甲骨文造字之前早期汉语口语中积累传承下来的,因历史久远,文献载体未能保留下来,或者因文字的特殊性,大多数未被甲骨文记录。上文还讨论了状貌词产生的原因和理据,它是人类语言起源的造词行为。《诗经》之后2 000多年来,大量状貌词陆续出现于文献和近现代书面语。所以说,汉语中既有大量历史传承积累下来的状貌词,也有各个时期不断新产生的状貌词。再就是,现当代各地方言口语中仍有不少状貌词未出现在官话或通用语中,也就是大多数状貌词没有文字记载形式,但从来就不会影响各地人民对它们的使用。这个现象可作为早期汉语(或甲骨文)未记录多音节状貌词而其事实上已在口语中存在的旁证。

说到甲骨文汉语的时间节点,我们不能不关注汉语历史上更多的节点,把这些节点串起来的话,就构成汉语的演化史。不过,本文无意讨论语言学意义上的语音史或词汇史,此处仅以语言非生物性基因及其结构类型概括性地介绍汉语在人类语言史上的进化位置。详细的讨论,读者可参考本书相关篇章。

从语言的本质来说,人类语言的音节是唯人所有的符号系统,它一定具有人类生物性能和符号系统本体上的共性。当音节作为载义单位,其运作无论在词语的产生和形式上都会蕴含符合人类语言的共性,以我们在第3节对初始词汇的研究经验可知,其中一个重要特征是词语的长度,也就是词语的音节数量。当我们发现汉语是一种典型单音节短词长事实时,我们有可能认为其他语言的长词可能来自短词的加长。但是,很可能其他语言人不会同意这样的观点,反之他们会认为短词来自长词的蜕变演化,因为在他们的语言里长词才是优势词汇。从世界语言的地理分布范围来看,单音节词仅出现在极小的区域(参看第1节),仅东亚和东南亚地区。如果真的认为全世界多音节长词形语言是从单音节词短词形加长而来,那无疑令人难以想象。我们把语言的词长变化作为切入点观察了世界上179种语言的词长结构及其类型,其结果证实:从多音节长词转变为单音节短词是合理的推论,符合数学描述的演化模型。有关这项研究更详细的讨论请参看江荻等

① 向熹(1987:4)指出:《诗经》"时代早自公元前十一世纪,晚到公元前六世纪,前后相去五百年"。如果按照一般观点,甲骨文产生的年代是3 300年前或3 600年前(裘锡圭2013),距《诗经》产生300余年。当然,周朝末期的诗歌距甲骨文时代甚至可能已千年之久远。

（2014），此处我们仅列出词的音节结构演变类型，以便做进一步说明，详见表 9 所示。

表 9　世界语言词形结构形态分类

类	语言区域	典型词形结构	偏移角	偏移距离	词长度	词形结构形态特征
A	美洲,大洋洲,非洲	CVCVCV	−0.044 5	0.800 1	2.267 2	单辅音 & 多音节
B	欧洲,中西亚,东北亚	CCVCVC	−0.144 5	1.079 9	1.891 6	辅音丛 & 多音节
C	东亚,东南亚	(C)CV(C)$^{(T)}$	−0.116 8	0.699 7	1.346 3	辅音丛 & 单音节
	汉语	CV$^{(T)}$	−0.070 7	0.565 3	1.335 0	单辅音 & 单音节

表 9 中汉语是从东亚、东南亚（C 组）抽取出来单列的，不尽合理，目的是初步观察汉语的词形结构。按照表 9 中语言区域或者语言分类来看，总体框架上，三大类型语言呈现出三类词形结构和音节类型，以下分别以 A、B、C 类指称：A 类"单辅音 & 多音节"指的是该类语言既是多音节词类型，又是单辅音声母起首词，主要是美洲印第安语言、南太平洋南岛语和巴布亚新几内亚语言，还有部分非洲语言；B 类"辅音丛 & 多音节"是多音节词语言，但起首辅音是辅音丛声母，主要是欧洲印欧语系和乌拉尔语系、西亚和中亚突厥语族、东北亚蒙古语族、满通古斯语族语言；C 类"辅音丛 & 单音节"是起首复辅音丛和单音节为主的语言，包括侗台语族、苗瑶语族、部分藏缅语族和部分南亚语系语言。在这三类词形结构语言中，A 类词形为 CVCVCV，词形基因形式最长，在本书所收原文（江荻等 2014）的几何描述图形上偏移角度和偏移量都很小，换句话说，它们的元音和辅音属性变化不大并丢失不多，或者如果发生语音属性磨蚀，则音节整体脱落，词的音节长度变短，但词形结构类型未严重改变。B 类词形是 CCVCVC，明显是元音属性消退脱落，产生辅音丛结构，词形长度也变短。C 类词形是(C)CV(C)$^{(T)}$，一方面元音发生磨损消失，另一方面辅音也处在磨蚀脱落之中，就整体看，元音和辅音属性都处在变化之中，有些词是单辅音，有些词是辅音丛，或者一个词两种形式都存在；就发生趋向来说，词形长度均值也明显变短。最后特别将汉语提出来观察，目的只是说明一种演化趋势。当然，这里的区域分类只是粗框

架的,例如,东南亚区域的南亚语言和部分藏缅语言又是另一种关键词音节类型,大多表现为一个半音节或者弱首音双音节,算得上是一种双音节与单音节之间的过渡类型。可惜该类型未做实验和统计。除此之外,轻重韵律和声调对词形结构类型演变也有重要影响和作用,但这些影响是直接还是间接导致词形变化还需要更细致的研究。我们相信,如果把非生物性语言基因分析应用于世界全部区域和所有发生学分类的语系,我们将有可能获得人类语言基因的全部类型,勾画出世界语言的完整谱系,获得每种语言的进化位置。

　　本次实验不够完美之处是,目前数据只能体现汉语在世界语言中大致的进化位置。由于数据呈现的是区域语言总体进化状况,缺乏具体单个语言进化位置来作为汉语进化位置的对照或参照物,因此我们暂时获得的印象是,汉语词形结构偏向以单音节词为主,音节类型以|CV|或|CVC|为重的格局。同时,我们也还不能以语言演化的变化率数值来描述其所处进化位置,这样的数值也同样需要与其他语言进化数值共同获取和比对。说到这里,我们可能还得回顾第 1 节关于汉语"单音节词神话"之说,从这个警示思考,中国文化数千年延绵不绝,中国语言沿袭至今,我们的语言中实实在在包含了无数的古语要素,这是汉语可能异于其他语言的独特之处。

6　结语：寻找语言学的中国原创理论

6.1　从主题到环环相扣

　　这篇《缘起》写起来有相当的难度,写作的意图首先是用它把已然发表的多篇文章"串起来";其次,我还想将这 10 余年的语言进化学术思考放在同一主题下协同叙述,这也是我一开始做这个课题时就已经考虑过的,这个主题就是"最早的汉语"。不过,即使这是一个构想很久践行多年的命题,十二篇文章还是太少,中间仍然有很多没能勾连起来的空白。为此,我也企图通过本篇《缘起》弥补其中一些重要环节,采用一些案例和叙述使全书主题及其脉络相对合理和贯通。当然其中还可以将很多长时间积累的思想火花表述出来，为未来有兴趣的贤才做一点起步铺垫，并期望它们能最终闪耀在语言研究的学术星空。

"最早的汉语"作为选题似乎完全是好奇心驱动而来，一开始是很典型的自由探索，这一点我在本文起首小节"主题及其来源"已有所交代。所以这个题目带有为学术而学术的意味，同时也含有做原创研究的私心，或者叫作雄心。语言学是一门国际性学问，汉语或者汉藏语研究是在西方语言研究基础和理论上的中国实践，即以中国的语言现象阐述西方语言理论，或者反过来说，把西方语言理论应用于中国语言材料。这样的思路几乎是所有当代中国语言研究者必然经历的路子，无论他选择哪个研究方向和领域，甚至包括最典型的音韵训诂国粹学问也基本如此。诚然，西方语言学建构了整个语言学理论基石乃至语言学大厦，中国学者不在其中学习历练是很难入其门得其道的。但是也正如前文所述，中国历史之悠久、文化之深厚，外来学说未必都能企及，外来和尚也未必能念好这本"中国语言"经。如果中国学者遵循国际学术范式，又不拘泥西方固有樊笼，那么寻找能够阐释中国语言现象的理论是完全可能的。这样的理论就是语言学的中国原创理论。我不敢说本书所提出和实践的方法一定称得上中国原创理论，但是，这样的思想过程使得我们的研究目标逐渐清晰，孕育出新的突破方向。为此，我申请了国家自然科学基金生命科学部的支持，联合几位博士后和博士同行共同努力，获得了"从世界语言透视东亚人群和语言的起源与演化"项目支持。另一方面，我们在持续开展汉藏语历史语言学研究中也获得国家社会科学基金重大项目的支持，即"基于大型词汇语音数据库的汉藏历史比较语言学研究"。这两个项目共同推动了本书主题的深化，真是幸事。

"最早的汉语"作为本书的主题，包含了多个需要进一步阐述的命题。

第一，"最早的汉语"带出了史前概念。史前意味着我们没有那个时候的文字文献材料证据，只能从甲骨文、金文或尽可能早的传世文献里寻找史前遗留的证据。由于我们讨论的问题聚焦在早期汉语词汇和语音上，书稿收录的文章涉及《诗经》重言词、《庄子》联绵词、《尚书》词头词，以及先秦君王人名和《尔雅》名物词等各类词汇词典文献材料。

第二，最早的汉语应该尚未产生现代意义上的语法形态，除了少量复合或组合，没有屈折、派生、重叠等构词方法，那么词语是怎样创造的呢？这个命题引出了表现形态理论以及象声和摹声拟态造词概念（江荻 2021c），包括《诗经》AA 式重言和藏语 ABA'B 等诸多形式状貌词及其结构形式的讨论。状貌词本体的研究还直接引出语言始于造词概念,揭示出人类语言起源的发生方式。因此,状貌词有可能成为透视语言起源和进化的真正窗口,为语言史研究(包括历史语言学)带来全新观念,甚至为现代智人及其文明的出现和进展研究带来全新的视角和契机,未来研究前景不可限量。

第三,状貌词通过摹声拟态创造词语,碰触到符号任意性原则。本书追溯索绪尔符号音义任意性产生渊源,指出该原则并不完善性,可以质疑、可以证伪。[①] 同时,我们重点提出"表现形态理论"作为造词理据,再以当代认知科学具身认知模式阐释为什么状貌词具有主观性,科学地回答了表现形态理论的主观性价值何在之理据。特别要指出的是,该项研究创造了"造词必有依据"原则。不论现代语言还是古代语言,任一词语的产生均有其理据。不能因为某些词无法追溯其理据来源就推给"符号任意性",词语产生不存在"亚当式命名"方法。

第四,汉语的状貌词一般是多音节的,其演化路径大多是首音节脱落,说明汉语初始韵律尚处在轻重格或抑扬格词模式状态。这是最古老的词语韵律模式。语言从起始,经历了数千年甚至数万年口语的齿–舌和呼–吸适应运动,方始形成,并以具身感知方式嵌入群体记忆心理,又作为文化模式传承延绵,代际相传。韵律轻重是任何语言不可或缺的属性,汉语轻重格双音节词类似南亚语和南藏缅语言的一个半音节词,其发展只有两条出路:一是脱落首音节变为单音节词,或是局部脱落元音音节属性转变为复辅音声母单音节词;二是轻重读音转移变为重轻格双音节词。

书稿中我加入了两篇藏语状貌词的讨论,一是因为该项跨语言讨论有利于揭示语言始于造词所必然具备的共性,二是我对藏语状貌词研究多年,深知其蕴含的语言起源研究的分量。藏语作为汉藏语系假设之最重要的语言之一,一定会对"最早的汉语"这个关键命题的探讨贡献重要价值。

第五,音节是语言中最小最基本的单位,但是本书所论述音节与现当代学界认定的音节在内涵上完全不同。在《音节的本质和元辅音性质新说》中,我们不再承认元音音素和辅音音素,认为这两个单位来自文字,因而由

---

① 　此处"证伪"指对索绪尔符号任意性可以否定、可以修正,以达到认识真相的最终目的。

元音音素和辅音音素组成的音节学说不能成立。该文提出多重证据对元辅音单位性质加以证伪，并提出新的音节学说以及其五种类型：同步音节|CV|、辅音音节|C|、元音音节|V|、轻音音节|LV|、无韵音节|L·|。音节本质上是一种具有唯人属性的符号系统。①

第六，我们从音节作为人类发声、造词和语言起源核心要素的角度，深度分析了词音节结构及其类型，提出一种全新的假设：即词音节是人类语言的非生物性语言基因，表征为语言学上的音节和音节组合结构，具有心理上、生理上和物理上最优和最简的编码符号属性，同时也是人类生物性和社会性活动中自然产生的编码符号系统。人类非生物性语言基因具有可计算性。再进一步，在应用上，我们又构想了世界语言进化之路上每种语言的进化位置，特别是那些有文字系统且文明高度发展的族群语言，确定这些语言进化位置对认识遥远历史上的社会和人群具有重要价值。这个思路是受到达尔文进化论影响产生的，在生物进化路上，人目前处在什么位置，我们的祖源物种在人的进化纪元中分别处于什么位置，例如南方猿人、能人、直立人、智人、现代人。同样，现代人每个族群的语言也时刻处在演化中，它们的词音节结构是多元的，发展是不平衡的。它们随着人群的迁移和扩散，分布到世界各地，也与其他语言混合相融，产生了丰富多样的词音节结构和形式。当我们对这些非生物性语言基因进行"测序"，无疑能够获得每种语言发展变化的进化位置。②

6.2　算是有所解答的问题

"最早的汉语"作为主题贯穿着本书始终。回到汉语单音节和多音节话题，除金守拙与赵元任争议之外，甲骨文呈现的单音节性还有第三种可能，那就是早期汉语经历了一个单双音节轮回发展的曲折历程。根据我们的推测，当我们的眼界穿越甲金文来到史前，可能看到一幅全然不同的景象：早

---

①　本书所收早期论文仍然采用元音音素和辅音音素的说法，这次编辑只在涉及混淆的情况下做了少量修改。我们认为，元音音节和辅音音节作为音节的具体类型，大多数情况下可以跟以往作为音素论述的元音和辅音在技术细节上做相似的理解。

②　目前的比较法和古音构拟都只能算是对语言表层形式（即"语音—语素"）短时程历史的演变探索，缺乏方法论上建构人类进化历史的深度时间观念。

期汉语或者史前汉语呈现出多音节词样貌,它的样貌很像南岛语言,词汇面貌是双音节的和多音节的。但又可能更像南亚语言,词形上带次要音节的双音节词居多,绝大多数都是一个半音节形式。这就是我们屡屡提及的联绵词、重言词、词头词、双音名物词、双音人名地名氏族名,这些都算是单纯词,有相当部分保留了多音节长词形。至少在 3 600 年前(裘锡圭 2013),甚至再上溯 1 000 年或更久远,汉语词形长度发生巨大变化,动词、名词、指示词、代词、量词等大多数词类的词形变短。这种状况恰好遇上文字(包括甲骨文)的创制,就是在这个"时刻",早期汉语被新发明的文字记录下来,甲骨文汉语保留的主要是名词、动词等单音节形式。

可是,当双音节和多音节词向一个半音节词转变,再向单音节词变化后,很有可能语言必不可少的韵律节奏被完全扰乱。按照我们在第 4 节的讨论,现代汉语及其方言是具有典型轻重韵律特征的语言,这种特征来自史前时期,即使语言大规模单音节化,人们心理上和语用上都会促使节奏韵律向多音节回归。而且,此时的语言发明了组合造词法,在语义驱动下产生了复合词。从先秦到现代,复合词是汉语最有效的构词或者造词方法。由是,汉语词语出现大量双音节和多音节,词形开始变长。不过,汉语单音节词很可能在某些应用条件下获得一些语用优势,只是目前我们还不能完全肯定是哪些优势。例如有些单音节词是复辅音声母单音节词,可能在运用中与一个半音节词交替。再就是单音节词逐渐产生声调特征,一定程度上对单音节词的节奏轻重需求有所弥补。图 2 是我们绘制的单音节化和复合词化交替演进过程示意图。

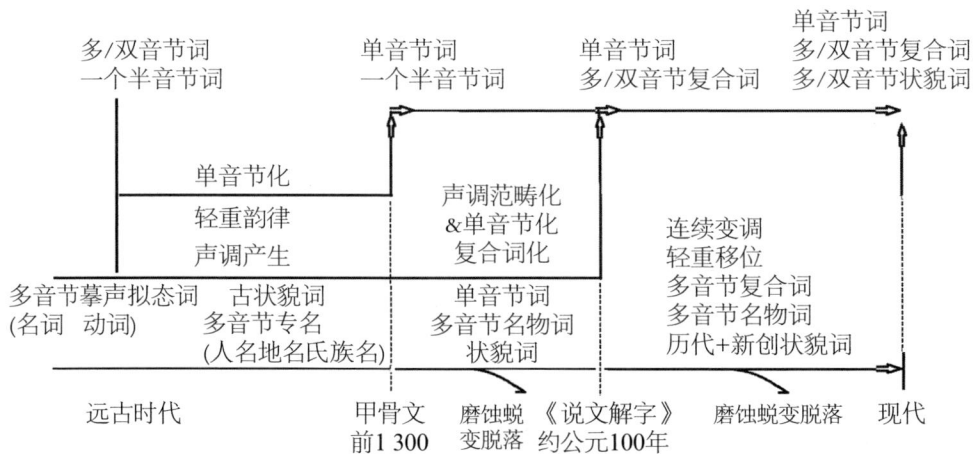

图 2　可推测的汉语词形演化路径

　　史前汉语多音节和单音节这两类词形之间的关系是一种历史演变关系，方向是从多音节词演变为单音节词，已经有不少演变事实和演变过程获得论证（潘悟云 1999；周及徐 2000；黄树先 2001；江荻 2013a；江荻等 2014；刘洋等 2016），也就是说史前汉语经历了一个特别的长词变短历程，产生大量单音节词形。这个历程是如此全面、彻底，贯穿了整个汉语词汇语音系统，有可能从史前新石器时代（推测性）直至商周甲金文时期，至少运行了 6 000 到 8 000 年。那些单音节化的词出现内部富化、产生声调、元音繁化等创新变化，例如产生新质元音，包括复合元音、元音鼻化、元音央化，还有韵尾内敛不除阻（无听感除阻）等。再经过从春秋时期至东汉约 1 000 年的巩固，尽管多音节复合词有了很大的发展和丰富，许慎仍不能不以单音节字为纲编撰词典（字典）。又过了 2 000 年至现代，即使当代汉语已经是双音节复合词为主的语言，人们仍然会以汉语单字为纲编撰字典，现代的人们心理上仍然从体系上感悟到单音节词形的力量。所以，人们毫不怀疑汉语就是从单音节词起始，是天生的、神圣的、不可置疑的。

　　从多音节长词转变为单音节短词，所带来的一个后果是：从此，汉语生生世世具备了一种独特的韵律特征，即我们常说的声调。为此，我们还可以初步判断，汉语声调产生的时间应该是史前时期。按照上文的讨论，早期汉语单音节化经历了漫长的数千年时间，声调就是在这段时间内产生的。这正应了汉语音韵史上那句话"古有四声"。但这个"古"很可能是史前之"古"了。

　　从进化观点看，汉语词的长度从长到短又从短到长数千年的变化，造成了整个系统的大变样和极度复杂化，当今的汉语实际上是多个历史层面压缩到了一个难以分层辨识的单一层面，即历史异质层面的扁平化，不同层面的词汇长短包含了完全不同内容和性质的变化，很容易造成混淆。（江荻 2013b）一个简单的例子是"望洋兴叹"，早期书证源自《庄子·秋水》，原文是"河伯始旋其面目，望洋向若而叹"，（谢纪锋 2011：8）不过，后来人们根据字面意义造成成语："望洋兴叹""望空兴叹""望花兴叹"。实际上，唐代陆德明《经典释文》注明"望洋"又作"盳羊""望羊"，说明"望洋"实则是一个联绵词。

　　所以，赵元任一定要区分古代跟现代汉语来讨论单音节词和双音节词现象，二者不是一个层面上的或者同一性质的单音节和多音节词问题。把这个问题的答案扩展开去,本文所叙述的各类关联现象也应该获得理解和得出答案。

本书涉及的虽然只是语言研究中一个很小的领域,所论议题却十分宏大:语言起源与进化。这其实是一个古老的话题,上百年来,人类学、心理学、行为学、语言学、历史学、基因科学等众多学科都在对其进行探索。我们的努力是尝试结合东亚最重要的语言,汉语和藏语,以全然不同于以往的视角观察、实验,并阐释所涉及的语言现象。我们相信这项研究正是中国语言学的原创研究。就本书的初衷来说,通过本文的贯通梳理,开篇提出的问题可以从全书各篇论述看出初步结论。那么,这本书对主题所涉及的各项问题应该算是有所解答了。

6.3　走中国道路

我们在前文说了一个很重要的现象,即中国语言的现代研究是依托西方语言学理论发展起来的。这个看法大概不会有太多异议。只是笔者自己内心一直有所存疑,战国末年最早的辞书《尔雅》、西汉扬雄的比较词汇《方言》,这些成果充满了先祖们探索语言的智慧,特别是,中国的文明连绵不断,其中必定创造了深厚的语言学问及其思想。我们为什么不能发掘、展示其精华,并应用于现代研究呢?

我深信,我们的先祖留下了巨大的思想财富和遗产,包括语言方面的音韵学、训诂学、文字学。几千年来,中国人从未停止丰富和完善这份硕大的遗产,直到近代西学的光辉掩蔽了它的朴素内蕴。据笔者所知,西方知识的外显性、扩张性是那么强势,而与之对应的中国学问则明显内敛含蓄。两千年来中国先祖的遗产不善彰显它的道理,表现为内蕴自明。这种不善自我表述的学问实在传承不易,以致被人称为"绝学",令人担忧。

以语言单位的音节性本质认识来说,通常认为,对读音的认识来源于反切,其渊源,一说产自于西汉末年,一说从西域传入于齐梁。当然也有完全不同的意见,甚至可以上推到周秦时代或者仓颉造字之时。(何九盈 1995)这就要看人们怎样界定"反切"之意。明末思想家顾炎武《音论卷·下》有个观点值得关注,他说:"反切之语,自汉以上即已有之。宋沈括谓古语亦有二声合为一字者,如不可为叵,何不为盍,如是为尔,而已为耳,之乎为诸。"并提出了读音依据，"郑樵谓慢声为二，急声为一；慢声为者焉，急声为旃；慢声为者与，急声为诸；慢声为而已，急声为耳；慢声为之矣，急声为只，是也。愚尝考之经传，盖不止此。如《诗·墙有茨》传：茨，蒺藜也。蒺藜正切茨字。'八月断壶'，今人谓之胡卢。《北史·后妃传》作瓠芦，瓠芦正切壶字。……以此推之，反语不始于汉末矣"。

很明显，这一段论述并不符合音韵学的反切经典定义。可是，顾炎武这段论述却是放在"反切之始"名义下叙述的。那么，顾炎武的反切观点当如何理解呢？慢声可指长音，也可指双音节，急声则指短音或者促声，都是单音，这里包含了词汇的读音分析。"者焉"跟"旃"，"蒺藜"跟"茨"，都蕴含了人们对音节单位的朴素认知。"旃"是音节，"焉"与"旃"有部分读音相同，且作为单字的地位相同，也应该是音节。进一步观察，与"焉"对着的"者"有部分与"焉"相同，也与"旃"相同，有等同的单字地位，难道不也是音节吗？"蒺藜"跟"茨"，以及其他案例也可做相同的分析。不过，这些案例后人称作"合音词"，并认为跟反切不是同一个概念。我们认为，从认知语音单位角度看，这类早期的"合音"现象虽然跟后来的反切概念不完全一致，但在人们认知语言单位意义上应该看作反切的先声，为后来的反切奠定了音节分析观念的基础。由此，说反切来自西方的观点也就站不住了。

从合音的认识、反切的运用，到韵书的声韵体系，其中包含了深厚的音节单位认知的观念。字作为音节单位认知观念跟字的声韵切分游戏性应用不是一个层面上的事情。字是音节单位，无论是单音节词还是多音节词，无论有意义还是没有意义，字都是音节形式的记音符号和记音单位。用现有的知识体系和术语来表述，字可以是|CV|音节，也可以是|V|音节，还可以是|C|音节，无论怎么折腾，都还是音节。可惜，近现代以来，在强势的西方语言理论压力下，所谓元辅音构成音节，元辅音单位的运用，逐渐销蚀了字音表现的中国传统学问，不仅经典"小学"知识萎缩，以"小学"为本的现代中国语文学也难以发展。这么说并非否定西方学说，而是期望重新认识传统语文学说的精华。赵元任(2002b)曾撰写《反切语八种》，揭示了民间反切语、秘密语这类自发运用的语言文字游戏，无论玩的花样如何变化，其实质内核是利用音节的多样性来实现花样性、好玩性、隐蔽性等智巧方法。其中所切韵母无非元音音节或者元音带韵尾辅音的音节组合，所切声母一定也是音节，只不过是藏于脑思中的两个相同辅音性的可交替音节。

　　语言之于人其价值何在呢？中国的语言，其过去、现在和未来，对于中国人，以至于中国之前的中国人，乃至更广泛意义上的东亚人，其产生、演变和发展发生过怎样的作用和影响呢？历代中国先贤是否正确地描述过自身语言的本质呢？他们对语言的认识是否促进了社会的发展？是否为世界语言研究提供了普遍性价值呢？而现代的学人又该为挖掘和传播中国语言研究理论的价值做怎样的贡献呢？

　　我认为，有一个可行的选择：中西学融合，走中国道路！

参考文献

巴维尔.1987.北京话正常话语里的轻声,《中国语文》第 5 期。

白一平,潘悟云.2018.上古音对谈录,《语言研究集刊》第二十一辑。

白一平,沙加尔.2020.《上古汉语新构拟》,来国龙,郑伟,王弘治译,上海教育出版社。

包拟古.1980/1995.上古汉语具有 l 和 r 介音的证据及相关诸问题,潘悟云,冯蒸译.包拟古《原始汉语和汉藏语》,中华书局。

陈梦家.1956/1988.《殷墟卜辞综述》,科学出版社。（重印于：1988）

陈卫恒.2019.从语言语素——音节编码类型看世界语言分类,《中国社会科学报》8 月 6日版。

达尔文.1894/1983.《人类的由来》,潘光旦,胡寿文译,商务印书馆。

丁邦新.1998.《丁邦新语言学论文集》,商务印书馆。

高本汉.1923.《中国语与中国文》,张世禄译,商务印书馆。

格西曲吉札巴.1957.《格西曲札藏文辞典》,民族出版社。

管燮初.1956.《殷墟甲骨刻辞的语法研究》,语言学专刊,中国科学院出版。

郭承禹,江　获.2020.声调的社会群体约定性——来自跨方言单字调感知实验的启示,《语言科学》第 6 期。

郭　锐.2002.《现代汉语词类研究》,商务印书馆。

桂诗春.2004.世纪回眸,风采依旧——评《言语的萌发》,《现代外语》第 1 期。

贺川生.2002.音义学：研究音义关系的一门学科,《外语教学与研究》第 1 期。

何九盈.1995.《中国古代语言学史》,广东教育出版社。

何毓玲.1989.试论《毛诗正义》疏经语言中的状貌词词尾,《华中师范大学学报》第 1 期。

赫尔德.1998.《论语言的起源》,姚小平译,商务印书馆。

霍恩比.1997.《牛津高阶英汉双解词典》第六版,商务印书馆。

胡伟湘,金　健,王　霞,李爱军.2008.广州普通话和标准普通话两音节韵律词重音对比研究.中国语言学会语音学分会《第八届中国语音学学术会议暨庆贺吴宗济先生百岁华诞语音科学前沿问题国际研讨会论文集》，中国社会科学院语言研究所。

黄布凡.2007.道孚语语音和动词形态变化，《藏语藏缅语研究论集》，中国藏学出版社。

黄奇逸.1981.古国族名前"有"字新解，《中国语文》第 1 期。

黄树先.2001.上古汉语复辅音声母探源，《语言研究》第 3 期。

江　获.1998.论声调的起源和声调的发生机制，《民族语文》第 5 期。

江　获.2000.二十世纪的历史语言学，《中国社会科学》第 4 期。

江　获.2002a/2017.《汉藏语言演化的历史音变模型》，民族出版社。

江　获.2002b.《藏语语音史研究》，民族出版社。

江　获.2005.《义都语研究》，民族出版社。

江　获.2011a.单音节型语言演化的后果，《现代人类学通讯》第 5 卷。"第 2 届语言进化
　　与遗传进化国际会议"论文。（复旦大学，9 月 16—18 日）

江　获.2011b.重音、重调和声调，《语言教学与研究》第 4 期。

江　获.2012.格林伯格的语言发生学与世界语言分类——《语言发生学：理论与方法文集》
　　概述，《汉藏语学报》第 6 期。[原载格林伯格.2009.《语言发生学：理论与方法文集》
　　（Genetic Linguistics: Essays on Theory and Method），中文《导读》，世界图书出版公司。]

江　获.2013a.王念孙的联绵词"天籁"说证，《语言科学》第 5 期。

江　获.2013b.单音节型语言演化的语音后果.石锋，彭刚.《大江东去——王士元教授 80
　　岁贺寿文集》，香港城市大学出版社。

江　获.2018.藏缅语复辅音的类别及对语言分类的影响.中国社会科学院民族学与人类学
　　研究所《中国社会科学院民族学与人类学研究所建所 60 周年纪念文集》（下卷），社
　　会科学文献出版社。"第 25 届北美中国语言学会议"（the NACCL‑25）论文。（密
　　歇根大学，2013 年 6 月 21—23 日）

江　获.2019.从单字到重言还是重言到单字——《诗经》重言和重叠之纠缠与分野之一.
　　"第五届出土文献与上古汉语研究暨汉语史研究学术研讨会"论文。（复旦大学中
　　国语言文学系，2019 年 9 月 21—22 日）。

江　获.2021a.藏语形容词的音节数形态与形态类型，《中国语言学报》第 19 辑。

江　获.2021b.《词重音：理论和类型议题》述评，《当代语言学》第 3 期。

江　获.2021c.藏语 ABAʹB 式状貌词与表现形态理论，《中国语文》第 6 期。

江　获.2021d.《藏语词法和形态》，北京大学出版社。

江　获.2022.藏语 ABB 式状貌词及其产生的理论根源，《语言科学》第 6 期。

江　获，郭承禹.2017.汉语是抑扬还是扬抑格词模式语言？——昆虫名的词形韵律结构
　　变化的启示，《汉语史与汉藏语研究》第一辑。

江　获，康才畯，燕海雄.2014.词形结构进化与世界语言的多样性，《中国科学通报》第
　　21 期。

江　荻,李大勤,孙宏开.2013.《达让语研究》,民族出版社。

江　荻,孟　雯.2014.南藏缅和北藏缅:藏缅语音节及复辅音的两种演化道路。"第47届国际汉藏语言暨语言学会议"论文。(云南师范大学,10月17—19日)

江　荻,张　辉.2015.汉语词头残迹印证早期汉语是多音节型语言.张显成.《古汉语语法研究新论——出土文献与古汉语语法研讨会暨第九届两岸汉语语法史研讨会论文集》,西南师范大学出版社。

蒋英豪.1997.梁启超的"史诗"——《二十世纪太平洋歌析论》,《求是学刊》第4期。

卡瓦利-斯福扎 L L,卡瓦利-斯福扎 F.1998.《人类的大迁徙》,乐俊河译,科学出版社。

赖福吉.2022.《元音与辅音》,衣莉,兰婧晰译,商务印书馆。

李葆嘉.1994.论索绪尔符号任意性原则的失误与复归,《语言文字应用》第3期。

李如龙.2011.论汉语的单音词,《汉语词汇学论集》,厦门大学出版社。

利　基.1995.《人类的起源》,吴汝康,吴新智,林龙圣译,上海科学技术出版社。

梁银峰.1998.甲骨文形容词研究,《重庆师专学报》第1期。

林向荣.1993.《嘉戎语研究》,四川民族出版社。

刘　洋,江　荻.2016.《〈庄子·内篇〉联绵词的单音节化》,《语文研究》第3期。

刘英林.2019.《汉语国际教育用词语声调组合及轻重音格式实用手册》,北京语言大学出版社。

刘　钊.2018.卜辞所见殷代的军事活动,《书馨集续编——出土文献与古文字论丛》,中西书局。

陆俭明.2022.再论汉语词类问题:从沈家煊先生的"名动包含"观说起,《东北师大学报》第4期。

马清华.2011.论叹词形义关系的原始性,《语言科学》第5期。

马　真.1998.先秦复音词初探.北京大学中国传统文化研究中心.《北京大学百年国学文粹·语言文献卷》,北京大学出版社。

孟　雯.2017.《汉语的词形韵律结构与词法类型演变》,中国社会科学院研究生院博士学位论文。

欧阳觉亚,江　荻,邹嘉彦.2019.《三亚迈话调查报告》,中央民族大学出版社。

潘悟云.1987.汉藏历史比较中的几个声母问题,《语言研究集刊》第一辑。

潘悟云.1999.汉藏语中的次要音节.石锋,潘悟云.《中国语言学的新拓展》,香港城市大学出版社。

潘悟云.2000.《汉语历史音韵学》,上海教育出版社。

裘锡圭.1979.谈谈古文字资料对古汉语研究的重要性,《中国语文》第6期。

裘锡圭.2013.《文字学概要》第二版,商务印书馆。

舟启斌.2012a.音节的语音融合类型及其表现,《汉语语音新探》,中国社会科学出版社。

冉启斌.2012b.音素结合的融合程度与汉语语音的若干重要表现,《汉语语音新探》,中国社会科学出版社。

沈家煊.1997.形容词句法功能的标记模式,《中国语文》第 4 期。

沈家煊.2011.从韵律结构看形容词,《汉语学习》第 3 期。

沈家煊.2012.语言共性何处求?《中国社会科学报》7 月 2 日第 B03 版。

沈家煊.2016.《名词和动词》,商务印书馆。

施向东.2021.《汉藏语比较研究》,中西书局。

石安石.1989.语言符号的任意性和可论证性,《语文研究》第 4 期。

石　锋,冉启斌.2019.音节的定义,《南开语言学刊》第 2 期。

石　毓.2010.《汉语形容词重叠形式的历史发展》,商务印书馆。

史延恺.1985.论音节的本质,《外语与外语教学》第 2 期。

宋怀强.2009.《普通话简明轻重格式词典》,上海音乐出版社。

孙宏开.1999.原始汉藏语的复辅音问题(关于汉藏语音节结构构拟的理论思考之一),《民族语文》第 6 期。

索绪尔.1980.《普通语言学教程》,高名凯译,商务印书馆。

唐钰明.1986.金文复音词简论——兼论汉语复音化的起源.中山大学人类学系.《人类学论文选集》,中山大学出版社。又载唐钰明.2002.《著名中年语言学家选集·唐钰明卷》,安徽教育出版社。

土丹旺布,索　多,罗秉芬.1995.《拉萨口语会话手册》,中央民族大学出版社。

王　力.1980.《汉语史稿》(上册),中华书局。

王　显.1959.诗经中跟重言作用相当的有字式、其字式、斯字式和思字式,《语言研究》第 4 期。

武　波.2018.《汉语方言双音节词的轻重韵律模式》,上海师范大学博士学位论文。

向　熹.1987.《〈诗经〉语言研究》,四川人民出版社。

向　熹.1993.《简明汉语史》下册,高等教育出版社。

谢纪锋.2011.《汉语联绵词词典》,外语教学与研究出版社。

邢向东,王兆富.2014.《吴堡方言调查研究》,中华书局。

徐朝华.2003.《上古汉语词汇史》,商务印书馆。

徐中舒.1989.《甲骨文字典》,四川辞书出版社。

许国璋.1988.语言符号的任意性和问题—语言哲学探索之一,《外语教学与研究》第 3 期。

严宝刚.2009.甲骨文词汇中的复音词,《宁夏大学学报》第 5 期。

杨逢彬.2003.《殷墟甲骨刻辞词类研究》,花城出版社。

杨怀源,孙银琼.2015.《金文复音词研究》,人民出版社。

姚孝遂.1980.古汉字的形体结构及其发展阶段,《古文字研究》第 4 辑。

叶浩生.2020.《具身认知——原理与应用》,商务印书馆。

游汝杰.1995.中国南方语言里的鸟虫类名词词头及相关问题.加州大学.《汉语语源问题学术讨论会论文集》(JCL,NO.8)。

于道泉(主编),傅家璋(编).1983.《藏汉对照拉萨口语词典》,民族出版社。

于省吾.1996.《甲骨文字诂林》,中华书局。

喻遂生.2002.甲骨语言的性质及其在汉语史研究中的价值.《甲金语言文字研究论集》,巴蜀书社。

曾　涛,鹿　青,刘荣凤,周　洁.2015.词汇飞跃的本质:命名洞察力的实证研究,《心理与行为研究》第 2 期。

张世禄.2020.《汉语史讲义》,申小龙整理,东方出版中心。

张怡荪.1985.《藏汉大辞典》,民族出版社。

张玉金.2001.《甲骨文语法学》,学林出版社。

张玉金.2003.《20 世纪甲骨语言学》,学林出版社。

章太炎.2003.《国故论衡·语言缘起说》,上海古籍出版社。

赵元任.1968/2002.中文里音节跟体裁的关系,《"中研院"史语所集刊》第 40 本/《赵元任语言学论文集》,商务印书馆。

赵元任.2002a.《赵元任全集(第 1 卷)·中国话的文法》,商务印书馆。

赵元任.2002b.反切语八种,《赵元任语言学论文集》商务印书馆:362—404。(原载《中央研究院历史语言研究所集刊》1931 年第 2 本第 3 分)

赵元任.2002c.汉语词的概念及其结构和节奏,《赵元任语言学论文集》,商务印书馆。

郑张尚芳.2003.《上古音系》,上海教育出版社。

郑振峰.2001.《论甲骨卜辞中的假借现象》,广西师范大学学报。

周法高.1968.《中国语言学论文集》,香港:崇基书店。

周法高.1973.《中国古代语法·构词篇》,台联国风出版社。

周及徐.2000.汉语的双音节词单音节化现象初探,《四川大学学报》第 4 期。

朱广祁.1985.《〈诗经〉双音词论稿》,河南人民出版社。

邹晓丽,李　彤,冯丽萍.1999.《甲骨文字学述要》,岳麓出版社。

Aitchison J. 1996/2000. *The Seeds of Speech: Language Origin and Evolution*. Cambridge University Press.(重印于:外语教学与研究出版社,2000)

Atkinson Q D. 2011. Phonemic diversity supports a serial founder effect model of language expansion from Africa. *Science 332*:346 - 349.

Black J. 2000. Some Sumerian adjectives. *Acta Sumerologica 22*:3 - 27.

Black J. 2002. Sumerian lexical categories. *Zeitschrift für Assyriologie und vorderasiatische Archäologie 92*:60 - 77.

Campbell L. 2008. What can we learn about the earliest human language by comparing languages known today? In Laks B. (ed.) *Origin and Evolution of Languages: Approaches, Models, Paradigms*. Equinox Publishing Ltd: 79 – 111.

Carlisle R S. 2001. Syllable structure universals and second language acquisition. *International Journal of English Studies 1(1)*: 1 – 19.

Cavalli-Sforza L L, *et al*. 1988. Reconstruction of human evolution: bringing together genetic, archeological and linguistic data. *Proceedings of the National Academy of Sciences 85*: 6002 – 6006.

Chao Y R. 1968. *Language and Symbolic Systems*. Cambridge University Press.

Chen, Ho-chin(陈鹤琴).1928. *Characters in the Chinese Spoken Language Listed According the Frequency of Their Appearance in Recent Books and Magazines*.

Childs T. 1989. Where do ideophones come from? *Studies in the Linguistic Sciences 19 (2)*: 55 – 76.

Dingemanse M. 2011. *The Meaning and Use of Ideophones in Siwu*. Max-Planck Institute for Psycholinguistics.

Dingemanse M. 2017. Expressiveness and system integration: on the typology of ideophones, with special reference to Siwu. *Language Typology and Universals 70(2)*: 371.

Dingemanse M. 2019. "Ideophone" as a comparative concept. In Kimi A, Pardeshi P. (eds.) *Ideophones, Mimetics, and Expressives*. John Benjamins Publishing Company: 13 – 34.

Dingemanse M. 2023. "Ideophones". In van Lier E. (ed.) *The Oxford Handbook of Word Classes*. (online ed, Oxford Academic, 18 Dec.) https://doi.org/10.1093/ oxfordhb/ 9780198852889.013.15, 202401 – 23: 466 – 476.

Doke C. 1935. *Bantu Linguistic Terminology*. Longmans, Green, and Co.

Greenberg J H. 1935/2005. *Genetic Linguistics: Essays on Theory and Method*. Oxford University Press/世界图书出版公司影印版(江荻: 中文导读)。

Hurford J R. 2014. *The Origins of Language: A Slim Guide*. Oxford University Press.

Jagersma B. 2010. *A Descriptive Grammar of Sumerian*. Leiden University Scholarly Publications.

Jiang D. 2023. Where do Chinese doublets come from? ——The doublets from prehistory to the era of the Book of Poetry. *Nature Anthropology 1(1)*.

Jiang D, Kang C J, Yan H X. 2014. Evolution of word-syllable structures and the diversity of world languages. *Chinese Science Bulletin 59(26)*: 3362 – 3368.

Kennedy G A (金守拙). 1951/1959. The monosyllabic myth. *Journal of the American Oriental Society 71 (3)*: 161 – 166/In Li Tien-yi. (ed.) *Selected Works of George A. Kennedy*. Far Eastern Publications: 104 – 118.

Kennedy G A（金守拙）. 1959. A note on Ode 220. In Li Tien-yi. (ed.) *Selected Works of George A. Kennedy*. Far Eastern Publications: 463－476.

Ladefoged P. 2012. *Vowels and Consonants (3rd edition)*. Wiley-Blackwell.

Lakoff G, Johnson M. 1999. *Philosophy in the Flesh: The Embodied Mind and Its Challenge to Western Thought*. Basic Books.（中文版：2018.《肉身哲学：亲身心智及其向西方思想的挑战》,李葆嘉等译,世界图书出版公司。）

Lieberman P. 1984. *The Biology and Evolution of Language*. Harvard University Press.

Lieberman P, Griffiths J M, Knudson R. 1967. Absence of syllabic "chest pulses". *Journal of the Acoustical Society of America 41*：1614.

Lieberman P, Klatt D H, Wilson W H. 1969. Vocal tract limitations on the vowel repertoires of rhesus monkey and other nonhuman primates. *Science 164*：1185－1187.

MacNeilage P F. 2008. The frame/content theory. In Davis B L, Zajdo K.（eds.）*The Syllable in Speech Production*. Taylor and Francis Group：1－28.

MacNeilage P, Barbara D. 1999. Evolution of the form of spoken words. *Evolution of Communication 3*：3－20.

MacNeilage P, Barbara D. 2000. On the origin of internal structure of word forms. *Science 288*：527－531.

Matisoff J A. 1991. Sino-Tibetan linguistic：present and future prospects. *Anthropology 20*：469－504.

Matthews P H. 2003. *Linguistics: A Very Short Introduction*. Oxford University Press.（中文版：2013.《缤纷的语言学》,戚焱译,译林出版社。）

Patel A D.2012.《音乐、语言与脑》,杨玉芳,蔡丹超译,华东师范大学出版社。

Patel A D, Iversen J R, Rosenberg J C. 2006. Comparing the rhythm and melody of speech and music：the case of British English and French. *Journal of Acoustical Society of America 119*(5)：3034－3047.

Rulen M. 1994. *On the Origin of Languages*. Stanford University Press.

Saussure F. 1959. *Course in General Linguistics*.（Translated by Baskin W.）Philosophical Library.

Ullman S. 1962. *Semantics: An Introduction to the Science of Meaning*. Basil Blackwell.

Vennemann T. 1988. *Preference Laws for Syllable Structure and the Explaination of Sound Change*. Mouton de Gruyter.

Zólyomi G. 2018. *An Introduction to the Grammar of Sumerian*. Eötvös Loránd University.

Zwicky A M, Pullum G K. 1987. Plain morphology and expressive morphology. *Proceedings of the Thirteenth Annual Meeting of the Berkeley Lingustics Society 13*：330－340.

汉语重言词是哪儿来的？

——从史前到《诗经》的三千年之谜

摘要 中国最早的文字是商代甲骨文,记录了早期汉语或称甲骨文汉语,甲骨文汉语都是单音节词(约公元前1300年)。西周金文及以后的传世文献则出现叠字的重言词(公元前1046年始)。目前学界认为两个汉字符号记录的重言(词)来自单字的重叠,但没有完整的论证和可靠的证据。文章反向假设汉语单字(单音节词)源自重言并尝试论证之。文章以《诗经》353项重言与单字的用字分布关系和语义对应关系翔实论证了重言的起源真相,即重言为源,单字是流,其中39.38%重言用字无相应单字,实为记录重言所造汉字;41.92%重言词义与单字义无关,是假借汉字造词而非来自单字组合;12.46%重言义被训释为单字义,是后世训释者的主观错误;剩余5.66%仅与词头词和联绵词而非单字相关。文章最后提出:重言源于一种独特的表现形态造词机制,该机制是形态语法体系之外的一种新型词源理论,能创造各类多音节状貌词,包括摹声拟态词。文章认为,语言始于造词,甲骨文之前的史前时期,中国的先人已经创造大量独特的重言词(AA)、联绵词(AB)和其他多音节词(ABB、ABA'B),这些词或因书写困难或其他原因而隐于口语数百上千年,直到西周金文和传世《诗经》《尚书》等文献才面世而走进历史,并演变延续至今。重言词是最早的汉语(词汇),是中国文明的起始。

关键词 重言 单字 用字分类 表现形态理论 造词 《诗经》

1 单字起始的不可能性与重言起源新假说

《诗经》重言的来源一般认为是单音节词的叠音或重叠而成。为什么音节会重叠呢?各种观点众说纷纭:诗律语言说、语义增强说、修辞技巧说、婴儿初语说、重叠形态说等。(杨建国 1979;曹先擢 1980;朱广祁 1985;徐振邦 1998；郭锡良 2005；孙景涛 2008；张国宪 2006；刘丹青 2012）针对这个命题，石锓（2009,2010）提出新的观点，并给出了看上去相对缜密的论证。

石锓（2010：54—57）认为，AA 式重言未出现于商代，到西周中晚期《诗经》时代数量已经大增，揭示了 AA 式重言从无到有、从少到多逻辑的发展过程。他还提示，A 式的功能是描写情貌，AA 式的功能也是描写情貌，且《诗经》AA 式多于 A 式，说明"先秦的单音节状态形容词独用性已很差，表情貌的功能弱化，需要用其他手段来支持和强化其描写性"（石锓 2009：37）。① 进一步，石文还发现从《诗经》到《楚辞》，单音状态词大幅减少，带词尾形式增多（例如：浩然、蓑尔），而重言是"协助单音状态形容词增强其描写性的各种方式中"最多的，并由此断言："因此，我们认为单音状态形容词的 AA 式重言产生的动因是先秦单音状态形容词语用功能的弱化。"（石锓 2009：38）②

按照石文的论证，至少有以下几个问题需要澄清。

1. 如果 AA 式来自 A 式，统计数上应有证据支持这个判断。

2. 如果 AA 式来自 A 式，应全面查核 AA 式跟 A 式在基本意义上的普遍衍生对应关系。

3. 如果 AA 式中的 A 是状态形容词，它怎么可能在没有重叠形态或没有产生形态语法的《诗经》时代大范围重叠呢？

先来看第一个问题。根据石文统计，《诗经》全部重言（353 个）中有 73 个对应的单音状态词基式（石锓 2009：33—34），换句话说，仅有 73 个 A 式单音状态词构成 AA 式。令人生疑的是，如果绝大多数重言词（280<353-73）来自单字基式重叠，那么缺乏 A 式对应的重言是重叠后单字消失了还是压根儿就没有对应的什么 A 式？ 倾向的答案只能是后者。由此可以断定，重叠一说的证据严重不足。③ 再据金守拙（Kennedy 1964：473）的研究，《诗

① 语言演化研究不宜采用功能论和目的论观念表述。语言演化是自己组织了自己的演化行为，演化的方向具有随机性。

② 石锓（2009）用了"增强描写性"表示单音状态词加长为重言（乃至带词头和带衬字）的语法（和语用）意义，这个观点是有渊源的。王显（1959）说："本文基本上同意王引之的看法，认为'有、其、斯、思'都是虚字。它们的语法意义就是它们跟形容词单字结合之后，起着加强形容的作用，使整个结构跟重言相当。"持此观点者还有向熹（1987）："重言词的意义与单音词的意义基本相同，不过重言词带有更强的描写性质。"

③ 石锓论证的焦点是 AA 式重言是否通过重叠形态产生，以及后世 ABB 式、AABB 式、A 里 AB 式的关系和发展。但从 A 式单音状态词到 AA 式重叠词是整个论证的始发基点。

经》360 个重言词中(金氏统计数)有 139 个汉字只用于重言词而不出现于《诗经》其他任何地方,即不单独出现,"它们似乎是专门为这种特别结构创造的(汉字)"(Kennedy 1964：473)。以此而论,AA 式来自 A 式竟成了无本之木。这两个事实显然不能支持重言词来自单音状态词的观点。

第二个问题。石文主要针对单音状态词增强描写性的目的、功能、方式加以讨论,而在 AA 式(353)与 A 式(73)词义对应方面仅举出少量案例讨论其多义化现象。特别是,石毓智(2010)未给出重言词与基式字及其意义对应表,这样不容易区分重言和单字的不同关系,例如假借字所造重言跟单字原义没有什么关系,只是字形相同而已。

第三个问题。石毓智(2010：37)认为"大部分的重言是单音状态形容词的重叠",并提出"状态形容词语义范围狭窄,没有明显的'量',重叠只是为了强调基式的描写性,增强生动性和主观性"。这个说法比拟现代性质形容词以重叠来获取程度增量,变换为重叠状态形容词来加强描写性,这是一个似是而非的命题。因为重叠是形态过程,具有语法价值,重叠或加缀实现的是确定语法域或语法范畴中的价值变化,例如名词单数与复数的交替,动词完成体与非完成体的交替,性质形容词程度上的原级与比较级交替。而石毓智(2009：37)提出的"描写性(生动性和主观性)"似乎是一种主观评价概念,并非状态形容词的本体客观属性,难以确定其中的价值变化。再则,《诗经》时代重叠作为一种形态手段尚未发展起来(Kennedy 1964),为此,为强化单音状态形容词的描写性而重叠并构成重言的动因之说并不能成立。

依据以上讨论,本文尝试重新提出命题。我们设想,由于的确有部分 AA 式跟 A 式存在词形和语义上的关联,不妨假设单音节状态词来自重言,检查二者之间是否的确存在本体上的联系。

我们先观察数据。①

――――――――――

① 本文以通行《诗经》文本建立了《诗经》重言及与重言相关词汇的数据库,并用向熹(2014)《诗经词典》对字词加以校准。据向熹(1987),《诗经》同形双字词包括少量名词、动词,但一直有争议,本文统计时予以排除,有"子子、孙孙、处处、燕燕、语语、宿宿、信信"。依杨建国(1979),《诗经》单音节形容词区分性质和状态两类,性质形容词构成形容词重叠式,例如"高"和"高高",状态形容词构成重言词。不过,这种观点存在争议,例如朱广祁(1985)认为"高"应是"皋"。《诗经》当时是否已经产生性质形容词及其重叠式尚未确证,本文暂时将单字可能呈现出性质属性的同形双音词归入重言。全部重言 353 个。

A）重言 353 个，出现 669 次；

B）单音形容词 786 个，出现 3 334 次；①

C）有同字单音形容词的重言 192 个，出现 422 次；

D）有同字重言的单音形容词 192 个，出现 1 810 次；

E）与复音词单字对应的重言 21 个，出现 44 次；②

F）无相应重言的单音形容词 594 个，出现 1 525 次；

G）专用于重言的单字 140 个，出现 208 次。

图 1 勾勒出重言与单音状态词之间的关系以及其他关联：

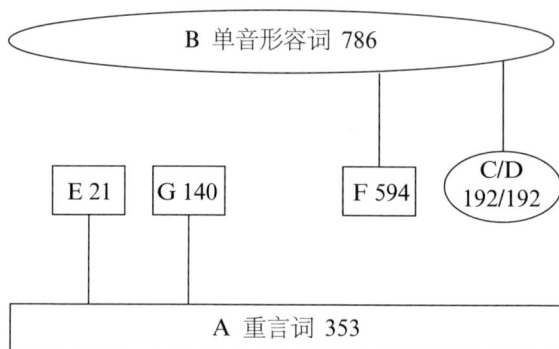

图 1　重言与单音状态词之间的关系及相关数据

图 1 仅从字形符号观察。C 和 D 的单音形容词跟重言形成关联，数据都是 192 项，但视角不同。C 表示重言中有 192 项演变脱落为单音词，尚有 353 项还保留重言形式。反之，D 则表示在 786 项单音词中已有 192 项组合成重言。无论持哪种观点，都存在重言跟单音词之间可能在词义或功能上的渊源关系，但也可能只是字形符号相同关系。这是下文要讨论的问题。

---

①　《诗经》时代，词类的分别尚处于混沌状态，单音形容词是个宽泛的用语，实际上不仅包括状态形容词(和萌芽的性质形容词)，还可能包含表状态副词、表状态动词，以及形名、形动、形副等兼类词，本文以《诗经》中能充当修饰语或谓语的单字为收录和统计对象。例如，"昌"可做动词、形容词和名词，做名词则不取或不统计，譬如"子之昌兮，俟我乎堂兮"(《郑风·丰》)，"昌"做名词不统计。当然这是有争议的，《毛传》"昌，盛状貌"，描写性更强，很难将之视作名词。《周颂·雝》"燕及皇天，克昌厥后"，其中"昌"为文王名(孔颖达《正义》)，则为名词。

②　本文复音词包括联绵词、词头词和所谓衬音词，不包括重言。详见第 4 节的讨论。

E 是一个断点,表示这部分重言尚未发生单音化演变。但复音词单字与重言同形是偶合还是蕴含演变关系有待考察。F 也是一个断点,是从单字组合产生重言角度看,至少还有约 75.57% 的单字尚未发生重叠。G 是从整个《诗经》用字角度看,重言中的每个单字既不独立出现也不是重言外任何词的构成单位。这究竟意味着什么呢? G 类 140 项(金守拙统计 139 项)并不是一个小数目,而且出现达 208 次,不可能是偶发的。也许放在更大的文献范围或者跨时代范围,这些汉字可能会呈现。以"本书《诗经》证本书"而论(曹先擢 1980),我们赞同金守拙(Kennedy 1964)的观点,这些字就是专门为记录重言词创造的。西周春秋的人们掌握了汉字的造字方法,特别是假借方法,他们很乐意采用这样的技能来记录口语里讲出来的声音。这样的声音从前不曾记录,需要借助汉字记音方法和技巧,因此十分自然,毫无造作。

以上讨论只在表面上提供了推测结果的数据,尚未论证。C 和 D 的单字词跟重言之间的对应仅仅反映了字形上的表面关联,并未讨论是否存在二者意义和功能上的真实关系。我们需要在深层次上真正论证《诗经》重言词的原生性质,或者单字词来自重言的假说。

2 基于用字分布的《诗经》重言分类

利用《诗经》数据库,我们发现重言与单字之间存在三类用字分布关系。讨论之前,我们先说明本文所使用的术语。通常,先秦重言词、联绵词、复合词等统称复音词,为与重言对着说方便,本文复音词仅指联绵词、词头词(包括有字式、其字式、斯字式等)、后附衬字双音结构。(周法高 1973;朱广祁 1985;石锓 2010)其中,后附衬字结构较独特,计数暂时归入联绵词。①

2.1 | 型:有重言而无单字

这一类重言共 140 例(占比 39.66%),就是金守拙(Kennedy 1964)所说

————————

① 本文所指联绵词仅指形容词性联绵词。

的"为记录重言创造的汉字",①它们不出现在《诗经》任何其他分布位置,不能独用,也不构成复合词。列举如下(重言以单字形式列出,下同):②

　　蔼,嗷,傍,犇,怭,煇,儦,瀖,怲,幝,蚩,冲,惉,仳,踧,切,蹲,
峨,苃,幡,騑,霏,唪,杲,仡,阁,耿,唅,痯,浩,熇,嚣,薨,喤,煌,
哕,翙,踖,濊,伎,婴,矫,湝,斤,菁,兢,赳,踽,鞙,悁,骙,连,鄰,
栾,律,芒,浼,懞,泳,绵,薿,蘱,浓,旁,庞,伾,傲,锵,蹻,谯,翘,
骙,衺,伃,祛,渠,瞿,瀼,穰,陕,懆,汕,诜,駪,湜,叟,穟,傞,啴,
惕,簧,趯,阗,佻,僮,愽,烊,脱,丸,铧,濊,习,潚,僊,儵,哓,潇,嚣,
欣,嬛,岩,咽,决,洋,喓,弈,驿,殷,钦,呦,濊,俣,嗅,虆,或,蜎,
昀,战,罩,晢,晰,蛰,蓁,殖,挃,惴,哼,谆,灼,訧

《诗经》是中国最早用字最多的文献。可即使如此,金守拙的说法让我们知道,《诗经》时代仍然是大规模造词和造字时代,《诗经》的"重言用汉字"就是这个时代造字的结果。

　　不过,我们借助"先秦甲骨金文简牍词汇数据库"(殷周到春秋、战国时期)对这部分汉字进行检索,③又有了新的认识。金守拙所说"重言用汉字"还可分为两类,一类是甲金文中没有的字,判断确是重言记录者利用会意、形声等造字规则从字形上创造了新的汉字。例如:蔼,儦,霏,煌等,计110个;二是商代、西周和春秋甲金文已有的汉字,大多表示人名、地名、族名、族徽等特定意义的字。例如:蚩,斤,庞,旁,嚣,杲,栾,瀼等,有12个。其他18个为战国时期的字,④例如:騑,唅,浩,芒,钦,战等。严格说,出现于甲金文的这些字跟重言用字意义并不相干,我们或许可以认为《诗经》重言用字仅仅是利用了这样的字形造词而已,其中的单字可能跟被借用的字形有同音关系(假借),目的是创造摹声拟态词。

---

　　①　金守拙(Kennedy 1964)计数139个,但未列出这批重言词项,此处无法与本文数据对比观察。

　　②　早在19世纪,中国清代学者王筠撰《毛诗重言》,该书上篇包括所谓"不取义者",即重言单字无义,纯作为记音符号用,"同字而义别"则可能是借字,即假借字,都对应金守拙"为记录重言创造的汉字"。

　　③　本研究参考台湾"中央研究院"历史语言研究所金文工作室制作之"先秦甲骨金文简牍词汇数据库"(殷周到春秋、战国时期)。网址:http://inscription.sinica.edu.tw。

　　④　"战国时期的字"这种说法不易理解,或是战国时期才记录,或因其他原因战国时期才出现于文献。

当然,这种创造或许不是《诗经》记录者独有的,而是全社会逐步创造共有的。检诸其他文献,例如同时期的《尚书》有"兢兢,浩浩,忔忔"和独用的"律,惕,嚚"等,后世战国时期的《楚辞》有"雰雰,浩浩,呆呆,穰穰,阗阗",还有独用的"矫,佻,脱"等,这些共同用字证实造字是记录新词必然而不可或缺的方法,并有继承性。由此也可以推断,金守拙的看法是睿智和可取的。例如"儦,瀌"实际上是为摹声拟态创造的不同语境下的不同字形。既然这一类型的字是专为重言创造的汉字,就一定不是单字组合而成的。

2.2　Ⅱ型: 重言(字符)与单字同形

从数据库查检结果发现,重言用字与单字同形数量是192对。[①] 字符同形是单字构成重言观点的基石,事实是否支持此观点呢? 我们进一步观察二者字符意义的关联,又可分为两个次类。

Ⅱa型: 重言义与单字义无关,148例(占比41.92%,出现271次)。详列如下:

> 卬,敖,板,薄,奔,麃,镳,采,懆,苍,草,掺,虫,仇,楚,旦,登,
> 涤,棣,丁,耳,发,番,反,肺,逢,冯,弗,茀,浮,皋,关,管,灌,膍,
> 许,虺,喈,活,缉,几,济,渐,将,强,交,胶,骄,揭,嗟,孑,桀,捷,
> 矜,京,究,居,槛,溃,离,栗,邻,令,迈,枚,梦,靡,勉,莫,泥,孽,
> 旆,彭,蓬,平,戚,栖,祁,祈,俟,契,跄,溱,青,悼,裳,蛇,牲,绳,
> 施,湿,实,薮,绥,琐,汤,滔,慆,陶,提,佗,橐,唯,鼍,温,沃,闲,
> 宪,萧,偕,泄,骍,休,湑,谑,熏,言,晏,厌,央,阳,养,业,依,猗,
> 揖,抑,逸,绎,殷,英,营,雝,优,与,愈,渊,爰,跃,牂,凿,泽,增,
> 湛,招,烝,秩,濯

这类现象前贤时彦做了大量研究。向熹(1987)归纳说:"虫虫"是热气蒸腾的样子,与昆虫的"虫"没有联系;"湿湿"是牛耳动摇的样子,与"干湿"的"湿"没有联系;"登登"是用力筑墙的声音,与"登升"的"登"无关。这其

---

① 单字统计时,出现于复合词的单字可视为单字。例如"缉"无单独出现,只出现于联绵词"缉熙"、重言"缉缉"和复合词"缉御"。

实明白无误地指出：单字跟重言的字形对应完全可能是创造重言的时候人们借用了已有的汉字符号(重点在语音)来记录重言，即"六书"上的假借。例如："弗弗"(《谷风之什》：飘风弗弗)，应是"发发"的假借字；"胶胶"(《郑风》：鸡鸣胶胶)，《毛传》"胶胶，犹喈喈也"，也是假借字；"鸧"(《商颂》：八鸾鸧鸧)，本字或作"锵锵"。假借是一种较之造字更方便简洁的办法，因此数量众多。此处列举数例，详见表1。

表 1　重言义与单字义无关例词

重言	《毛传》释重言	《毛传》释单字	向熹释重言	向熹释单字
敖	敖敖，长貌	敖，游也	身材高大的样子	游玩；骄傲
旦	信誓旦旦然	旦，明	真诚恳切的样子	明；明亮
登	登登，用力也	登，成也	用力筑墙声	由低处到高处
棣	棣棣，富而闲习也	棣，唐棣也	雍容娴雅的样子	树名
弗	弗弗，犹发发也	弗，去也	风疾吹声	否定副词，不
灌	灌灌，犹款款也	灌，丛生也	情意恳切的样子	灌木
愦	愦愦，乱也。	愦，遂也	同"愦愦"昏乱的样子	乱；盛怒的样子
邻	邻邻，众车声也	邻，近	通"辚辚"。车行声	邻里；邻近的人
迈	迈迈，不说也	迈，行也	怨恨的样子	行；远行
靡	靡靡，犹迟迟也	靡，无也	步行缓慢的样子	无；没有
蓬	蓬蓬，盛貌	蓬，草名也	茂盛的样子	蓬草
祈	祈祈，徐也	祈，求也	舒徐的样子	向鬼神祷告
溱	溱溱，众也	溱，水名也	众多的样子	河流名
青	青青，茂盛貌	青，青玉	通"菁菁"茂盛的样子	蓝色或绿色
施	施施，难进之意，	施，移也	徐行的样子	设置；蔓延
蔌	蔌蔌，陋也	蔌，菜肴也	鄙陋的样子	蔬菜
宪	宪宪，犹欣欣也	宪，法也	高兴，得意	法则；榜样

（续表）

重言	《毛传》释重言	《毛传》释单字	向熹释重言	向熹释单字
萧	言不喧哗也	萧，蒿也	马鸣声	祭祀用蒿子
休	休休，乐道之心	休，息也	安闲自得	停止
晏	晏晏，和柔也	晏，鲜盛貌	温柔和悦的样子	鲜艳；华美
殷	殷殷然，痛也	殷，众也	忧伤的样子	众多
爰	爰爰，缓意	爰，于也	从容缓慢的样子	何处；哪里

对比古人《毛传》训释和今人向熹的注解，上列单字义与重言义完全不同。例如"我有旨酒，嘉宾式燕以敖"（《小雅·鹿鸣》），其"敖"字，《毛传》释作"敖，游也"。对比重言"硕人敖敖，说于农郊"（《卫风·硕人》），《毛传》释"敖敖，长貌"，即《诗经词典》（向熹 2014）所说"身材高大的样子"。二者显然完全不是一回事，所以《郑笺》注"敖敖，犹颀颀也"，"颀"是身材修长的样子。再如"其蔌维何？维笋及蒲"（《荡之什·韩奕》），《毛传》"蔌，菜肴也"，对比"佌佌彼有屋，蔌蔌方有谷"（《节南山之什·正月》），《毛传》"蔌蔌，陋也"，即表示"鄙陋的样子"。重言跟单字二者所指完全不同，疑是重言假借该字表音表意而已。（孔祥军点校 2018：82，208，268，437；向熹 2014：3—4，490）

利用假借来造字和创造新词是重言产生的途径之一，要点在于借音。这一点裘锡圭（2013：4）早有所言，"借用某个字或者某种事物的图形作为表音符号来记录跟这个字或这种事物的名称同音或音近的词。这样，那些难以为它们造表意字的词，就也可以用文字记录下来了"。我们深信，裘先生这样的真知灼见用于《诗经》重言再贴切不过了。假借单字造重言只是文字记录语音词的现象，跟单字重叠（形态）没有关系。

Ⅱb型：重言义与单字义相关，包括直接相关和引申义相关，共 44 例（占比 12.46%，出现 149 次）。该类列举如下：

哀，安，苾，惨，粲，迟，绰，瘁，怛，泛，芬，甫，高，好，皓，赫，桓，皇，黄，简，皎，駉，纠，睘，蹶，蓼，烈，明，冥，穆，萋，凄，悄，肃，显，吁，炎，夭，暤，翼，幽，悠，昭，振

古人诂训《诗经》文献众多，经常"以一言释重言"或者"以重言释一言"，似无定则。纵观各经，《毛传》的注释相对出世最早，大多分别重言和单

字训诂。为此,本文判断重言跟单字语义关系时主要以《毛传》为准,个别《毛传》未释则采其他文献(《郑笺》等)。① 有意思的是,重言义与单字的本义原不是一件事,但是许慎的《说文》有时会直接拿《诗经》重言义用作单字的本义,这反过来说明重言义是单字义的来源之一。(向熹 1987:166—176)

表 2　重言义与单字义相关例词

重言字	《毛传》释重言	《毛传》释单字	《说文解字》
哀	[笺]哀哀者,恨不得终养父母报其生长之苦。	[笺](哀我填寡)可哀哉,我穷尽寡财之人。	闵也。从口衣声。
苾	[笺]苾苾芬芬然香。	[笺](苾芬孝祀)苾苾芬芬,有馨香矣。	馨香也。从艹必声。
粲	粲粲,鲜盛貌。	(于粲洒扫)粲,鲜明貌。	为米六斗太半斗,曰粲。从米奴声。
绰	绰绰,宽也。	(绰兮宽兮)绰,缓也。	縴也。从素卓声。
蹙	[笺]蹙蹙,缩小之貌。	(政事愈蹙)蹙,促也。	蹙,迫也。从足戚声。
怛	怛怛,犹切切也。切切,忧劳也。	(中心怛兮)怛,伤也。	怛,憯也。从心旦声。
泛	[笺]泛泛然东西无所定。	(亦泛其流)亦泛泛其流,不以济渡也。	泛,浮皃。从水凡声。
甫	甫甫然大也。	(无田甫田)甫,大也。	男子美称也。从用、父,父亦声。
皓	皓皓,洁白也。	[向熹]明亮;洁白。	晧,日出皃。从日告声。
赫	赫赫,显盛貌。	(以赫厥灵)赫,显也。	赫,火赤皃。
桓	桓桓,威武貌。	(玄王桓拨)桓,大。	桓,亭邮表也。从木亘声。
皇	皇皇,美也。	(上帝是皇)皇,美也。	皇,大也。从自。自,始也。
黄	[笺]冬则衣狐裘黄黄然。	(绿衣黄里)黄,正色。	黄,地之色也。
皎	[集疏]皎皎,絜白也。	(月出皎兮)皎,月光也。	皎,月之白也。从白交声。《诗》曰:"月出皎兮。"
駉	駉駉,良马腹干肥张也。	(在駉之野)牧之駉野,则駉駉然。	駉,牧马苑也。从马同声。《诗》曰:"在駉之野。"

———————————

① 这个做法跟曹先擢(1980)提出的"以本书证本书"思路是一致的,即以《诗经》证《诗经》。

重言字	《毛传》释重言	《毛传》释单字	《说文解字》
纠	纠纠，犹缭缭也。	[笺]（其笠伊纠）见戴纠然之笠。	绳三合也。从纟、丩。
睠	[笺]睠睠，有往仕之志也。	（睠言顾之）睠，反顾也。	睠，顾也。从目桊声。《诗》曰："乃睠西顾。"
蹶	蹶蹶，动而敏于事。	（天之方蹶）蹶，动也。	蹶，僵也。从足厥声。一曰跳也。
蓼	蓼蓼，长大貌。	（蓼彼萧斯）蓼，长大貌。	蓼，辛菜，蔷虞也。从艹翏声。
烈	烈烈，威也。	（载燔载烈）傅火曰燔，贯之加于火曰烈。	烈，火猛也。从火列声。
冥	[笺]冥冥者，蔽人目明，令无所见也。	（哕哕其冥）冥，幼也。	冥，幽也。
穆	穆穆，美也。	（于穆清庙）穆，美。	穆，禾也。从禾㣎声。
凄	凄凄，凉风也。	（凄其以风）凄，寒风也。	凄，云雨起也。从水妻声。《诗》曰："有渰凄凄。"
萋	萋萋，茂盛貌。	（卉木萋止）[向熹]茂盛；美盛。	艹盛。从艹妻声。《诗》曰："菶菶萋萋。"
悄	悄悄，忧貌。	（劳心悄兮）悄，忧也。	悄，忧也。从心肖声。《诗》曰："忧心悄悄。"
肃	肃肃，敬也。	（曷不肃雝）肃，敬。（肃雝显相）肃，敬。	持事振敬也。从聿在渊上，战战兢兢也。
吁	吁吁，大也。	（洵吁且乐）吁，大也。	诡讹也。从言于声。一曰吁，譀，齐、楚谓信曰吁。
炎	炎炎，热气也。	（秉畀炎火）炎火，盛阳也。	火光上也。从重火。凡炎之属皆从炎。
夭	夭夭，其少壮也。	（夭之沃沃）夭，少也。	屈也。从大，象形。凡夭之属皆从夭。
曀	如常阴曀曀然。	（终风且曀）阴而风曰曀。	曀，阴而风也。从日壹声。《诗》曰："终风且曀。"
翼	翼翼，敬也。	（有严有翼）翼，敬也。	冀，翄也。从飞异声。
悠	悠悠，忧也。悠悠，远意。	（悠哉悠哉）悠，思也。	悠，忧也。从心攸声。
昭	[严粲《诗缉》]其音昭昭然明亮。	（于昭于天）昭，见也。	昭，日明也。从日召声。
振	振振，群飞貌。	（振露于飞）振振，群飞貌。	振，举救也。

　　观察表 2 中这些实际词例可知，多数重言与相应单字意义吻合，主要有以下几类。首先是有些内容注释上直接呈现出二者意义的关联。例如"是烝是享，苾苾芬芬"，《郑笺》曰"既有牲物而进献之，苾苾芬芬然香"，对比单字句子"苾芬孝祀，神嗜饮食"，《郑笺》释之为"苾苾芬芬，有馨香矣"，重言句的"苾苾芬芬"用在单字句则是"苾芬"，后者明显沿用了前者的词义。再如"于粲洒埽，陈馈八簋"（《鹿鸣之什·伐木》），《毛传》对其中单字的训诂是：粲，鲜明貌。对比重言"西人之子，粲粲衣服"（《谷风之什·大东》），《毛传》训"粲粲，鲜盛貌"，二者词义相近，很像是在互训。同类的还有"于穆清庙，肃雝显相"（《清庙之什·清庙》），《毛传》"穆，美（也）"。对比"穆穆文王，于缉熙敬止"（《文王之什·文王》），《毛传》"穆穆，美也"。

　　其次，有些通过词头词与重言等价而义同。例如"世之不显，厥犹翼翼"，《毛传》"翼翼，敬也"。可是我们注意到前贤曾提出"重言跟有字式相当"的观点（王先谦 1987：616），例如"有严有翼，共武之服"，《毛传》"翼，敬也"。此处翼＝有翼，有翼即翼翼。这个现象下文还会讨论。

　　还有一类更是直接采用重言义训诂单字，例如"駉駉牡马，在坰之野"（《駉之什·駉》），《毛传》训释"駉駉，良马腹干肥张也"，即马肥壮的样子。对比单字用例"薄言駉者，有骍有皇"（《駉之什·駉》），《毛传》"牧之駉野，则駉駉然"。这里竟用重言释训单字，意味着把重言意思直接加于单字。又如"振振鹭，鹭于下"（《鲁颂·有駜》），重言诂训"振振，群飞貌"；而单字句子"振鹭于飞，于彼西雝"（《周颂·振鹭》），《毛传》的训释"振振，群飞貌"，直接把训释重言的诂训用于单字及其意义。

　　再如"赫赫南仲，玁狁于襄"（《鹿鸣之什·出车》），《毛传》"赫赫，盛貌"；"赫赫师尹，民具尔瞻"（《节南山之什·节南山》），《毛传》"赫赫，显盛貌"；"明明在下，赫赫在上"（《文王之什·大明》），《毛传》"文王之德，明明于下，故赫赫然着见于天"。与以上三项重言对比："以赫厥灵，上帝不宁"（《大雅·生民》），《毛传》训"赫，显也"。这表明单字义跟重言义一致，甚或用重言直接注释单字，例如"瑟兮僩兮，赫兮咺兮"（《卫风·淇奥》），《毛传》这一句的训诂是"赫，有明德赫赫然"。

　　从重言整个体系观察，Ⅰ型和Ⅱa型已占据 81.58% 比率（288 项），前者是重言造字，后者是重言借字（假借），都跟单字义没有关系，由此可推断《诗经》时代的重言自身具备一种重言义。重言义就是重言的词义或本义。据以上分析，Ⅱb 型数量较少，表面上好像重言义与单字义相同或相近，真正原因是单字意义袭用了重言意义，或者是单字被直接用重言义训释。数量统计上看，Ⅰ型和Ⅱ型（Ⅱa 和Ⅱb 型）占全部重言的 94.05%。换言之，几乎所有重言都不可能来自单字组合。

不过，Ⅱb 型还有极少量重言性质略显特殊，以当今角度看，它们具有一定"现代性"，呈现出《诗经》后世才具有的性质形容词重叠功能，暂称为Ⅱbx型。表 3 列出例词。

表 3　重言义与特定单字义相关例词

重言	《毛传》释重言	《毛传》释单字	《说文解字》
高高	［笺］天高又高	（崧高维岳）崧，高貌。山大而高曰崧。	崇也。象台观高之形。从门、口。
惨惨	惨惨，犹戚戚也。惨惨，犹不乐也。	［向熹］（劳心惨兮）忧愁不安。	毒也。从心参声。
迟迟	迟迟，舒行貌。	（汤降不迟）不迟，言疾也。	徐行也。从辵犀声。《诗》曰："行道迟迟。"

词语的现代性蕴含了历史的过程。以"高高、惨惨、迟迟"为例，这三个叠形词（叠字）的单音节词基现代已具备性质形容词属性。例如可受程度副词修饰：很高，最高；很惨，极惨；略迟，太迟。可以重叠：高高（个子），高高（举着）；（阴风）惨惨，惨惨阴风，白惨惨（地）；迟迟未动（"迟"重叠后仅做状语）。只是它们各所具备的属性程度呈现差异。不过这是后话，Ⅱbx 型在《诗经》中尚未显露出典型性质形容词的特征。这批词还有：好好、简简、安安、明明、显显、幽幽。

Ⅱbx 型虽然数量上少，却很有可能是单字（词）构成重言观念的起始。为此，我们要明确，重言跟单字义的相关性来自后世人们的释读，具有主观性。例如"偕偕"，《毛传》释："偕偕，强壮貌"（《小雅·北山》："偕偕士子，朝夕从事"）；单字"偕"，《毛传》释"偕，俱也"（《国风·击鼓》："执子之手，与子偕老"）。二者词义上没有什么关系，"偕偕"可能是字符假借。可是，《说文解字》释"偕，强也。从人皆声。《诗》曰：偕偕士子"，并直接指明字义来自重言。所以这个重言跟单字关系应归入Ⅱa 型而不是Ⅱb 型。

更具启发意义的是沈家煊（2011）的研究，他对现代汉语词类提出一个超出习见的分类观点，认为汉语名词、动词、形容词是一个大类，与状词对立,其次才是包含名词、动词和形容词的大名词分类。状词又称摹状词,等同于下文讨论的状貌词。跟形容词相比,无论单字还是双字,无论《诗经》时代还是现代,重言是一种尚未深入研究的词类,不仅《诗经》,整个先秦直至现代,它一直处于名动形对立的状貌词一边,造成诸多迷茫。人们误把重言看作重叠的前身,或者认为重叠是对重言的继承,都源自此。

2.3 Ⅲ型: 重言跟复音词用字同形

第 1 节附注特别做了声明: 本文复音词仅指带词头的词头词和联绵词、衬音词。有部分重言用字出现于这些词中,即这些单字不独立出现,共 21 个,占 5.66%。以下列出重言与复音词对应的汉字:

词头词: 鸧鸧—有鸧;忡忡—有忡;荡荡—有荡;霏霏—其霏;洸洸—有洸;喈喈—其喈;弥弥—有弥;芃芃—有芃;翩翩—有翩;玱玱—有玱;颙颙—有颙。

联绵词和衬音词: 崔崔—崔嵬;涣涣—判涣;坎坎—坎其;涟涟—涟猗;绵绵—绵蛮;湜湜—湜彼;(翩翩)—有翩;(翩翩)—翩彼;委委—委蛇;摇摇—漂摇;嘤嘤—嘤其。

首先,这批词全部具有摹声拟态特点,而摹声拟态是最主要的重言造词方式(江荻 2021),其次,与重言相应的复音词又可分成词头词和联绵词两类,只有词头词中与重言相应的单字获得(重言的)赋义,联绵词(和衬音词)所包含的单字未予赋义。这个原因跟王先谦(1987)所说"重言跟有字式相当"必定有关,也一定是《毛传》诂训的依据。试观察表4:

表 4　重言与含同形单字的词头词对应例词

重言	类别	对应	类型	《毛传》释重言	《毛传》以重言义释单字及同义判断
鸧鸧	摹声	有鸧	词头	八鸾鸧鸧,言文德之有声也。	(鞗革有鸧)言有法度也。 [诗集传]有鸧,声和也。
忡忡	拟态	有忡	词头	忡忡,犹冲冲也。	(忧心有忡)忧心忡忡然。
荡荡	拟态	有荡	词头	[笺]荡荡,法度废坏之貌。 [诗集传]荡荡,广大貌。	(鲁道有荡)荡,平易也。
霏霏	拟态	其霏	词头	霏霏,甚貌。	(雨雪其霏)霏,盛貌。

(续表)

重言	类别	对应	类型	《毛传》释重言	《毛传》以重言义释单字及同义判断
洸洸	拟态	有洸	词头	洸洸,武貌。	(有洸有溃)洸洸,武也。
喈喈	摹声	其喈	词头	喈喈,和声之远闻也。	(北风其喈)喈,疾貌。(声)
弥弥	拟态	有弥	词头	(河水弥弥)弥弥,盛貌。	(有弥济盈)弥,深水也。
芃芃	拟态	有芃	词头	麦芃芃然方盛长。 芃芃,木盛貌。芃芃,美貌。	(有芃者狐)芃,小兽貌。
翩翩	拟态	有翩	词头	翩翩,往来貌。	(旟旐有翩)翩翩,在路不息也。
玱玱	摹声	有玱	词头	玱玱,声也。	(有玱葱珩)玱,珩声也。
奕奕	拟态	有奕	词头	奕奕,大貌。	(万舞有奕)奕奕然闲也。马瑞辰《通释》:万为大舞,故奕为大貌,闲亦大也。
颙颙	拟态	有颙	词头	颙颙,温貌。	(其大有颙)颙,大貌。

从表4例词来看,显然,《毛传》训释方法是不计词头,单训词头词的词根。例如"玱,珩声也"训"有玱葱珩"(《小雅·采芑》)之有字头的"玱"。"喈,疾貌"训"北风其喈,雨雪其霏"(《国风·北风》)之"喈",《毛传》重言曰"喈喈,和声之远闻也",表示声音,所以"疾貌"应指声音,后来朱熹《诗集传》(1958:26)说"喈,疾声也"。扩展一下来看,"喈喈"在《诗经》中描述了多种声音,黄鸟声、鸡鸣声、仓庚声、鼓钟声、八鸾声等。再如,"芃,小兽貌",训"有芃者狐,率彼幽草"(《小雅·何草不黄》),跟《毛传》描述重言"芃芃"的几处诂训(① 麦芃芃然方盛长。② 芃芃,木盛貌。③ 芃芃,美貌)相比,依描述狐的语境发生转义,但总体仍然呈现物体蓬松茂盛状态,更为具体而已。据前贤研究,《诗经》时代部分词已脱落词头,(王力 1980:219;周法高 1973:203—223)《毛传》弃词头单释词根于义并无大碍,不影响词义。

还应该提到"有荡",《毛传》说"荡,平易也"(鲁道有荡,齐子由归),可是却未训释"荡荡"。从《郑笺》对重言的训释来看,"荡荡,法度废坏之貌"(荡荡上帝,下民之辟),似乎引申过头了。总之,从以上词例均可看出,《毛传》训诂词头词单字的时候,基本沿用重言意义,只是斟酌具体语境使表达更具象一些。例如跟重言"玱玱"相当的"有玱"体现为一种具体的声音,即玉的碰撞声。如果词头词所表达跟重言相差不大,则直接用重言训释词头词。例如:

忡忡:《毛传》忡忡,犹冲冲也。(未见君子,忧心忡忡。《召南·草虫》)

有忡:《毛传》忧心忡忡然。(不我以归,忧心有忡。《邶风·击鼓》)

洸洸:《毛传》洸洸,武貌。(江汉汤汤,武夫洸洸。《荡之什·江汉》)

有洸:《毛传》洸洸,武也。(有洸有溃,既诒我肆。《邶风·谷风》)

有趣的是,《毛传》对于跟重言对应的联绵词用字大多未给出训释,或有训释却不相关,例如,"陟彼崔嵬",《毛传》训释"崔嵬,土山之戴石者"。又有"维山崔嵬",《毛传》训"崔嵬,山颠也"。再如,"继犹判涣",《毛传》释读"判,分;涣,散也",《毛传》分作单字解读,跟"涣涣"无关。"绵蛮黄鸟",《毛传》训"绵蛮,小鸟貌",跟"绵绵"没有关系。惟有一例直接用"坎坎"训释:"坎其击鼓",《毛传》训作"坎坎,击鼓声",似与"坎坎"义有所相关。[①] 总的说,这意味着联绵词当中的单字很难独立代表联绵词的意思。有两个例外,"淠彼"例,《毛传》"淠,舟行貌",仅仅训诂单字"淠",目前我们找不到早期或者同期的其他用字文献。对于"涟猗",《毛传》仅训"涟",曰"风行水成文曰涟"。向熹(2014:299)明确指出:"'涟'、'猗'不是一个词,也不在同一个语法层次,六朝开始,'涟猗'词汇化为复音词,表示风吹水面而成的波纹。"再有"翩翩"形式上既跟词头词"有翩"相应,又跟联绵词"翩彼、翩其"相应,但语义上应该只跟词头词相关。

表 5 重言与含同形单字的联绵词对应例词

重言	类别	对应	类型	《毛传》训重言	联绵单字与重言义判断
崔崔	拟态	崔嵬	联绵	崔崔,高大也。	×
涣涣	摹声	判涣	联绵	涣涣,春水盛也。	×
坎坎	摹声	坎其	衬音	坎坎,伐檀声。	×
绵绵	拟态	绵蛮	联绵	绵绵,不绝貌。绵绵,靓也,	×
委委	拟态	委佗	联绵	委委者,行可委曲踪迹也。	×
摇摇	拟态	漂摇	联绵	摇摇,忧无所愬。	×

---

① 表4前附的"其"为词头词,表5后附的"其"在2.3小节暂归衬音词以及联绵词一类。参看周法高(1973:296—299)。

重言	类别	对应	类型	《毛传》训重言	联绵单字与重言义判断
嘤嘤	摹声	嘤其	衬音	嘤嘤，惊惧也。	×
翩翩	拟态	/翩彼/翩其	联绵 联绵	翩翩，往来貌。	×（翩彼飞鸮）翩，飞貌。 ×（翩其反矣）翩，反貌。
泭泭	拟态	泭彼	衬音	泭泭，众也。泭泭，动也。	×（泭彼泾舟）泭，舟行貌。
涟涟	拟态	涟猗	特殊	[集疏]《韩》说曰：涟涟，泪下貌	×（河水清且涟猗）风行水成文曰涟

重言跟词头词词义相关不是什么新的见解，清代晚期王先谦（1987：616）已提出"有字式跟重言相当"的观点。王显（1959）提出，三家诗中有些"其霏"写作"霏霏"，他说，"如果'其霏'不是相当于'霏霏'，这个现象就很难解释"。所以他很赞成王先谦的观点，更提出其字式跟重言相当的观点。早期汉语词头词脱落前置词头的原因较为复杂，此处不赘。

总之，用重言训释词头词中同形单字似乎词义上能相互关联，但其真实的原因还有待考察。而重言跟联绵词或后附衬音词中的单字似无关联，这个现象对早期联绵词源自重言观点不予支持，（朱广祁 1985：184；向熹1980：（6）：32）其中原因也需进一步考察。

从统计角度看，在全部353个重言中，统计数量分别是：

Ⅰ型140词，占比39.66%；

Ⅱ型192，占比54.39%；

　　Ⅱa型148词，占比41.92%；

　　Ⅱb型44词，占比12.46%；

Ⅲ型21词，占比5.94%。

以上重言用字分类的价值何在呢？Ⅰ型使我们知道，造字功能的存在彻底否决了重言来自单字重叠的可能性；Ⅱa型使我们明白，即使重言所用汉字跟单字字形一样，但重言义跟单字义无关的客观资料完全否定了重言来自单字重叠的臆断，二者同形无非是字符假借造成的。至于Ⅱb型，明显是训诂学家主观上以重言为单字赋义造成。Ⅲ型可判定词头词单字义源自重言义。至此，我们基本论证完重言的字形类型和语义类型，也阐明了重言跟相应单字以及跟其他复音词的关系，并揭示了重言的真实来源。

3　状貌词和表现形态作为重言产生的动因

3.1　重言词的描摹分类

《诗经》重言词用字分析全盘否定了重言来自单字加合的观点,更不存在语法性质的重叠方法或形态。①《诗经》中之所以产生重言的动因和机制与人类语言的发生和发展有密切关系,从语言本体而言,任何语言都起始于词汇的产生和丰富。而传统形态构词方法,例如重叠成熟之前,一定有某种更直接造词的办法。

观察《诗经》重言义,很容易注意到重言的后世注解通常有"……貌"和"……声"的类别,例如《毛传》：叟叟,声也;赳赳,武貌。这实际是摹声和拟态释义概念,说明重言的产生跟说话人造词表达有关,是一种借助真实世界的声音和景象的主观说话行为。

从词源来看,摹声拟态是人们在缺乏所表达对象词汇的时候临场造词的方法,跟从心理词库提取已有词汇或者词法构词不同。摹声是模仿客观世界的声音并指称声音所代表的事物或状态,拟态是模拟心理上呈现声音意象的事物或状态,借以创造出音义象似词(phonosemantic),通称状貌词(ideophone)。状貌词是一种很特殊的词汇,在现代语言学范式下是一种经常用特定代码命名的词汇,例如汉语的 AB 式、ABB 式、xA 式、A 里 AB 式等。重言可称 AA 式。很明显,汉语重言状貌词有着古老的来源。② 摹声和拟态的共同点都是对事物的描摹,心理上勾画出一幅动态图景,这是表现形态造词的重要特征。以下观察《毛传》的注解及呈现的类别。

（1）摹声

邻邻,众车声也。令令,缨环声。

---

①　金守拙指出："忧"出现 82 次却不重叠,说明不存在重叠的能产过程。（转引自周法高 1973：103）

②　《诗经》时代及《诗经》之前必定已出现大量重言,有些重言甚至延续 3 000 年至今。但是,这并不排斥后世继续产生重言状貌词,只是因为其他构词方法的丰富,重言类状貌词比率和数量逐渐减少。

　　挓挓，穰声也。哓哓，惧也。

（2）拟态

　　蚩蚩，敦厚之貌。猗猗，美盛貌。

　　皓皓，洁白也。营营，往来飞貌。

（3）摹声和拟态

　　爗爗，震电貌。此例描摹雷电状貌，既有雷声也有闪电，摹声和拟态共存。

　　謔謔然喜乐。《说文》注解：《诗》曰"善戏謔兮"，勾勒出以言相戏图景，同时伴有言声、笑声。

（4）摹声或拟态

　　雝雝，雁声和也。又作：雝雝，和也。此例有二解，一是声音，一表和悦貌。

　　冲冲，凿冰之意。又作：冲冲，垂饰貌。此例有二解，一是摹声，状凿冰之声，一是拟态，表垂貌。

在这四类重言状貌词中，"邻邻"似乎让人听见车轮碾压道路的声音，又有车轸辘旋转摩擦吱呀声，还有车架上的挂件碰撞清脆声，汇集了一幅车驾移行活动图景。"蚩蚩"勾勒出说话者描绘之人老实憨厚的面容和拘束的神形，让人产生怜惜之情，此时的无声情景似乎也成为一种可描摹的声音。"爗爗"则唤起雷电交加的骇人图景，让人生畏。"謔謔"勾勒出欢声笑语的场景。"雝雝""冲冲"等重言《诗经》中出现了两次以上，有时候用作摹声，有时用作拟态，进一步坐实拟态在心理上呈现出摹声状貌。据我们统计，在《诗经》全部重言中，拟态重言 292 例，摹声重言 50 例，摹声和/或拟态 11 例。摹声和拟态都是对事物或者状态的主观表达，一种根据物体特征或状态引发想象的声音描摹。①

　　对重言具有描摹图景功能的认识并非产生于现代，约 1 500 年前南梁文人刘勰（1986：410）针对《诗经》重言有过极为生动的描绘："灼灼状桃花之鲜，依依尽杨柳之貌，杲杲为出日之容，漉漉拟雨雪之状，喈喈逐黄鸟之声，喓喓学草虫之韵。"其中"鲜、貌、容、状、声、韵"用字简直把各个重言词的生动景象描摹得淋漓尽致："灼灼"那种火焰般的红晖、"依依"这般和柔飘摇的曼妙景象、"喈喈"仿萌鸟乞食屏弱之声。这些都是其他普通词语难以绘出的场景功效。

_____

①　参看文后附录 2：《诗经》全部重言用字分类列表。

为什么重言有如此独特的价值呢？这事需要从状貌词及其理论基础来考察。首先应该指出，《诗经》是我国上古时期最早记录的口语性文本之一，（向熹 1987：166—176）传承了大量商周以后成熟的词汇，尤其是甲金文时代难以用文字记录的描摹性词汇。① 其次，随着记述和诗歌文学的发展，言情绘意不可回避，促使人们创造出大批字符来记录它们。于是口语中多音节性的重言、联绵等描摹性词汇爆发性地呈现于书面文献。《诗经》就处于这样一个造词、造字、造文化时代，有意无意中揭示出语言发展史上一个极为重要的现象，即表现形态造词和造字记录状貌词。

3.2 状貌词和表现形态理论

上文已提到重言可归入状貌词，可究竟什么是状貌词呢？据 Kilian-Hatz（2006）研究，20 世纪 70 年代前，有关状貌词的研究基本局限于非洲语言，关注的学者不多。直到 20 世纪 80 年代之后，特别是进入 21 世纪以来，人们逐步认识到状貌词可能是人类语言的普遍特征。（Dixon 2010）状貌词（ideophone）这个术语是语言学家克莱门特·杜克（Doke 1935：118）研究非洲班图语时提出来的，界定为："用声音生动地表达一种思想。一个词，通常是拟声词，用来描述谓语、限定符或副词在方式、颜色、声音、气味、动作、状态或强度方面的变化。"此后，人们研究世界各地语言状貌词时也给出了各种定义，例如 Dingemanse（2011：34）提出的定义是："状貌词是描述感官意象的有标记词。"Akita 和 Pardeshi（2019：13—34）提出的定义是："状貌词模仿广泛范围的感官体验，涉及听觉、视觉、触觉或其他类型的感知。"关于状貌词的跨语言和类型学角度独有特征，Dingemanse 做过多次阐述，其中，状貌词的 5 项普遍特征既可以揭示状貌词的功能，又可以作为判定状貌词的标准。

1. 状貌词是有标记的，即状貌词具有结构上的特性，使其与其他词区别开来。

2. 状貌词是词，即可以列举和定义的约定俗成的词项。

3. 状貌词具有描摹作用，即通过形式和意义之间的结构相似

---

① 特指竹简绢帛等书写材料和工具出现之前用文字记录语言所面临的技术性难点，可能也包括甲金文有限的书写空间，或者卜辞文体的限制。

性来表现图景。

4.状貌词的意义存于广义的感觉意象领域,其中包括对外部世界的感知和内在的知觉与感受。

5.状貌词形成一个开放的词汇类,即一组可开放扩充的词汇项。

Dingemanse(2019：15)根据第 5 条修订了定义:"状貌词是描摹感官意象的有标记的开放性词汇。"这个新定义增加的"开放性"要素非常符合东亚语言实际。例如汪维懋(1999)《汉语重言词词典》收词达 6 700 余条,谢纪锋(2011)《汉语联绵词词典》收入重言词和联绵词 6 400 余条。

中国国内关于状貌词的研究大多分列于各种不同术语名称之下,包括状词(周法高 1973;王辅世,王德光 1983)、貌词(叶萌 1988)、状貌词(何毓玲 1989)、四音格(田德生 1986)、叠音/叠字(朱光潜 1936)、状态形容词(朱德熙 1956)、形容词生动式(吕叔湘 1980)、摹状词(沈家煊 2011),以及各类代码式名称,例如 AA 式、AB 式、ABB 式、AABB 式、A 里 AB 式等。古代文献方面,大致北宋以降各类专名逐步出现,例如张有(1985)《复古编》提出"联绵字",明末方以智(1990)提出"謰语",清末史梦兰编纂《叠雅》用了"重言叠字",清代朱骏声(1984)《说文通训定声》则用"重言形况字、重言状貌字"描述:"凡重言形况字,借声托谊,本无正字。"

用摹声拟态方式造成状貌词是很自然的语用行为,是表达的主观需求驱动的(胡晓靖 2006)。但正如上文 Dingemanse 所列举的普遍特征,状貌词首先会在描摹事物状态声音上呈现它的特征,可能会产生不同于其他词汇的语音配列形式、长音凸显、韵律轻重起伏,以及语音独特结构特征,例如叠音、半叠音、交替叠音或超倍叠音。(张新华,张和友 2020)其次还可能呈现特别的词义倾向,例如褒义或贬义之类。这样的特征都不可能出自传统的语法形态系统,而是来自表现形态。(江荻 2021,2022)

表现形态(expressive morphology)是 Zwicky 和 Pullum(1987)讨论游戏用语(秘密语、谜语、双关语等)和状貌词语时提出来的概念。该理论认为,人在表达客观世界时,会自然形成事物的图景并幻化出与图景相匹配的声音加以描摹,这时候呼出的声音可能就是状貌词:带有强烈主观臆造却又与想象图景相匹配的语音词。所以,Zwicky 和 Pullum(1987：5)认为表现形态所造的词是语法外规则产生的,"需要从普通形态中分离出来加以描述,因为它们涉及特殊的语音、音韵、句法、语义和语用学,并表现出与其他词汇的形态不相关"。

在这个认识基础上,Zwicky 和 Pullum(1987:6)看到了状貌词的形态与普通词的形态之间差别巨大,表现形态的规则不受与普通形态规则相同条件的约束。因此他们认为:表现形态与某种表现性、游戏性、诗意性或单纯的炫耀性效果有关。Dingemanse(2017:371)则补充说:表现形态指的是经常用于状貌词的附加的、好玩的、有序表现重叠和长音的过程。或许这就是状貌词带有语音、结构和语义凸显特征的原因。不过,这样的叙述明显把表现形态推向个体心理的、无规则依赖的主观造词境地,为什么会这样? 不妨观察一个《诗经》案例。

《诗经·陈风·东门之杨》有首诗描述男女约会场景:

> 东门之杨,其叶牂牂。昏以为期,明星煌煌。

这一场景描绘有情人黄昏来到东门,脑海中浮现出情景:城墙边,大杨树,叶儿硕大繁茂,风吹沙沙鸣声。诗境幻化出有情人抬头仰望,树叶飘动呼响。诗人找不到现成的词来描摹这样的鸣响图景,于是随着"杨"字韵脚借用"牂"字重言表达,这是典型的临场造词。随着时间入夜,星空熠熠闪亮,诗人再造字造词"煌煌",描摹自然之景和心中之情。

从状貌词的本质来看,这样的描述是真实的、合情理的。语言始于造词。人在感觉世界的时候会产生表达事物和情感的需求,它要指称事物、陈述动作、描绘状态和表达情感,涉及的对象都要有名称或者代码,并要创造出来且能记住,这一切都是在声音运用和声音制约条件下开展的。客观世界的有声事物或无声事物、动作和状态,都用想象的自认为象似声音的图景逐步固定下来,这是一个自发而自然的复杂过程、社会语用过程。[①] 这个过程可能不断重复,于是词汇增多,语言逐渐形成和发展成熟。

4 结 语

《诗经》词汇如此独特,代表了早期汉语真实的面貌。重言词,还有联绵词、词头词、衬音词、昆虫植物等双音节名物词,以及那些多音节人名地名氏族名,可能都是《诗经》早期语言面貌的呈现者和见证者。本文借探寻重言与单字孰源孰流问题,一方面阐释重言产生之谜,另一方面可以引出一个更

---

① 状貌词产生的主观性源自表现形态理论,而表现形态理论为什么蕴含主观价值则需要从认知科学具身模拟加以解读。有兴趣的读者可参考江荻(2021,2022)。

大的命题:语言始于造词。这是一种新发现的造词方法,人类语言起始时期的造词方法,一种超出当代构词法规则之外的造词方法。

当代语法学,无论何种流派都是基于欧洲语言所建立的体系。可是,当我们研究汉语古老的重言词来源时,那些屈折、派生、附加、重叠等形态方法和复合词法似乎都难给出令人满意的回答。这一方面与欧洲语言缺乏状貌词而未建立相关理论有关,[①]另一方面与重言词的古老产生阶段相关,其时汉语很可能处于语言早期发展时期,尚未产生形态构词方法。为此,可以认为,状貌词研究引出语言始于造词概念,揭示出人类语言起源的发生方式,也意味着状貌词有可能成为透视语言起源和进化的窗口。这就是本文叙述重言造词之于表现形态理论的价值。

半个世纪前,王力先生(1980:45)就睿智地提醒学界"汉语自始就不是单音节语;先秦时代已经有了大量的双音节词。汉语的双音节词有一种特殊的构词法;它们多数是由双声叠韵构成的。古人把纯粹的双音词(不能再分析为两个词素者)叫做联绵词"。尽管王力先生此处仅仅提到联绵词,我们毫不怀疑还可以包括本文讨论的重言词、词头词等。

重言不仅是一种延续至今的古老结构,更是馈赠给后人探索汉语悠久演化历史的宏大印迹。我们期望,《诗经》语言探索者不会止于《诗经》文本,也不会止于甲骨文圈定的3 600年时限,他们更可能上溯5 000年中国语言古史,甚至透视万余年来东亚人类语言历程,揭开最早的汉语原生面貌。(江荻等 2014)我们走进《诗经》,怀着敬畏之心仰望重言,就像我们站在远古的旷野,重言的那种摹声拟态景象、佶屈古朴面貌令我们对古语心生迷惑,引出强烈的探源欲望。难怪金守拙惊叹重言是汉语的"原生形式"(primary forms)而非派生形式。换句振奋的话语来说,重言是汉语的始源词汇,是早期汉语词汇的起点之一,记载着中华文明的起步印迹。

附录 1.《诗经》中用于重言的单字在各种分布中的数量

重言用字在《诗经》中出现于各种可能的词汇结构以及它们的出现数

---

① 更准确地说,当人们构建完整的现代语法体系的时候,很有可能欧洲语言的状貌词大多已经词化为名词、动词、形容词这类词汇。因此,现代欧洲语言语法体系未能对状貌词开展系统性的研究,也未为世界其他语言提供状貌词的研究方案。

量。字母代表重言单字出现的结构。

　　A：单用；

　　B：出现于重言或其他结构；

　　C：仅出现于重言；

　　D：出现于联绵词；

　　E：出现于词头词；

　　F：出现于复合词。

附表 1　《诗经》用于重言的单字的分布(353)

序	重言用字分布	数量	比率	代码
1	重言	140	39.66	C
2	单用—重言—复合	69	19.55	A,B,F
3	单用—重言	64	18.13	A,B
4	重言—复合	17	4.82	B,F
5	重言—词头	13	3.68	B,E
6	单用—重言—词头	10	2.83	A,B,E
7	重言—联绵	9	2.55	B,D
8	单用—重言—词头—复合	9	2.55	A,B,E,F
9	单用—重言—联绵—复合	8	2.27	A,B,D,F
10	单用—重言—联绵	7	1.98	A,B,D
11	单用—重言—联绵—词头—复合	2	0.57	A,B,D,E,F
12	重言—联绵—复合	2	0.57	B,D,F
13	重言—词头—复合	2	0.57	B,E,F
14	单用—重言—联绵—词头	1	0.28	A,B,D,E

附录 2.《诗经》全部重言用字分类列表

　　重言用字分类按照其与单字音义关系排列,全部重言 353 项。Ⅰ型为有重言而无单字类型，140 例，占重言的 39.66%。Ⅱ型是重言（字符）与单字同形，但词义关系又分两类，Ⅱa 型是重言义与单字义无关，148 例，占比 41.92%；Ⅱb 型是重言义与单字义相关，共 44 例，占比 12.46%；Ⅱb 型中还有 9 个 Ⅱbx 待定性次类。Ⅲ型是重言跟复音词用字同形，包括词头词、联绵词、衬音词，共 21 个，占比 5.94%。每个重言出现的频率用"见次"（Token）列出。全部重言按照汉字的拼音序排列。汉字字体尽量用现行简体字，简体字表中没有的部分汉字则用繁体字。

序	类型	重言	摹拟类	见次	序	类型	重言	摹拟类	见次
1	Ⅰ	蔼蔼	拟态	2	18	Ⅰ	蹲蹲	拟态	1
2	Ⅰ	嗷嗷	摹声	1	19	Ⅰ	佹佹	拟态	1
3	Ⅰ	旁旁	拟态	1	20	Ⅰ	忉忉	拟态	3
4	Ⅰ	唪唪	拟态	1	21	Ⅰ	跋跋	拟态	1
5	Ⅰ	幸幸	拟态	1	22	Ⅰ	峨峨	拟态	1
6	Ⅰ	傍傍	拟态	1	23	Ⅰ	幡幡	拟态	3
7	Ⅰ	怭怭	拟态	1	24	Ⅰ	騑騑	拟态	3
8	Ⅰ	儦儦	拟态	2	25	Ⅰ	雰雰	拟态	1
9	Ⅰ	瀌瀌	拟态	1	26	Ⅰ	呆呆	拟态	1
10	Ⅰ	怲怲	拟态	1	27	Ⅰ	阁阁	拟态	1
11	Ⅰ	懆懆	拟态	1	28	Ⅰ	耿耿	拟态	1
12	Ⅰ	晏晏	拟态	1	29	Ⅰ	痯痯	拟态	1
13	Ⅰ	幝幝	拟态	1	30	Ⅰ	浩浩	拟态	1
14	Ⅰ	蛊蛊	拟态	1	31	Ⅰ	熇熇	拟态	1
15	Ⅰ	冲冲	声/态	1	32	Ⅰ	翯翯	拟态	1
16	Ⅰ	惙惙	拟态	1	33	Ⅰ	虺虺	摹声	3
17	Ⅰ	仳仳	拟态	1	34	Ⅰ	煌煌	拟态	2

序	类型	重言	摹拟类	见次	序	类型	重言	摹拟类	见次
35	I	喤喤	摹声	3	57	I	浼浼	拟态	1
36	I	哕哕	摹声	3	58	I	幪幪	拟态	1
37	I	翙翙	摹声	2	59	I	藐藐	拟态	3
38	I	濊濊	摹声	1	60	I	薿薿	拟态	1
39	I	蹋蹋	拟态	1	61	I	泮泮	拟态	1
40	I	濈濈	拟态	1	62	I	浓浓	拟态	1
41	I	蹻蹻	拟态	5	63	I	莪莪	拟态	1
42	I	矫矫	拟态	1	64	I	伾伾	拟态	1
43	I	湝湝	摹声	1	65	I	俅俅	拟态	1
44	I	斤斤	拟态	1	66	I	伐伐	拟态	1
45	I	菁菁	拟态	4	67	I	锵锵	摹声	2
46	I	兢兢	拟态	5	68	I	翘翘	拟态	3
47	I	赳赳	拟态	3	69	I	噍噍	拟态	1
48	I	踽踽	拟态	1	70	I	钦钦	摹声	2
49	I	哙哙	拟态	1	71	I	骙骙	拟态	1
50	I	骙骙	拟态	4	72	I	睘睘	拟态	1
51	I	连连	拟态	1	73	I	嬛嬛	拟态	1
52	I	粼粼	拟态	1	74	I	俅俅	拟态	1
53	I	庞庞	拟态	1	75	I	祛祛	拟态	1
54	I	律律	拟态	1	76	I	瞿瞿	拟态	2
55	I	栗栗	拟态	1	77	I	渠渠	拟态	1
56	I	芒芒	拟态	2	78	I	瀼瀼	拟态	2

（续表）

序	类型	重言	摹拟类	见次	序	类型	重言	摹拟类	见次
79	I	穰穰	拟态	2	101	I	习习	摹声	4
80	I	陕陕	声/态	1	102	I	偈偈	拟态	1
81	I	汕汕	拟态	1	103	I	潇潇	摹声	1
82	I	骎骎	拟态	1	104	I	翛翛	拟态	1
83	I	诜诜	拟态	1	105	I	哓哓	摹声	1
84	I	浞浞	拟态	1	106	I	嚻嚻	摹声	1
85	I	叟叟	摹声	1	107	I	欣欣	拟态	1
86	I	毿毿	拟态	1	108	I	鞘鞘	拟态	1
87	I	啴啴	摹声	5	109	I	岩岩	拟态	2
88	I	趯趯	拟态	2	110	I	泱泱	拟态	3
89	I	簎簎	拟态	1	111	I	洋洋	拟态	4
90	I	惕惕	拟态	1	112	I	喓喓	摹声	2
91	I	阗阗	摹声	1	113	I	煇煇	声/态	1
92	I	佻佻	拟态	1	114	I	驿驿	拟态	1
93	I	僮僮	拟态	1	115	I	奕奕	拟态	1
94	I	愽愽	拟态	1	116	I	仡仡	拟态	1
95	I	脱脱	拟态	1	117	I	愨愨	拟态	2
96	I	哼哼	摹声	1	118	I	潊潊	拟态	1
97	I	焞焞	摹声	1	119	I	呦呦	摹声	3
98	I	丸丸	拟态	1	120	I	彧彧	拟态	1
99	I	铧铧	拟态	1	121	I	俣俣	拟态	1
100	I	潏潏	摹声	1	122	I	麋麋	拟态	1

(续表)

序	类型	重言	摹拟类	见次	序	类型	重言	摹拟类	见次
123	I	嚄嚄	拟态	1	145	IIa	镰镰	拟态	1
124	I	蛚蛚	拟态	1	146	IIa	薄薄	摹声	1
125	I	悁悁	拟态	1	147	IIa	采采	拟态	9
126	I	咽咽	摹声	2	148	IIa	憯憯	拟态	1
127	I	昀昀	拟态	1	149	IIa	苍苍	拟态	1
128	I	战战	拟态	2	150	IIa	草草	拟态	1
129	I	罩罩	拟态	1	151	IIa	渐渐	拟态	2
130	I	晢晢	拟态	1	152	IIa	裳裳	拟态	3
131	I	晰晰	拟态	1	153	IIa	提提	拟态	2
132	I	蛰蛰	拟态	1	154	IIa	虫虫	声/态	1
133	I	榛榛	拟态	1	155	IIa	仇仇	拟态	1
134	I	殖殖	拟态	1	156	IIa	楚楚	拟态	2
135	I	挃挃	摹声	1	157	IIa	湛湛	拟态	3
136	I	惴惴	拟态	4	158	IIa	旦旦	拟态	1
137	I	谆谆	拟态	1	159	IIa	登登	摹声	1
138	I	灼灼	拟态	1	160	IIa	涤涤	拟态	1
139	I	訑訑	拟态	2	161	IIa	棣棣	拟态	1
140	I	绵绵	拟态	3	162	IIa	丁丁	摹声	2
141	IIa	敖敖	拟态	1	163	IIa	耳耳	拟态	1
142	IIa	板板	拟态	1	164	IIa	发发	声/态	3
143	IIa	奔奔	拟态	2	165	IIa	番番	拟态	1
144	IIa	麃麃	拟态	1	166	IIa	反反	拟态	2

序	类型	重言	摹拟类	见次	序	类型	重言	摹拟类	见次
167	Ⅱa	浮浮	拟态	3	189	Ⅱa	桀桀	拟态	1
168	Ⅱa	弗弗	声/态	1	190	Ⅱa	孑孑	拟态	3
169	Ⅱa	茀茀	拟态	1	191	Ⅱa	捷捷	摹声	2
170	Ⅱa	皋皋	拟态	1	192	Ⅱa	矜矜	拟态	1
171	Ⅱa	关关	摹声	1	193	Ⅱa	京京	拟态	1
172	Ⅱa	灌灌	拟态	1	194	Ⅱa	青青	拟态	4
173	Ⅱa	管管	拟态	1	195	Ⅱa	究究	拟态	1
174	Ⅱa	许许	摹声	1	196	Ⅱa	居居	拟态	1
175	Ⅱa	嘒嘒	摹声	3	197	Ⅱa	溃溃	拟态	1
176	Ⅱa	虺虺	摹声	1	198	Ⅱa	离离	拟态	4
177	Ⅱa	活活	摹声	1	199	Ⅱa	栗栗	拟态	1
178	Ⅱa	揖揖	拟态	1	200	Ⅱa	邻邻	摹声	1
179	Ⅱa	济济	拟态	10	201	Ⅱa	令令	摹声	1
180	Ⅱa	几几	拟态	1	202	Ⅱa	迈迈	拟态	1
181	Ⅱa	槛槛	摹声	1	203	Ⅱa	枚枚	拟态	1
182	Ⅱa	强强	拟态	2	204	Ⅱa	梦梦	拟态	2
183	Ⅱa	将将	声/态	7	205	Ⅱa	靡靡	拟态	3
184	Ⅱa	胶胶	摹声	1	206	Ⅱa	勉勉	拟态	1
185	Ⅱa	骄骄	拟态	1	207	Ⅱa	莫莫	拟态	3
186	Ⅱa	交交	摹声	6	208	Ⅱa	泥泥	拟态	2
187	Ⅱa	嗟嗟	摹声	3	209	Ⅱa	孽孽	拟态	1
188	Ⅱa	揭揭	拟态	1	210	Ⅱa	肺肺	拟态	1

序	类型	重言	摹拟类	见次	序	类型	重言	摹拟类	见次
211	Ⅱa	旆旆	拟态	2	233	Ⅱa	绥绥	拟态	4
212	Ⅱa	彭彭	拟态	7	234	Ⅱa	琐琐	拟态	1
213	Ⅱa	逢逢	摹声	1	235	Ⅱa	滔滔	拟态	3
214	Ⅱa	蓬蓬	拟态	1	236	Ⅱa	慆慆	拟态	4
215	Ⅱa	平平	拟态	1	237	Ⅱa	跃跃	拟态	1
216	Ⅱa	冯冯	摹声	1	238	Ⅱa	橐橐	摹声	1
217	Ⅱa	戚戚	拟态	1	239	Ⅱa	佗佗	拟态	1
218	Ⅱa	缉缉	摹声	1	240	Ⅱa	唯唯	拟态	1
219	Ⅱa	祁祁	拟态	5	241	Ⅱa	覃覃	拟态	2
220	Ⅱa	祈祈	拟态	1	242	Ⅱa	沃沃	拟态	3
221	Ⅱa	跄跄	拟态	2	243	Ⅱa	膴膴	拟态	1
222	Ⅱa	契契	拟态	1	244	Ⅱa	栖栖	拟态	1
223	Ⅱa	悖悖	拟态	1	245	Ⅱa	闲闲	拟态	2
224	Ⅱa	掺掺	拟态	1	246	Ⅱa	宪宪	拟态	1
225	Ⅱa	汤汤	拟态	5	247	Ⅱa	萧萧	摹声	1
226	Ⅱa	湿湿	拟态	1	248	Ⅱa	偕偕	拟态	1
227	Ⅱa	牲牲	拟态	1	249	Ⅱa	骍骍	拟态	1
228	Ⅱa	绳绳	拟态	2	250	Ⅱa	休休	拟态	1
229	Ⅱa	实实	拟态	1	251	Ⅱa	湑湑	拟态	1
230	Ⅱa	泽泽	拟态	1	252	Ⅱa	谑谑	拟态	1
231	Ⅱa	俟俟	拟态	1	253	Ⅱa	熏熏	拟态	1
232	Ⅱa	蕲蕲	拟态	1	254	Ⅱa	言言	拟态	1

(续表)

序	类型	重言	摹拟类	见次	序	类型	重言	摹拟类	见次
255	Ⅱa	晏晏	拟态	1	277	Ⅱa	愈愈	拟态	1
256	Ⅱa	厌厌	拟态	4	278	Ⅱa	渊渊	摹声	2
257	Ⅱa	阳阳	拟态	2	279	Ⅱa	爰爰	拟态	3
258	Ⅱa	卬卬	拟态	1	280	Ⅱa	温温	拟态	3
259	Ⅱa	养养	拟态	1	281	Ⅱa	牂牂	拟态	1
260	Ⅱa	陶陶	拟态	2	282	Ⅱa	凿凿	拟态	1
261	Ⅱa	业业	拟态	1	283	Ⅱa	增增	拟态	1
262	Ⅱa	猗猗	拟态	1	284	Ⅱa	招招	拟态	1
263	Ⅱa	依依	拟态	1	285	Ⅱa	溱溱	拟态	1
264	Ⅱa	蛇蛇	拟态	1	286	Ⅱa	烝烝	拟态	1
265	Ⅱa	绎绎	拟态	1	287	Ⅱa	秩秩	拟态	5
266	Ⅱa	施施	拟态	1	288	Ⅱa	濯濯	拟态	3
267	Ⅱa	抑抑	拟态	3	289	Ⅱb	哀哀	拟态	2
268	Ⅱa	逸逸	拟态	1	290	Ⅱbx	安安	拟态	1
269	Ⅱa	泄泄	拟态	3	291	Ⅱb	苾苾	拟态	1
270	Ⅱa	殷殷	拟态	1	292	Ⅱb	粲粲	拟态	1
271	Ⅱa	英英	拟态	1	293	Ⅱbx	迟迟	拟态	4
272	Ⅱa	营营	拟态	3	294	Ⅱb	绰绰	拟态	1
273	Ⅱa	央央	声/态	4	295	Ⅱb	蹙蹙	拟态	1
274	Ⅱa	雕雕	声/态	5	296	Ⅱb	怛怛	拟态	1
275	Ⅱa	优优	拟态	1	297	Ⅱb	泛泛	拟态	4
276	Ⅱa	与与	拟态	1	298	Ⅱb	芬芬	拟态	2

序	类型	重言	摹拟类	见次	序	类型	重言	摹拟类	见次
299	Ⅱb	甫甫	拟态	1	321	Ⅱbx	显显	拟态	1
300	Ⅱb	蹶蹶	拟态	1	322	Ⅱb	吁吁	拟态	1
301	Ⅱbx	好好	拟态	1	323	Ⅱb	炎炎	拟态	1
302	Ⅱb	皓皓	拟态	1	324	Ⅱb	夭夭	拟态	4
303	Ⅱb	赫赫	拟态	13	325	Ⅱb	翼翼	拟态	10
304	Ⅱb	桓桓	拟态	2	326	Ⅱb	暳暳	拟态	1
305	Ⅱb	皇皇	拟态	4	327	Ⅱbx	幽幽	拟态	1
306	Ⅱb	黄黄	拟态	1	328	Ⅱb	悠悠	拟态	17
307	Ⅱbx	简简	声/态	2	329	Ⅱb	昭昭	拟态	1
308	Ⅱb	皎皎	拟态	4	330	Ⅱb	振振	拟态	9
309	Ⅱb	駉駉	拟态	4	331	Ⅱbx	惨惨	拟态	4
310	Ⅱb	纠纠	拟态	2	332	Ⅱbx	高高	拟态	1
311	Ⅱb	睘睘	拟态	1	333	Ⅲ	忡忡	拟态	3
312	Ⅱb	蓁蓁	拟态	2	334	Ⅲ	崔崔	拟态	1
313	Ⅱb	烈烈	拟态	6	335	Ⅲ	荡荡	拟态	1
314	Ⅱb	冥冥	拟态	1	336	Ⅲ	霏霏	拟态	1
315	Ⅱbx	明明	拟态	6	337	Ⅲ	洸洸	拟态	1
316	Ⅱb	穆穆	拟态	5	338	Ⅲ	涣涣	摹声	1
317	Ⅱb	萋萋	拟态	6	339	Ⅲ	喈喈	摹声	6
318	Ⅱb	凄凄	拟态	2	340	Ⅲ	坎坎	摹声	4
319	Ⅱb	悄悄	拟态	2	341	Ⅲ	涟涟	拟态	1
320	Ⅱb	肃肃	声/态	13	342	Ⅲ	瀰瀰	拟态	1

(续表)

序	类型	重言	摹拟类	见次	序	类型	重言	摹拟类	见次
343	Ⅲ	绵绵	拟态	3	349	Ⅲ	委委	拟态	1
344	Ⅲ	湑湑	拟态	2	350	Ⅲ	摇摇	拟态	1
345	Ⅲ	芃芃	拟态	4	351	Ⅲ	奕奕	拟态	5
346	Ⅲ	翩翩	拟态	4	352	Ⅲ	嘤嘤	摹声	1
347	Ⅲ	玱玱	摹声	1	353	Ⅲ	颙颙	拟态	1
348	Ⅲ	鸧鸧	摹声	1					

参考文献

曹先擢.1980.《诗经》叠字,《语言学论丛》第 6 辑。
方以智.1990.《通雅》,中华书局。
郭锡良.2005.先秦汉语构词法的发展,《汉语史论集》增补本,商务印书馆。
何毓玲.1989.试论《毛诗正义》疏经语言中的状貌词词尾,《华中师范大学学报》第 1 期。
胡晓靖.2006.《诗经》: 摹声、重言与中国诗歌的最初源头,《陕西教育学院学报》第 2 期。
江　荻.2021.藏语 ABA'B 式状貌词与表现形态理论,《中国语文》第 6 期。
江　荻.2022.藏语 ABB 式状貌词及其产生的理论根源,《语言科学》第 6 期。
江　荻,康才畯,燕海雄. 2014.词形结构进化与世界语言的多样性,《中国科学通报》第 21 期。
李　辉,金　力. 2015.《Y 染色体与东亚族群演化》,上海科学技术出版社。
李学勤(主编).2012.《字源》,天津古籍出版社。
刘丹青.2012.原生重叠和次生重叠: 重叠式历时来源的多样性,《方言》第 1 期。
刘　勰撰,周振甫译著.1986.《文心雕龙今译》,中华书局。
吕叔湘(主编).1980.《现代汉语八百词》,商务印书馆。
毛　亨传,郑　玄笺.2018.《毛诗传笺》,孔祥军点校,中华书局。
裘锡圭.2013.《文字学概要》第二版,商务印书馆。
沈家煊.2011.从韵律结构看形容词,《汉语学习》第 3 期。
石　锓.2009.从重言到重叠: 汉语 AA 式形容词的历时演变,《历史语言学研究》第二辑。
石　锓.2010.《汉语形容词重叠形式的历史发展》,商务印书馆。
史梦兰.2015.《史梦兰集·三》,石向骞等点校,天津古籍出版社。
孙景涛.2008.《古汉语重叠构词法研究》,上海教育出版社。

孙天心，石丹罗.2004.草登嘉戎语的状貌词，《民族语文》第 5 期。

台湾"中央研究院"历史语言研究所金文工作室制作之"先秦甲骨金文简牍词汇数据库"

　　（殷周到春秋、战国时期）.网址：http://inscription.sinica.edu.tw。

田德生.1986.土家语四音格分析，《民族语文》第 3 期。

汪维懋.1999.《汉语重言词词典》，军事谊文出版社。

王辅世，王德光.1983.贵州威宁苗语的状词，《语言研究》第 2 期。

王　力.1980.《汉语史稿》，中华书局。

王先谦.1987.《诗三家义集疏》，吴格点校，中华书局。

王　显.1959.诗经中跟重言作用相当的有字式、其字式、斯字式和思字式，《语言研究》第 4 期。

向　熹.1980.诗经里的复音词，《语言学论丛》第 6 辑。

向　熹.1987.《诗经语言研究》，四川人民出版社。

向　熹.2014.《诗经词典》（修订本），商务印书馆。

谢纪锋.2011.《汉语联绵词词典》，外语教学与研究出版社。

徐振邦.1998.《联绵词概论》，大众文艺出版社。

许　慎.1991.《说文解字》，天津市古籍书店影印。

杨建国.1979.先秦汉语的状态形容词，《中国语文》第 6 期。

叶　萌.1988.论古代汉语词类中应立貌词一类，《西北师范大学学报》第 2 期。

叶舒宪.2005.《诗经的文化阐释——中国诗歌的发生研究》，陕西人民出版社。

张国宪.2006.《现代汉语形容词功能与认知研究》，商务印书馆。

张新华，张和友.2020.从状貌词的实质与演进看汉语的分析性，《语言科学》第 5 期。

张　有.1985.《复古编》，上海书店。

周法高.1973.《中国古代语法·构词篇》，台联国风出版社。

朱德熙.1956.现代汉语形容词研究，《语言研究》第 1 期。

朱光潜.1936.诗的起源，《东方杂志》第 33 卷第 7 期。

朱广祁.1985.《〈诗经〉双音词论稿》，河南人民出版社。

朱骏声.1984.《说文通训定声》，中华书局。

朱　熹.1958.《诗集传》，中华书局。

Akita K, Pardeshi P. 2019. Ideophones, mimetics, and expressives: theoretical and typological perspectives. In Akita K, Pardeshi P. (eds.) *Ideophones, Mimetics and Expressives*. John Benjamins Publishing Company.

Bodomo A. 2008. *A Corpus of Cantonese Ideophones*. The University of Hong Kong.

Dingemanse M. 2011. *The Meaning and Use of Ideophones in Siwu*. Max-Planck Institute for Psycholinguistics, Nijmegen.

Dingemanse M. 2017. Expressiveness and system integration: on the typology of ideophones, with special reference to Siwu. *Language Typology and Universals 70(2)*: 371.

Dingemanse M. 2019. "Ideophone" as a comparative concept. In Akita K, Pardeshi P. (eds.) *Ideophones, Mimetics and Expressives*. John Benjamins Publishing Company.

Dixon R W. 2010. *Basic Linguistic Theory, Vol 1*. Oxford University Press.

Doke C. 1935. *Bantu Linguistic Terminology*. Longmans, Green, and Co.

Kennedy G A（金守拙）. 1964. A note on Ode 220. In Li Tien-yi. (ed.) *Selected Works of George A. Kennedy*. Far Eastern Publications: 463－476.（原载 *Studia Serica Bernhard Karlgren Dedicata*. Ejnar Munksgaard, 1959.）

Kilian-Hatz C. 2006. Ideophones. *Encyclopedia of Language and Linguistics (2nd edition)*. Elsevier: 508－512.

Zwicky A M, Pullum G K. 1987. Plain morphology and expressive morphology. *Proceedings of the Thirteenth Annual Meeting of the Berkeley Lingustics Society 13*: 330－340.

Where do Chinese Doublets Come from?
——The Mystery of 3 000 Years from Prehistory to the Era of the Book of Poetry

Abstract: The earliest writing in China is the oracle bone inscriptions of the Shang Dynasty, which records early Chinese or oracle bone inscriptions. The oracle bone inscriptions in Chinese are all monosyllabic words (about 1600—1300 BC). Doublets with overlapping characters appear in the bronze inscriptions of the Western Zhou Dynasty and later handed down documents (beginning in 1046 BC). Currently, the philological community believes that the doublets come from the overlap of Chinese single characters, but there is no complete argument and reliable evidence. The article proposes a reverse hypothesis: the single Chinese characters (monosyllabic words) related to doublets originate from doublets. The article uses the word distribution relationship and semantic correspondences between 353 doublets and related single-character words in the Book of Songs to demonstrate the truth about the origin of doublets in detail, that is, doublet is the source and character is the flow. Among them, 39.38% of the doublets have no corresponding characters, and they are actually created by recording doublets. 41.92% of the doublet meanings have nothing to do with single-character meanings. They are created by borrowing Chinese characters rather than from the combination of single characters; The meaning of 12.46% of doublets have been interpreted as the meanings of single characters, which are subjective errors by later interpreters. The remaining 5.66% are only related to prefixes and couplets rather than single Chinese characters. The article finally proposes that doublets originate from a unique word-making mechanism of expressive morphology theory. This mechanism is a new etymological theory outside the morphological grammar system and can create various multi-syllable ideophones, including onomatopoeia and mimetic words. The article believes that language began with word creation. In the prehistoric period before the Oracle bone Chinese, China's ancestors had created a large number of unique doublets (AA), couplets (AB) and other polysyllabic words (AA', ABB, ABA'B). These words may have been hidden in spoken language for hundreds of years due to difficulty in writing or other reasons. It was not until the Western Zhou Dynasty bronze inscriptions and handed down documents such as the Book of Songs and Book of Documents that they came into being and entered history, and have evolved and continued to this day. Doublets are the earliest Chinese words and the beginning of Chinese civilization.

Keywords: doublet; single-character; classification for character usage; expressive morphology theory; word creation; the book of poetry

本文曾在"第五届出土文献与上古汉语研究暨汉语史研究学术研讨会"上宣读(复旦大学,2019 年 9 月 21—22 日),"博雅语言学论坛"(在线)宣读(北京大学,2022 年 11 月 6 日)。

论文刊载信息: Jiang D. 2023. Where do Chinese doublets come from? ——The doublets from prehistory to the era of the Book of Poetry. *Nature Anthropology 1(1)*.

单音节型语言演化的语音后果

——从章太炎谜题谈起

摘要　文章提出 3 000 多年前东亚和东南亚区域语言存在一个从多音节词演化为单音节词的过程。根据章太炎提出的上古汉语"一字重音"学说,文章讨论了一字多音词、一个半音节词、复辅音声母词和单辅音声母词之间的相互关系,叙述了从多音节词到单音节词、从复辅音声母单音节词到单辅音声母单音节词等几个演化过程。文章还阐述了音节联觉概念,以及音节联觉对屈折音变、声调产生、复元音化等音节内部富化现象的影响,这些都是单音节型语言演化导致的语音后果。

关键词　语言演化　单音节型语言　多音节型语言　音节联觉

1　引　　言

　　汉语以及汉语南部、西部周边的语言主要有侗台语、苗瑶语、南亚语、藏缅语,这些语言分布在东亚大陆和东南亚区域,约 300 余种。(Lewis 2009)这些语言有一个非常独特的词汇—语音特点,即都是单音节词优势的语言。所谓单音节词是指依靠单一音节编码,负载意义,形成单音节表征意义单元,这个单元就是单音节词。即使现代的多音节复合词,也是以负载意义的单音节编码,组成音串,其中每个音节都是独立表征单元,对应语法上的语素。单说的音节是词,合成中的音节是语素,这是语法层面的表示方法或者术语,语音层面二者并没有区别。① 例如"地主"分别是"地"和"主"两个单音节词或语素,也是语音上的两个音节编码单元。

　　汉语和其他东亚语言的单音节词这个特点是相对世界范围其他区域语

---

　　①　音节组合可能产生变音和变调,但不影响本文分析。

言而言的。本文研究了世界各地 120 余种语言的基本词汇,包括非洲 10 种,中东—西亚 10 种,南亚 5 种,澳洲 3 种,东南亚 8 种,南太平洋 19 种,东亚—中国 24 种,东北亚 8 种,欧洲 18 种,北—中美洲 13 种,南美洲 5 种,发现仅东亚大陆和东南亚区域语言属于单音节词优势之外,几乎所有其他区域的语言都是多音节词优势语言。① 这就引起一种思考:汉语、泰语、越南语这些久负孤立语之名的语言,它们的各种"孤立语"特征是不是都与这个因素有关? 所谓孤立语指缺乏词形变化的语言,每个词只表示词汇意义,不承担词法和句法功能。人们知道,词形变化的载体是语音形式,单音节词前后边界确定,很难产生非音节性词缀等词形变化,单音节词自身也因与意义的紧密对应而无法任意变化。换句话说,单音节词优势语言很可能因为它的语音—音节形式特点左右了语言的演化,因此在语音、词汇、语法诸方面都对语言演化产生了独特的后果。例如,为什么汉语总是以(单音节)"字"为意义表述单位? 为什么汉语有声调?② 为什么汉语有大量一字(词)多义现象? 为什么汉语构词方式以复合法为主? 为什么汉语缺乏(西方学说的所谓屈折)形态变化? 为什么汉语动词可以无条件做主宾语? 为什么汉语词序重要? 为什么汉字数千年来一脉相承,未走"形—意—音"发展道路? 这诸多问题目前都没有明确的答案。这篇文章选择语音现象加以讨论,尝试探索该命题与语音相关的解答。

2　从章太炎谜题谈起

清末民初的国学先辈章太炎(1910/2003)曾经撰文"一字重音说",文曰:"中夏文字率一字一音,亦有一字二音者,此轶出常轨者也。"这是说一个汉字读两个音节。且不论事实是否如此,这个命题触碰到了早期汉语的词汇语音形式问题,也就是说,文字记载最早的 3 300 年前甲骨文时代的汉语

① Greenberg(1948)等认为非洲西部也有单音节词语言,例如 Sudanic languages,但也有不少不同意见,例如 Welmers(1949)认为不少语言单音节性仅体现在动词或名词词类。

② 一般认为声调是晚近出现的语言特征,而且声调很可能只是东亚和东南亚区域语言独有的特征。部分学者认为非洲语言也存在声调,经我们考察,非洲语言没有类似东亚语言的声调,而是另一种性质不同的重音凸显(参见江荻 2011)。

是单音节型语言还是多音节型语言。可惜这个命题少有人问津，仅见刘又辛（1982），俞敏（2008）著文赞同；郑张尚芳（2007）、潘悟云（1999）、金理新（1999）、杨怀源（2007）等从复辅音声母角度有关联论述。而与此命题极相关的"字本位"理论创建者徐通锵（1997）也未曾详述。由是可以说，古代汉语"一字重音说"百年未解，可称作章太炎谜题。

论证甲骨文、金文的一字重音现象是件难事，证据不易寻找（杨怀源2007；黄绮 1985），但是甲骨文包含了不少的多音节人名、地名、方国名、官职名等，例如：伊尹、盘庚、邛方、东洹。相对其他名词，这类名词指称对象不同，关乎国家族群关系、社会关系识别等，一般不容变更，因此即使在强大的语音演化驱动下也保持得最长久。① 由此可以推测，甲骨文时代之前，汉语已经经历了非常巨大的语音结构演变，很有可能这个阶段汉语出现了从多音节向单音节转变的过程（下文中我们假定汉语早期是多音节型语言），并导致甲骨文语言绝大多数普通词汇演化为单音节词。沙加尔（Sagart 2004）曾有描述："在上古汉语到中古汉语中间某个时期，不知何故，一系列变化导致汉语偏离了这种模式。加缀法开始冻结：松散结合的前缀脱落，其他前缀跟词根音段结合起来，重组成为词根的一部分；一个趋向严格单音节化，声母及韵尾复辅音丰富的新的形态规则宣告诞生。"我们认为沙加尔先生从形态角度的分析并不合理，这个时期汉语似乎尚未产生丰富的形态，他把上古汉语界定为词根普遍带词缀的形式，殊不知最早的甲金文记录形式并未留下充足的支持词缀存在的证据。② 所以，甲骨文时代以及更早年代，早期汉语从多音节词转变为单音节词应另有原因。

我们前期研究曾指出，汉藏语言词形结构或许经历了四个主要发展阶段。③ 第一阶段：至少在殷商之前，词汇的语音结构类型是 CV……CV，即多音节词优势阶段。第二阶段：早期语言有轻重和重轻两种词汇韵律模式。

① 可惜不少古汉语复音词研究者都把人名、地名、官职名等复音词（多音节词）剔除不加统计或讨论。

② 西周金文《令彝》有"周公子明保"，由于"公子"合文书写，有两种解读：周公之子明保，周之公子明保。郭沫若释为前者，但唐钰明（1986）认为，检诸后世文献更可能是后者，形成复合词"公子"。"在某种意义上说，'合文'有点类似现代汉语拼音文字词儿的连写：在形式上是便利书写，而在内涵上却是表明语义的整体化。"这个案例有利于沙加尔的观点，但是"公子"语法化为派生词时间似乎不能确定。

③ 江荻（2010）对此问题做出初步论述。参见下文表3。

并总体上呈现为抑扬格词的韵律模式,即带次要音节的准双音节词占据优势、语音结构类型类似 cvCV(C)①(小写形式表示弱化首音节)。第三阶段:带单辅音声母的单音节词优势和带辅音丛的单音节词优势语言并存阶段。这个阶段抑扬格双音词可能脱落弱化音节成为单音节词,语音结构类型是 CV(C),也可能脱落首音节元音并与词根辅音结合为复辅音声母词,语音结构类似 CCV(C)。不过,这个"并存"指演化造成的两类语言词汇形式,二者之间没有继承关系,这一现象我们下文讨论。第四阶段:辅音丛简化阶段。这个阶段的音节结构类型是 CV(C)(T),但出现了音节内要素富化②现象,例如产生声调,产生新质元音,复元音化,屈折音变交替等。此后的发展可以算为第五阶段:单音节词复合造词阶段,语音结构类型是 CV(C)(T)……CV(C)(T)。当然,每个阶段都不能截然分开,多少都保留了上一阶段甚至更早阶段的形式,使语言系统呈现极为复杂的面貌。

章太炎谜题是从文字记音角度讨论词汇的语音结构形式。撇开后人有关复合词这类从单音到复音的论述,真正涉及多音节单纯词语音结构形式讨论的观点是:一个汉字是否记录两个或多个音节形式?词的语音形式跟复辅音声母呈何种关系?对第一个问题,刘又辛提出早期形声字具有半目治和半耳治的特点,记音不必那么准确也能理解,随着文字发展成熟,同音假借字和形声字增多,"表音成分增加了,记录口语的能力就会增强"(刘又辛 1982:60)。因此,他认同章太炎的观点:章氏"古代有些字不一定只读一个音节,可能代表两个音节的揣测,却是可信的"(刘又辛 1982:61),并举出一些文献和方言例证加以证明。赵诚的理论依据又有不同,认为甲骨文中的有些同音字后世分化不太可能是复辅音造成的,因为这些复辅音不合音理,例如 kp-、pk-、tk-、kt- 也很难做出演变的解释,只能反推为多音节词,这类辅音"在两个辅音之间一定会夹入一个元音或半元音而形成多音节。看来商代某些字的音读正是多音节的,或者说是两个音节的,有两个辅音和两个元音。由于两个元音之间的辅音容易失落,久之只保留了一个辅音,也就成了单音节"(赵诚 1984:264)。金理新的分析十分特别,他认为"记录一个上古汉语语词的古汉字实际所隐含的并非只是一个音节而是双音节,

---

① 我们推测,词尾(C)可能是多音节词脱落词尾元音遗留的结果。需要进一步论证。

② "富化"是借用生物、化学术语,指某种范围内物质数量或含量升高的过程。

其中一个音节是词根音节而另一个音节是词缀音节"(金理新 2002：14)。不过，他的解释却是从汉字展开的："'凤凰'之所以在甲骨文中只用一字而后来用两字，显然是汉字的性质发生了变化，即从原来的表词字逐渐变成了语素—音节字。"(金理新 2002：7)这个观点跟刘又辛观点似是而不同。有趣的是，这几位的讨论都与复辅音声母密切相关，刘又辛(1984)曾撰文否定上古汉语复辅音，金理新(2002：14)则认为上古双音词是复辅音之源："词缀音节由于是一个语词的次要部分，随着时间的推移，其元音渐渐弱化最后脱落单单剩下词缀辅音，这个词缀辅音和词根辅音融合在一起构成复辅音声母。"

金理新的论证有些漏洞需要弥补。首先，金氏把甲骨文、金文时代，乃至先秦时期看作汉语的多音节词时期，他接着复辅音声母产生的论述又说："这只是上古汉语到中古汉语发展过程中的中间阶段。这个复辅音声母随着时间的推延，不断弛化、融合、脱落演变成中古汉语的单辅音声母，同时衍生出声调。"(金理新 2002：14)金氏所列举例证基本都是联绵词和有头字之列，例如"蝴蝶，句吴"，不能涵盖其他词汇。其次，与此相关，他把双音词限定为带词缀的词，这更不能解释广泛的双音节词汇，例如名物词。再次，词缀是一个含糊概念，①无论是否有形态意义，都有前缀和后缀区分，譬如，文中所举后字脱落的例证怎么说明词缀与词根声母结合呢："混"与"混沌"，"号"与"号咷"？

我们认为，甲骨文以降，尽管不排除偶发的"一字重音"的可能，汉字记音总体上应该与汉语发展相适应。更重要的是，用一个汉字或两个汉字记录同一个词反映了当时的汉语词汇音节正处于变化状态。江荻(2013，2014)对此有专门论述。以下的论述中，我们将把这个论题放在更广泛的背景下讨论，并通过从远古至今汉藏语的发展阶段做进一步阐释。

3　从多音节词到单音节词

最近数十年来，考古学和遗传人类学对现代人起源的研究获得突破性

---

① 金理新(2002：153)的定义为"谐声关系是一种语音关系，但也是一种形态关系"。

进展,学界基本公认当今世界各地人群均源自 5 万~10 万年前走出非洲的现代人。(Cavalli-Sforza 1995;Mayr 2003;Jin 2000;李辉,宋秀峰,金力 2002;李辉,金力 2008)本文接受人类起源于非洲说,并认为世界各地原初语言也是随着现代人从非洲迁徙扩散形成的。这种观点意味着全世界语言有着共同的基本内核,[1]并首先表现在词的语音形式上。

上文已经指出,除东亚和东南亚语言外,世界大多数区域的语言都是多音节型语言。因此,有可能构建一个假说:人类语言初期是多音节型结构形式,具体表现为:CV……CV。世界各地语言是从多音节型语言演化而来的。反之,如果把单音节型语言看作独立起源形式,[2]则违背了考古学和遗传人类学关于现代人起源的共识。

目前已有多项研究指出人类语言音节上倾向于最优的 CV 结构(Levelt & Vijver 2004),也有多种语言现象反映了 CV 结构具有最普遍性和适用性(Lowenstamm 1996;Maddieson 2005)。如果这些论述具有普遍的类型学意义和发生学意义,那么东亚语言一定出现过从多音节词发展为单音节词的过程,产生了多音节型语言到单音节型语言的演化历程。从目前的语言事实中我们还能找到这样的演化证据吗?

较早涉及这个命题的有 Karlgren(高本汉 1923)、林语堂(1924)、陈独秀(1937)等人,可是令人意想不到的是,他们研究的问题似乎完全是另一件事情,即上古汉语复辅音声母。林语堂提出研究复辅音声母有联绵词、谐声字、字音借用、语言比较四条路径,后来 Pulleyblank(1962)提出域外译音、龚煌城(2000)提出构词法等思路。(丁邦新 1978)看来,这个上古有否复辅音声母问题本质上跟多音节词的单音节化(monosyllabicization)不可分论,二者甚至是"一个铜币的两面"这样的关系。把这两个问题联系起来的因素除了上古谐声字、双音联绵词,还有带复辅音声母的单音节词裂化为双音节词的论述。赫迈莱夫斯基(1956)提出复辅音声母单音节词因复辅音朝音节分化而成为双音节词,这个"音节分化"理论后来被部分学者接受。(张世禄,杨剑桥 1986)

---

① 　这个内核指的是语言符号的"惟人性",即"惟人创造和使用的符号编码系统"。

② 　施莱赫尔(August Schleicher)和叶斯柏森(Otto Jespersen)是这两种观点的代表人物。施莱赫尔(1871)认为语言是多源的(polygenesis),所有语言从无形态单音节词根孤立语逐渐演化为带词缀的黏着语,最后演化为多音节屈折语,也就是词结构从单音节发展为多音节。而叶斯柏森(1922)却认为语言是从原始多音节词朝单音节词发展的。

　　据戴庆厦(2003)等人的研究,景颇语支语言以双音节词居多,双音节词带弱化音节(reduced syllable)。例如独龙语 2 290 个常用词中双音节词1 242 个,占 54.2%,双音节词带弱化音节的 969 个,占双音节词数的 78%,比率之高可能其他语言无法企及。他认为弱化音节可能有多种来源,其一是"复辅音声母的前一个辅音变为弱化音节"(戴庆厦 2003),其二是原非弱化音节变为弱化音节。杜其容(2008)也提出某些叠韵联绵词可能来自复辅音声母的演变。可是,更多学者认为音节分化理论并没有广泛的支撑事实而采取了审慎的态度。Forrest(1964)讨论带-l-的复辅音声母,认为-l-前面的成分往往是独立音节词头。Benedict(1972)区分了复辅音声母与词头,不涉及来源和变化的方向。对类似的现象,南亚语言学家 Shorto(1960)提出了一个术语"次要音节"(minor syllable)来描述,专门指词根主音节前所带的元音极度弱化的音节。后来,这个概念上升为南亚语词汇—语音普遍特征,次要音节被定义为"除伴生元音(anaptytic vowel)外不带元音的音节"(Shorto 1963),次要音节与主音节构成抑扬格的词模式(iambic pattern)。Matisoff(1973)则用术语 sesquisyllabic(one and a half syllables,即"一个半"音节)表示,把这个概念应用到东亚大陆汉藏语系语言(汉语和藏缅语)。

　　次要音节是东亚语言史最重要的概念之一。为了与复辅音声母衔接,还可以称作准双音节(quasi-disyllable)。即标准双音节格式 CVCV 写作CvCV,前一音节元音是伴生发音,又可以写作 CCV 或者 C·CV(潘悟云1999),这样表示跟复辅音声母概念关联起来,有利于解决历史上二者可能产生的混淆现象。实际上,共时层面我们的调查也发现不少这类情况,例如达让语 khɯ³¹lɯ⁵³"蟑螂"也记作 khlɯ⁵³ 或 kh·lɯ⁵³。中国学者对次要音节现象有很多论述,王敬骝、陈相木(1984)讨论了崩龙语,孙宏开(1985)讨论了独龙语,刘璐(1959)、萧家成(1979)、戴庆厦(2003)讨论了景颇语,部分汉语学者讨论了粤语(陈洁雯 1984)、闽语(梁玉璋 1982)、晋语(赵秉璇 1986)等汉语方言。最全面且上升到演化意义上的讨论应属潘悟云。潘悟云(1987)曾在包拟古(1980)构拟基础上提出上古汉语有 Cr-、Cl-和 C·r-、C·l-两类复辅音声母的设想,后者 C·类似南亚语的次要音节。(Bodman 1980)此后潘悟云(1999: 144)重新提出演化方向观点:"从总体上看,东南亚语言大的发展趋势是从双音节的语素发展为一个半音节,一个半音节再缩减为一个音节。"这是一个全新的认识,亦即双音节词的单音化经过了次要音节的中间过程。这个观点在潘(2000)有了更全面的论述,可以说发现了汉语乃至东亚大陆语言演化史的关键密钥。

对侗台语复辅音的来源,倪大白(1996)的研究直截了当,他比较了南岛语和侗台语,明确指出"侗台语的复辅音声母大多数是从南岛语的多音节词演变来的,早期南岛语的部分双音节词,在历史演变过程中两个音节合而为一,成为一个声母是复辅音的单音节词"。黄树先(2001)利用藏缅语材料也详细讨论了上古汉语复辅音声母来源于多音节词的合并,论述相当透彻合理。

从多音节词演化为单音节词更直接的证据是,一种语言共时平面的词汇同时存在双音节词和单音节词两种形式。我在西藏调查达让语,发现该语言属于典型的准双音节词语言,相当数量的词汇都存在两读形式。当然,孤立地看,一个词的两种读音本身不能说明演化方向,[①]但是,在假设人类语言符号体系共同起源和语言演化方向以及分阶段演化的大前提下,我们自然会把双音节词形式看作早期形式。(江荻 2013)试对比达让语双音节和单音节词。

表1　达让语双音节词(一个半音节)与单音节词对比举例

双音节词	单音节词		双音节词	单音节词	
bu^{31}ra^{35}	bra^{35}	雷(雷鸣)	k^{h}ɯ^{31}lɯ^{53}	k^{h}lɯ^{53}	蟑螂
k^{h}ɯ^{31}lɑi^{35}	k^{h}lai^{35}	地(天地)	ku^{55}ru^{53}	kru^{53}	头
gɯ^{31}rau^{53}	krɑu^{53}	驴	bɯ^{31}ru^{55}	bru^{55}	面颊

这些达让语双音节词的首音节一般都是短弱音节低调轻声词,跟潘悟云(1999)的次要音节描述一致,这样一来,话题可以从复辅音声母词转到双音节词或者准双音节词。如果回溯章太炎谜题,那么沙加尔(2004:24)的观点就是很好的支持:"无论如何,不能忘记汉语现代书写中的音节化的趋势主要是口语单音节化的结果,而不是口语单音节化的原因。……没有理由认为上古汉语不能用单个汉字记录诸如^{*A}kə-lak之类轻重格的词。"俞敏(2008:123)也说"所以我对于章太炎先生的《一字重音说》可以同意。一个

----

① 如果做更细致的调查,例如几代人的发音,或许有可能发现双音节词与单音节词的演化方向。

汉字有时候实在可以代表不只一个音缀，要是这里没有两个字根（root word）的话"。另一方面，达让语双音节词与复辅音声母单音节词并存现象不是孤立的，喜马拉雅山东段南亚语言和部分藏缅语言都有该现象，例如孟语、Cham 语、Palaung 语、崩龙语、景颇语、独龙语、达让语、义都语、格曼语、阿昌语等。有了这些证据，东亚和东南亚语言从多音节型语言演化为单音节型语言的基本线索已经清晰明朗了。

4　从复辅音词到单辅音词

东亚语言演化的第四阶段是复辅音声母和韵尾简化阶段。关于这个阶段的语音现象已有太多的描述，包括各语言声母、韵母和韵尾简化描述，较为系统地讨论有孙宏开（1985,1999），雅洪托夫（1986），潘悟云（1987），何九盈（1991），包拟古（1995），王辅世、毛宗武（1995），梁敏、张均如（1996），倪大白（1996），江荻（2002b），沙加尔（2004），李永燧（2010），并且对音变的方向和音变原理都有充分论述（江荻 2002a；燕海雄 2011）。表 2 列出缅语和藏语的几个例词，试观察古代缅语和现代缅语、古代藏语和现代藏语的声母辅音简化变化。

表 2　古代缅语和现代缅语、古代藏语和现代藏语的声母辅音简化

	缅文	仰光话	藏文	拉萨话		缅文	仰光话	藏文	拉萨话
1	hlaŋ¹	ɬɛ⁵³	skor	kor⁵⁵	6	khre²	tɕhe²²	sder mo	ter¹³mo⁵⁵
2	hman¹	mɛ⁵³	smin	mĩ⁵⁵	7	kram³po³	tɕǎ⁵⁵po⁵⁵	fidre çig	tʂi¹³çik⁵²
3	hnas⁴	ɲiʔ⁴⁴	gɲis	ȵiː⁵⁵	8	krɔŋ²pjam²	tɕãu²²pjã²²	sre mo	tʂe⁵⁵moŋ⁵⁵
4	hraŋ³	çĩ⁵⁵	gsal po	sɛ⁵⁵po⁵⁵	9	gwe³se¹	gwe⁵⁵se⁵³	rlig ril	lik⁵⁵riː⁵²
5	khrɔk⁴	tɕhauʔ⁴	skem	kam⁵²	10	shwai³	shwɛ⁵⁵	drud	tʂhy¹³²

注：1. 转动，2. 果熟，3. 二，4. 清楚，5. 干，6. 爪子，7. 臭虫，8. 黄鼠狼，9. 卵，10. 拖

复辅音声母的简化有脱落、并合多种方式，取决于复辅音的结构方式。古代缅语[hl-]>现代缅语[ɬ-]，[hm-]>[m̥-]，[khr-]>[tɕh-]，古代藏语[dr-/ sr-]>现代藏语[tʂ-]，都是并合，藏语[gs]>[s-]，[sk-]>[k-]，[sd-]>[t-]，[rl-]>[l-]，都是脱落。中间过程这里不具体描述，韵母和韵尾也不重复举

例,但是,结合前贤的研究,我们可以获得这样的印象,即第四阶段的单音节型语言有一种重要的语音演化趋势:语音极度简化,形成单辅音和元音(声韵母)拼合格局,复辅音逐渐消失,声母仅为单一辅音,例如藏语拉萨话和汉语北京话;元音可能带辅音韵尾,但阻塞音韵尾(塞音、塞擦音、擦音)以及其他颤音、闪音、边音韵尾大多会趋向消失,鼻音韵尾较为持久,例如古藏语有10个单辅音韵尾,7个复辅音韵尾,现代拉萨话仅有[-r]、[-ʔ]、[-p]、[-k](极少)、[-m]、[-ŋ]6个韵尾,汉语北京话仅[-n]、[-ŋ]2个韵尾。

　　梁敏、张均如(1996)曾全面构拟和描述侗台语的复辅音声母单音节化变化,与现代方言读音基本对应,让学界有机会了解这些演变。而更宝贵的资源是古代藏语,藏族前贤创制了拼音性质的藏文,记录了1 300年前的古代藏语。当时约有复辅音声母220多种,而今发展至拉萨话,所有复辅音声母都已消失殆尽。借助现代各地藏语方言的资料,判定它们代表着藏语不同的发展阶段,我们构建起藏语历史演化的基本历程。(江荻 2002a,2002b)汉语和东亚其他语言跟藏语一样,都属于单音节型语言,在复辅音的简化过程和路径上具有相似性,似乎都可以通过藏语而一叶知秋。

　　我们把第2节和第3节有关东亚和东南亚语言音节演化过程总结如表3。

表3　东亚和东南亚语言音节演化过程

	CVCV(C)	cvCV(C)	CV(C)/CLV(C)	C·CV(C)	CV(C)$^{(T)}$	CV(C)CV(C)
	第1阶段	第2阶段	第3阶段—A型	第3阶段—B	第4阶段	第5阶段
方式	抑扬格	抑扬格	单音节化 (CV脱落)	单音节化 (V脱落)	复辅音简化 音节内富化	复音词 复合词
形式	双音节 SC+PS	准双音节 SC+PS	SC+SS 受限CC+SS	复杂 CC+SS	SC+SS+声调/ 复合元音/ 内部屈折	SC+PS

注:CC—复辅音,SC—单辅音,SS—单音节,PS—多/双音节

在表3里,第一阶段和第二阶段都是轻重韵律双音节词,但第二阶段的前一个音节已演变为次要音节,表中用小写cv表示。我们把第三阶段划分为两个类型,A型是上文所述"带单辅音声母的单音节词优势语言",这部分语言主要指汉语、侗台语、南亚语和藏缅语的景颇语支、彝缅语支的部分语言。B型是所谓"带辅音丛的单音节词优势语言",主要包括藏缅语的羌语支、藏语支等。A型的一种语音结构是CV(C),另一种是CLV(C),其中L表示带近

音或流音类辅音的弱化音节或轻音节（历时上非腭化、唇化、卷舌化来源的近音类辅音），主要有-l-、-r-、-w-、-j-。也就是说，A 型也有部分受限的复辅音，但整体面貌上跟带复杂复辅音的 B 型不一样（B 型也有近音或流音类复辅音）。[1] 我们以汉语为例加以说明。

　　如果把甲骨文、金文和先秦文献记录的汉语总体放入第三阶段 A 型，可以看出当时的汉语是以单辅音声母单音节词为主的语言，同时也遗存了部分早期的双音节词，例如先秦时期的重言词、联绵词、有头字（词）、人名地名、双音节名物词等。关于这个阶段的复辅音声母单音节词，很多学者都有讨论，例如，潘悟云（1999）、郑张尚芳（2003）、金理新（2005）等借助藏语、泰语、越南语等民族语言材料比较发掘了其中复辅音词的可能性。但是，我们认为汉语不是该阶段带辅音丛的单音节词优势语言，它只有少量特定辅音丛，主要有塞音与舌尖流音或近音（-r-、-l-）组合类，擦音 s 与塞音、流音、鼻音组合类，（潘悟云 1987；何九盈 1994）这些类型恰与目前尚存的准双音节词语言的辅音丛相似，例如南亚语的佤语、德昂语、克木语，Tsat 语，藏缅语的景颇语、独龙语、达让语、义都语等。

　　根据藏文所代表的古藏语所具有的 220 多种复辅音声母，可以判断早期藏语属于第三阶段 B 型演化类型语言，现代的嘉戎语、羌语、普米语、扎坝语等也属这类语言。因此，尽管在第四阶段，所有 A 型和 B 型语言都开始简化复辅音声母，但它们第三阶段选取的道路是不一样的。不同语言演化的年代也有很大差别。根据以上分析，汉语的第三阶段可能远在商末之前，复辅音只剩残迹，而藏语在公元 800—900 年尚处于复辅音的鼎盛时期。因此，一般情况下不宜直接借鉴藏语复辅音开展汉藏语比较。例如严学宭先生（1984）所推测的上古汉语复辅音类型和数量就难以令人接受，他提出的上古汉语复辅音包括二合类 8 组，三合类 6 组，四合类 1 组，共计三大类 15 组233 种，主观推测性较大。

　　最后看一下赫迈莱夫斯基（1956）所说音节分化逆向过程，即重辅音声母词分裂为双音节词：CCV（C）→C-CV（C）→CVCV（C）。就一般情况而言，不排除可能有少量这类特定现象，但从上文的论述来看，无论 A 型还是

---

[1]　双音节第一音节是次要音节，也称弱首音节或轻音节。用 L 表示，取自英语 light syllable（轻音音节）的首字母。

B 型,这个过程绝不是东亚和东南亚语言的演化大势。

5 语音演化后果

　　东亚和东南亚语言从多音节词到双音节词,从双音节词到准双音节词(或一个半音节词),再到单音节词,包括从多音节词到复辅音声母单音节词,再到单一辅音声母单音节词,这一系列词形语音结构的演化经历了极其漫长的阶段,带来了一系列语音演化后果。我们择要讨论其中关键的几项内容。

　　提出语音演化后果之前,我们先阐述一个理论概念,语言单位扁平化。扁平化仅指在单音节型语言条件下,音节与音素组合单位的一致性,进而造成词形与音节单位的一致性,其中无论是单辅音声母音节(SYL-CV)还是复辅音声母(SYL-CCV),最终都与词形(WS)单位一致,所有单位或形式都压缩在一个平面,体现为词或语素,即并合到语法层面。这种现象可称为语言单位的扁平化。

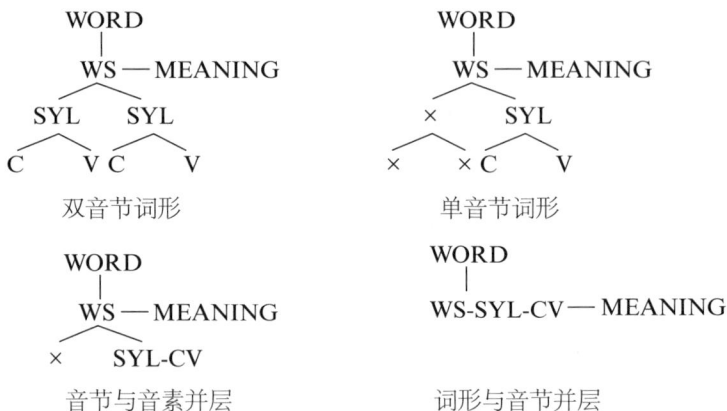

双音节词形　　　　　　　　　　　单音节词形

音节与音素并层　　　　　　　　　词形与音节并层

　　从系统角度看,语言单位扁平化造成了重大的语言认知差别。据杨玉芳(1987)实验,英语等多音节语言支持语音表征单元是元辅音音素,而包含单音节语素的汉语词汇实验则支持单音节作为语音编码的整体表征单元。(张清芳,杨玉芳 2005)

　　单音节词优势语言的长久应用,会产生持久的心理和生理习惯模式,甚至可能影响语言区域的文化模式。例如诗歌的抑扬顿挫节奏,成语楹联的对仗工整,表达的遣词造句,乃至其他言语行为。从语言层面看,嘴舌的发音动作和心理表达意义以及听觉物理声音都会关联起来,形成音节联觉的知觉属性。所谓"音节联觉"(syllabic synaesthesia)指对音节—词—意义的整体感知。音节联觉是单音节型语言一个非常重要的深层本质属性,可以解释成听到某个音节而启动某种意义的感知。

　　结合上文所述心理实验,还可以把音节联觉与欧洲语言的语音象征(phonetic symbolism)或语音联觉(sound synaesthesia)概念对比一下。20 世纪 20 年代 Jespersen(1922)、Sapir(1929)等人讨论过语音象征现象,揭示出少量语音形式似乎能对应人类认知中的某些客观类别,例如前高元音[i]与指小事物关联。这意味着欧洲语言在音素层面就启动了与意义的关联。这样的案例已发现不少。例如英语音素 d-可能表示愚钝:dull"愚钝的"、daft"愚蠢的"、dead"呆滞的"、dense"愚昧的"、dim"迟钝的"、dizzy"晕乎的"等。音段 sl-表示湿滑物体:slime"黏滑的"、slop"稀泥"、sludge"烂泥"、slurry"泥浆"、slush"污泥"等。(Reay 2005)这从一个侧面说明,多音节型语言人群形成的是音素线性认知心理模式,而单音节型语言人群产生的是整体音节的语言声音认知模式,[①]例如,刘兴均(2007)曾提出"与动物有关的名物词大多数都是有音义联系的",所使用的案例基本都是单音节性的。这类摹声拟态特定词汇也从一个侧面反映了音节联觉的整体音节性。

　　正是这种多音节词与单音节词之间语言整体的心理认知差别,引发了单音节词优势语言一系列语音和语法层面的差异。当抑扬格式词走向单音节词,无论弱化音节代表的是构词音节还是语法语素,元音脱落后辅音(复辅音声母的前辅音)的音节性质减弱,很难稳定保持下来,最终命运就是随着复辅音简化而脱落,其中作为语法语素的辅音则可能丢失所代表的语法范畴。这大概也是东亚语言缺少语法前缀的原因。

　　关于内部屈折形态。从抑扬格式词发展为单辅音声母词,如果是 B 型路线,我们从古藏语看到的结果可以揭示部分形态产生的根源。古藏语基本词形为 CCV(C)型,声母两个 C 存在搭配和谐现象,如果不和谐,则导致其中一

---

　　①　此处两种心理认知模式的区分是不准确的,新的观点参见本书《音节的本质和元辅音性质新说》。

个 C 发生音变。例如 gthang"派遣"、vtul mang"苦行者"(敦煌文献)分别变为 gtang、vdul mang,前者送气音词根辅音不能与 g 搭配,音变为不送气音,后者词根清辅音不能与 v-搭配,音变为浊音。这样的变化若发生在表示语法范畴的条件下,则称为词根辅音屈折变化。例如藏语传统文法揭示的动词三时一式范畴,动词 vgrol"解开"的未来时、过去时、命令式分别为 dgrol、bkrol、khrol,都发生了屈折形态变化。至于 A 型演化语言,因复辅音类型较少,产生的屈折形态可能更少。不过,目前汉语各方言中存在一些声母清浊、送气与不送气、声调变读等现象,很有可能是早期多音节演变的屈折形态的遗存。

　　关于声调。虽然东亚语言声调是诸多因素影响产生的,但是单音节型语言特征为此创造了条件。我们曾经详细阐述汉藏语的声调起源问题。① 从动因上说,声调或单音节调的起源也是语音演化的结果,但客观上却解决了音节单位数量过少而意义负担过重的问题。仅以现代北京话而言,在单字(词)别义条件下,四声使得载义音节单位扩张了数倍之多,其他汉语方言有更多声调,载义单位增加更多。汉语乃至东亚其他单音节型语言的声调是通过所谓自主与不自主型嗓音调控机制产生的,即声门嗓音特征类型决定了语音音段的音高属性,清辅音声母词读高调,浊辅音声母词读低调,形成语音系统和人们心理上的高低对立,即使语音音段发生变化,譬如,浊辅音清化,音高对立系统并不随之消失,单音节型语言的声调就是这样产生的。(江荻 1998)音节调的特点是声调与单音节词(字)紧密捆绑,本质上也就与单音节词载附的意义相绑定。任凭语音发生变化,调值也可能因其他因素变化,例如韵尾有无或韵尾辅音类型变化,但就整体声调系统而言,声调不会脱离音节。改变某个单音节词声调就可能变换为另一个单音节词。在这个意义上,人们可以毫不犹豫地说,声调实际也是单音节型语言的语音演化后果。可对比的是,非洲、美洲等所谓多音节声调语言则不具有这样的特点。(江荻 2011)

　　关于复合元音。根据现有的文献材料和语言材料,东亚大陆古代语言基本都是单元音系统,数量也不多。例如古藏语仅 5 个元音,学者们构拟的上古汉语通常也只有 5 至 6 个元音。而现代单音节型语言和方言大多都有

① 据语言学家描述(Yip 2002),世界大多数语言都有声调。实际上这是一种误解。东亚单音节型语言的声调一定是音节调,声调与单音节词相捆绑。而非洲等多音节型语言虽然依赖音高形成音高调,却可以在音节间移动和变化,我们称之为重调。(参见江荻 2011)单音节声调是东亚语言独有的语言现象。

各种复合元音(田仟子 2009),类型多样。从世界多音节型语言来看,仅有少量语言拥有丰富的复合元音。这说明复合元音很可能是单音节型语言一个可扩展区别度的选项。我们猜想,对于单音节型语言而言,随机造成的复合元音音值可能带来区别性更大的优势,因此逐渐固化为复合元音音位。从演化的结果看,复合元音从数量和类型上丰富了单音节类型,对音节载义数量增加有很大帮助。

对于单音节型语言,屈折形态、声调的出现和元音的多样化是一种基本构造元素的增长,这些增长的元素保证了词形层面上语言单位的区别度。这是完全不同于多音节型语言的一大特色。总体上看,以上论述的各类现象都可以称为单音节型语言的内部富化行为,是单音节型语言发展的必然结果。

6　貌　似　回　归

东亚和东南亚语言音节发展的第五阶段主要是复合词发展阶段。上文已经指出,这个阶段的发展实际已经不是语音或音节演化问题,而属于词汇层面的构词现象。但在音节形式和长度上,以甲骨文为单音节词的典范的话,此后的发展却呈现多语素音节词的趋势,是一个貌似多音节词的发展。对这个阶段的词汇形式,我们发现不少论著采用了一个模糊的术语复音词,来涵盖重言词、联绵词、复合词、派生词这类多音节词。(王力 1980;赵克勤 2005)实际上,除了重言词、联绵词可以算是典型复音词,也叫作多音节单纯词外,其他都是多语素合成词。(黄树先 2001)自甲金文时代以来,汉语一直朝着多语素音节词方向发展,但是这不是单纯音节形式上的向多音节型语言的回归,这些语素合成式多音节词跟第一阶段多音节词根本不是一回事,复音词术语完全是概念错置。对于汉语联绵词也得补充一点,有些论述认为甲金文以后汉语产生了大量的联绵词,从本文演化观点推测,这些联绵词应该来自甲金文未曾记录的口语方言,是早已存在于汉语中的多音节词,它们的存在足以证明汉语(以及其他东亚和东南亚语言)曾经是多音节型语言。

参考文献

包拟古.1995.《原始汉语与汉藏语》,潘悟云,冯　蒸译,中华书局。

陈独秀.1937.中国古代语音有复声母说,《东方杂志》34 卷第 20—21 号。

陈洁雯.1984.上古复辅音声母:粤方言一个半音节的字所提供的佐证,《方言》第 4 期。

戴庆厦.2003.景颇语支、缅语支、彝语支,马学良.《汉藏语概论》,民族出版社。

丁邦新.1978.论上古音中带 l 的复声母.屈万里.《屈万里先生七秩荣庆论文集》,联经出版社。

杜其容.2008.《杜其容声韵论集》,中华书局。

龚煌城.2000.从汉藏语的比较看上古汉语的词头问题,《声韵论丛》第九辑,台湾学生书局。

何九盈.1991.关于复辅音问题,《上古音》,商务印书馆。

何九盈.1994.商代复辅音声母.高思曼,何乐士.《第一届国际先秦汉语语法研讨会论文集》,岳麓出版社。

赫迈莱夫斯基.1956.上古汉语里的双音词问题,《中国语文》第 10 期。

黄　绮.1985.关于古代汉语复音词的探讨,《河北大学学报》第 4 期。

黄树先.2001.古汉语复辅音声母探源,《语言研究》第 3 期。

江　荻.1998.论声调的起源和声调的发生机制,《民族语文》第 5 期。

江　荻.2002a.《汉藏语言演化的历史音变模型》,民族出版社。

江　荻.2002b.《藏语语音史研究》,民族出版社。

江　荻.2010.语言构拟的高层原则试述。"四川境内藏缅语国际研讨会"论文。(北京大学,10 月 22—26 日)

江　荻.2011.重音、重调和声调,《语言教学与研究》第 4 期。

江　荻.2013.王念孙的联绵词"天籁"说证,《语言科学》第 5 期。"当代语言科学创新与发展国际研讨会暨《语言科学》十周年庆典会"论文。(江苏师范大学,2012 年 10 月 27 日)

江　荻.2014.《尔雅》词汇形式证明汉语曾是多音节词语言,《古汉语研究》第 3 期。"2012 演化语言学国际研讨会"论文。(北京大学,2012 年 11 月 9 日)

江　荻,李大勤,孙宏开.2013.《达让语研究》,民族出版社。

金理新.1999.古汉字与古汉语的音节结构,《语文研究》第 3 期。

金理新.2002.《上古汉语音系》,黄山书社。

金理新.2005.《上古汉语形态研究》,黄山书社。

李　辉,金　力.2008.重建东亚人类的谱系,《科学人》第 78 期。

李　辉,宋秀峰,金　力.2002.人类谱系的基因解读,《二十一世纪》71(6)。

李永燧.2010.《缅彝语音韵学》,社会科学文献出版社。

梁　敏,张均如.1996.《侗台语族概论》,中国社会科学出版社。

梁玉璋.1982.福州方言的切脚字,《方言》第 1 期。

林语堂.1924.古有复辅音说,《晨报》六周年纪念增刊。

刘　璐.1959.《景颇语语法纲要》,科学出版社。

刘兴均.2007.汉语、壮语和韩语动物类名物词音义关系初探,《重庆三峡学院学报》第
　　1 期。

刘又辛.1982.古汉语复音词研究法初探——章太炎"一字重音说"译疏,《西南师范学院学
　　报》第 2 期。

刘又辛.1984.古汉语复辅音说质疑,《音韵学研究》第一辑。

倪大白.1996.侗台语复辅音声母的来源及演变,《民族语文》第 3 期。

潘悟云.1987.汉藏语历史比较中的几个问题,《语言研究集刊》第一辑。

潘悟云.1999.汉藏语中的次要音节.石锋,潘悟云.《中国语言学的新拓展》,香港城市大学
　　出版社。

潘悟云.2000.《汉语历史音韵学》,上海教育出版社。

沙加尔(Sagart L.).2004.《上古汉语词根》,龚群虎译,上海教育出版社。

孙宏开.1985.藏缅语复辅音的结构特点及其演变方式,《中国语文》第 6 期。

孙宏开.1999.原始汉藏语的复辅音问题,《民族语文》第 6 期。

唐钰明.1986.金文复音词简论——兼论汉语复音化的起源.中山大学人类学系.《人类学论
　　文选集》,中山大学出版社。

田仟子.2009.《东亚语言复合元音的类型及渊源》,中国社会科学院研究生院博士学位
　　论文。

王辅世,毛宗武.1995.《苗瑶语古音构拟》,中国社会科学出版社。

王敬骝,陈相木.1984.崩龙语硝厂沟话的音位系统,《民族调查研究》第 4 期。

王　力.1980.《汉语史稿》,中华书局。

王　力.1985.《汉语语音史》,中国社会科学出版社。

萧家成.1979.景颇语的弱化音节,《民族语文》第 4 期。

徐通锵.1997.《语言论——语义型语言的结构原理和研究方法》,东北师范大学出版社。

雅洪托夫.1986.上古汉语的复辅音声母.雅洪托夫.《汉语史论集》,北京大学出版社。

燕海雄.2011.《论东亚语言塞音的音变规则》,中西书局。

严学宭.1984.周秦古音结构体系(稿),《音韵学研究》第一辑。

杨怀源.2007.《西周金文词汇研究》,巴蜀书社。

伊斯特林.1987.《文字的产生和发展》,左少兴译,北京大学出版社。

张世禄,杨剑桥.1986.论上古带 r 复辅音声母.《复旦学报》第 5 期。

杨玉芳.1987.英语多音节词成词状态对音位知觉的影响,《心理学报》第 4 期。

俞　敏.2008.《俞敏语言学论文集》,商务印书馆。

张清芳.2005.音节在语言产生中的作用,《心理科学进展》第 6 期。

张清芳,杨玉芳.2005.汉语单音节词汇产生中音韵编码的单元,《心理科学》第 2 期。

章太炎.1910/2003.一字重音说,《国故论衡》上卷,上海古籍出版社。(原版:1910 年日本东京秀光社本。)

赵秉璇.1986.太原方言里的复辅音遗迹,《晋中论坛》第 5 期。

赵秉璇,竺家宁.1998.《古汉语复声母论文集》,北京语言文化大学出版社。

赵　诚.1984.商代音系探索,《音韵学研究》第一辑。

赵克勤.2005.《古代汉语词汇学》,商务印书馆。

郑张尚芳.2003.《上古音系》,上海教育出版社。

郑张尚芳.2007.上古汉语的音节与声母的构成,《南开语言学刊》第 2 期。

Benedict P K. 1972. *Sino-Tibetan: A Conspectus*. In Matisoff J A. (ed.) *Priceton-Cambridge Studies in Chinese Linguistics 2*. Cambridge University Press.

Bodman N C. 1980. Proto-Chinese and Sino-Tibetan: data towards establishing the nature of the relationship. In Frans van Coetsem F, Waugh R L. (eds.) *Contributions to Historical Linguistics: Issues and Materials*. Brill: 34 – 199.

Brunelle M, Pittayaporn P. 2012. Phonologically-constrained change: the role of the foot in monosyllabization and rhythmic shifts in Mainland Southeast Asia. *Diachronica 29(4)*: 411 – 433.

Cavalli-Sforza L L, Cavalli-Sforza F. 1995. *The Great Human Diasporas: The History of Diversity and Evolution*. Addision-Wesley Publishing Longman.

Chen J-Y, Chen T-M, Dell G S. 2002.Word-form encoding in Mandarin Chinese as assessed by the implicit priming task. *Journal of Memory and Language 46*: 751 – 781.

Forrest R A D. 1964. A Reconsideration of the Initials of Karlgren's Archaic Chinese. *T'oung Pao 51*, No. 2/3: 229 – 246.

Greenberg J H. 1948. The classification of African languages. *American Anthropologist 50*: 24 – 30.

Jespersen O. 1922. *Language: Its Nature, Development and Origin*. Allen and Unwin.

Jin L, Su B. 2000. Natives or immigrants: modern human origin in East Asia. *Nat Rev Genet 1* (2): 126 – 133.

Kager R. 1993. Alternatives to the iambic-trochaic law. *Natural Language & Linguistic Theory 11(3)*: 381 – 432.

Karlgren B. 1923. *Analytic Dictionary of Chinese and Sino-Japanese*. Paul Geuthner.

Levelt C, van de Vijver R. 2004. Syllable types in cross-linguistic and developmental grammars. In Kager R, Pater J, Zonneveld W. (eds.) *Fixing Priorities: Constraints in Phonological Acquisition*. Cambridge University Press.

Lewis M P. 2009. *Ethnologue: Languages of the World (16th Edition)*. SIL International.

Lowenstamm J. 1996. CV as the only syllable type. In Durand J, Laks B. (eds.) *Current Trends in Phonology: Models and Methods*. European Studies Research Institute, University of Salford Publications: 419－442.

Maddieson I. 2005. Syllable structure. In Haspelmath M, Dryer M S, Gil D, Comrie B. (eds.) *The World Atlas of Language Structures*. Oxford University Press.

Matisoff J A. 1973. Tonogenesis in Southeast Asia. In Hyman L M. (ed.) *Consonant Types and Tones*. The Linguistic Program, University of Southern California: 71－95.

Mayr E. 2001. *What Evolution Is?*. Basic Books.

Pulleyblank E G. 1962. The Consonantal System of Old Chinese, *Asia Major 9*.（中文版：2000.《上古汉语的辅音系统》,潘悟云,徐文堪译,中华书局。）

Reay I E. 2005. Sound symbolism. In Brown K. (ed.) *Encyclopedia of Languages and Linguistics (2nd edition), Vol. 11*. Elsevier: 531－539.

Sapir E. 1929. A study in phonetic symbolism. *Journal of Experimental Psychology 12*: 225－239.

Schleicher A. 1871. A Compendium of the Comparative Grammar of the Indo-European, Sanskrit, Greek and Latin Languages. In Lehmann W P.(ed.) *A Reader in Nineteenth Century Historical Indo-European Linguistics*. Indiana University Press 1967: 87－96.

Shorto H L. 1960. Word and syllable patterns in Palaung. *Bulletin of the School of Oriental and African Studies 23*: 544－557.

Shorto H L. 1963. The structural pattern of Northern Mon-Khmer languages. In Shorto H L. (ed.) *Linguistic Comparison in South-East Asia and the Pacific*. School of Oriental and African Studies, University of London: 45－61.

Thurgood G. 1999. *From Ancient Cham to Modern Dialects: Two Thousand Years of Language Contact and Change*. University of Hawaiʻi Press.

Thurgood G, LaPolla R J. 2003. *The Sino-Tibetan Languages*. Routledge.

Welmers W E. 1949. Are West African languages monosyllabic?. *Journal of the American Oriental Society 69(4)*: 230－233.

Yip M. 2002. *Tone*. Cambridge University Press.

Phonological Consequences of the Evolution of Monosyllabic Languages
—— From Zhang Taiyan's Puzzle

Abstract：The article proposes that there was a process of evolution

from polysyllabic words to monosyllabic words in East and Southeast
Asian regional languages more than 3,000 years ago. According to
Zhang Taiyan's view of "one single-character with two sounds" in
ancient Chinese, the article discusses the relationship between
polysyllabic words, sesquasyllabic words, consonant-cluster initial
words and single-consonant initial words, and narrates the transition
from polysyllabic words to to monosyllabic words, from monosyllabic
words with consonant-cluster initials to monosyllabic words with
single-consonant initials, and several other evolutionary processes. The
article also elaborates on the concept of syllable synaesthesia and its
impact on syllable internal enrichment phenomena such as inflectional
sound changes, tone production, and polyvowelization. These are all
phonetic consequences of the evolution of monosyllabic languages.

Keywords：language evolution；monosyllabic language；polysyllabic
language；syllable synesthesia

论文刊载信息：江荻.2013.单音节型语言演化的语音后果.石锋，彭刚.《大江东去——王士元教授80岁贺寿文集》，香港城市大学出版社：371－388。

王念孙的联绵词"天籁"说证

摘要 文章指出在众多的联绵词产生和形成学说中,唯清代大学者王念孙提出的联绵词"天籁"说准确刻画了联绵词的起源性质。文章以扬雄《方言》联绵词为例,说明汉语并非自古就是单音节词语言,然后用抑扬格词模式演化定律以及达让语案例阐述了多音节词演化为单音节词的演变机制。文章认为甲金文之前的汉语经历了这样的演化过程,多音节的联绵词就是这个演化过程的遗存。

关键词 联绵词 抑扬格词模式 多音节词 单音节化

1 引 言

本文尝试选取联绵词案例说明汉语并非自古就是单音节词汇语言。无论清儒的研究还是现当代探索,乃至更早宋、明时期的"联绵字、骈语、涟语"界说,有关联绵词产生和形成的论述大多是错误的,错在认为联绵词是固有的汉语单音节词汇系统中后起的双音节词汇现象。在现代汉语研究体系中,联绵词在词汇分类系统中一直是一个特例,一方面不入语法学家法眼,[①]另一方面词汇训诂学为之"剪不断,理还乱",探索角度覆盖了音、形、义、源诸多方面。

前贤时俊之所以会在联绵词成因认识上出错,恐怕都与甲骨文、金文铸就的汉语单音节词范式相关。殷商时代的汉语是单音节词型语言这个事实应该是正确的判断,也因此形成汉语是单音节孤立语的观念。但是,殷商时代单音节词型汉语面貌并非自古如是,大量早期证据表明汉语单音节词汇

---

① 我们检视了多部当代汉语语法或词法论著,似乎都未关注联绵词的问题。周荐、杨世铁(2006)《汉语词汇研究百年史》作为词汇学史专论也未专题论述联绵词问题。

衍生于多音节或双音节词汇,有关证据包括联绵词、重言词、有头字(词)、多音节名物词、多音节人名、氏族名,或国名、地名等。

　　叙述联绵词的成因五花八门,有专书概括为感叹、摹声、叠音、同义单音词联用、单音词缓读、单音词衍音、外来词音译、复辅音声母分立等。(徐振邦 1997,1998;伍宗文 2001)细细考查起来,多数解说牵强附会、似是而非,缺乏系统条理,譬如"慷慨、蟛蜩、蟛蠓"等衍音说多有偏误,难有共识。不过,在芜杂的联绵词成因学说中,清代大学者王念孙的"天籁"说独树一帜,值得重视。该观点载于王氏为清人程瑶田所撰《果蠃转语记》所写的跋。原文是:"盖双声叠韵,出于天籁,不学而能,由经典以及谣俗,如出一轨。"(王念孙 2002)这里"双声叠韵"指程氏所考联绵词,并指出联绵词具有母语性("出于天籁"),是常见现象("谣俗"),并为书面语所记录("经典"),无论从口语还是书籍("如出一轨"),自小就可习得("不学而能")。王氏在进一步的评论中还透露了更多信息,他说(意指程瑶田):"而先生独能观其会通,穷其变化,使学者读之,而知绝代异语,别国方言,无非一声之转,则触类旁通,而天下之能事毕矣。故果蠃转语,实为训诂家未尝有之书,亦不可无之书也。"(王念孙 2002)这段评述指出了语言或词汇的演变概念("穷其变化"),古代的联绵词("绝代异语")、别地别国别族语言或方言的联绵词("别国方言")都可能汇集于汉语,并存在演变关系("一声之转")。用简单的话说,王念孙的"天籁"说正确地指出了联绵词是周秦以来乃至殷商以前的古老口语词汇形式,本文拟通过述评现有关于联绵词产生的观点,通过与扬雄《方言》词汇对比,以及人类语言起源背景,证明王氏观点的正确,并进一步证明殷商以后的汉语单音节词汇更早来自多音节词汇。①

2　联绵词来源探索中的诸多矛盾

　　期望用联绵词证明汉语曾经的多音节词性质,不能不对联绵词各种来源的观点进行评析,分析其中的理据和悖论。

---

　　①　王念孙"《果蠃转语记》跋"蕴含了鲜明的扬雄《方言》背景观念(东汉末),例如"别国方言""绝代异语"等表述。可见王念孙对联绵词的久远性有充分的认识。

1）感叹说和摹声说。这两个观点涉及语言起源或者感叹词、拟声词等部分词汇形成的问题，不是语言或词汇演变现象，不在本文讨论之列。①

2）叠音说。该观点认为叠音词（重言词）是联绵词的一个类别，因方言差异和语流音变而使得声母或者韵母有别从而转变为联绵词。马真（1998：294）从音变造词角度提出："既然可以采取音节重叠的方式来造词，自然也可以采取在音节重叠基础上改变其中一个音节的声母或韵母的方式（及部分重叠）来造词，先秦汉语中的叠音词，双声叠韵的联绵词就都是这种音变造词方式在双音节词中的推广。"

对叠音词转变为联绵词的论证需要逐词考证，迄今为止，所考证的词语不多，例如"猗猗—猗傩""勉勉—黾勉"（向熹　1980），"蒙蒙—鸿蒙""团团—突栾"（刘又辛　1993），"便便—便蕃""栗栗—栗烈""发发—髪发""娓娓—婴婗"（徐振邦　1998）等。不过，方家基本同意，这种看法不仅难证，也不可能是所有联绵词真正意义上的来源。（董为光　1986）换句话说，这种观点表达了联绵词来源的多样性和偶发性，有些叠音词反过来也可能来源于联绵词的音变，例如"辘轳—辘辘"（徐振邦　1998）。

3）同义单音词联用说。这种认识起因于王念孙（2000），他通过考证23个双音连语提出了一个影响广泛的观点："凡连语之字，皆上下同义，不可分训。"王氏想通过分训音节汉字同义证明联绵词不能分训之目的，不过，他所举连语引起了是双音单纯词还是复合词的争论，更涉及联绵词的来源问题。后人正是在他的这个论点上提出联绵词可能来源于两个同义词或近义词并列凝结的观点，例如张永言（1982：29）指出："有时候一个复合词的语音和结构发生了大的变化，以致在形态上已经单纯词化，人们已不再能识别它原来的组成部分，这样它的内部形式也就从人们的语言意识里消失了。"王云路（2007：25）也认为："连绵词也可以由双音节实词变化而成。双音词在使用过程中，逐渐变得意义单一、语音相关，这就具备了成为连绵词的必要条件，当具有多种写法后就是其成熟的标志了。"

我们认为，由于古人未严格界定音节、字、语素、词、单纯词、复合词等概念，故表述上引起后人误解。王氏虽用了术语"连语"，但"上下同义"的字应

---

① 　补记：感兴趣的读者请阅读本书的《缘起：汉语大历史观与史前语言样貌》第3节"语言始于造词"。

实指音节,两个音节"不可分训"当然是联绵词。可见"连语"未必是在联绵词之外另有所指,证据是王氏的另外一句名言:"大抵双声叠韵之字,其义即存乎声,求诸其声则得,求诸其文则惑矣。"其中"字"指双音节联绵词,如果把音节看作语素或词,则是"求诸其文",产生误解,譬如释"窈窕"为"美状为窕,美心为窈"这类错误。王国维(1923)的定义也有类似情况:"联绵字,合二字以成一语,其实犹一字也","合二字"即合二音节,"一语"即一词。

后人之所以把王念孙的"连语"看成同义复合词不仅因其术语,而且在于那种根深蒂固的自古一个汉字一个词的思维。王念孙所举 23 个连语,例如"劳倈、仪表、魁岸、醖藉、呻吟、觊觎、绸缪、徘徊、烂熳、伶俜、伛偻"等,作为联绵词没有什么值得奇怪的地方。如果其中确有复合词,那也只是王氏认识出错、举出错误的案例而已。

4)单音词衍音说。这个观点认为用一个单音词加上一个与之双声或叠韵的字构成双音词,即衍音联绵词,这是联绵词起源中最没有根据的说法,多数学者回避这个论题。徐振邦列举了 40 个例词加以说明,分别从衍音在前、在后,双声、叠韵、准双声、近叠韵多个类别讨论,但始终不能说明为何会产生衍音。(徐振邦 1998:74)

我们认为,正是这个构成了联绵词主体的所谓"衍音"联绵词值得深究。这类衍音词双音和单音的交替出现并不是从单音节到双音节的衍音,而是双音联绵词演变脱落过程不均衡所使然。《楚辞》的联绵词多有分用,说明这些联绵词多处于演变脱落状态。例如,觊觎:"事罋罋而觊进兮",绸缪:"薜荔柏兮蕙绸",犹豫:"壹心而不豫兮"。有些联绵词分用跟合用都出现,例如,《楚辞》憭慄(栗):"憭栗兮若在远行","罔兮沕,憭兮栗"。因此,单音词衍音说是在顽固的一字一词观念下形成的,完全搞反了事实。

5)单音词缓读说。这种观点也源自古人,顾炎武(1982:50)《音学五书·音论》说:"宋沈括谓古语已有二声合为一字者,如不可为叵,何不谓盍。郑樵谓慢声为二,急声为一,慢声为者焉,急声为旃,慢声为者与,急声为诸是也。"

今人秉承了这样的观点,例如王云路(2007:25)说,联绵词"由单音词变化而成,主要包括两类:(1)音节缓读,也就是与反切相同的原理,一字析为上下二字,如'浑'变成'囫囵','角'变成'旮旯'。(2)音节延展,如《尔雅·释水》:'河水清且澜漪',大波为澜,小波为沦,直波为径。'晋郭璞注:'澜言涣澜,沦言蕰沦,径言径涏。'澜—涣澜,沦—蕰沦,是向前延长;径—径涏,是向后延长。都由单音词变成了双音连绵词"。

用缓读说来阐释联绵词来源有两个难以逾越的坎儿,一是这类现象可能涵盖的联绵词十分有限,二是急读或缓读概念不清,难成规律,恐怕只在偶发的语流音变中出现。

6)外来词音译说。用汉字记录外来语多音节读音逐步形成多音节单纯词,其中双音节音译词形貌上类似汉语双音词汇,故被看作联绵词。这类现象不涉及汉语联绵词起源,不讨论。

7)复辅音声母分立说。上古汉语复辅音是一个有争议的问题,本文不纠缠,仅以此作为一种学说来观察双音联绵词的来源观点。赞同上古复辅音声母的学者在论证过程中逐步发现,复辅音与联绵词存在密切关系,联绵词两音节的声母与复辅音声母有渊源演化关系。例如"劈历"的两音节声母(ph-、l-)来源于复辅音声母*phl-,并用现代亲属语言形式加以佐证。例如"骷髅":书面藏语读 keng rus"尸骸",书面缅语[a^{1}lɔŋ^3]。"螟蛉":安多藏语是[mbə],阿侬语是[buɯ^{31}luɯŋ^{55}],泰语是[mlɛːŋ^{33}]"虫子",似乎与复辅音声母有对应关系。

较为有意思的是金理新(2002)的论述,角度又有所不同。他同意伊斯特林(1987)、裘锡圭(1990)关于汉字是表词文字观点。不过他还认为,汉字经历了从表词文字转变为语素—音节文字的过程,从记录词到记录音节,例如汉字记录的"易/蜴"可能是多音节词,《诗经》记作"蜥",《说文》释为"蜥蜴"。金氏认为记词的汉字"易/蜴"包含了双音词"蜥蜴",由于汉字性质转变,后来记音节的汉字把"蜥"字记录出来。他还通过词根与词缀音节的描述,认为双音节词"蜥蜴"的表动物前缀*s-在汉字记录中文字化为"蜥",呈现出原本的多音节词面貌。

就我们的经验来看,汉语曾具有的多音节性质并无疑义,那是远古汉语的特征,甲骨文以后,先秦时期汉语整体的单音节词性质也不可否认。但是,即使先秦时期,汉语仍然没有彻底完成单音节化过程,口语中部分特定词汇还保留着多音节词形式,并与单音节化的词汇并存使用。不同的人、不同的方言、不同的文献分别记录了不同的形式。为此,我们不必绕个弯儿从文字性质转变加以论述(这方面需要文字学家从汉字本体论述,并且不能是孤证)。至于早期汉语多音节简化过程是否一定经历了复辅音化声母过程,[①]然后下一阶段又发生复辅音声母词分立,我们持怀疑态度,目前的谐声、假借、异读等证据并不充分。反之,从我们研究的达让语、格曼语、义都语等弱首双音节词语言现状推断,我们宁可认为汉语早期经历了抑扬格词模式的演变,其中只有部分词汇发生了复辅音化声母过程。

除以上讨论的观点,还有一些其他涉及联绵词来源的观点。例如詹鄞鑫(2005)提出"单字读如联绵词",即一个汉字读作语音关联的多个音节,更早有章太炎(1910)提出"一字重音说",还有更普遍的联绵词多字记音方法,把文字牵涉其中。我们认为甲金文时代汉语已经总体上迈入单音节词语言类型,汉字也已历经漫长的表音适应过程,记词和记音节近乎一致。一个重要的证据是双音节有头字被记录下来,例如"有周""又嗣"。因此,用两个汉字记录双音节联绵词是常规现象,至于用字可能因人因方言读音差异或其他因素而异,无需强解其中汉字代表的语义。可惜,历代不少文人硬把词义施于汉字,通过添加形符之类变化造成音节分训,带来不必要的麻烦。因此王念孙的词义"存乎声,求诸其声"的联绵词"天籁"说观点淹没在强劲的一字一义的"说文解字"声浪之中,少人问津。

3　抑扬格词模式

为证明汉语单音节词来源于双音节词(此处限于联绵词),可以取扬雄《方言》来观察。利用这个材料的好处是,一般研究者都认为《方言》具有如实记音特点,采用汉字作为记音符号来记录口语读音。(王彩琴 2011)此外,《方言》自身还提供了不同地区方言(或语言)的词汇语音变化线索,能够反映双音节词与单音节词之间的音变关系。例如,媱,抱媱。扬雄指出"抱媱,耦也。荆吴江湖之间曰抱媱,宋颍之间或曰媱"。"媱"与"抱媱"所指相同,似乎前一个音节脱落,代表了方言间的口语读音差异。再如,蟒,蟷蟒,

---

① 补记:多音节词的复辅音化声母指多音节词(双音节词)经历了一个半音节词过程,其中首音节的元音可能脱落,造成前后音节合并,形成复辅音声母。即 CVCV>C·CV>CCV。更详细的讨论请参考本书《单音节型语言演化的语音后果》第 3 节"从多音节词到单音节词"。

“蟒，宋魏之间谓之蚮，南楚之外谓之蟅蟒，或谓之蟒，或谓之螣”。“蟒”与“蟅蟒”也是方言读音差异，现代通用“蚱蜢”。这类丢失第一音节字的现象是扬雄描写各地方言的主要差别，同类的还有：鲐，耇鲐；薄，蓬薄；篖，笭篖；裯，祗裯，蛒，蛭蛒；鹅，鴚鹅；鑫，壶鑫；首，(杼)首；等。

也有脱落了后一音节字的单音节词与双音节词对应情况。例如，咣，咣哴，扬雄指出“自关而西，秦晋之间，凡大人少儿泣而不止谓之咣，哭极音绝亦谓之咣。平原谓啼极无声谓之咣哴。”类似的有：褴，褴褛；栖，栖落；篿，篿毒；谯，谯让；等。由于这类复音词都是联绵词，因此宜看成后一音节脱落，并与以下情况不同，另一些应该看作并列式复合词，例如“繘绠”是“繘”和“绠”连用，所指相同。类似的还有，刈鉤：刈，鉤；煦煆：煦，煆；鉤格：鉤，格；蛩烘：蛩，烘。联绵词还有虽音变但未必脱落的情况，例如，渠挐，渠疏；烦懑，汉漫；蜻蛉，蝍蛉；蠾蝓，螪蜍；易蜴，蛇医，蠑螈，祝蜓；蛥蚗，蝶蠽；蚰蜒，蠙蛪，蚨虷，蛆蜫。甚至还有记音字不同形成的：服鷁，鴳鷁；嘫哰，謰謱；杜蛒，杜狗。这些词都可看作同义词或不同记音形成的同一词。

为了简化讨论，本文仅讨论缺失第一音节字的联绵词，也就是我们假设第一音节字在演化中脱落。双音节词首音节脱落是东亚和东南亚语言演变的一种重要模式，称为抑扬格词模式，这种模式已在南亚语和部分藏缅语言中获得验证。（萧家成 1979；潘悟云 1999；江荻 2005）汉语同样经历了这种演变模式，（陈洁雯 1984）只是发生时间在殷商之前，仅留下部分演变痕迹，例如联绵词。以下以达让语为例对抑扬格词模式的演变加以说明。（江荻等 2013）达让语是一种藏缅语，分布在中国西藏东南察隅县。该语言的多音节词在语音上表现出首音节读得很轻很短，声调呈低降调。在我们调查的 2 587 个词中，多音节词 2 062 个，而这类低调首音节词 1 344 个，占全部多音节词的 65.2%。尤为值得注意的是该类词造成多种语音结构变化，反映出词形变化趋势。一是部分词首音节声母或者整个音节脱落，双音节词变为单音节词，三音节词变为双音节词；二是元音脱落，声母跟第二音节声母相连造成复辅音声母，也导致音节数减少；三是首音节不稳定，有不同交替形式。例如：

（1）$\text{ɑ}^{31}\text{blɯ}^{55}$　　$\text{hɑ}^{31}\text{blɯ}^{55}$　闪电

（2）$\text{khɑ}^{31}\text{d}^{j}\text{u}^{35}$　　$\text{kɑ}^{31}\text{d}^{j}\text{u}^{35}$　角落

（3）nɑ³¹mɯn⁵⁵ mɯn⁵⁵ 火

（4）bɯ³¹lɯm⁵⁵ blem⁵⁵ 眼睛

（5）khɯ³¹lɑi⁵⁵ khlɑi⁵⁵ 地

（6）tɑ³¹tsɑu⁵³ tɑ³¹kro⁵³ 钉子

（7）n̠ɑ³¹bleŋ⁵⁵ khɯ³¹leŋ⁵⁵ 芝麻

（8）nɑ³¹ja⁵⁵ ɑ³¹ja⁵⁵ 祖母 单纯声母脱落

（9）mɑ⁵⁵blɯ⁵³ lɑ⁵⁵blɯ⁵³ 豌豆 声母辅音交替

（10）ɑ³¹dɯŋ⁵⁵ dɯŋ⁵⁵ 完结 首音节脱落

（11）bɯ³¹reŋ⁵⁵ brẽ⁵⁵ 敌人 首音节元音脱落

（12）pɯ³¹roŋ⁵⁵ prem⁵⁵ 牛圈 首音节元音脱落

（13）kɑ³¹lo⁵⁵ ko³¹lo⁵⁵ 上颚 元音交替变化

（14）kɑ³¹rʷi⁵⁵ tɑ³¹khrɑi⁵⁵ 绳子 其他复杂变化

达让语的演化有两类不同的方式，一是辅音和元音逐项脱落演化为单音节词，二是元音脱落演变为复辅音声母单音节词。这两种现象在同一语言中都会发生，但其中某种方式可能形成主流，另一种则零星出现。就我们的经验，藏语支和羌语支语言多数可能采取了第二种方式，彝缅语支、景颇语支可能走的第一种道路。汉语早期可能走了第一种路径，达让语，以及南亚语走的是汉语曾经走过的路子。

根据南亚语学者的研究，南亚语中不少语言具有典型的抑扬格词模式。早在20世纪60年代Shorto（1960）提出了"次要音节"（minor syllable）概念，专门指词根主音节前所带元音极度弱化的音节。次要音节被定义为"除伴生元音（anaptytic vowel）外不带元音的音节"（Shorto 1963），次要音节与主音节构成抑扬格的词模式（iambic pattern）。Brunelle和Pittayaporn（2012）认为Hayes提出的抑扬格—扬抑格定律（Hayes 1985）符合东南亚语言的实际，该区域语言的一个普遍趋向是抑扬格词系统向单音节系统演化。（Thurgood 1999；Brunelle 2009）在演变过程中，语言的历史韵律系统会产生两个对称性变化，一是某些语言原始的抑扬格转变为扬抑格，反之则很少。二是抑扬格系统经常变为单音节系统。总之，语言韵律系统的变化符合口语节奏和音步发展，推进了词汇音节结构的变化。至于语言韵律系统变化的原因，目前人们倾向归因于语言接触，但一定还是内部变化主导了演化的方向。

语言演化是随机的，我们不必争论单音节词增多导致同音词这些问题。

单纯从结果来看,单音节系统的形成对于词汇发展有一定的优势,利用单音节词构成复合词大多产生符合扬抑格的韵律,使韵律类型更为丰富。例如达让语: buɯ³¹luɯm⁵⁵>blem⁵⁵"眼睛", blem⁵⁵brɑ⁵⁵"眼珠", blem⁵⁵m̩⁵⁵"睫毛";nɑ³¹mɯn⁵⁵>mɯn⁵⁵"火", mɯn⁵⁵khɑu⁵⁵"烟", mɯn⁵⁵tshɑɯ⁵⁵"火炭"。先秦以来,汉语复合词增多很可能走的就是这条道路。

回到联绵词讨论上来。扬雄《方言》中单音节词与对应的联绵词应该存在谁演变为谁的问题,按照前述传统观点是单音节词到多音节词,联绵词是后来出现的,按照抑扬格词模式演变定律则只能是多音节词到单音节词。我们发现很少有学者按照前一观点成体系地证明联绵词符合某些或某种规律,而只是举例讨论某些词属于某些来源类。(施向东 2009)依照后一观点,则不仅能阐释绝大多数联绵词的来源,还可以应用于东亚其他非汉语多音节词语言演化描述。因此,"蠪蟒"(蚱蜢)按照抑扬格词模式演化为单一音节词"蟒",从现代南方方言口语中可以看出这种趋势,例如广州话[maŋ²⁵],海南闽语[mɛ⁵⁵],温州话[tɕi⁴³miɛ²⁴],湘乡话[tso⁴⁵maŋ²¹tsʅ²¹]。更难以辩驳的是,几乎没有先秦单音节词后世转变为联绵词的案例(周及徐 2000),演变方向就不言自明了。

4　结语:世界语言大背景下的汉语绝非独生怪胎

王念孙关于联绵词"天籁"说实质是一项重要的科学发现,提出殷商以前汉语存在多音节词现象,甚至就是多音节词语言。这个发现一方面揭示了联绵词最主要的可能来源,另一方面可能引发人们进一步扩展探索其他汉语词汇的早期形式。这方面的研究实际已经开展,曾晓渝(1998)曾提出联绵词可能是原始汉藏语的遗留,也可以说联绵词可能来源于多音节的原始母语。周及徐(2000)发现《离骚》中联绵词具有从多音节到单音节的趋势,并准确地指出:上古汉语的双音节词单音节化的现象,在先秦时期已经接近尾声了。近期我们陆续发表了相关研究(江荻 2011,2012),譬如尝试用《尔雅》普通词与名物词对比,揭示名物词(多为联绵词)抗演化而保留多音节形式的秘密,提出了汉语从多音节词转变为单音节词的证据。

　　"天籁"说明确提出联绵词是汉语祖先一代一代传承下来的词汇。[①] 这样的词汇需要长期创造和积累,并经历长时间的演化,其中可能还经历了元音和谐演化规律阶段,形成所谓独特的叠韵类型(施向东 2009),而为抑扬顿挫优雅节奏形成双声叠韵的比况性表达则只是文学术语描述。至于双声,我们认为可能是随机形成的,从数学上的事件组合概率来看,两个有限声母集合的组合概率也是有限的。因此,双声联绵词的数量远远低于叠韵联绵词。(伍宗文 2001:210)

　　与"天籁"说对立的联绵词后起说有一个重要依据,即甲骨文、金文缺乏联绵词,到先秦文献中,联绵词才逐渐增多。我们知道这有甲金文的占卜记事内容和刻画材料或工具技术限定的因素,反之,传统先秦文献是在竹简和竹笔等用具记录汉语以后,特别是《诗经》等文学色彩描写以后,才将大量口语中的多音节词汇呈诸书面。因此联绵词后起说的依据是不充分的。作为早期双音词的残留,联绵词的书面呈现也表现出奇特的特点。甲金文时代联绵词很少,在先秦文献中数量猛然大增,再到汉代以后数量逐渐减少。(李如龙 2011)这是一个非词汇发展问题,仅涉及文献记录和呈现。"天籁"说并不排斥后世各地方言会零零星星创造一些联绵词,但规模一定有限,数量也很少。先秦时期文献中突然大量呈现的联绵词很可能经历了早期汉语数百上千年的积累。从目前各方言来看,也确实能找到一些共同语未收入的联绵。例如,长沙话:邋糊(不讲卫生),以莫(索性),脒腮(极好),烙殼(差错),撩撇(干脆利落),谩驮(批评)。

　　更为重要的是,遗传人类学提出现代人起源于非洲的命题,这些带着原初语言词汇和语言智能走出非洲的现代人逐步扩散到世界各地,语言也就随后在世界各地"繁衍"开来。问题在于当今世界除了东亚和东南亚语言为单音节词形语言,其余广大区域均为多音节词语言。把汉语放在这个大背景下来思考,就能感悟"天籁"说之重要,就能反省我们的传统观念,就有可能从上古遗存的宝贵文献中发掘出汉语结构的本质。王念孙的"天籁"说只是一种隐喻,却提醒我们不能把汉语看作世界语言之林之外独立产生的怪胎,这是王念孙的贡献。

––––––––––––––––––––

　　① 补记:为了说明汉语从多音节词到单音节词的演化过程,这里强调先秦《诗经》等文献里的联绵词现象,实际上,联绵词历代都会产生。请参考本书《缘起:汉语大历史观与史前语言样貌》第 3 和第 6 节。

参考文献

陈洁雯.1984.上古复辅音声母：粤方言一个半音节的字所提供的佐证,《方言》第 4 期。

董为光.1986.汉语"异声联绵词"初探,《语言研究》第 2 期。

顾炎武.1982.《音学五书》(音论),中华书局。

江　荻.2005.《义都语研究》,民族出版社。

江　荻.2011.单音节型语言演化的后果,《现代人类学通讯》第 5 卷。

江　荻.2012.《尔雅》词汇形式证明汉语曾是多音节词语言,《古汉语研究》第 3 期。

江　荻,李大勤,孙宏开.2013.《达让语研究》,民族出版社。

金理新.2002.《上古汉语音系》,黄山书社。

李如龙.2011.论汉语的单音词,《汉语词汇学论集》,厦门大学出版社。

刘又辛.1993.古汉语复辅音说质疑,《文字训诂论集》,中华书局。

马　真.1998.先秦复音词初探.北京大学中国传统文化研究中心.《北京大学百年国学文
　　粹·语言文献卷》,北京大学出版社。

潘悟云.1999.汉藏语中的次要音节.石锋,潘悟云.《中国语言学的新拓展》,香港城市大学
　　出版社。

裘锡圭.1990.《文字学概要》,商务印书馆。

施向东.2009.联绵词的音韵学透视,《音史寻幽》,南开大学出版社。

王彩琴.2011.《扬雄〈方言〉用字研究》,高等教育出版社。

王国维.1923.研究发题——古文学中联绵字之研究,《国学季刊》第 1 卷第 3 期。

王念孙.2000.《读书杂志》,江苏古籍出版社。

王念孙.2002.《果蠃转语记》跋.程瑶田《果蠃转语记》(影印本),上海古籍出版社。

王云路.2007.释"零丁"与"伶俜"——兼谈连绵词的产生方式之一,《古汉语研究》第
　　1 期。

伍宗文.2001.《先秦汉语复音词研究》,巴蜀书社。

向　熹.1980.诗经里的复音词,《语言学论丛》第 6 辑。

萧家成.1979.景颇语的弱化音节,《民族语文》第 4 期。

徐振邦.1997.联绵词的一个重要来源：复辅音声母的分立,《社会科学战线》第 5 期。

徐振邦.1998.《联绵词概论》,大众文艺出版社。

伊斯特林.1987.《文字的产生和发展》,左少兴译,北京大学出版社。

曾晓渝.1998.论说联绵词.南开大学中国语言文学系古代汉语教研室.《纪念马汉麟先生论
　　文集》,南开大学出版社。

詹鄞鑫.2005.联绵词与单字词音近义同现象的思考,《浙江大学学报》第 5 期。

张永言.1982.《词汇学简论》,华中工学院出版社。

章太炎.2003.一字重音说,《国故论衡》上卷,上海古籍出版社。(原版：1910 年日本东京

秀光社本。)

周及徐.2000.汉语的双音节词单音节化现象初探,《四川大学学报》第 4 期。

周　荐,杨世铁.2006.《汉语词汇研究百年史》,外语教学与研究出版社。

Brunelle M. 2009. Diglossia and monosyllabization in Eastern Cham: a sociolinguistic study. In Stanford J, Preston D. (eds.) *Variationist Approaches to Indigenous Minority Languages*. John Benjamins Publishing Company.

Brunelle M, Pittayaporn P. 2012. Phonologically-constrained change: the role of the foot in monosyllabization and rhythmic shifts in Mainland Southeast Asia. *Diachronica 29(4)*: 411 – 433.

Hayes B. 1985. Iambic and trochaic rhythm in stress rules. In Niepokuj N, VanClay M, Nikiforidou V, Jeder D. (eds.) *Proceedings of BLS 11: Parasession on Poetics, Metrics, and Prosody*. Berkeley: 429 – 446.

Shorto H L. 1960. Word and syllable patterns in Palaung. *Bulletin of the School of Oriental and African Studies 23*: 544 – 557.

Shorto H L. 1963. The structural pattern of Northern Mon-Khmer languages. In Shorto H L. (ed.) *Linguistic Comparison in South-East Asia and the Pacific*. School of Oriental and African Studies, University of London: 45 – 61.

Thurgood G. 1999. *From Ancient Cham to Modern Dialects: Two Thousand Years of Language Contact and Change*. University of Hawai'i Press.

Wang Niansun's Theory of "Sounds from Nature" on Origin of Couplets

Abstract: This paper argues that Wang's theory of sounds derived from nature is the only accurate explanation among the various theories on the origins of couplets (lianmian words). Wang was a prominent scholar in the Qin Dynasty. We selected all disyllabic couplets from Fangyan (方言), a dictionary by Yangxiong in the Western-Han dynasty, to illustrate that Chinese did not originate as a monosyllabic language. We will demonstrate the evolutionary process of the Chinese language from polysyllabic to monosyllabic by using the iambic pattern and the data from the Darang language, which bears a strong resemblance to Austroasiatic languages in terms of word forms. Couplets are remnants of ancient Chinese polysyllabic words.

Keywords：couplets（lianmian words）；iambic pattern；polysyllabic words；monosyllabicization

本文曾在"当代语言科学创新与发展国际研讨会暨《语言科学》十周年庆典会"上宣读（江苏师范大学,2012 年 10 月 27 日）。

论文刊载信息：江荻.2013.王念孙的联绵词"天籁"说证,《语言科学》第 5 期：469－476。

《尔雅》词汇形式证明汉语曾是多音节词语言

摘要 文章提出早期汉语是多音节词语言。文章以《尔雅》词汇为材料,通过对普通词汇和名物词的统计分析,阐明名物词具有类属专有名词性质。又通过词形结构分类,比较和统计名物词的被释词和训释词数据,证明名物词具有较强的抗演化能力,是早期汉语在单音节化过程中保留下来的多音节词。

关键词 名物词 《尔雅》 类属专有名词 词形结构 单音节词化 统计

1 《尔雅》的单音节和双音节词汇

历代研究者都注意到《尔雅》词汇的词形结构差别(江荻等 2014),①有单音节词、叠音词和双音节词。杨树达(2007)《尔雅略例》说:《尔雅》"《释诂》例举单文,《释训》尽胪骈字。"②虽准确却概括不全,因为《释草》《释木》《释虫》《释鱼》《释鸟》等篇还有大量既非"单文"又非"骈字"的双音节单纯词和复合词。③

《尔雅》是先秦时期一部词书性质的专书,其内容是对词语加以训释。《尔雅》共计十九篇,前三篇中《释诂》《释言》注解普通词语,《释训》注解叠音词或重言,以及少数其他词语或短语。④ 后十六篇解释"特殊语词"。⑤ 正

---

① 词形结构指词的音节长度,词的结构方式,词的形态形式,以及词的轻重韵律。例如,多音节单纯词、双音节复合词、叠音词、一个半音节、单音节词等。

② "骈字"原义指两字对偶词,也泛指两字相连的词或联绵词,例如社稷、方圆、灏瀚。《释训》大多是叠音词,通称重言,也有少量其他词。显然杨树达所说骈字特指叠字词或重言。

③ 本文表达以汉语为代表的东亚和东南亚区域语言时,有时也使用术语"多音节词"。

④ 《释诂》和《释言》采集的主要是名词、动词类词语,《释训》重言是形容词,后 16 篇基本是名物词,为观察其与前 2 篇的差异,本文不讨论《释训》词语。

⑤ 顾廷龙、王世伟(1990)《尔雅导读》称后 16 篇词语为特殊词,也就是名物词。

是这种属性引起后世在事物分类、词语形式、认知范畴各方面的研究,形成"尔雅学"(李法白　1963)或"雅学"(窦秀艳　2004)。《尔雅》的词汇关系诚如王国维(2001)所说:"物名有雅俗,有古今。尔雅一书,为通雅俗古今之名而作也。其通之也,谓之释。释雅以俗,释古以今。"这段话完整道出了《尔雅》的词汇性质。

《尔雅》按辞书体例可分为被释词和训释词两部分,按照词形结构又可分为单音节词、双音节单纯词、双音节复合词,本文以词形结构为分类方法对《尔雅》词汇做统计分析。

关于前两篇普通词语的统计,概括地说,《释诂》篇相互匹配的被释词和训释词共 177 组,双音节被释词仅 10 组 16 项(权舆、黄发/齯齿/鲐背、薨薨/蠠没、缉熙、眕眕/皇皇、藐藐/穆穆、关关/噰噰、觊觎、毗刘、栖迟),占 9.04% ,其中还包括部分叠音词,①训释词基本都是单音节词或描述短语。《释言》篇 280 组,仅两项双音节被释词(庶几,恺悌),占 0.7% ,训释词只有一项双音节形式(畯,农夫也),仅占 0.36% 。这个现象充分地说明先秦汉语具有的典型单音节词性质。

然而我们看到另一个令人惊讶的现象,《尔雅》后十六篇的面貌完全不同。本文以词数较多的草、木、虫、鱼、鸟五篇为例来观察,词形统计数据与前两篇悬殊。

这五篇被释词和训释词有四类注释对应形式,分类并举例如下:

(1) 单音节被释词对单音节训释词,例如:鲼、鰕;鮵、鳟;魴、鮂;鳌、鰈;粢,稷;众,秫。

(2) 单音节被释词对双音节训释词,其中训释词又分单纯词和复合词两类,(2a) 单纯词,例如:蜇,蠦蜰;鮥,当魱;鹈,鴮鸅;(2b) 复合词,例如:荼,苦菜;鶾,天鸡;鸒,山鹊;鵋,负雀;楙,木瓜。

(3) 双音节被释词对双音节训释词,两者或者是单纯词,或者是复合词,例如:蝙蝠,服翼;鸤鸠,鴶鵴;戎叔,荏菽;渠灌,茵芝;蕲茝,蘪芜;鳈鲔,鳜鰞;鶨黄,楚雀;瘣木,符娄。

――――――――――

① 《尔雅》的叠音词编排在《释训》篇,《释诂》仅有少量叠音词。对此,杨树达(2007)解说:"《释诂》例举单文,《释训》尽胪骈字。然《释诂》先载薨薨,继出眕眕、皇皇、藐藐、穆穆,知两篇时有后先,撰《释诂》者不知有《释训》也。"不过,我们也看到,《释诂》跟《释训》中部分相似的叠音词写法有异,如藐藐:邈邈,噰噰:雝雝。

（4）双音节被释词对单音节训释词，其中双音节词也分单纯词和复合词。例如：唐棣，栘；常棣，棣；蟋蟀，蛬；皇蟁，蟥；蛷蛵，蠍；鶷鶡，鵽；舒凫，鹜；桃虫，鷦；崔周，燕。

针对这四类现象，本文按照被释词与训释词分别统计，统计对象区分单音节词和双音节词，双音节词再分为单纯词和复合词。表中总数和计数可能不一致，因为有些条目有被释词而没有训释词，有些则有多项训释词。前者如"栎，其实棣"，没有"栎"的训释词。后者如"莫貈，蟷蜋，蜋"。关于被释词，《释草》《释木》《释鱼》三篇的单音节词比率远高于双音节词，另外两篇《释虫》《释鸟》也稍高于双音节词。关于训释词，情况完全相反，各篇的双音节词都远远高于单音节词。也就是说，被释词基本是单音节词，五篇平均占 69.7%，训释词基本是双音节词，平均占 75.8%。这也是单音节词跟双音节词的比率。

表 1　《尔雅·草木虫鱼鸟》被释词词形结构统计①

			单音节词		双音节词				双音节词合计	
	总数	计数	单音节词	比率	单纯词	比率	复合词	比率	复音词	比率
《释草》	198	198	166	83.84	26	13.13	6	3.03	32	16.16
《释木》	87	87	71	81.61	8	9.20	8	9.20	16	18.39
《释虫》	64	63	32	50.00	27	42.19	4	6.25	31	48.44
《释鱼》	32	32	25	78.13	6	18.75	1	3.13	7	21.88
《释鸟》	71	71	39	54.93	24	33.80	8	11.27	32	45.07

表 2　《尔雅·草木虫鱼鸟》训释词词形结构统计

			单音节词		双音节词				双音节词合计	
	总数	计数	单音节词	比率	单纯词	比率	复合词	比率	复音词	比率
《释草》	198	198	40	20.20	79	39.90	79	39.90	158	79.80
《释木》	87	83	23	26.44	16	18.39	44	50.57	60	68.97

①　表 1 中"复音词"包括双音节单纯词和双音节复合词。

（续表）

	总数	计数	单音节词		双音节词				双音节词合计	
			单音节词	比率	单纯词	比率	复合词	比率	复音词	比率
《释虫》	64	63	8	12.50	36	56.25	19	29.69	55	85.94
《释鱼》	32	32	12	37.50	9	28.13	11	34.38	20	62.50
《释鸟》	71	70	12	16.90	29	40.85	29	40.85	58	81.69

现在的问题是，为什么前两篇《释诂》《释言》的被释词和训释词很少有双音节词，后五篇"草木虫鱼鸟"则多用双音节词？为什么后五篇双音节训释词的比率远高于双音节被释词？以王国维（2001）的观点看，被释词多为古词、方言词，训释词为今语或通语。这是否意味着汉语词形结构从单音节扩展为双音节？

回答这几个问题需要更细微的观察，对第一个问题，我们分析推测，前两篇和后五篇词汇音节长度上的差别很可能与被释词的词汇类别有密切关系，前者被释词基本属于普通词语，即所谓抽象概念、属性、状态、时空、行为动作等词语，后者是表示有一定数量集成并相互区别的具体事物，训诂学家称为名物词。对第二个问题，《尔雅》时代，被释词和训释词都可能来自不同语言或方言，大量口语词进入书面语，造成被释词和训释词复杂的对应关系，而且也有语音和词汇历史发展变化因素，例如早期双音节词的单音节化，复合词逐渐发展丰富。本文尝试在下文逐步解答。

2　名物词的性质与演化形式

《尔雅》前两篇《释诂》《释言》的词汇基本表示抽象概念、属性、性状、时空、行为动作，这类词汇在语言中属于语用频率较高的常用词。为集中讨论主题，根据前期研究（江荻 2011，2012，2013a，2013b），我们假定汉语这类词是最易从多音节词走向单音节化的词，在甲骨文时代大多已经演化为单音节词。以下主要讨论后五篇（代表后十六篇）的词汇，观察名物词一定程度上保持双音节的原因。

草、木、虫、鱼、鸟等篇所收名物词所指具有一些共同的特征：（1）类属共性。草、木、虫、鱼、鸟名词所指都是某种属事物，一个种属可能有数个、数十个或数百个具体属或具体种及其亚属或亚种，例如"木"类事物有 71 个具体种，"鱼"类有 32 个具体种。① 前者都具有"木"的类属共性，后者都享有"鱼"的类属共性。（2）种属专指。比较不同事物，每个事物的名称都是不同的，代表人对具体事物的认知区别。这就是说，一个事物只有一个名称，使这个名词所指具有惟一性，类似专有名词的性质。（3）历史特征。若一个具体事物有两个或更多名称，正反映了《尔雅》以今语和通语释古语和方言的特点，是社会变迁和语言发展造成的。

现代语言学名词分类一般把"蝤蛴""蟋蟀"等归为个体名词，指能与个体量词结合的名词。这表明名物词作为类属名词，可以计量，例如"一条蝤蛴""一只蟋蟀"。进一步，类属名词有阶元等级，其共性是各级类属名词都可计量，例如"蟛蜎"和"蚔蟥"上位阶元的"虫（昆虫）"也可以跟个体量词结合。而前两篇普通词汇中的名词类别复杂，一般不可计量。例如："初、弘、臻、悦、洋"等。

种属专指特征凸显事物的差别，种属名称具有专指性，类似专名，例如"蠋，蚅螫"是虫属（昆虫纲）中的某种毛虫，"蛅，毛蠹"则是虫属的另一种毛虫。不过，名物词的专指特征跟语法上的专有名词全然不同，它是人们知识经验中带有生命源流等级特征的事物，以类属面貌呈现，跟完全个体表示特定人、事物、地点、机构、团体、国家、节日等名称的专有名词不同。种属专指特征有两种认知基础，其一源于数量，以昆虫为例，世界约有 100 余万种昆虫，每种昆虫名称都必须专指，以区别他种昆虫。其二出自社会关系认知，每类具体种属虽然可包含大量相同个体，但除特定语境，人们不会给每个个体命名（例如美国租借中国的熊猫取名"添添"和"美香"），于是这些种属的专名实际代表了终端（个体）事物。

类属共性和种属专指特征从两个维度表征了名物词的独特性质，前者指出在一个大类（一定阶元级）下共存多个表示种属事物的名词，都可受量词修饰（或计量），后者显示每个种属事物的名词具有专指性，可称为类属专有名词。

---

① 种、属，以及下文的"阶元"等术语借自生物分类概念。以动物为例，大致的分类包括"界、门、纲、目、科、属、种"7 个主要阶元等级，例如狼作为一个物种，属于哺乳纲，食肉目，犬科，犬属，此外，还有总纲、总目、亚科、亚属、亚种等分类。

　　表1和表2按照被释词和训释词分别统计了前五篇名物词的四种类型（含复音词），这里进一步观察被释词和训释词对应的实例。

　　（1）单音节被释词对应双音节复合训释词，这种对应关系表明，《尔雅》时代部分名物词已经单音节化，并且创造出新的复合词作为同义词。例如（前者被释词，后者训释词，下同）：

　　螫，天蝼；蜺，寒蜩；蠖，桑蠹；蛂，毛蠹；杜，赤棠；櫠，虎櫐；楰，鼠梓；孟，狼尾；荼，苦菜；莌，雀弁；蚌，含浆；螣，腾蛇；蟒，王蛇。

　　（2）a 单音节被释词对应双音节训释词，这类单音节名物词可能来自不同方言或不同族群语言，训释词都是双音节单纯词，甚至包括用字都与被释词不同，可能是当时的通语。例如：

　　䔇，雕蓬，彫胡；薕，黍蓬；蕈，蒐荄；椋，即俅；楥，柜柳；味，荎藸；虉，茅蜩；蛶，蛷蝼；螱，蝮蜪；鮥，鮛鲔；鰶，当魱；鹰，鶆鸠；鷩，鵗鶂

　　（2）b 单音节被释词对应双音节训释词类型中，有部分词跟上面一类不同，被释词很明显脱落了前一音节，发生单音节化，训释词则保留了双音节，例如：

　　苊，蓷苊，荼苊；莕，陵莕；荺，勃荺；蠖，蚇蠖；蠓，蠛蠓

　　少数还出现异体字情况：

　　杞，枸檵；蜚，蠦蜰；蜩，蜋蜩，螗蜩

　　部分词虽未脱落音节，但记录的汉字不同，说明读音已不稳定：

　　戎叔，荏菽，戎菽；仓庚，商庚，鸧鹒

　　（3）双音节被释词对应单音节训释词，这类情况孰为古语、方言，孰为今语、通语需逐项考订，例如：

　　瓟瓝，瓝；蔍蓲，莎；唐棣，栘；蟋蟀，蛬；皇蠸，蟓；莫貈，蟷蜋，蚀；蟪蛞，蝍；舒雁，鹅；舒凫，鹜；巂周，燕

　　但是也有脱落现象，例如：

　　常棣，棣；诸虑，榙

　　脱落的单音节形式当时或许已经更为常见，用作训释词了。

　　除了以上变化类型，《尔雅》名物词还有多种其他变化形式，我们在第3节全面统计。

　　通过以上讨论，我们初步理解了草、木、虫、鱼、鸟名物词跟前两篇普通

词汇在性质上的差别。关于名物词的性质,《荀子·正名篇》说:"故万物虽众,有时而欲偏举之,故谓之鸟兽。鸟兽也者,大别名也,推而别之,别则有别,至于无别然后止。"(北京大学《荀子》注释组 1979)这话说的是,列举事物要有名称,鸟兽是大名称,之下又有小名称,不断细分名称直到不能再分。这里的"别"指分类,分了又分则有"专名"的意思。所以,陆宗达和王宁(1994)指出"从词义学的观点来看,名物讲的是一些专名的词义。这种专名的特殊性在于,它所指的对象范围比较特定(就概念来说就是外延很小)而特征比较具体(就概念来说就是内涵较大)"。

　　陆、王两位先生的分析虽然跟本文的论证方法不一样,结论却一致。我们知道,专有名词的演化往往徘徊在普通名词之外,有抗演化性质(董颖红,江荻 2013),人们不会轻易改变人名、地名、国名就是这个道理。名物词有专指性质,上文称类属专有名词,因此不易变化。这就是为什么《尔雅》前两篇与后十六篇词形结构差异的原因所在。

　　我们曾指出人类语言词形结构发展的五个阶段(江荻 2013b),其中汉语等东亚语言尤为特别,从双音节发展为单音节词形结构语言,并早在甲骨文时代就已经基本完成单音节化过程。(江荻 2013a)《尔雅》前两篇的词语就是在这个演化浪潮中产生的,几乎都是单音节词。反之,草、木、虫、鱼、鸟等篇的名物词则保留了相当一批双音节词。

3　早期汉语演化方向是从双音节词到单音节词

　　上文讨论了草、木、虫、鱼、鸟诸篇被释词和训释词的四类注释形式,这里从词形结构数量进一步细化被释词和训释词的词形对比状况。表 3 对《尔雅》四种注释形式又按照被释词和训释词的对应展开分析,获得 9 种词形结构类型。表 3 中字母代码表示的意思如下:m 表示单音节词(monosyllabic words),p 表示双音节(单纯)词(polysyllabic words),c 表示复合词(compounds)。把这 3 个代码组合起来表示 9 种被释词和训释词对子,能够全面反映《尔雅》名物词的词形结构。以下是组合方式,前项是被释词,后项是训释词:

　　m-m 表示用单音节词训释单音节词;

　　m-p 表示用双音节词训释单音节词;

m-c 表示用复合词训释单音节词；

p-m 表示用单音节词训释双音节词；

c-m 表示用单音节词训释复合词；

p-p 表示用双音节词训释双音节词；

c-c 表示用复合词训释复合词；

c-p 表示用双音节词训释复合词；

p-c 表示用复合词训释双音节单纯词。

表 3　《尔雅·草木虫鱼鸟》被释词与训释词对比数据

	被释词	训释词	m-m	%	m-p	%	m-c	%	p-m	%	c-m	%
《释草》	198	198	36	18.2	60	30.3	70	35.4	3	1.5	1	0.5
《释木》	87	83	20	24.1	14	16.9	35	42.2	3	3.6		
《释虫》	63	62	4	6.5	18	29.0	10	16.1	4	6.5	6	9.7
《释鱼》	32	32	12	37.5	3	9.4	10	31.3				
《释鸟》	71	70	5	7.1	14	20.0	20	28.6	3	4.3	4	5.7

	被释词	训释词	p-p	%	c-c	%	c-p	%	p-c	%	m/p-p 合计	%
《释草》	198	198	19	9.6	5	2.5					79	39.9
《释木》	87	83			6	7.2	2	2.4	3	3.6	14	16.9
《释虫》	63	62	16	25.8	3	4.8	1	1.6			34	54.8
《释鱼》	32	32	5	15.6			1	3.1	1	3.1	8	25.0
《释鸟》	71	70	13	18.6	1	1.4	2	2.9	8	11.4	27	38.6

　　根据今人研究(徐朝华 1987；胡奇光，方环海 1999)，我们判断，被释词与训释词之间主要存在两类现象，被释词多是书籍记载的古语词、他地方言词、非汉语词(或历史上借入并融于汉语的外来词)，一般不是当时的常用词，而训释词则是作者所知通行的"官话"词和口语词(或通行俗语)，或书面上的"雅词"。例如"载，岁也"，"鰕，大蝦"。另一类被释词与训释词的关系是历史上形成的同义词或异名词(不究来源)，当时都在使用，例如"卉，草"，"荷，芙蕖"。

至于利用文字训读和音训的在后十六篇不多见,例如"矢,誓也"(假借,《释言》),"于,於也"(古今字,《释诂》),"茨,蒺藜"(《释草》),"仓庚,商庚"(《释鸟》),"藗车,苋舆"(《释草》)。这类现象我们不单独论述。

　　这两类现象在词形结构上表现了哪些特点呢? 从草、木、虫、鱼、鸟分篇数据来看,m-c、m-p、p-p 三类都达到最高值,m-m 也比较多。m-c 为什么数量高呢? 从实际案例看,绝大多数来自组词描述,例如,"薄,石衣","芨,堇草","楔,荆桃","蜺,寒蜩","蠲,桑蠹","鶪,山鸟"。这正是先秦以后汉语复合构词的基本路线。m-p、p-p 高数据则意味着双音节单纯词当时是名物词的主体,它们是当时汉语中常用的词形。少量 c-p 形式则表示有可能部分词已经发展了复合词形,但仍然与双音节单纯词同时使用,而且双音节单纯词用作训释词说明它们的历史常用地位,例如"瘣木,苻娄""土蠡,蠰溪""蚹蠃,螔蝓""鼫鼠,夷由"。当然也有 p-c 这类新造词的结构,例如"苬甀,豕首","蔓华,窃衣"(《释草》),"螟蛉,桑虫"(《释虫》),"桑鳸,窃脂","鹩鸫,寇雉"(《释鸟》)。m-m 有多种情况,有些可能来自不同方言或语言,有些是同类名物之一种。还有省略形式或者异体字造成的,例如"蔲,蒠"(《释草》),"椅,梓"(相似同类,《释木》),"螫,蟓"(之一种,《释虫》),"鳎,鳅"(《释鱼》),"鷾,鸸"(鷾鸸省,《释鸟》),"萍,荓"(异体字,《释草》)。图1反映了草、木、虫、鱼、鸟各篇名物词数据对比情况。

- - - - - 《释草》· - ·· - 《释木》——《释虫》· · · · · · · ·《释鱼》——《释鸟》

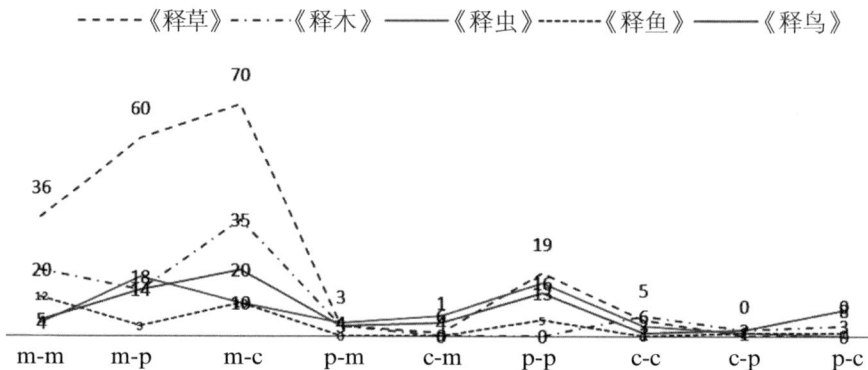

图1　分篇被释词和训释词对比数据曲线图
(详见书末彩图附录)

　　第1节中表1的数据显示,被释词的单音节词数据高于复音词数据,而表2训释词的复音词数据反过来远高于单音节词数据(参见图2),这正是第

1 节提出的汉语词形结构演化方向问题：汉语词形结构是否从单音节扩展为双音节。不过，如果我们把表 1 和表 2 数据继续细化，又会呈现另一番图景。

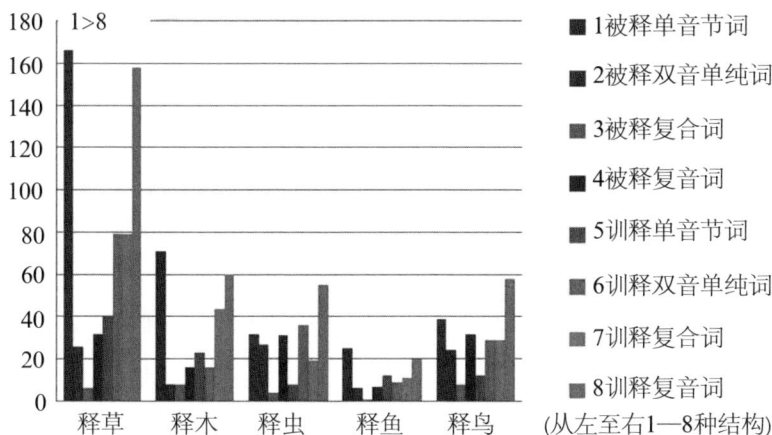

图 2　按照被释词和训释词词形结构类型统计数据图
（详见书末彩图附录）

被释词和训释词的复音词都包含了双音节单纯词和复合词，现在把这两部分切开，比较被释词∶训释词二者所占比率(%)。先看复合词：

《释草》是 3.03∶39.90，

《释木》是 9.20∶50.57，

《释虫》是 6.25∶29.69，

《释鱼》是 3.13∶34.38，

《释鸟》是 11.27∶40.85。

被释词的复合词比率极低，甚至只有训释词数据的十分之一，说明这些词是早期产生且不常用的偏僻词，而训释词数据也说明战国秦初汉语复合词有了较大发展。再看双音节单纯词：（为了比较，括号内列出单音节词被释词与训释词的比率。）单纯词：

《释草》是 13.13∶39.90　　（单音节 83.84∶20.20），

《释木》是 9.20∶18.39　　（单音节 81.61∶26.44），

《释虫》是 42.19∶56.25　　（单音节 50.00∶12.50），

《释鱼》是 18.75∶28.13　　（单音节 78.13∶37.50），

《释鸟》是 33.80∶40.85　　（单音节 54.93∶16.90）。

双音节被释词的比率普遍低于训释词，与单音节词完全相反，这个现象令人困惑。上文已经指出，双音节名物词是汉语抗演化较强的历史遗留现象，我们还知道，双音节单纯词不是汉语新词产生主要方式，那么这种现象只能说明它们是口语系统中原有的词汇(江荻 2013a)，无论早期文献是否记载，它们都是存在的。至此，我们回答了上文提出的问题，否定了原始汉语词形结构从单音节扩展为双音节的猜测。

4 结论：甲骨文时代以前的汉语是多音节词语言

大多数人认为汉语从甲骨文以来是单音节词语言(所谓孤立语)，这一判断未必有错。但是，遗传人类学从基因科学角度提出现代人起源于非洲的命题，(Jin & Su 2000)这些带着原初语言走出非洲的现代人逐步扩散到世界各地，语言也分化开来。把汉语放在这个大背景下思考，世界范围内唯包括汉语在内的东亚和东南亚语言属于单音节词语言，这就需要深究了。

若认为甲骨文之前汉语是多音节词语言，那么汉语从多音节词演化为单音节词的机制是什么呢？早在 20 世纪 60 年代，南亚语学者 Shorto(1963)就发现了南亚语的次要音节(也称一个半音节)现象，即多音节词的词根主音节前所带元音极度弱化的音节，并定义为"除伴生元音(anaptytic vowel)外不带元音的音节"。近年，Brunelle 和 Pittayaporn(2012)认为 Hayes(1985)提出的抑扬格—扬抑格定律可用于东南亚语言，该区域语言的普遍演化趋向是抑扬词格双音节词系统向单音节词系统变化。陈洁雯(1984)、潘悟云(1999)等人认为汉语也存在类似的次要音节演化现象，江荻(2012)论证了藏缅语中达让语、义都语的弱化首音节变化现象以及遵从抑扬格定律从多音节词向单音节词转变的趋势。

如果假设早期汉语是多音节词语言，那么汉语词汇的词形结构至迟在甲骨文时代已经基本完成单音节化过程。我们推测，东亚区域在新石器时代至夏商周期间发生的民族大融合推动了语言的大融合和大演变，汉语在这个时期发生了词形结构的激烈变化，由多音节词转变为以单音节词为主的语言。(江荻等 2014)幸运的是，还有一些特定词汇保留了早期多音节词形结构，给我们留下了汉语单音节化的线索，(周及徐 2000)《尔雅》名物词的数量对比就是明确的证据。

在以上讨论中我们还留下了一个未探讨的问题，那就是为什么草、木、虫、鱼、鸟篇中代表早期汉语的单音节被释词有很高的比率？我们认为即使名物词比之普通词不易变化，也不能抗拒历史变化的力量，会不同程度地丢失弱化首音节。例如"范，蔗范"，"苔，陵苕"，"茢，勃茢"（释草），"杞，枸檵"（释木），"蜩，蜋蜩，螗蜩"，"蠖，蚇蠖"，"蟓，蟪蟓"（释虫），等等。按照分析，"范，蔗范"这个"蔗"就是弱化音节，郝懿行（1982）《尔雅义疏》说："蔗范，荠范，亦以声为义。"表明"蔗"读音不稳定，或者在不同方言中已发生变化，有些读作"荠"。再以"蜩"为例，《尔雅》平行用了"蜋蜩"和"螗蜩"训释，《方言》说："蝉，楚谓之蜩，宋卫之间谓之螗蜩，陈郑之间谓之蜋蜩，秦晋之间谓之蝉，海岱之间谓之蛴。"（华学诚 2006）这说明"蜋"和"螗"读音可能是方言差别，也是音变造成的，"蜩"则是前面弱化音节脱落造成的。至于"马蜩""寒蜩""茅蜩"则是复合构词产生的。这是《尔雅》时代被释词中单音节名物词数量较多的原因之一。

除了被释词为单音节词，也有被释词为双音节词，训释词为单音节词，例如"唐棣，栘"，"常棣，棣"（释木）。清刘宝楠（1990）《论语正义》认为"以棣之名专属唐棣，而以常棣为棣之类。若然，则此注所云'唐棣栘'，'栘'字亦'棣'之误矣"。况且许慎《说文》也是"栘，常棣也"。因此，刘宝楠提出"《论语》疏引'唐棣'，必是'常棣'之误"。这项讨论的本质在于"唐"和"常"无非是汉字记录的一个次要音节，读音不稳，可以记作不同汉字，而且可脱落。这可能是有些被释词为双音节词而训释词为单音节词的原因之一。

总之，《尔雅》名物词词形结构揭示了早期汉语跟世界其他语言一样，是多音节词语言。由于词汇性质不同，当普通词汇单音节化之后，名物词则一定程度上保留着双音节，即直到《尔雅》出现的战国末年，汉语日常口语中仍然有大量双音节单纯词，而那些单音节化的普通词汇和名物词又逐步走上了复合词化的双音节词结构道路。

参考文献

北京大学《荀子》注释组.1979.《荀子新注》，中华书局。

陈洁雯.1984.上古复辅音声母：粤方言一个半音节的字所提供的佐证，《方言》第 4 期。

董颖红,江　获.2013.上古汉语词汇长度的演化与抗演化,*Proceedings of the 25th North American Conference on Chinese Linguistics*. The University of Michigan Press.

窦秀艳.2004.《中国雅学史》,齐鲁书社。

顾廷龙,王世伟.1990.《尔雅导读》,巴蜀书社。

郝懿行.1982.《尔雅义疏》,上海古籍出版社。

胡朴安.1939.《中国训诂学史》,商务印书馆。

胡奇光,方环海.1999.《尔雅译注》,上海古籍出版社。

华学诚.2006.《扬雄方言校释汇证》,中华书局。

江　获.2011.单音节型语言演化的后果,《现代人类学通讯》第5卷。

江　获.2012.达让语的抑扬格词模式演化特征。"第6届国际彝缅语学术研讨会"论文。(西南民族大学,11月2—3日)

江　获.2013a.王念孙的联绵词"天籁"说证,《语言科学》第5期。

江　获.2013b.单音节型语言演化的语音后果.石锋,彭刚.《大江东去——王士元教授80岁贺寿文集》,香港城市大学出版社。

江　获,康才畯,燕海雄.2014.词形结构进化与世界语言的多样性,《中国科学通报》第21期。

姜仁涛.2006.《尔雅同义词研究》,中国文史出版社。

李法白.1963.尔雅释词撮例,《郑州大学学报》第4期。

刘宝楠.1990.《论语正义》,中华书局。

陆宗达,王　宁.1994.《训诂与训诂学》,山西教育出版社。

潘悟云.1999.汉藏语中的次要音节.石锋,潘悟云.《中国语言学的新拓展》,香港城市大学出版社。

王国维.2001.《尔雅》草木虫鱼鸟兽名释例,《观堂集林》,河北教育出版社。

徐朝华.1987.《尔雅今注》,南开大学出版社。

杨树达.2007.尔雅略例,《积微居小学述林全编》,上海古籍出版社。

周及徐.2000.汉语的双音节词单音节化现象初探,《四川大学学报》第4期。

Brunelle M, Pittayaporn P. 2012. Phonologically-constrained change: the role of the foot in monosyllabization and rhythmic shifts in Mainland Southeast Asia. *Diachronica 29(4)*: 411–433.

Hayes B. 1985. Iambic and trochaic rhythm in stress rules. In Niepokuj N, VanClay M, Nikiforidou V, Jeder D. (eds.) *Proceedings of BLS 11: Parasession on Poetics, Metrics, and Prosody*. Berkeley: 429–446.

Jin L, Su B. 2000. Natives or immigrants: origin and migrations of modern humans in East Asia. *Nat Rev Genet 1*: 126–133.

Shorto H L. 1963. The structural pattern of Northern Mon-Khmer languages. In Shorto H L. (ed.) *Linguistic Comparison in South-East Asia and the Pacific*. School of Oriental and African Studies, University of London: 45 – 61.

Chinese Was Once a Polysyllabic-word Language as Demonstrated by the Vocabulary in Erya

Abstract：This article proposes that early Chinese was a polysyllabic language. This article uses the vocabulary of "Erya" as material, and by statistical analysis of ordinary vocabulary and minwu-words(名物词), it clarifies that minwu-words have the nature of generic proper nouns(类属专有名词). Through the classification of word-form structure, the comparison and statistical data on the interpreted words(被释词) and explanatory words(训释词) of minwu-words prove that minwu-words have strong resistance to evolution and are polysyllabic words preserved in the monosyllabicization process of early Chinese.

Keywords：mingwu-words；〈Erya〉；generic proper nouns；word-syllabic structures；monosyllabicization；statistic

本文曾在"2012 演化语言学国际研讨会"上宣读(北京大学,2012 年 11 月 9 日)。

论文刊载信息：江荻.2014.《尔雅》词汇形式证明汉语曾是多音节词语言,《古汉语研究》第 3 期：57 – 64。

汉语词头残迹印证早期汉语是多音节词语言

摘要 文章用《诗经》和其他先秦材料的词头词论证早期汉语是多音节词语言。通过对比亲属语言叠音词(重言)和一个半音节词的演化现象,以及观察词头词与重言词共存的等价功能和数量关系,提出早期汉语跟其他东亚和东南亚语言一样是轻重格词模式语言。又依据 Hayes 的抑扬格—扬抑格定律,发现词头词的一个半音节性质及单音节化痕迹,并由此证明,"有"字头等词头词不是词缀、不是衬音词,也不是实词,而是多音节词的(弱)首音节,确定了词头词的性质以及作为早期语言多音节性重要遗存的证物。这项研究厘清了汉语史一个难点,也为早期汉语词汇史研究提供了新知。

关键词 早期汉语 词头词 重言词 多音节词 单音节化

1 引 言

  本文讨论古代汉语词头词的性质以论证早期汉语从多音节词发展为单音节词语言的事实。词头词指甲金文至先秦时期文献中的一类所谓独特词形结构,例如有麋、有周、载寝、爰居、言采、聿求、遹观、于飞、斯皇等,其中"有—、载—、爰—、言—、聿—、遹—、于—、斯—"等被称为词头或前加成分、前附语。(Karlgren 1923;王力 2000;周法高 1973;杜其容 2008;喻遂生 2002)从语法视角来看,词头概念很难采纳现代词法体系分析,不能比拟为具有构词或构形功能的词缀(前缀)。那么词头是什么?

  先秦时期的词头词数量很有限,使用频率也不高。这个事实意味着两种可能,或者词头词刚刚兴起,或者是早期语言遗留的残迹。前者显然不符合汉语史事实,很难解释为什么这种新兴词形结构在春秋时期之后又趋向消失。至于后者,正是本文论证的目标。

  汉语跟东亚其他语言或者具有同源关系或者具有区域类型趋同关系,

从语言发展不均衡看,有些同源语言可能保留了早期词形面貌。从跨语言角度看,侗台语的轻重格词模式(iambic patern)、南亚语和南部藏缅语的一个半音节词模式(sesquisyllables)都呈现出 Hayes(1985)提出的所谓抑扬格韵律形态,这种韵律形态是否也是早期汉语所经历的模式呢? 这种模式在早期汉语以什么样的样式出现呢?

2　词头词的性质

甲骨文的一个字是一个词的特点无形中为后世规定了早期汉语的语言类型,即汉语是缺乏形态变化的孤立型语言。① 秦汉以来的 2 000 多年间,历代学者似乎大多同意汉语是从单音节词语言产生复合词和派生词而向多音节词语言发展,从而逐渐形成了学界研究的范式:任一音节汉字均可解诂,合成词都来自单音节词的组合。不过,在这个大的观念下,人们还是发现了不少的不整齐现象,且很难用复合词、派生词这类观念加以阐释。主要包括重言叠音词、联绵词、名物词、词头词、人名地名等内部不透明无法按照常规加以解释的多音节词,甚至不知道这些词是怎么来(产生)的。词头词就是其中的一类。试观察案例。

$\boxed{荡荡}$怀山襄陵。(《尚书·尧典》)

芒然$\boxed{彷徨}$乎尘垢之外,$\boxed{逍遥}$乎无为之业。(《庄子·大宗师》)

觊髳$\boxed{茀离}$也。(《尔雅·释诂》)

有兽焉,其状如狐而鱼翼,其名$\boxed{朱獳}$(侏儒)。(《山海经·东山经》)

簟,其粗者谓之$\boxed{籧篨}$。(《方言·第五》)

而乃今知之乎? $\boxed{有虞}$氏不及泰氏。(《庄子·应帝王》)

盘庚迁于殷,民不适$\boxed{有居}$。(《尚书·盘庚》)

孔甲扰于$\boxed{有帝}$。(《左传·昭公二十九年》)

---

① 　罗端(2013)指出:"甲骨文文字系统表现的是'一个字''一个语素'的等价。"

按照组合观点,对于叠音词"荡荡",其语法价值被归结为重叠产生"某类状貌"功能,而联绵词"彷徨""逍遥"和名物词"侏儒""篷篠"则难以离析解读,无法索求其间的语法价值。联绵词(含形容词性联绵词、叠音词和名物词)的来源有多种解读,意见不一。(徐振邦 1998)最近,江获(2013)发掘出清人王念孙的联绵词"天籁"说观点,即联绵词一直存于人们口语(甲金文鲜有记录),并认为有些可能来自甲金文之前的早期汉语。联绵词的性质在于双音节性和弱首音节特征,其演化过程呈现出弱首音节脱落致双音节词与单音节词并存的同源词现象。(周及徐 2000;刘洋等 2016)词头词似乎也有这样的特征。以《诗经》观之,词头词"有周"仅出现 4 次,单用"周"则有 24 次,例如:

天监 有周 ,昭假于下。(《诗经·大雅·烝民》)

明昭 有周 ,式序在位。(《诗经·周颂·时迈》)

迄用有成,维 周 之祯。(《诗经·周颂·维清》)

忾我寤叹,念彼 周 京。(《诗经·国风·曹下泉》)

"有周"和"周"所指相同,二者是同源异体词项,这一点前贤多有论述。(王力 2000)再如"有商",《诗经》出现 1 次,而同源词项"商"出现 11 次。如:

假哉天命, 有商 孙子。(《诗经·大雅·文王》)

浚哲维 商 ,长发其祥。(《诗经·商颂·长发》)

敦 商 之旅,克咸厥功。(《诗经·鲁颂·有恤》)

除了用于国名或族名之前,词头"有"还出现于一般名词,例如"有梅"出现 3 次,"梅"出现 4 次;"有北"出现 2 次,"北"出现 6 次。如:

豺虎不食,投畀 有北 ; 有北 不受,投畀 有昊 。(《诗经·小雅·巷伯》)

河水洋洋, 北 流活活。(《诗经·国风·卫硕人》)

昊天 不平,我王不宁。(《诗经·小雅·节南山》)

自西自东,自南自 北 ,无思不服。(《诗经·大雅·文王有声》)

摽 有梅 ,其实七兮。(《诗经·国风·召南·摽有梅》)

山有嘉卉,侯栗侯 梅 。(《诗经·小雅·四月》)

《诗经》之诗或许出自不同作者,也或许出自不同地方,更或许出自不同年代,但既为民众吟诵则无疑为民所接受。假定我们同样以王念孙的"天籁"说观念看待(江荻 2013),则"周、商、北、昊、梅"应来自带"有"字头的词,"有"字头的词是原初形式或早期形式,不带词头的词应是已脱落词头新产生的同源词。

"有昊"是相当特别的一例,仅出现 1 次。而"昊天"出现达 22 次,并反复出现于后世各类文献。或许可以推断:"有昊"为最早形式,可是"有"音节脱落,本应留下的同源单音节词"昊"却未出现于先秦文献,倒是组成了复合词"昊天"。① 稍后的汉魏时期文献出现了"昊"的独用或者其他组词情况,例如:

邪叟忘其西 昊 ,龙丘狭其东皋。(《魏晋六朝·昭明文选》)

不睹其能奋灵德,合风云,超忽荒而蹑 昊苍 也。(《魏晋六朝·
昭明文选》)

翱翔 昊苍 ,云何在此?(《魏晋六朝·三国志》)

臣闻惟皇配极,惟帝祀天,故能上稽干式,照临黔首,协和
穹昊 ,膺兹多福。(《魏晋六朝·宋书》)

"西昊"与"东皋"对着说,可证"昊"可独用,"昊苍、穹昊"则已组合。《昭明文选》:"昊、苍,皆天名也",属联合式复合词。

按照传统范式,词头词产生于人们添加词头这样的基本思路。可是为什么要添加词头?对这个问题则意见纷纭。② 就《诗经》等文献来看,先秦时期还存在一定数量的词头词(周法高 1973),例如"有、其、斯、思"等,限于篇幅,本文仅以"有"词头词为讨论对象。

《诗经·文王》载"有周不显,帝命不时",唐代孔颖达疏:"以'周'文单,故言'有'以助之。"他的这个观点被后人继承。清人王引之撰《经传释词》

---

① 古代汉语词类的功能定型有一个过程,依早期汉语单音节化之理推定,"昊天"源于"有昊天","有昊"可能原具形容词性质,义为"广大"。这可能是"昊"无独用原因之一。不过,随着"昊天"的广泛使用,"昊"从"昊天"取得"天"之义,故已然脱落词头的"有昊"再次出现时,也用作名词。先秦以后,"昊"作为名词词类的用法则基本定型。请参见下文。

② 有些观点并不认为"有"等词头词之词头为词头,本文为了行文方便,叙述时均以词头词或词头表述。

卷三十二说:"'有',语助也。一字不成词,则加'有'字以配之,或虞夏殷周皆国名,而曰有虞、有夏、有殷、有周也。"这个观点当然很奇怪,王引之是语言文字大家,不能不知一字是词二字也是词。看来他是就事论事之意。但是,这个语助又是什么呢? 王引之又说:"经典之文,字各有义,而字之为语词者,则无义之可言,但以足句耳。"这就是后人归纳的衬音助词和衬音说,即"有"字有调节韵律和补足语句音节的作用。

与语助观点不同的是词头说,王力(2000)指出:"上古名词的前面往往有类似词头的前附成分,例如'有'字。它经常是加在国名、地名、部落名的前面,如有虞、有扈、有仍、有莘、有熊、有庳、有济等"。持这种观点的人虽心有迟疑,不敢直接称之为词缀,但理论应用上却不能不按照词缀功能来理解,即词头是具有词法或者形态价值的单位,譬如标示名词词性。但除此以外似乎也说不出其他语法特点了。这又是一个"为什么"。

秦建明、张懋镕(1985)提出"有"字表国名["有"通"或(域、国之本字)"],该观点与宋人邢昺(《论语注疏》)所议相近:"《外传》称禹氏曰有夏,则如舜氏曰有虞,颛顼以来,地为国号,而舜有天下,号曰有虞氏,是地名也。"再有黄奇逸(1981)的"有"字动词说就不再是词的问题了。我们认为喻遂生(2002)对这些观点的批评足以让我们不用再耗笔墨,可惜喻氏对"有"词头的地位未做性质上的探索,这是我们下文还要讨论的。此外,李宇明(1982)提出了定指词说,白平(1988)提出"多、大、孔、极"字义系统说(或实词说)。这些观点比之不表义的衬音说和词头说走得更远,更强调一字一义(含语法义)。不过,这些观点目前似乎还未能服众。

以上所有观点囿于传统范式,都是以单音节词为本体而围绕添加之上的音节(字)及其结构加以讨论。在本文第 3 节的论证之前,我们先简单剖析以上观点,然后提出我们对词头及词头词的界定。

语助说和衬音说认为词头无义,只起"足句"和调节韵律作用。这种看法显然不符合真实口语事实和语言本质。语言作为符号系统,具有自身的组织机制,不仅是群体的产物,而且是族群历史的产物,具有传承性。语言的任何单位都是同一群体继承和共享的,未掌握这些单位的个体,例如儿童,需要学习后才会使用。即使进行语言游戏,包括诗歌文学,也无法改变语言的群体性和系统性。那些从诗歌格律乃至斟词酌句文学创作角度提出的语助说和衬音说不过是似是而非的谬说而已,难以想象人们说话和写作之际可随意插入无意义的语词或音节。

词头说是隐约依据现代词法和形态学理论提出的观点,即把词头当前缀看待,这个观点的前提是所属语言具有词法形态范畴或其初始形态,譬如名词化、使动态等。可是,上古这些词头并未表现出这样的形态特征。[①] 这也是词头充作词缀说难以成立的关键所在。

至于定指说和语义系统说似乎只能逐个案例解释,特别是语义系统说的词义滋生有随意解说之嫌,并未证明滋生的条件和过程。全面地看,放在先秦文献词汇体系中,单纯以"有"字作为实词和修饰语的观点反不及词头论述的系统性,后者涵盖了各种词头词。

词头不是词缀,不是语助和衬音,也不是实词,词头是什么? 我们的回答很简单,词头什么都不是,仅仅是多音节词的(弱)首音节。[②] 但是要想讲清楚这件事情,非得提出新的视角、新的观点,并加以论证。这正是下文要讨论的问题。

3　词头词的渊源试论

王显(1959)从另一个角度讨论了词头词现象,他采用了清人王先谦(1987)的命题:有字式跟重言相当。依本文看,这是探索词头词的重要突破。我们的讨论即在此基础上进一步提出词头的渊源问题。

王显以《诗经·硕人》一句揭开这个现象:"河水洋洋,北流活活。施罛濊濊,鳣鲔发发,葭菼揭揭。庶姜孽孽,庶士有朅。"其中末尾小句"有朅"是个词头词或"有"字头词,用作谓语(形容词或状貌词)。但在全诗中,该词与其他充当小句煞尾的动词完全平行,这些煞尾词全部是叠音词(重言),这意味

---

① 学界在本文论述的词头词之外,有一些关于上古汉语前缀的观点,如高本汉(1923)、雅洪托夫(1960)、李方桂(1980)等都认为汉语可能存在 s-词头;进一步,梅祖麟(2008)认为 s-词头是具有名谓化功能的词缀;梅祖麟(2008)、沙加尔(1999)、郑张尚芳(1990)、潘悟云(1991)、龚煌城(2000)都认为汉语可能有一个 s-使动前缀;最近金理新(2006)提出上古存在表示某些语法意义的 *g-、*m-、*r-等前缀。

② 从跨语言的角度看,有一种类义前置音节也称为词头。例如苗语腊乙坪话表示个体动物(不包括人)的词头:ta^{35}nu^{42}"鸟",ta^{35}qa^{35}"鸡",ta^{35}ʐu^{33}"牛",ta^{35}qwɯ^{44}"狗",ta^{35}mʑɯ^{33}"鱼"。(陈其光 1993)

着"有朅"与叠音词具有相同的性质和功能。王显认为这个现象在汉代就已经被人发现,并且历代都有学者注意到同样的现象。例如汉代毛苌注解"有忡"为"忧心忡忡然"(《毛诗正义》)。[1] 郑玄笺"有洸有溃"作"君子洸洸然,溃溃然"(《毛诗正义》),亦即"有忡、有洸、有溃",均为描述性形容词。到了清代,王引之(1985)比较明确指出:"有噎其馌,思媚其妇,有依其士。有略其耜,(《周颂·载芟》)皆形容之辞也。"(《经义述闻》卷六)。试比较:

　　　不我以归,忧心有忡。《国风·击鼓》

　　　未见君子,忧心忡忡。《小雅·出车》

　　王显(1959)把前人这种解诂方法称为"用《诗经》本身的材料来论证",并认为是可靠的。此处"有忡"与"忡忡"语义相同,句法格式一致,不能不承认二者的语法功能等价。

　　不过,尽管人们可以体察词头词跟重言在语义和性质上相当,王显(1959)还是指出:"'有'字式等结构跟重言相当,那么'有、其、斯、思'在这些结构中究竟起着什么样的作用呢?它们究竟是什么东西呢?"这个问题似乎又绕回去了,仍然要落实词头词和词头自身的性质。

　　从以上讨论可知,无论"有"字头的观点差异多大,也无论"有"释为词头还是实词,都是基于单字词的认知,形成"有+词根"范式。第2节"有周"让我们知道该范式又可分为"有+名词词根"类,简作有—名类;与重言词等价则告诉我们还有"有+形容词词根"类,简作有—形类。根据现代词法理论,有—形类似乎具有表达性派生功能。(Beard 1998)例如"有曀"表天空阴晦状态,跟重言词"曀曀"功能相同:"终风且曀,不日有曀。曀曀其阴,虺虺其雷"(《国风·终风》)。表达性派生的功能仅仅表现说话人的主观态度和评价,不改变词类和词义。再如,"旨酒欣欣,燔炙芬芬"(《大雅·凫鹥》)。朱广祈(1985)认为"欣欣"形容酒,但酒不能用快乐来形容,这里的"欣欣"应解作"繁盛",即"欣欣向荣"的"欣欣",用以形容酒很丰盛。[2] 按照重言形容词的功能把有—形类理解为表达性派生词,则"有"可以界定为标示词性作用的词缀。可是这会遇到两个困难。首先,即使《诗经》或者先秦所有有—形类词均能主观解读为表达性派生,形式上却难以跟重言词——配对,不能

---

　　① 见参考文献:李学勤主编(1999)《十三经注疏》。下同。

　　② 类似地,朱广祈(1985)还指出"狐裘黄黄"(《小雅·都人士》)的"黄黄"指"煌煌",说狐裘漂亮,不是指颜色,孔颖达则错误地疏为"黄狐之衣"。

获得形式上的确认,仍会存疑。其次,有一形类跟有一名类明显功能不同,二者的词首音节却同形,如何达成理论上的协调呢?罗端(2013)认为:"在殷商时期和西周早期的出土文献中,没有充分的证据能证明当时语言里有派生形态的现象。"这意味着我们实在没有必要把现代语言的形态观念强加给《诗经》时代的语言。最后还可指出,有一名类已历数种解读未果,这种状况恐怕不能不推动我们彻底否定原有的认知范式,即不再以单字组合为基点来观察词头词。

《诗经》时代是中国语言重大转型时期,也是后世汉语发端时期。《诗经》中如此众多的重言词、联绵词、词头词和其他双音节词是任何时代作品都不曾出现过的,①即使《诗经》里那些后世认为的复合词也未必能够以现代知识读通。这说明《诗经》蕴含了一个藏之已久的秘密,即早期汉语可能是多音节词语言。(江获 2013;刘洋,江获 2016)

以下就以这样的眼光来观察《诗经》词头词。我们采用的方法是跨语言平行比较,即以亲属语言同类形式加以对比。

藏语的形容词绝大多数是双音节派生词,由词根加词缀构成。除极少量外,形容词词根都是不自足的,必须添加后缀或者重叠构成完形词。(Packard 2000)数量上看,大多数形容词是派生型的,重叠式形容词则较少。派生形容词不一定有相应的重叠式,重叠式形容词也不一定有相应的派生形式。例如,skam po"干枯",没有 skam skam;rdzig po"富",没有 rdzig rdzig;kyir kyir"平的",没有 kyir po;chung chung"小的",没有 chung po;leb leb"扁的",没有 leb po;dbril dbril"圆的",没有 dbril po;nar nar"长条的",没有 nar po;nyung nyung"少的",没有 nyung po。不过,二者也有相互对应的形式。藏语(以拉萨话为例)的双音节形容词有 3 种存在形式:

(1)词根带词缀形式:bsil po"凉快",ring po"长";

(2)词根重叠形式:chung chung"小的",kyir kyir"平的";

(3)派生型兼重叠型:nyog po,nyog nyog"浑浊的"。

从藏语史角度看,部分带词缀的形容词可产生重叠式,导致双形式并存。例如 thang po,thang thang"结实的,健康的";brtan po,brtan brtan"结实

---

① 向熹(1987)说:《诗经》里出现的重言词比先秦任何其他作品都多,……是它的词汇特点之一。朱广祈(1985)说:重言和联绵词的大量、广泛使用,以《诗经》最为突出。这一现象同《诗经》作品的文学形式有着密切的关系。

的";cem po,cem cem"(穿得)单薄的";dog po, dog dog"狭窄的";gsal po, gsal gsal"明亮,清楚";gug po,gug gug"弯的";gyong po,gyong gyong"顽强的";hral po,hral hral"稀疏的";hril po,hril hril"整个的";khra mo,khra khra"花的,杂色的";vkhyor po,vkhyor vkhyor"摇摆的";vkhyog po,vkhyog vkhyog"弯曲的";lhod po,lhod lhod"轻松的,从容的";lhug po,lhug lhug"松的";mkhregs po,mkhregs mkhregs"坚硬的"。这些重叠式有的收入词典,有的则临场产生,似乎派生型是现代形容词的基本类型。

现代藏语派生形容词与叠音形容词并存是富有启发性的。而且,9世纪之前的摩崖碑铭和略晚的传世文献(例如《拔协》),①都显示叠音形容词是较古老的形式。现代藏语派生形容词是8—9世纪开始兴起的形式,它的能产性很强,是词根与词缀的完形化派生。所以藏语带后缀派生词不宜拿来跟《诗经》词头词模拟。但是我们仍然能够从中获得启发,即叠音形容词很可能是古老的,随着语言演进,叠音词逐渐减少,剩余的可能只是藏语发展历程的残留。推衍及汉语,难道不可以设想《诗经》时代重言词和词头词同时存在,而且处于消亡之中吗?因为事实上,《诗经》之后,先秦时期的"诗经式"重言词越来越少。②

这里提出的诗经式重言词,特指以两个汉字符号记录的叠音词,它们的意义无法从后世字义体系推断,不是两个语素的组合。关于这一点,已经有前贤证实。例如朱广祈(1985)说:"重言对事物的形容跟一般形容词很不相同。""《诗经》中的重言,并不像现代汉语中的'多多、红红'之类,是单音形容词的重叠;重言必须有两个音节才行。形容词的重叠形式,虽然渊源于重言,其出现却远在《诗经》时代之后。"朱广祈(1985)举的例证有"骄人好好"(《小雅·巷伯》),根据《尔雅》和《经典释文》,他认为"好好"不是好坏之好,而应为"小人得志憍蹇之貌"之义。③ 向熹(1987)也指出:"重言词由两个纯

---

①   关于9世纪前摩崖记载的藏语叠音词可参见江荻(2014)。《拔协》是西藏著名历史文献,作者拔塞囊,大约写于11世纪。参见拔塞囊(1990)《拔协·增补本》。

②   补注:重言(叠音词)减少的重要原因之一是西周之后复合构词法的兴起。参看本书的《缘起:汉语大历史观与史前语言样貌》。

③   朱广祈(1985)还批评了《毛传》对"青青子衿"(《郑风·子衿》)的训释:"青领,学子之所服。""青青"应表美盛的意思,女子思念情人,把他的服饰看得很美,这是十分自然的。

粹的音节构成,同单字的意义没有联系,例如'虫虫'是热气蒸腾的样子,与昆虫的'虫'没有联系。"无独有偶,实际上藏语的叠音形容词也不能按照现代词根组合语义来理解,叠音词形式上呈现语素或词的重叠,却未蕴含重叠所产生的形态功能和意义,仅仅是形容词的完形形式而已。换句话说,藏语叠音词"只是构成形容词的不可缺少的两部分,不表示某些语法意义"(王会银 1987)。

《诗经》时代远远早于文献记录的古藏语。我们可以假定《诗经》重言词和词头词都来自早期语言多音节词,二者都经历了单音节化过程。其结果是带词头的双音词脱落严重,仅余少量词头词(含"有"字头词)的形式,而重言词虽然也单音节化,但变化速度慢一些,保留数量多一些。以下案例显示重言词、有头词和单字词并存局面,试比较:

重言	词头词	单字	出处
粲粲		粲	三英粲兮(《国风·羊裘》)/粲粲衣服(《小雅·大东》)
皎皎		皎	月出皎兮(《国风·月出》)/皎皎白驹(《小雅·白驹》)
揭揭		揭	西柄之揭。(《小雅·大东》)/葭菼揭揭(《国风·硕人》)
弥弥	有弥		垂辔弥弥(《国风·载驱》)/有弥济盈,(《国风·匏有苦叶》)
荡荡	有荡		荡荡上帝(《大雅·荡》)/鲁道有荡(《国风·南山》)
忡忡	有忡		忧心忡忡(《小雅·出车》)/忧心有忡(《国风·击鼓》)
粲……烂	有烂	烂	烂其盈门。(大雅·韩奕)/角枕粲兮,锦衾烂兮。(《国风·葛生》)/明星有烂(《国风·女曰鸡鸣》)
哀哀	有哀	哀	于乎哀哉(《大雅·召旻》)/哀哀父母!(《小雅·蓼莪》)/于乎有哀!(《大雅·桑柔》)

皇皇	有皇	皇	烝烝皇皇(《鲁颂·泮水》)/有皇上帝(《小雅·正月》) /皇矣上帝(《大雅·皇矣》)
	斯皇		朱芾斯皇(《小雅·采芑》)
	思皇		思皇多士(《大雅·文王》)

依据前贤研究,《诗经》词头词约有 20 多个,我们仅列出"有"字词头,但最后一项列出了有皇、斯皇、思皇等。王显(1959)统计了重言词和各项词头词数据,我们摘出其中"有"字词头词,很明显,词头词保留状态远远低于重言词,这与我们的预判是一致的。

表 1　重言词和"有"头词出现数量对比

	重言		"有"头字			重言		"有"头字	
	个数	次数	个数	次数		个数	次数	个数	次数
《国风》	168	232	24	36	《周颂》	26	26	12	12
《小雅》	201	239	42	50	《鲁颂》	28	35	2	2
《大雅》	109	129	17	18	《商颂》	15	17	10	12

我们还借助台湾"'中央研究院'上古汉语标记语料库",对重言词、"有"头词和动词/形容词类单音节词进行了统计。[①]

表 2　单音词、重言词、"有"头词同现和独用数据

序	类型	数量	序	类型	数量
(1)	单音—重言词同现	93 组	(5)	单音词独现	24 个
(2)	单音—"有"头词同现	7 组	(6)	"有"头词独现	47 个
(3)	"有"头词—重言词同现	22 组	(7)	重言词独现	229 个
(4)	单音—重言词—"有"头词同现	14 组			

———————

①　"'中央研究院'上古汉语标记语料库"检索数据经过了语法加工,本文基本按照原标注词属性分类统计。由于分类体系不同,跟部分学者统计资料并不一致,这里主要作为参考。例如本文未统计"其、斯、思"等词词头,这些词可能跟重言词或单音节动词/形容词形成对子,本文则一律与"有"字词配对,未必一定合适。

　　从同现和独现看,重言词总量最多,有可能暗示《诗经》词汇反映的早期语言多音节词面貌。由于"有"头词数量整体偏少,虽然我们不能简单地从(1)数量多而(2)数量少,故而有把握推断单音节词可能更多来自"有"头词,但是有这种可能的趋向。(5)的数量并不多,是否意味着脱落剩余的单字不能表意,有点像上文指出的"昊"? 可能"昊天"这样的复合词法刚处于萌芽期。

　　亲属语言中还有一种重要现象值得一提。根据 Hayes(1985)和 Kager(1993)提出的抑扬格—扬抑格定律(iambic-trocaic law),目前国际学界已确定多种语言的轻重韵律规则。例如英语、荷兰语、希伯来语、芬兰语、斯瓦西里语等是扬抑格词型语言,法语、巴西葡萄牙语是抑扬格词型语言。现代汉语普通话双音词呈轻重型还是重轻型一直有争论,目前的语音实验无法提供答案(邓丹 2010),甚至有完全相反的观点。[①] Brunelle 和 Pittayaporn(2012)根据南亚语言的特征认为,东南亚区域语言属于轻重格语言,轻重格语言有一个普遍转向单音节系统的演化趋向,即多音节词的首音节弱化转变为次要音节(或称一个半音节),然后可能脱落,音节数减少,双音节词则转变为单音节词。这个观点获得南亚语、南岛语、南部藏缅语(景颇语、独龙语、义都语、达让语等)、侗台语等语言事实的验证。(Shorto 1963;陈洁雯 1984;潘悟云 1999;Thurgood 1999;江荻 2005,江荻等 2013)

　　先看达让语(南部藏缅语),该语言是典型轻重格词模式语言,首音节低调,常常脱落。例如:tɑ³¹hrɯ⁵⁵ ~ hrɯ⁵⁵ "酸",hɑ³¹tsɑu⁵³ ~ tsɑu⁵³ "钉(v)",kɯ³¹pʲu⁵⁵lʲu⁵⁵ ~ pʲu⁵⁵lʲu⁵⁵ "蝴蝶",ɑ³¹hɑ⁵³ ~ hɑ⁵³ "大腿",nɑ³¹mɯn⁵⁵ ~ mɯn⁵⁵ "火"。(江荻等 2013)再比较南亚语系布兴语、佤语和克木语(以下简称"布""佤""克"),其中可明显看出佤语首音节脱落、克木语首音节弱化为次要音节现象(声母后"ˈ"表示次要音节):布 si moik,佤 mɯik"蚂蚁";布 sɿ nɔm,佤 nham"血";布 kɤ daŋ,佤 tɔm,克 kˈdǒŋ"蛋";布 si nat,佤 nat,克 sˈnat"枪"。(陈国庆 2010)侗台语的壮语和布依语都是典型轻重格词模式语言,有大量单双音节交替的词,例如布依语:tɯ⁵³ɕe⁵³ ~ ɕe⁵³ "黄牛",tɯ⁵³kuk³⁵ ~

　　① 江荻、郭承禹(2015)提出一个命题:早期汉语是抑扬格型语言,经历了 3 000 年的韵律类型转换,目前北方汉语已经一定程度上显示出重轻格词模式,特别是常用词。而南方方言则大多数还保留轻重格词模式。参看本书《汉语是抑扬还是扬抑格词模式语言? ——昆虫名的词形韵律结构变化的启示》,又见本书《缘起:汉语大历史观与史前语言样貌》。

kuk³⁵"虎"，tɯ⁵³pja³³~pja³³"鱼"，ɓɑi³³zɯ³¹~zɯ³¹"耳朵"，ɓɑi³³lin³⁵~lin³⁵"舌头"。（蔡吉燕 2015）侗台语仡佤语支也有大量首音节脱落现象，比较巴哈话和郎架话（零声调表示次要音节。以下巴哈话简称"巴"，郎架话简称"郎"）：巴 din³³，郎 ma⁰tɛn³¹²"黄蜂"；巴 dak⁵⁵，郎 ma⁰tak¹¹"蝗虫"；巴 rok³³，郎 qa⁰ʑuːn¹¹"咳"；巴 raŋ¹¹，郎 qa⁰ði¹¹"旱"。（李锦芳 1998）最后，我们观察南亚语系德昂语的次要音节，这种音节处于脱落和未脱落之间，因此在讲究字数整齐的民歌、韵语中，是否计算音节较为灵活。（陈国庆 2016）例如：

siam rai răɯ［逻惹氏（姓）呆］   逻惹呆，

kaɯ m̩ˈpŏʔ（敲 锅 盖）   敲锅盖。（次要音节 m̩ˈ算音节）

jăɯ ma rŏʔ（看见 癞蛤蟆）   见蟾蜍，

kˈ t̆p krŭp（趴、伏 拜）   趴着拜。（次要音节 kˈ算音节）

以下童谣每句三音节，次要音节不计算：

ʔu blĕ m̩ˈga（一 果子 麻利加）   咱数一，麻利加。

ʔa blĕ kˈmoi（二 果子 鼻涕果）   咱数二，鼻涕果。

ʔoi blĕ gluan（三 果子 南瓜）   咱数三，老南瓜。

mm̩ˈphuan blĕ m̩ˈmăn（四 果子 李子）   咱数四，得李子。

从语言的口语韵律性质看，凡多音节词都存在轻重音现象。传统上，一般认为粤语双音节词读音前轻后重，这个认识得到了实验的验证。侯兴泉（2011）的实验证明粤语开建话是典型的轻重音节步，重音一律落在第二个音节上。陈洁雯（1984）则分析了粤语多种方言一个半音节词与复辅音的关系，例如，"堆垒"阳江读作［tui³³lui³³］，中山有两读，或读［tui̧⁵⁵lui̧⁵⁵］，或读［tˀlui⁵⁵］，后者呈现出首音节元音央化，声调丢失。我们推测这是较为典型的轻重音词模式，在某些促发条件下很有可能造成首音节脱落，双音节变为单音节。结合本文的讨论，这样的案例似乎重现了《诗经》时代词头词的活生生案例。

4 结　语

从以上讨论来看，如果假定《诗经》词头词反映的是早期语言多音节性质，那么，很多问题都可以迎刃而解。

　　首先,词头词可以充当名词和形容词的首音节,说明词头可能跟词法或者形态没有关系,它只是多音节词的弱读首音节,处在词根构成轻重型词模式双音节词,具有容易脱落的特征。而且,《诗经》时代尚未出现后世所谓的词缀现象,用不着费尽心机为之套用貌似合理的形态功能。

　　其次,从历史更替角度看,可以发现《诗经》词头词处于语言演化过程中,单字词、双字词头词和重言词同时共存,但出现的数量和频次揭示出它们的演化快慢状态。① 至于为什么《诗经》中有如此之多双音形式出现,可能的确间接地跟韵律诗体相关,很可能有些词头词或重言词虽已单音节化,但尚未从群体记忆消失,诗歌体裁使它们回归。但是,今人不能因为它们具有所谓韵律衬音作用而想象它们是临场造出来的。这种观点违背语言学原理。从《诗经》前后时代文献来看,从殷商至西周初期这些双音形式都曾出现,而战国之后基本消失不见了。

　　从跨语言视角看,词头词现象不是孤立的。世界语言普遍存在多音节词的轻重韵律模式,而东亚和东南亚语言则普遍表现为轻重型模式,轻重型双音节词模式的发展结果是单音节化,其间可能经历首音节(次要音节)弱化阶段,然后脱落。纵观历史,很可能整个东亚和东南亚区域语言的单音节化都是由这个机制导致的。(江荻,康才畯,燕海雄 2014)

参考文献

拔塞囊.1990.《拔协·增补本》,佟锦华译,四川民族出版社。

白　平.1988.“有”非词头辨,《教学与管理》第 1 期。

蔡吉燕.2016.《布依语词法研究》,上海师范大学博士学位论文。

陈国庆.2010.孟高棉语言前缀,《语言研究》第 1 期。

陈国庆.2016.孟高棉语次要音节结构及其语音演变,《百色学院学报》第 5 期。

陈洁雯.1984.上古复辅音声母:粤方言一个半音节的字所提供的佐证(英文版),《方言》
　　　第 4 期。

陈其光.1993.苗瑶语前缀,《民族语文》第 1 期。

邓　丹.2010.《汉语韵律词研究》,北京大学出版社。

①　实际上,前贤已经注意到单音节词与重言词的关系。王筠《毛诗重言》说“法当用重言而缩为一字,他经罕有。”朱广祁(1985:65)站在单字本体立场上批评说:“《诗经》中使用重言非常广泛,这些句式中的单字却不迭作重言,我们对此应该做出合理解释,而不能强为古人立用字之法。”

杜其容.2008.《杜其容声韵论集》,中华书局。

龚煌城.2000.从汉藏语的比较看上古汉语的词头问题,《声韵论丛》第九辑,台湾学生书局。

侯兴泉.2011.广东开建话的轻重音节步,《暨南学报》第4期。

黄居仁等.《"中央研究院"上古汉语标记语料库》,http://app.sinica.edu.tw/cgi-bin/kiwi/akiwi/kiwi.sh.2015‒03‒10。

黄奇逸.1981.古国族名前"有"字新解,《中国语文》第1期。

江　荻.2005.《义都语研究》,民族出版社。

江　荻.2012.达让语的抑扬格词模式演化特征."第6届国际彝缅语学术研讨会"论文。(西南民族大学,11月2—3日)

江　荻.2013.王念孙的联绵词"天籁"说证,《语言科学》第5期。

江　荻.2014.西藏洛扎吐蕃摩崖石刻的语法特征及翻译,《民族翻译》第4期。

江　荻,郭承禹.2015.汉语是抑扬还是扬抑格词模式语言?——昆虫名的词形韵律结构的启示."第一届韵律国际研讨会:挑战与机遇"论文。(天津师范大学,6月13—14日)

江　荻,康才暖,燕海雄.2014.词形结构进化与世界语言的多样性,《中国科学通报》第21期。

江　荻,李大勤,孙宏开.2013.《达让语研究》,民族出版社。

金理新.2005.《上古汉语形态研究》,黄山书社。

李方桂.1980.《上古音研究》,商务印书馆。

李锦芳.1998.布央语前缀,《语言研究》第2期。

李学勤.1999.《十三经注疏——毛诗正义(上)》,北京大学出版社。

李宇明.1982.所谓名词词头"有"新议,《中州学刊》第3期。

刘　洋,江　荻.2016.《庄子·内篇》联绵词的单音节化,《语文研究》第3期。

罗　端(Redouane Djamouri).2013.从上古汉语构词形态的角度再谈商、周两代语言区别,《历史语言学研究》第六辑。

梅祖麟.2008.上古汉语动词浊清别义的来源——再论原始汉藏语*s-前缀的使动化构词功用,《民族语文》第3期。

潘悟云.1991.上古汉语使动词的屈折形式,《温州师范学院学报》第1期。

潘悟云.1999.汉藏语中的次要音节,石锋,潘悟云.《中国语言学的新拓展》,香港城市大学出版社。

秦建明,张懋镕.1985.也谈古国名前的"有"字,《中国语文》第4期。

沙加尔.1999.《上古汉语词根》,上海教育出版社。

王会银.1987.现代藏语拉萨话形容词的重叠形式,《中央民族学院学报》第6期。

王　力.2000.《汉语语法史》,商务印书馆。

王先谦.1987.《诗三家义集疏》,吴格点校,中华书局。

王　显.1959.诗经中跟重言作用相当的有字式、其字式、斯字式和思字式,《语言研究》第4期。

王引之.1985.《经传释词》,江苏古籍出版社。

向　熹.1987.《诗经语言研究》,四川人民出版社。

徐振邦.1998.《联绵词概论》,大众文艺出版社。

雅洪托夫.1960.上古汉语的复辅音声母,《汉语史论集》,北京大学出版社。

喻遂生.2002.甲骨文的词头"有",《汉语史研究集刊》第5辑。

郑张尚芳.1990.上古汉语的*s-头,《温州师范学院学报》第4期。

周法高.1973.《中国古代语法·构词篇》,台联国风出版社。

周及徐.2000.汉语的双音节词单音节化现象初探,《四川大学学报》第4期。

朱广祈.1985.《〈诗经〉双音词论稿》,河南人民出版社。

Beard R. 1998. Derivation. In Spencer A, Zwichy A M. (eds.) *The Handbook of Morphology*. Blackwell Publishers Ltd: 44 - 65.

Brunelle M, Pittayaporn P. 2012. Phonologically-constrained change: the role of the foot in monosyllabization and rhythmic shifts in Mainland Southeast Asia. *Diachronica 29(4)*: 411 - 433.

Hayes B. 1985. Iambic and trochaic rhythm in stress rules. In Niepokuj N, VanClay M, Nikiforidou V, Jeder D.(eds.) *Proceedings of BLS 11: Parasession on Poetics, Metrics, and Prosody*. Berkeley: 429 - 446.

Kager R. 1993. Alternatives to the iambic-trochaic law. *Natural Language & Linguistic Theory 11(3)*: 381 - 432.

Karlgren B (高本汉). 1923. *Analytic Dictionary of Chinese and Sino-Japanese*. Paul Geuthner.

Packard J L. 2000. *The Morphology of Chinese: A Linguistic and Cognitive Approach*. Foreign Language Teaching and Research Press, Cambridge University Press.

Shorto H L. 1963. The structural pattern of Northern Mon-Khmer languages. In Shorto H L. (ed.) *Linguistic Comparison in South-East Asia and the Pacific*: 45 - 61.

Thurgood G. 1999. *From Ancient Cham to Modern Dialects: Two Thousand Years of Language Contact and Change*. University of Hawai'i Press.

The Remnants of Chinese Proclitics Provide Evidence that Early Chinese was a Polysyllabic-word Language

Abstract：The article argues that early Chinese was a polysyllabic language, by proclitics from the Book of Poetry and other pre-Qin materials. By comparing the evolutionary phenomena of doublets and sesquisyllable words, and by observing the functional equivalence and quantitative relationship between the coexistence of proclitics and doublets, it is proposed that early Chinese was a light-heavy rhythmic pattern language, similar to present Austroasiatic languages in East and Southeast Asia. The monosyllabicization of proclitics is also detected based on Hayes's iambic-trochaic law. This demonstrates that proclitics, such as the proclitics with "you 有", are not affixes, sound fillers, or content words, but rather the (weak) minor syllables of polysyllabic words. It also establishes the nature of proclitics and their importance as remnants of the polysyllabic nature of early language. This study elucidates a challenging aspect in the history of the Chinese language and contributes new insights to the exploration of the history of early Chinese vocabulary.

Keywords：early Chinese；proclitics；doublets；polysyllabic-words；monosyllabicization

本文与张辉合作完成。张辉博士 2014 年 7 月至 2018 年 5 月在中国社会科学院博士后站工作,现任延边大学文学院教授。

本文曾在"出土文献与古汉语语法研讨会暨第九届海峡两岸汉语语法史研讨会"上宣读(西南大学,2015 年 10 月 24—25 日)。

论文刊载信息:江荻,张辉.2015.汉语词头残迹印证早期汉语是多音节型语言.张显成.《古汉语语法研究新论——出土文献与古汉语语法研讨会暨第九届两岸汉语语法史研讨会论文集》,西南师范大学出版社。

《庄子·内篇》联绵词的单音节化

摘要　文章对《庄子·内篇》联绵词的单音节化现象进行了探讨。文章认为先秦联绵词分裂出一批意义相同、语音相近的单音节词形式,它们具有独用或组词的能力。由于这些单字词与原来的联绵词存在同源关系,因而可以断定早期汉语联绵词发生了单音节化现象,而不是相反。联绵词的单音节化进程可以为我们曾提出的"上古汉语可能是多音节词语言"命题提供证据。

关键词　《庄子·内篇》　联绵词　单音节化　先秦时期

1　引　　言

　　周及徐(2000)曾提出先秦时期汉语词汇存在两个重要事实,一是存在一定数量的双音节联绵词,二是双音节联绵词普遍发生单音节化现象。我们认为,该观点是对汉语词汇的历史形式、性质和面貌的重要认识,是研究现代汉语语音、词汇、语法现状及其渊源的重要起点。可惜,该文发表以来学界对此鲜有进一步的论述。近年来,江荻(2011,2013a)等的研究将周及徐的观点加以深化,提出包括联绵词在内的早期汉语词汇可能是双音节或多音节的,也就是说早期汉语是多音节词语言,至商周时期逐渐单音节化,最终成为单音节型语言。[①]　本文尝试以《庄子·内篇》中的联绵词为对象,考察它们在同时代和后世的演化类型。

---

　　①　江荻等(2014)假定人类早期语言都具有多音节词性质,早期汉语大部分词汇至迟在甲骨文时代已经完成单音节化过程,剩余不多具有一定抗演化能力的联绵词等双音节词汇也逐渐单音节化,呈现双音节词与单音节词并存局面。

2 《庄子·内篇》的联绵词及其变体形式

本文以郭庆藩(1961)的《庄子集释》为底本(以下简称"郭本"),考察其中联绵词的词形及相关变体形式。所谓变体指双音联绵词在单音节化过程中出现首音节或尾音节单用形式或与其他单音节词组词形式,以下用分裂或分裂形式指称。

《庄子·内篇》中的双音节联绵词共计21个。因联绵词有一词多形的特点,异体很多,本文以最常见的形式为讨论对象,部分常见异体列入括号内。这21个联绵词是:逍遥、扶摇、翱翔、淖约(绰约)、旁礴(磅礴)、彷徨、拥肿(臃肿)(以上《逍遥游》);畏佳、孟浪、听荧、曼衍(以上《齐物论》);踌躇(《养生主》);諔诡(《德充符》);跰𨇨、挠挑(《大宗师》);莽眇、圹埌、强梁、委蛇(透迤)、弟靡、浑沌(以上《应帝王》)。

从词形和后世变化看,这21个联绵词可分为三类。甲类:双音节原型词,秦代以后依然使用,无分裂形式;乙类:双音节原型词与单音节尾字变体共存;丙类:双音节原型词与单音节首字变体共存。此外,还可能有其他零散变化,例如,双音节原型词分裂为首字和尾字两个独立单音节同义词,原型词续存;分裂的首字或尾字分别有重叠形式。

(1) 逍遥

"逍遥"在《庄子》中出现6次,《内篇》3次,《外篇》2次,《杂篇》1次。《逍遥游》:"今子有大树,患其无用,何不树之于无何有之乡,广莫之野,彷徨乎无为其侧,逍遥乎寝卧其下。"又,《大宗师》:"假于异物,托于同体;忘其肝胆,遗其耳目,反复终始,不知端倪;芒然彷徨乎尘垢之外,逍遥乎无为之业。"此为原型词。《大宗师》:"而奚来为轵?夫尧既已黥汝以仁义,而劓汝以是非矣,汝将何以游夫遥荡恣睢转徙之途乎。"句内"遥荡",郭本解释为"逍遥放荡"。"遥"字在《楚辞·大招》独用:"魂魄归徕!无远遥只。"可以看出,"逍遥"的词义可由"遥"字继承。"逍遥"一词自先秦以来还一直被使用着。如宋范成大《朝中措》:"逍遥放浪,还他渔子,输与樵夫。"《现代汉语词典》第5版"逍遥"释为"没有什么约束,自由自在"。大致可理解为"安闲自在的样子"。而"遥"则已无此意。自汉代以后,"遥"字单独使用,多为"遥远"之义,因发生了词义转化,已不是原义,故此处将"逍遥"归入甲类。

（2）扶摇

"扶摇"在《庄子》中出现 3 次,《内篇》2 次,《外篇》1 次。《逍遥游》:"鹏之徙于南冥也,水击三千里,抟扶摇而上者九万里,去以六月息者也。""有鸟焉,其名为鹏,背若太山,翼若垂天之云,抟扶摇羊角而上者九万里,绝云气,负青天,然后图南,且适南冥也。"郭本的解释较为繁琐,可理解为"自下而上,盘旋而上的暴风"。该词后世一直沿用,无分裂形式。西汉刘向《淮南子·览冥训》:"降扶风,杂冻雨,扶摇而登之,威动天地,声震海内……";唐高适《同群公秋登琴台》:"燕雀满檐楹,鸿鹄抟扶摇。""扶摇"可归入甲类。

（3）翱翔

此词在《庄子》中仅出现 1 次,见于《内篇》。《逍遥游》:"我腾跃而上,不过数仞而下,翱翔蓬蒿之间,此亦飞之至也。"郭本对"翱翔"的解释为"犹嬉戏也"。《现代汉语词典》第 5 版释为"在空中回旋地飞"。《庄子·山木》还有"徐行翔佯而归,绝学捐书,弟子无挹于前,其爱益加进"。郭本对"翔佯"的解释为"翱翔闲放",亦即"翱翔"之义。后来,"翔"字单用例逐渐增多。如《楚辞·九歌·大司命》:"君回翔兮以下,逾空桑兮从女","高飞兮安翔,乘清气兮御阴阳。"此类均形裂而义存。值得注意的是,"翔佯"也被解释为"徘徊的样子"。"翱翔"可归入乙类。

（4）淖约（绰约）

此词在《庄子》中出现 2 次,《内篇》《外篇》各 1 次。《逍遥游》:"藐姑射之山,有神人居焉,肌肤若冰雪,淖约若处子。"郭本对"淖约"的解释为"柔弱也",即"柔弱的样子"。《在宥》:"人心排下而进上,上下囚杀,淖约柔乎刚强……。"该词后世文献又有"姿态柔美的样子"的意义,例如《荀子·宥坐》:"淖约微达,似察。"这是形容水柔弱的样子,又如宋蔡伸《临江仙》:"翠襦琼佩,淖约蕊珠妆。"此词无分裂形式,可归入甲类。

（5）旁礴（磅礴）

此词在《庄子》中仅出现 1 次,见于《内篇》。《逍遥游》:"之人也,之德也,将旁礴万物以为一。"郭本对"旁礴"的解释为"犹混同也"。《荀子·性恶》:"齐给便敏而无类,杂能旁魄而无用。"句中"旁魄"义即"广大广博",意思与"磅礴"基本一致。《礼记·曲礼上》:"博闻强识而让,敦善行而不怠,谓之君子。"《墨子·非攻中》:"以攻战之故,土地之博,至有数千里。"又《墨子·天志上》:"爱人者此为博焉,利人者此为厚焉。"显然,"磅礴"此处是脱落首音节写作"博",音义源自"磅礴"。可归入乙类。

（6）彷徨

此词在《庄子》中出现 6 次,《内篇》2 次,《外篇》4 次。《逍遥游》:"今子有大树,患其无用,何不树之于无何有之乡,广莫之野,彷徨乎无为其侧,逍遥乎寝卧其下。"《大宗师》:"芒然彷徨乎尘垢之外,逍遥乎无为之业。"郭本对"彷徨"解释为"纵任之名,犹翱翔也",即"徘徊,游荡的"之义。又《诗·小雅·出车》:"王室多难,不遑起居。"《诗·小雅·小弁》:"我躬不阅,遑恤我后。"《诗·小雅·四牡》:"王事靡盬,不遑启处。"《列子·杨朱》:"不遑忧名声之丑,性命之危也。"《逸周书》卷五:"汝播食,不遑食,矧其有乃室。"这些"遑"皆是"彷徨"之变体形式,部分义引申为闲暇义。此词应归入乙类。

（7）拥肿（臃肿）

此词在《庄子》中出现 2 次,《内篇》《杂篇》各 1 次。《逍遥游》:"其大本拥肿而不中绳墨,其小枝卷曲而不中规矩。"郭本解释、成玄英疏为"槃瘿也",即"疙里疙瘩的,有许多肿块的"的意思。《杂篇·庚桑楚》:"拥肿之与居,鞅掌之为使。"郭象注:"拥肿,朴也。鞅掌,自得。"成玄英疏:"拥肿鞅掌,皆淳朴自得之貌也。"崔譔注:"拥肿,无知貌;鞅掌,不仁意。"向秀注:"二句,朴素之谓。"司马彪注:"皆丑貌也。"可见,郭本引前贤的解释不太明确,这里大致应该是"没文化的,淳朴的"之义。这一释义,仅见于《庄子》,后世不再使用。"疙里疙瘩的,有许多肿块的"之义,一直沿用至今。"拥肿"中的"肿"字,在《杂篇·让王》中有单独使用例:"曾子居卫,缊袍无表,颜色肿哙,手足胼胝。"郭本解释为"剥错也",大概是"面庞浮肿,有病色"之义。"肿"字承载了"拥肿"的意义。又,《周礼·天官》:"疡医上工八人,掌肿疡、溃疡、金疡。"这里的"肿疡"为肿块和溃烂之义。另外,"肿"字的单独用例,在先秦典籍中多有出现,不一一列举。"拥肿"一词沿用至今,常见形式为"臃肿"。《现代汉语词典》第 5 版有"臃肿"词条,释义为"图过度肥胖,转动不灵",但是,将"臃"字单独拆开来解释为"肿",似为不妥,这一联绵词上古已有之,但"臃"字无单独使用的情况,不应拆开来强解。"拥肿"应归入乙类。

（8）畏佳

此词在《庄子》中仅出现 1 次,见于《内篇》。《齐物论》:"山林之畏佳,大木百围之窍穴,似鼻,似口,似耳。"郭本对"畏佳"的解释为"风扇动之貌"。此词秦以后还有人使用。如宋谢逸《舟中不寐奉怀齐安潘大临》:"山林畏佳万壑笑,天地黯惨孤舟横。"又宋谢薖《夏夜对月》:"山林畏佳地多籁,云汉昭回天不言。"此词现代已不使用,应归入甲类。

(9)孟浪

此词在《庄子》中仅出现 1 次,见于《内篇》。《齐物论》:"夫子以为孟浪之言,而我以为妙道之行也。"郭本对"孟浪"的解释为"犹率略也",即"粗疏不精细的,荒诞的"意思。《诗经·邶风·终风》篇中有"谑浪笑敖,中心是悼"句,"谑浪"《毛传》释义为"戏谑不敬也"。《尔雅·释诂》中也有"谑浪笑敖",释义为"戏谑也"。说明这里的"浪"字有"随便的,放荡的"的意思。"浪"字后世又有"浪荡"一词,如宋姜夔《契丹歌》:"一春浪荡不归家,自有穹庐障风雨。""浪荡"的意思为"游逛的,无所事事的,不务正业的",这里的"浪"字承担了"孟浪"的部分含义。"孟浪"一词今天依然使用,《现代汉语词典》第 5 版收录"孟浪"一词:〈书〉形鲁莽,冒失。"孟浪"应可归入乙类。

(10)听荧

此词在《庄子》中仅出现 1 次,见于《内篇》。《齐物论》:"是黄帝之所听荧也,而丘也何足以知之?"郭本对"听荧"的解释为"疑惑不明之貌也"。"荧"字,有"微弱的光亮;眼光迷惑"之义。《尔雅·释虫》:"荧火即炤。"郭璞注:"夜飞,腹下有火虫也。"《韩非子·饰邪》:"又非天缺、弧逆、刑星、荧惑、奎台数年在东也。""荧惑"为古代对火星的代称。《淮南子·天文训》:"其神为荧惑,其兽朱鸟。""荧"字继承了"听荧"的部分含义。另外,"听荧"一词,清代还在使用。如董文焕《纪事一百韵》:"当时义士奋,听荧断未独。"(似为仿古之作)此词现代已经消失不用,可归入乙类。

(11)曼衍

此词在《庄子》中出现 3 次,《内篇》1 次,《杂篇》2 次。《齐物论》:"和之以天倪,因之以曼衍,所以穷年也。"郭本解释为"犹变化也,无极也"。《杂篇·寓言》中"曼衍"也有出现,不过是对《齐物论》中这句话的重复。《杂篇·天下》:"以天下为沉浊,不可与庄语,以卮言为曼衍,以重言为真,以寓言为广。"郭本对"曼衍"的解释为"无心也",即"自然的变化"的意思。"曼衍"的两个单音节变体都有"延长变化的"之义。如,《诗经·鲁颂·閟宫》:"奚斯所作,孔曼且硕,万民是若。"又《楚辞·九章·哀郢》:"曼余目以流观兮,冀壹反之何时。"这里的"曼"是"漫长"的意思。《管子·八观》:"荐草多衍,则六畜易繁也。"《周礼·春官·宗伯》:"回声衍,侈声筰。"这里的"衍"字也有"延长变化"的意思。"曼衍"一词,后世一直有人使用。如朱自清《短诗与长诗》:"我只能说长诗的意境或情调必是复杂而错综,结构必是曼衍,描写必是委曲周至。"此词归入乙类。

（12）踌躇

此词在《庄子》中出现 3 次,《内篇》《外篇》和《杂篇》各 1 次。《养生主》:"提刀而立,为之四顾,为之踌躇满志,善刀而藏之。"郭本对"踌躇"的解释为"逸得容豫,自得之谓",即"志得意满的样子"的意思。此词在《庄子》中出现的另外 2 次,意思和上面举的例子基本相同,不再列举。"踌躇"在《现代汉语词典》第 5 版中除了"得意的样子"这一义项外,还有"犹豫"义项。此词应归入甲类。

（13）諔诡

此词在《庄子》中出现 2 次,《内篇》《杂篇》各 1 次。《德充符》:"彼且蕲以諔诡幻怪之名闻,不知至人之以是为已桎梏邪?"郭本对"諔诡"的解释为"奇谲也,奇异也"。《杂篇·天下》:"其辞虽参差而諔诡可观。"郭本解释为"犹滑稽也"。说明"諔诡"一词在先秦应有两个义项:一个是奇异;一个是滑稽。《现代汉语词典》第 5 版这两个义项都收录了:［諔诡］〈书〉 形 ,"① 奇异。② 滑稽"。"诡"字单独使用有"奇异的,奇怪的"之义。如《齐物论》:"是其言也,其名为吊诡。"郭本对"诡"的解释为"吊当卓诡,骇异物情",即"非常的诡异,荒诞,多变的"的意思。又如《诗经·大雅·民劳》:"无纵诡随,以谨无良。"释义为:"不放纵诡诈善变之人,对不良之徒谨慎小心。"又《楚辞·天问》:"琦玮谲诡,及古贤圣怪物行事。"释义为:"奇谲也。"可见,"諔诡"一词的"奇异的"之义,由"诡"字单独继承了下来。此词可归入乙类。

（14）跰𨇕

此词在《庄子》中仅出现 1 次,见于《内篇》。《大宗师》:"阴阳之气有沴,其心闲而无事,跰𨇕而鉴于井。"郭本对"跰𨇕"的解释为"曳疾貌",大概是"一摇一晃带病走路的样子"的意思。跰𨇕还有异体"跰趾""蹁跹"。"蹁跹"形式后世多有使用。如宋苏轼《哭干儿二首》:"幼子真吾儿,眉角生已似。未期观所好,蹁跹逐书史。"又宋陆游《除夜》诗:"椒酒辟瘟倾潋滟,蓝袍俘鬼舞蹁跹。"此词无分裂形式,可归入甲类。

（15）挠挑

此词在《庄子》中仅出现 1 次,见于《内篇》。《大宗师》:"孰能登天游雾,挠挑无极;相忘以生,无所终穷?"郭本对"挠挑"的解释为:"犹宛转也",即"宛转循环的样子,在天地间遨游"之义。"挠挑"在后世仍有使用,如唐吴筠《高士咏·冲虚真人》:"泠然竟何依,挠挑游太空。"明尹名兴《两朝诗选序》:"诵其隅,方挠挑可息焉。"此词现代基本消亡,应归入甲类。

（16）莽眇

此词在《庄子》中仅出现 1 次,见于《内篇》。《应帝王》:"则又乘夫莽眇之鸟,以出六极之外。"郭本对"莽眇"的解释为"群碎之谓,深远之谓,轻虚之状也",即"轻虚,深远的样子"。"莽眇"一词后世也常出现,如唐顾况《送从兄使新罗》诗:"晨装凌莽眇,夜泊记招摇。""莽眇"的两个单音节变体,"莽"和"眇"都有"辽阔的,深远的"之义。如《逍遥游》:"适莽苍者,三餐而反,腹犹果然。"郭本对"莽苍"的解释为:"郊野之色,遥望不甚分明也",即"遥远的郊外,野外"。《淮南子·原道训》:"故不道之道,莽乎大哉。""莽"字有"连绵遥远之义"。"眇"当"遥远,深远"之义时,和"眇"字的使用是相通的。《庄子·庚桑楚》:"不厌深眇而已矣。"郭本解释为"眇,远也"。又《楚辞·哀郢》:"眇不知其所蹠。"《章句》释义为:"眇,犹远也。""眇"字这一用法,在《楚辞》中多次出现。又宋陆游《过小孤山大孤山》:"四际渺弥。"此词可归入乙类。

（17）圹埌

此词在《庄子》中仅出现 1 次,见于《内篇》。《应帝王》"出六极之外,而游无何有之乡,以处圹埌之野。"郭本释为"弘博之名也,犹旷荡也",即"辽阔空荡的样子"。其中"圹"字可独用,如《孟子·离娄上》:"民之归仁也,犹水之就下,兽之走圹也。"又,《淮南子·览冥训》:"由此观之,上天之诛也,虽在圹虚幽闲,辽远隐匿,重袭石室,界障险阻,其无所逃之亦明矣。"《现代汉语词典》第 5 版"圹"字词条释为"墓穴"和"原野","圹埌"释为"形容原野空旷辽阔,一望无际"。此词可归入丙类。

（18）强梁

此词在《庄子》中出现 2 次,《内篇》《外篇》各 1 次。《应帝王》:"有人于此,向疾强梁,物彻疏明,学道不倦。"郭本解释为"强干果决"。《外篇·山木》:"从其强梁,随其曲傅,因其自穷。"郭本解为"多力也"。"强"字单独使用或组词,在《庄子》中多有出现。如《杂篇·寓言》:"彼强阳则我与之强阳。"郭本解释为"强阳,运动之貌也"。"强阳"应是孔武有力的运动之貌,与"强梁"同源。"梁"与"阳"同韵,分属来母与余母,"强阳"应该是"强梁"的异体形式。又《庄子·杂篇·盗跖》:"且跖之为人也,心如涌泉,意如飘风,强足以距敌,辩足以饰非。"这里的"强"字为强大,强壮之义。"强梁"一词在《现代汉语词典》第5版中释为:"〈书〉形①强横;强暴。②强劲;勇武。""强阳"一词,现代已经消亡。还有一个联绵词"锵洋"(也作"锵羊""昌洋"),为象声词,释义为"盛大的样子或玉石的撞击声",与"强梁"没什么关系。"强梁"一词可归入丙类。

(19)委蛇(逶迤)

此词在《庄子》中出现8次,《内篇》1次,《外篇》4次,《杂篇》3次。《应帝王》:"吾与之虚而委蛇,不知其谁何。"郭本对"委蛇"的解释为"至顺之貌,随顺之貌也",即"随顺应付"之义。如《周礼·冬官考工记》:"戈秘六尺有六寸,即建而迤,崇于轸四尺,谓之二等。"又,"望眡其轮,欲其帱尔而下迤也"。这两处的"迤"字都有"倾斜,斜倚"之义,应是"延伸、蜿蜒"的引申。此词《现代汉语词典》第5版有两个义项:"[委蛇]①同'逶迤'。②〈书〉动随顺。"又"[逶迤]〈书〉形形容道路、山脉、河流等弯弯曲曲延续不绝的样子"。此词应归入乙类。

(20)弟靡

此词在《庄子》中只出现1次,见于《内篇》。《应帝王》:"因以为弟靡,因以为波流,故逃也。"郭本对"弟靡"的解释为"不穷之貌",即"随顺,顺从倒下的样子"。其单音节变体"靡"字有"倒下"之义。如《左传·庄公十年》:"视其辙乱,望其旗靡。"又《楚辞·招隐士》:"青莎杂树兮,蘋草霍靡。"因此,"靡"字的这个意思和"弟靡"有关系。"弟靡"在后世还有人使用,如宋杨万里《见章彦溥提刑书》:"天下之士,狗苟弟靡,求于人而不求于天,求于天而不求于己。"此词可以归入乙类。

(21)浑沌

此词在《庄子》中出现8次,《内篇》5次,《外篇》3次。《应帝王》:"南海之帝为儵,北海之帝为忽,中央之帝为浑沌。"郭本对"浑沌"的解释为:"无孔窍也,清浊未分也,比喻自然。""浑沌"一词,大致是中国古人想象中天地未开辟以前宇宙模糊一团的状态,后用以形容模糊隐约的样子,有时也形容人幼稚糊涂,词义从古代沿用至今,基本未变。"浑沌"在《现代汉语词典》第5版中写作"混沌"(同"浑沌"),"浑"字有"素朴的,无杂质的和糊涂的"之义,见于"浑素""浑纯"和"浑虫"等组词。又如《老子》中出现的2次:"涣若冰将释,敦若朴,浑若浊,旷若谷。""为天下,浑其心。"这两处的"浑"意思大致应为"素朴的,无杂质的"。"浑沌"一词可归入丙类。

综上所述,21个联绵词中,属于甲类的有"逍遥,扶摇,淖约,畏佳,踌躇,蹒跚,挠挑"。属于乙类的有"翱翔,磅礴,彷徨,拥肿,孟浪,听荧,曼衍,諔诡,莽渺,委蛇,弟靡"。属于丙类的有"圹埌,强梁,浑沌"。

3　《庄子·内篇》联绵词的单音节化

双音节词的单音节化是汉语史上的重大事件之一,在商周甲金文之前相当长一段时期内主导着早期汉语的演变发展,给后世汉语语音、词汇、语法乃至语言生活都带来深刻的影响,①促进商周先秦的复合词兴起,语言系统特别是词汇面貌才有所转变。可惜这一项重大变化出现在文字产生之前和甲金文时期并湮没在非音素文字的汉语书面语形式之下,到秦汉之际仅遗留为数不多的联绵词、名物词、人名、地名等古老的多音节词或双音节词残存现象。即使如此,根据陈小荷等学者(2013)的研究,在先秦25种主要文献中,双音节词和多音节词的类型数量仍然远远高于单音节词,唯其用例频率则低于单音节词。此后,汉语词长走上了多音节化复合词的道路。

双音节词的单音节化并非汉语独有,几乎整个东亚和东南亚语言,包括藏缅语、侗台语、苗瑶语、孟高棉语和南岛语系的占语等都发生过相似的变化。(Alieva 1994;江荻等 2014;江荻等 2013)这些语言单音节化的时间有早有晚,其中越南语、泰语、苗语、彝语、缅语、藏语、占语等的单音节化程度不亚于汉语。(高本汉 1926;Norman 1988,1995;Thurgood 2010)这种区域性的语言特征引起人们深思,究竟是什么原因导致双音节词的单音节化的?

Brunelle(2009),以及 Brunelle 和 Pittayaporn(2012)提出,东南亚语言的

---

①　例如语音上双音步特征,词法上的后缀系统,句法上的前后修饰同现,诗歌表达上的韵律节奏等都受到单音节词和单音节化的影响。

单音节化肇始于抑扬格词模式,而且这种变化模式与该区域的双语现象有密切关系。江荻(2012,2013b)用达让语案例详细论证了一个半音节词模式的变化类型和造成单音节化的过程。陈国庆(2000,2005)描述了克蔑语、佤语等孟高棉语的轻重型音节结构,指出克蔑语、佤语具有典型的一个半音节特征。沙加尔(2004)虽未论及双音节词的单音节化,但提出早期汉语有一类松散型的前缀,即抑扬格词,这也不啻于承认了多音节词现象,这种松散型带前缀词后来脱落前缀演变为单声母单音节词。根据 Hayes(1985,1995)提出的抑扬格—扬抑格定律,Brunelle 和 Pittayaporn(2012)提出南亚语言多音节词转化为单音节词的机制。这让我们注意到早期汉语、藏缅语跟达让语和南亚语的轻重韵律类型的普遍性,即轻重型词模式。我们认为,史前汉语的词汇面貌跟当代达让语以及佤语等南亚语的词形韵律结构基本是一样的,单音节化机制导致汉语早已完成单音节化过程,达让语和佤语等南亚语则正处于该机制的演进过程中。(江荻 2012,2013b)

　　早期汉语联绵词作为古老词汇的遗存,其词形变化蕴藏着汉语史的微观图景,对揭示汉语古老的双音节词的单音节化过程有着重要作用。(江荻 2011;江荻等 2013;李如龙 2011)依据上文对《庄子·内篇》21 个联绵词的逐例分析,首先可以观察到联绵词词形变化的时代信息。(周及徐 2000)汉语双音节词在先秦时期已处于边缘状态,所剩不多的描绘性形容词大多出现在文学类作品中,例如《诗经》和《楚辞》,因其别具一格的形式,后世称为联绵词。① 相对一部著作词汇数量的整体而言,《庄子·内篇》中仅出现区区 21 例联绵词,可见双音节词的单音节化状况已趋完成。

　　其次,双音节词呈现出动态的演化图景。为讨论方便,以 A 和 B 代表联绵词的前字和后字,由此归纳出《庄子》联绵词的三种演化状态。

　　(1)甲类: AB→AB。共 7 例: 逍遥、扶摇、淖约、畏佳、踌躇、踉蹡、挠挑。

　　(2)乙类: AB→B/AB。共 11 例: 翔/翱翔、博/磅礴、遑/彷徨、肿/拥肿、浪/孟浪、荧/听荧、衍/曼衍、诡/諔诡、渺(眇)/莽渺、迤/委蛇(逶迤)、靡/弟靡。

　　(3)丙类: AB→A/AB。共 3 例: 扩/扩埌、强/强梁(强阳,锵羊,锵洋,昌洋)、浑/浑沌。

---

　　①　名词类的双音节词多为名物词,也被称为联绵词。

概括地看,双音节联绵词在先秦乃至其后主要有 3 种变化形式。(1)主流形式是双音节词,该词可脱落前字独用,原义不变,同时双音节词继续使用,即二者并存(乙类)。(2)双音节词未发生形变而且多数在秦汉以后继续使用(甲类)。(3)双音节词脱落后字,前字承担原双音节词的整个词义,这类现象数量较少,而且独用形式往往难以永续(丙类)。例如"逍遥","遥"字独用罕见,仍归入甲类。此外,有些词曾前字或后字独用,如"曼衍""莽渺",然前字独用逐渐发生语义变化,非原型词的继承,故归入乙类。至于其他一些特例不逐项讨论,例如独用字可能重叠使用。

甲骨文代表的早期汉语基本词汇已经单音节化。甲类之所以沿袭不变似可归因于该类词的抗演化性(董颖红,江荻 2013),抗演化性的原因较为复杂,可能与当时双音节词难以分解的非透明性有关,也可能与这些词使用广度等语用因素有关,这里不深究。更有探索价值的是乙类,代表了汉语双音节词单音节化的重要演化路径,即作为抑扬格词模式语言,首音节发生脱落。关于汉语的这类变化现象,陈洁雯(1984)、潘悟云(1999)、黄树先(2001)均有讨论。联绵词也不例外,也遵循这样的路子单音节化。(江荻 2011,2013b)反之,丙类可能在当时是不符合抑扬格词模式的词汇类型。从亲属语言的演变推断,这类词实际上可能已经从抑扬格词模式演化为复辅音单音节词模式(*Cl-/*Cr-)阶段,或者介于*C·l-/*C·r-和*Cl-/*Cr-阶段(潘悟云 1999),既可能脱落首音节成为单音节词,也可能脱落首音节韵母转为复辅音声母词(江荻 2013a)。但无论哪种情况,原来的第二音节都是辅音响度最高的音节(王洪君 2008),在韵律上都可能形成扬抑格词模式。至于"圹埌""强梁"和"混沌"等词语及其后来的演化道路略显特殊,将专题论述。

4　结　　语

本文所研究的先秦时期《庄子·内篇》联绵词,正是殷商时代甚至殷商以前早期汉语多音节词形式的残留。根据以上双音节联绵词变化情况的分析,我们大致可以推断先秦时期双音节联绵词有如下的变化特征:上古汉语的双音节联绵词在先秦时期已经大量单音节化(李如龙 2011),形成具有同源关系的双音节词和单音节词并存局面;随着复合词的兴起,联绵词的单音节化过程已近尾声,余下不多的联绵词也不再单音节化,沿用至今。① 还有一个可能的推测是,由于先秦时期出现大量的双音节词单音节化,我们就不能够否定先秦时期的许多单音节词不是由更早的普通双音节词(或多音节词)单音节化而来的,(江荻 2013a;江荻等 2014)这是值得深入研究的现象。本文对《庄子·内篇》中联绵词单音节化现象的探讨和分析,为"上古汉语可能是双音节或多音节词语言"这一命题提供了早期汉语词形和词长演变的支持证据。(江荻,张辉 2015)

参考文献

陈国庆.2000.柬埔寨语与佤语的构词形态,《民族语文》第 6 期。

陈国庆.2005.《克蔑语研究》,民族出版社。

陈洁雯.1984.上古复辅音声母:粤方言一个半音节的字所提供的佐证,《方言》第 4 期。

陈小荷,冯敏萱,徐润华.2013.《先秦文献信息处理》,世界图书出版公司。

董颖红,江　荻.2013.上古汉语词汇长度的演化与抗演化,NACCL: The University of Michigan。

高本汉(Karlgren B.).1926.《中国语言学研究》(*Philology and Ancient China*),贺昌群译,商务印书馆。

郭庆藩.1961.《庄子集释》,中华书局。

黄树先.2001.古汉语复辅音声母探源,《语言研究》第 3 期。

江　荻,康才畯,燕海雄.2014.词形结构进化与世界语言的多样性,《中国科学通报》第 21 期。

江　荻,李大勤,孙宏开.2013.《达让语研究》.民族出版社。

江　荻.2011.单音节型语言演化的后果,《现代人类学通讯》第 5 卷。

江　荻,张　辉.2015.汉语词头残迹印证早期汉语是多音节型语言.张显成《古汉语语法研究新论——出土文献与古汉语语法研讨会暨第九届两岸汉语语法史研讨会论文集》,西南师范大学出版社。

江　荻.2012.达让语的抑扬格词模式演化特征。"第 6 届国际彝缅语学术研讨会"论文。(西南民族大学,11 月 2—3 日)

---

① 联绵词不再单音节化的原因主要是复合词双音节韵律开始发挥作用,遏止了多音节单纯词的单音节化进程。但是,我们更愿意说的是,各地方言还有大量先秦时期尚未进入共同语的联绵词,这些词也保留了双音节形式,后世部分逐渐进入共同语。相关讨论参见江荻(2013b)。

江　荻.2013a.王念孙的联绵词"天籁"说证,《语言科学》第 5 期。

江　荻.2013b.单音节型语言演化的语音后果.石锋,彭刚.《大江东去——王士元教授 80
　　岁贺寿文集》,香港城市大学出版社。

江　荻.2014.《尔雅》词汇形式证明汉语曾是多音节词语言,《古汉语研究》第 3 期。

李如龙.2011.论汉语的单音词,《汉语词汇学论集》,厦门大学出版社。

潘悟云.1999.汉藏语中的次要音节.石锋,潘悟云.《中国语言学的新拓展》,香港城市大学
　　出版社。

潘悟云.2000.《汉语历史音韵学》,上海教育出版社。

沙加尔.2004.《上古汉语词根》,龚群虎译,上海教育出版社。

王洪君.2008.《汉语非线性音系学》(增订本),北京大学出版社。

周及徐.2000.汉语的双音节词单音节化现象初探,《四川大学学报》第 4 期。

Alieva N F. 1994. The progress of monosyllabization in Cham as testified by field materials. In
　　Ode O, Stokhof W. (eds.) *Proceedings of the Seventh International Conference on
　　Austronesian Linguistics*. Rodopi.

Brunelle M, Pittayaporn P. 2012. Phonologically-constrained change: the role of the foot in
　　monosyllabization and rhythmic shifts in Mainland Southeast Asia. *Diachronica 29(4)*:
　　411 – 433.

Brunelle M. 2009. Diglossia and monosyllabization in Eastern Cham: a sociolinguistic study. In
　　Stanford J N, Preston D R. *Variations in Indigenous Minority Languages*. John Benjamins
　　Publishing Company.

Hayes B P. 1985. *A Metrical Theory of Stress Rules*. Garland.

Hayes B P. 1995. *Metrical Stress Theory: Principles and Case Studies*. University of Chicago
　　Press.

Norman J. *Chinese*. Cambridge University Press, 1988.(中文版:1995.《汉语概说》,张惠英
　　译,语文出版社。)

Thurgood G. 2010. Hainan Cham, Anong & Eastern Cham: three languages, three social
　　contexts, three patterns of change. *Journal of Language Contact 3(2)*: 39 – 65.

Monosyllabicization of Couplets in the Inner Chapters of Zhuangzi

Abstract: This paper examines the phenomenon of monosyllabicization
of couplets (Lianmian words) in the inner chapters of Zhuangzi, a
renowned historical document from the pre-Qin dynasty. The couplets
are originally disyllabic words, and some of them were split into

monosyllabic words with the same meanings in the pre-Qin period. According to the co-occurrence of disyllabic words and monosyllabic words and their original meanings, it can be inferred that the couplets in early Chinese were of monosyllabicization, rather than the reverse. The analysis of the monosyllabicization process of couplets provides supporting evidence that archaic Chinese was a polysyllabic language, as we have previously proposed.

Keywords：Zhuangzi's documents；couplets（Lianmian-words）；monosyllabicization；the Pre-Qin period

本文与刘洋合作完成。刘洋博士2014年7月至2018年6月在中国社会科学院博士后站工作,现任中央民族大学预科教育学院副教授。

本文曾在"第47届国际汉藏语言暨语言学会议"上宣读(云南师范大学,2014年10月17—19日)。

论文刊载信息：刘洋,江荻.2016.《庄子·内篇》联绵词的单音节化,《语文研究》第3期：33－38。

汉语词形韵律结构的变化与
上古君王人名长度的演进

摘要 文章提出一种重新看待早期汉语词形韵律结构的新观点并采纳新的方法加以分析。与汉语是从上古单音节词演变而来的观点不同,我们认为,承继甲骨文语言而来的早期汉语实际是从远古多音节词语言发展而来的,至商周乃至春秋战国时代已经转变为单音节词为词汇主体的语言。商周词形韵律结构有双音节、弱首音节、重首音节、单音节、双词音节五类。单音节词是主体,双词音节初萌发,余三类是早期遗存,也是文章分析重点。文章尝试用轻重韵律说明为什么早期君王名难以释读,轻重韵律如何影响词形结构变化以及对君王名的制约。

关键词 词形韵律结构 词长 西周春秋 君王名 演化

1 问 题 的 起 因

本文用中国历代君王私名讨论早期汉语词形韵律结构及长度的变化。(江荻,康才畯,燕海雄 2014)先讲一个文献故事作为引子。《春秋·哀公十三年》载"晋魏多师师侵卫",《公羊传·哀公十三年》注解:"此晋魏曼多也。曷为谓之晋魏多? 讥二名。二名,非礼也。"也就是说,魏曼多即魏多,用"曼多"有讥讽不尊取名礼制之意。可是《公羊传·哀公七年》还有"晋魏曼多帅师侵卫",并无此注解。(李学勤主编 1999)所以《公羊传》此说讲不通,必是经文有阙。(刘黎明 2001)我们知道,中国经学历有古文经学和今文经学两派之争,前者着重文字"名物典章训诂"释经,后者阐发经学"微言大义"。《公羊传》将人名长短拔升到礼制高度,的确是典型的微言喻大义了,跟古文经学的朴学风格全然不同。

　　清末名臣兼学问教育家张之洞撰《驳公羊文义最乖舛者十三事》指出："公羊自云名从主人,乃于仲孙何忌作仲孙忌。魏曼多作魏多,不以为脱文,而以为讥二名。"(赵德馨 2008:89)张氏驳斥了今文经学派的注解,提出"脱文"的解释。若这类现象只是偶发,且无其他观点替代,尚可聊备一说。然则张之洞之阐释囿于当时语文学的限制,无法给出更信服的观点。现在我们知道先秦汉语词汇经历了早期语言多音节或双音节词演化为单音节词的过程,(江荻 2014)且于先秦时期尚未彻底走完这个转换过程。以联绵词"缤纷"或"纷纷"为例,该词在《离骚》等先秦及汉文献既有两字用法,也有单字案例。

　　　　抚余佩兮 缤纷 ,高太息兮自怜。(《楚辞·九怀·昭世》)

　　　　佩 缤纷 以缭转兮,遂萎绝而离异。(《楚辞·九章·思美人》)

　　　　纷累以其溷涊兮,暗累以其 缤纷 。(《汉书·扬雄传》)

　　　　其心,沌沌乎博而圜,豚豚乎莫得其门, 纷纷 乎若乱丝,遗遗乎若有从治。(《管子·枢言第十二》)

　　　　五音 纷 兮繁会,君欣欣兮乐康。(《楚辞·九歌·东皇太一》)

　　　　解其天弢,堕其天袤, 纷 乎宛乎,魂魄将往,乃身从之,乃大归乎!(《庄子·知北游》)

《离骚》只有极少"缤"字独用例:

　　　　缤 兮并迎,灵之来兮如云。(《楚辞·九嶷》)

　　　　百神翳其备降兮,九疑 缤 其并迎。(《楚辞·离骚》)

　　例用联绵词是有一定理由的。先秦时期,联绵词是早期汉语中具有一定抗单音节化能力的词汇之一(董颖红,江荻 2013),由于语音或者语用等方面的原因,当大多数普通词汇脱衍为单音节词,联绵词亦发生变化。"缤纷"在先秦文献中部分保留双音节形式,部分脱落前一音节,例如"五音(缤) 纷 兮繁会";少量脱落后一音节,例如"九疑 缤 其并迎"。经过 2 000 余年的变化,"纷"字似乎又能构成多种组合,"纷敷、纷繁、纷飞、纷纶、纷纭、纷乱、纷杂"等,①但很少有用"缤"构成的词,②例如《现代汉语词典》第6版仅收"缤纷",完全可看作先秦词汇遗存。该用例启迪后世猜想,联绵词脱落前一音节很可能源于早期汉语某种词形结构类型。(周及徐 2000;刘洋,江荻 2016)

所谓早期汉语词的结构类型并不指先秦以来逐渐出现的复合词法类型,而是指以音韵呈现的词形结构类型,包括单音节、双音节或多音节词,同时还包括韵律呈现的双音节词的轻重型(抑扬格)和重轻型(扬抑格)词形结构韵律模式,(Hayes 1985)以及单辅音或辅音丛声母结构等。双音节词呈现为轻重型韵律模式本文称为弱首音节词,重轻型则称为重首音节词,③未体现轻重和重轻词模式的则称为(一般/等重)双音节词。本文以此方法讨论,所用案例为中国历代君王私名。为此,下一节我们就转向本文的正题,即历代君王人名韵律结构的单音节化及其后果。

2　早期汉语词的韵律模式与人名材料

回溯中国上古史,不难发现夏商周君王名蕴含了早期汉语丰富的词形结构特征。④ 从逻辑经验看,取名是一个语用过程,必以既有词语作为取名材料,而这样的材料一定符合当时词语的形式和结构。以夏商为例,据前贤多项分析和统计,商代中晚期的甲骨文以单音节词/字为主(赵诚 2009),⑤仅有少量单纯词和合成词(唐钰明 1986)。严宝刚(2009)统计说,其中单音

---

　　① 纷纭,《离骚》仅一处:肠纷纭以缭转兮,涕渐渐其若屑。汉以后则多有出现,例如《魏晋六朝·北史》:后代纷纭,莫知准的。"纷"之义基本为"杂乱、混杂""盛多的样子"(《古代汉语词典》,商务印书馆,1998),例如《孙子·兵势篇第五》:故善战者,其势险,其节短。势如扩弩,节如发机。纷纷纭纭,斗乱而不可乱;浑浑沌沌,形圆而不可败。乱生于治,怯生于勇,弱生于强。治乱,数也;勇怯,势也;强弱,形也。

　　② 魏晋六朝后出现多例"缤翻",乃"飞翔"之意,跟"缤纷"不同,宋之后弃用。

　　③ 我们的推测及论证中均设定早期汉语双音节词为轻重型韵律结构模式,但并不排斥可能存在一定数量的重轻型双音节词。

　　④ 此时华夏诸地的语言尚不宜直接称为汉语,但可看作早期汉语或者汉语前体,譬如甲骨文代表的语言可称为甲骨文汉语或甲骨文语言。

　　⑤ 赵诚(2009)注解甲骨文人名"上丝",说:"甲骨文用作人名则为借音字。卜辞时代基本上一字一词,极少二字一者。人名和方国用两个字组成一个词的现象稍微多一点,也很少见,上丝即其一例。从卜辞内容来看,上丝可能是某一方国之领袖而臣属于商王者。"

节词占 77.5%,双音节词约占 20%。① 这个 20% 里面,已经产生类似后世词法上的联合、偏正等复合词结构,组合要素的类型也逐渐厘清,例如方位词+名词、称谓+天干、人名+职官名等。(曲春雪 2011)本文不专门讨论这类复合词,主要关注双音节单纯词和带所谓附加词的双字词。

可是文献上的取名材料并非明明白白,有些词或字的意思不容易说清楚。譬如,传统上人们把某些首字为无义音节的双音词称为词头词,例如"有夏"是"有"头字,(周法高 1962)②又把某些单字可释的双音词予以强解,例如"公刘"(参见下文)。唯有内部无可释双音节词才无奈略过不予训诂,例如"上丝""自般"。

乙巳卜,宾贞:翌丁未酒禽岁于丁,尊有玉。(《合》4059 正)

(转引自陈婷珠 2004)

令上丝众禾侯。(后下 8.6)(转引自赵诚 2009)

很明显,传统观点认识的起点是把甲骨文代表的语言看成绝对的单音节词语言,凡是两个(或更多)符号(字)记录的单位都看成合成单位,自然也就要把那些内部结构不透明的双音节形式离析为两个单位。这种认识的盲点在于每个符号(字)一定是一个音义单位,于是,对于内部可分析但无法赋义的"有"字结构就生造了一个既无语法价值又无法归类的"词头"术语,对于"上丝""自般""止或"这类完全无法分析的双音词(或表人名、地名等)就只好略过不释,造成阐释理论的空白和断点。

如果我们不事先设定甲骨文汉语初始的一字词框架,而以动态演化观念加以阐释,则可认为甲骨文汉语反映了更早期语言从可能的多音节词(包含单音节词)演化为单音节词为主的状态。以这种认识为基点,无论有头字还是双音节单纯词,都可以获得圆满解释。即:甲骨文汉语的词形经历漫长演变逐渐单音节化,但仍然剩余少量双音节词。这些词有些因为轻重韵律,

---

① 严宝刚(2009)的论述略显粗糙,以赵诚(1988/2009)为统计对象,但未给出统计总数,仅部分分类有统计资料,无法总数复原。严文论述的复合词若作人名、国名、地名、官职名等尚可因词汇语用类型临时看作词,而表时间、方位等组合似宜看作短语,这些组合大多未经历词汇化过程,不太可能为后世继承。

② 有头字不限于"有"字,周代及先秦时期,由于书写工具和材料的困境突破以后,大量其他类型的有头字纷纷出现,仅《诗经》就记载了 20 余种有头字。参见周法高(1962:203—252)。

语义偏移至后一音节,前一音节不负载语义,在一定条件下可有可无,经常脱落,造成所谓有头字。还有一些词指称对象语用上特别一些(譬如人名、地名),所以还保留为双音节形式。实际上甲骨文汉语那些单音节化了的单字词大多就是通过这种方式演变而来的。

　　为什么早期汉语会发生这样的演化呢? 我们选择从夏商时代君王人名来观察。据史学家考证,夏代君王有:禹、启、太康(庚)、仲康(庚)、相、少康(庚)、杼(予)/季杼、槐、芒、泄、不降/降、扃、廑/胤甲、孔甲、皋、发、癸/履癸(即:桀,也称帝桀或夏桀)。这个简单世系序列反映了夏代君王主要以当时普遍存在的单音节词为取名材料,双名的太康(庚)、孔甲、履癸等则是"公名/私名+日名"构成。[①] 不过,"杼/季杼、降/不降"的交替现象则明显表现出可能有多音节词及其脱落的状态,而且"不降"之"不"也是后世典型已确证的有头字,(周法高 1962;王力 1980)作为人名取用的词形材料,这类双音节词都在选取范围。

　　再来看首音节脱落的原因。上文已经指出有头字无载义功能,形式可有可无,造成这种状态的原因在于词头的韵律读音。(Matisoff 1989; Thomas 1992)从文献层面看,周及徐(2000)提出先秦联绵词的单音节化现象,刘洋和江荻等(2016)从联绵词脱落首音节而不是末音节归纳出双音节词的韵律结构原因,从诗律看,Zhang 等(2013)揭示了声调高低平仄差异,从现代口语看,陈洁雯(1984)描述了粤方言的轻重双音节词现象,潘悟云(1999)讨论了音韵上双音节词首音节作为次要音节现象,一定意义上证明早期汉语可能是轻重型或抑扬格词模式语言。从现代方言看,北方方言几乎都有轻声词现象,尤其是西安、北京等历史都城方言,而南方方言几乎没有轻声词。[②] 从另一个角度看,双音节带轻声的词肯定是重轻型词模式,无轻声则意味着语言具有轻重型韵律结构模式。进一步推论,假如南方方言和北方方言同出一源的话,即从甲骨文汉语一脉发展下来,北方方言很可

---

　　① 夏商时期的君王名部分并非真正私名,而是名号,例如禹是尧舜时期官职名,且因为对太阳的崇拜习俗,人们经常将名与天干(甲、乙、丙……庚、癸)联系起来,学界称为"日名"。本文以名之韵律结构为讨论主旨,不会过于受此影响,禹王之用职官名为私名跟采纳其他词形材料取名没什么两样。"太康"或"太庚"等大多是字的书写问题,本文不做讨论。

　　② 长沙(新湘)、南昌(赣)、杭州(吴)、厦门(闽)等大中城市方言受北方官话影响较重,都一定程度上产生了特定形式的轻声。

能经历了轻重型向重轻型词模式的转换。不过,根据近年有关普通话轻重型语音研究和感知实验,轻重型和重轻型常用词汇的数量基本相当,(钟奇 2010;林茂灿 2012)所以说这个演化过程至今尚未完成。

对以上观点还可以采用亲属语言给予间接的支持。根据我们对达让语的考察,该语言至少有 70% 的多音节词是轻重型词韵律格式,其首音节出现多种变化脱落现象。(江荻 2012;江荻等 2013)例如:kɑ^{31}ru^{53}→kru^{53} "头"(首音节脱落韵母造成复辅音),nɑ^{31}muɪn^{55}→muɪn^{55} "火"(首音节脱落变单音节)。再如,佤语等南亚语言是典型的弱首音节多音节词语言,比较柬埔寨语跟佤语来看脱落演变,柬:kɔntaŋ,佤:taŋ "箩";柬:kdaːm,佤:tam "蟹"。(陈国庆 2010)南亚语专家王敬骝先生曾表示,佤语就是 4 000 年前的中国话,(王毅 2002)他的意思是,甲骨文之前的中原语言很可能发生过佤语这样的弱首音节脱落而走向单音节词语言状态。

3　西周君王人名的长度变化

西周君王为姬姓,14 代以降世系私名为:昌(文王)—发—诵—钊—瑕—满—繄扈/伊扈—囏—辟方—燮—胡—(共伯和)—静—宫湦。① 据《古本竹书纪年》记载,周文王公元前 1114—前 1062 年在位,约 50 年。这个年代距殷商甲骨文代表的甲骨文汉语时代相差约 200～300 年,那时的语言已经基本单音节化,而西周时期新兴的双音节复合词尚处于萌芽和初兴阶段,因而可以判断西周君王取名很大程度上会受到单音节词材料的制约,因而诸王私名基本都是单音节名。至于"繄扈/伊扈,辟方,宫湦"几个双字词,前者因首字交替可认为读音不稳定,用了不同的汉字记录,是上文所说轻重型双音节词,归为弱首音节,余二者归入双音节词。无论弱首音节双音节词还是一般双音词,它们(作为词)的意思目前不易解读。

这个推测再从春秋战国时期 20 余代东周君王私名也可证实:宜臼/宜咎—林—佗—胡齐—阆—郑—壬臣—班—瑜—夷—泄心—贵—猛—匄—仁—介—

---

① 夏商时私名始兴,但尚无字和谥号,且名号多用"日名",私名记载不全或佚失,西周破除了"日名"限制,取名呈现多样性。

去疾—叔—嵬—午—骄—喜—扁—定—延,其中双字名者仅 5 位:宜臼,胡齐,壬臣,泄心,去疾,这最后一位的双字名已是战国时期君主,其名"去疾"看上去似乎是新的复合词类型。考诸相关研究,虽此时已有一定数量的复合词(或短语)出现,也包括了动宾型复合词,(杨怀源 2007)但下文对莒国君王名的分析,让我们仍然不能轻易将之归入复合词类型。

可是我们看看文王之前的西周先祖名,情况似乎很不一样:后稷/稷(弃)—不窋—鞠/鞠陶—公刘—庆节—皇仆—差弗—毁隃/伪榆—公非—高圉—亚圉—公叔组绀—亶父/(古)公亶父—季历/季/历。① 共 14 位君王(或称侯)。②

西周先祖多用双字名的原因可以推测。首先是时间较早(甚至早于甲骨文汉语时期),据史学家推断,周祖弃乃夏末商初人(王玉哲 2000),商汤公元前 1558 年建立商王朝,西周祖先同样经历了 510 年至武王灭商。而在那个时期所取词语材料可能更多是(抑扬格词模式的)双音节形式。其次是周先祖取名不受"日名"制约(别于夏商),更接近日常口语,直接取材于当时的现成用词。最后,就我们来看,也是最重要的,西周先祖择名的材料很有限,虽然甲骨文汉语已出现不少双字组合形式,但绝大多数都是专名,而且心理上未必已经是可接受的成词(即可能还是短语词组)。为此他们选择了那些表达一定意义的口语词。③

西周先祖私名按照词形韵律结构分析或有以下类别:

(1)双音节名,主要是那些字面无法解读和语音上不能归入其他类别的双字名:庆节、皇仆、差弗、高圉、亚圉、公刘、公叔组绀、公亶父、公非。

后世对"公刘"多有附会穿凿之解读,例如公刘之"公"释为爵位或敬称用字,并推及公非、公叔组绀、公亶父。史学家杨宽(1999)说:"在周族早期

---

① 西周先祖名尚存很多争议,参见杨宽《西周史》。首先是王的代数与时间不合,其次后世文献的差异,例如《世本》鞠作鞠陶,毁隃作伪榆,公叔组绀作组绀诸盩,公非为公非辟方,高圉为高圉侯侔,亚圉为亚圉云都;皇甫谧《帝王世纪》以为辟方、侯侔、云都是公非、高圉、亚圉的字,《汉书·古今人表》却说"辟方,公非子","夷竢(侔),高圉子","云都,亚圉弟"。本文以名为对象,不论争议。

② 双字以上者占了 13 位。此处未采纳《世本》观点(参见本页附注①),两可者以双字者为统计对象。

③ 这些口语词虽用文字符号记载下来,由于人名的孤立出现,目前很难解读其实际意义。

世系中,公刘第一个称'公',后来有公非、公叔组绀、公亶父。公叔组绀,《世本》又称太公组绀诸盩。"不过,这些说法依据都不充分。[①] 此处依据公亶父及(公刘、公非)同字原则归入双音节词。诚如上文所说,这些私名或有一定意义,只是目前无法解读。

(2) 弱首音节名:后稷/稷,不窋,毁隃/伪榆。"后稷/稷"是文献中最复杂的一项记载,一说是:"后"字或指称帝王,"稷"为职官名,[②]但从历史角度看,"后稷"是周人尊崇的祖先,称谓一般不会更动,而当时口语中脱落"后"可能说明读音上"后"是一个脱落也不知觉的弱首音节,而未必是指帝王那个"后"字,据读音可记为"稷"或"后稷",这又类似章太炎所说"一字重音"了(江获 2013)。白一平和沙加尔(Baxter & Sagart 2014)最新上古音构拟"后"为 $^*\mathrm{G}^\mathrm{ˤ}(\mathrm{r})\mathrm{oʔ}$、"稷"为 $^*[\mathrm{ts}]\mathrm{ək}$。我们以为当时这是一个典型弱首音节词,"后"的声母 G 乃至音节可能因咽化(ˤ)而脱落,即 $^*\overline{\mathrm{G}^\mathrm{ˤ}(\mathrm{r})\mathrm{o}}[\mathrm{ts}]\mathrm{ək}$。由是,我们可以确定一个判断原则,即可征信文献中有单双交替形式的人名,若前字脱落则归纳为弱首音节词,若后字脱落则归纳为重首音节词。

"不窋"之"不"是前贤确认的先秦词头字,有音无义,记音符号而已。这里依据的有头字主要参考周法高(1962):有一、不一、弗一、夫一、于一、于一、勾一、子一、阿一、老一、其一、斯一、思一、薄一、爰一、言一、曰一、越一、聿一、遹一、载一、式一。这一类都归为弱首音节词。

白一平和沙加尔上古音构拟中"俞"部字构拟为 $^*\mathrm{lo}$,"毁($^*[\mathrm{m}](\mathrm{r})\mathrm{ajʔ})$隃/伪[$^*\mathrm{m}\text{-}\mathrm{G}^\mathrm{w}(\mathrm{r})\mathrm{aj}\text{-}\mathrm{s}]$榆"在首字读音有一定差别,这种音变交替也说明首音节不稳定,同样归入弱首音节词。

(3) 重首音节名:鞠/鞠陶,这是后字脱落,未见其他描述,暂且归入此类。"季历/季/历"的历史传说记载更有意思,因其两位兄长叫太伯(泰伯)和虞仲(仲雍),因而用了伯仲叔季排行秩序来解读。有可能这里名和字混

---

① 亶父又叫古公亶父,有些解读认为古公是尊称,父也是尊称。又有认为"古"为"昔"义,似都有望文生义之嫌。韩巍认为"除了殷遗民使用的'日名+公'式称谓外,可以说西周时期并不存在作为'一般性敬称'的'公','公'的称号泛化为诸侯国君的通称要晚到春秋"(转自刘芮方 2011)。又:刘芮方(2011)举例指出甲骨文中"公"用作人名,"唯八月甲申,公仲在宗周,赐圻贝五朋"(载《圻作父辛器》,《集成》16.10581),其中"公仲"即为人名。

② 后稷作为称谓或人名的说法较多,或说成职官名,或解读为百谷之神(稷神)。

了,据《礼记·檀弓》载"幼名,冠字,五十以伯仲。死谥。周道也",这是追述用名还是用字难以骤断。《古本竹书纪年》"武乙三十五年,周王季伐西落鬼戎",又有"周王季历来朝",前者少了后字"历",然还有记载"姬历",即姬姓名历。脱落后字原因不明,譬如抄写脱字,暂且也归入重首音节词。

　　以上关于周朝世系君王名的结构韵律类型如表 1 所示:①

表 1　周朝世系君王名的结构韵律类型统计

	君王数	双音节数/比率	弱首音节数/比率	重首音节数/比率	单音节数/比率	复合词	起止年公元前	备注
周先祖	14	9/64.3	3/21.4	2/14.3		0	1558—1049	甲骨上限前1330
西周	13	2/15.4	1/7.7		10/76.9	0	1049—771	不含共伯和
东周	25	5/20.0			20/80.0	0	770—256	

　　表 1 显示,由远及近时代看,单音节型趋多是总体趋势,越早弱首音节越多于重首音节,复合词尚未出现。由于君王名总数较少,因此双音词很难判断韵律结构,下文讨论同时期诸侯国君王名或能一定程度弥补。对于单音节词增多除了语音演变,还有社会因素。我们知道西周开始逐渐制定了礼制,包括人名避讳。但是,西周礼制何时制定又何时贯彻执行,没有明确的记载。《诗经》中就有多处不避君王私名的表现。当然这也可能与"诗文不讳"有关。但就总的礼制来看,君王名还是可能遵循礼制,这是单音节名增多的又一原因。不过,我们认为弱首音节词一定程度上也属于单字系统,例如"繄扈/伊扈",白一平和沙加尔(2014)最新构拟形式是 $^*ʔij+m-q^ˤaʔ$,组合后可能是 $ʔ-q^ˤaʔ$ 或 $Ø-q^ˤaʔ$;"辟方"是 $[b]^ˤek+C-paŋ$,组合后是 $Ø-paŋ$,也就是说词首只是一个非音节性过渡辅音或零声母,这在南亚语和南部藏缅语很常见。(江荻 2012)

4　春秋战国诸侯国君王人名的长度及特征

　　两周君王人名毕竟数量有限,本文进一步采集了春秋战国时期中原

---

　　①　为保持表 1 和表 2 一致,尽管表 1 未出现复合词,仍设此栏;表 3 同。

诸侯国的君王私名加以观察。我们相信同一时代(先秦)不同族群君王名可从另一角度反映词汇长度的发展。春秋战国时期,中国邦国林立,姓氏不同。此处主要列出影响力较大的诸国君王私名。依据中国史考证,有些君王名可能有多种写法,一并列出;还有些君王名不可考,也就从略。

齐国(姜姓):尚、伋、得、慈母、不辰/不臣、静、山、寿、无忌、赤、脱/说、购、禄甫、诸儿、无知(公孙氏)、小白、无诡(无亏/武孟)、昭、潘、舍、商人、元、无野、环、光、杵臼、荼、阳生、壬、骜、积、贷。①

鲁国(姬姓):伯禽、酋/酒、熙/怡、宰/圉、晞/沸/沸其、擢/翟、具、濞/挚/鼻、敖、戏、伯御、称、弗湟/弗皇/弗生、息姑/息、允、同、启、申、兴、馁、黑肱/黑股、午、野、稠、宋、将/蒋、宁、嘉、显、奋、屯、匽、叔、贾、仇。②

晋国(姬姓):虞、燮、燮父、宁族、服人、福(辐)、宜臼、司徒、籍/苏、弗生/费王/晞壬、仇、伯、平、郄/都、光、缗、成师、鳝(鱓)、称、诡诸、夷吾、圉、重耳、骊(欢)、夷皋、黑臀、据/獳、寿曼、周、彪、夷、弃疾/去疾、午、凿、骄、柳、止、顾、俱酒。③

魏国(姬姓):犨/州、颗、绛、荼/舒、取、侈/哆/曼多、驹、斯、都、击、罃/婴、嗣、遫、圉、午/增、假。④

---

①　根据早期人名特征,我们重在符号作为记录口语声音的表现,为此不采用传统音韵之叶韵、音转之类方法释解人名。根据上文,"不、无"归入有头字,即弱首音节,包括:无忌、无知(公孙氏)、无诡(无亏/武孟)、无野、不辰/不臣;关于"杵臼",《公羊传》把陈宣公妫杵臼记为"处臼"(原文:僖公十二年,秋七月。冬十有二月丁丑,陈侯处臼卒。),而且先秦以"杵臼"为名者多人(齐景公姜杵臼,宋昭公子杵臼,陈宣公妫杵臼),为此,归入弱首音节词;"慈母、诸儿、商人"不宜按照字面意义解读,暂归入双音词;禄甫,阳生也归入此列。"小白"暂无理由不归入复合词。

②　"伯禽、伯御"归入双音词;"弗、黑"归入弱首音节;"晞/沸/沸其"中"晞、其"音近,难断是脱落首字还是末字,暂归重首音节;"息姑"脱后字也归入重首音节。

③　"燮/燮父"作重首音节;"弗生/费王/晞壬",《史记索隐》邹诞本是弗生,《世本》是费王,恐有后世读音差异,白一平和沙加尔(2014)构拟分别为弗*p[u]t、费*pʰ[u]t-s,但反映了前字弱首音节性质;晋顷公弃疾《左传》作去疾,也是弱首音节表现。《国语·周语下》注解"黑臀"义作胎记,清王引之《春秋名字解诂》则认为"黑"作名与取字有搭配关系,我们不做这样的解读,"黑"只是词头语音记音字而已,目前晋方言中以"黑、忽"为词头的双音词不少;余双音节的为双音节词。

④　"侈/哆/曼多"可确定为弱首音节词。

赵国(嬴姓)：衰、盾、朔、武、成、鞅、无恤/毋恤、嘉、浣、籍、章、种、语、雍、何、丹、偃、迁、嘉。①

韩国(姬姓)：厥、起、须、不信、庚、启章、虔、取、猷、屯蒙、若山/若、仁敬、康、仓、咎、然、安。②

楚国(芈姓)：蚤、丽、狂、绎、艾、口、胜、杨、渠、挚、延、勇、严、霜、徇、鄂、仪、坎、眴、通、赀、艰、恽、商臣、侣、审、招、员、围、比、居、珍、章、中、当、疑、臧、良夫、商、槐、横、元、悍、犹、负刍。③

宋国(子姓)：启、衍、稽、申、共、熙、鲋祀/鲂祀、举、覵阕闲+见、司空、力、和、与夷、冯、捷、游、御说、兹甫/兹父、王臣、御、杵臼、鲍革/鲍、瑕、成、佐、头曼、特/得、购由、田、辟兵/璧兵、剔成、偃。④

卫国(姬姓)：封、代/髡、余、和、扬、完、州吁、晋、朔、黔牟、赤、申、毁/顽、郑、瑕—郑、遫、臧、衎、秋/焱、剽、恶、元、辄、蒯聩、起、斑师/般师、黔/虔/适、弗/费、纠/舟、亶、颓、训/驰、不逝/遬、劲、角。⑤

郑国(姬姓)：友/桓友/多父、掘突、寤生、忽、突、忽、亹、婴、踕、兰、(子)夷、(子)坚—沸、睔、繻、髡顽/恽、嘉、宁、趸、胜、易、丑、已、骀、乙。⑥

陈国(妫姓)：满、犀侯、皋羊、突、围戎、宁、孝、灵、说、燮、圉、鲍、佗、跃、林、杵臼/处臼、款、朔、平国、午、弱、留、吴、柳、越。⑦

秦国(嬴姓)：任好、罃/英、和/貑、稻、荣、石、师隰、渠梁、驷、荡、则/稷、柱、异人/(子)楚、政、胡亥、(子)婴。⑧

---

① "无恤/毋恤"为弱首音节词。
② "启章、屯蒙、仁敬"为双音节词；"不信"为弱首音节词，"若山/若"为重首音节词。
③ "商臣、良夫、负刍"为双音节词。
④ "鲋祀/鲂祀、兹甫/兹父、杵臼、辟兵/璧兵"归入弱首音节词，"鲍革/鲍"归重首音节词，余双音形式归双音节词。
⑤ 卫国多名王侯佚名，还有3位复位君王，此处均不载。"州吁、黔牟、蒯聩"归入双音节词，"不逝/遬、斑师/般师"归入弱首音节词。
⑥ 据李学勤(1991)，"子"可能为敬称。郑穆公则明确名为"兰"，敬称子兰，故"子夷、子坚"均作单音词看待；"友/桓友/多父、髡顽/恽"作弱首音节词；"掘突—寤生"作双音节词。
⑦ "犀侯、皋羊、围戎、平国"归入双音节词，"杵臼/处臼"归入弱首音节词。
⑧ "任好、师隰、渠梁、胡亥"归入双音节词，"异人/(子)楚"归入复合词。

表2　春秋战国诸侯国君王名的结构韵律类型统计①

	君王	双音节/%	弱首音节/%	重首音节/%	单音节/%	复合词	起止年公元前	备注
齐	32	5/15.6	6/18.7		20/62.5	1/3.1	1046—379	
鲁	35	2/5.7	2/5.7	2/5.7	29/82.5		1043—256	
晋	38	11/28.9	3/7.9	1/2.6	23/60.5		1042—349	含曲沃
魏	15		1/6.7		14/93.3		403—225	含晋时大夫
赵	19		1/5.2		18/94.7		636—222	含晋时大夫
韩	17	3/17.6	1/5.9	1/5.9	12/70.6		424—230	从韩武子计
楚	45	3/6.7			42/93.3		1042—202	自熊绎计
宋	32	7/21.9	4/12.5	1/3.1	20/62.5		?—286	缺2君王名
卫	35	3/8.6	2/5.7		30/85.7		?—209	缺10君王名
郑	25	2/8.0	2/8.0		20/80.0		806—375	
陈	25	4/16.0	1/4.0		20/80.0	1/4.0	?—479	
秦	15	4/26.7			10/66.7	1/6.6	384—207	从秦献公始

以上12诸侯国君王名一如周朝世系,单音节词占大多数。由于我们不能轻易拆解双音节名,因此很可能有一部分可以分析为弱首音节名的而保留在此类。但是我们并不排斥按照逻辑分析从历史文献中梳理相关的描述。例如"司空"是西周开始设立的官职名,我们可以接受这种职官名作为双音节名处理。再有"杵臼"为名,该词后世为复合词,义指一种工具,或分开各指器物。《周易系辞下》"断木为杵,掘地为臼,臼杵之利,万民以济",难道用于人名可转喻"安民济世"之意?幸《公羊传》把陈宣公妫杵臼又记为"处臼",我们乃知"杵臼"恐为另外的双音词。松实(1985)则把周平王"宜臼/宜咎"名解读为"宜舅"。但周平王长辈早年取名难道会考虑以后是否宜舅?我们认为此解读未必恰切,故该词我们依然归入暂不知其义的双音单纯词。还有郑庄公名"寤生",记于《左传·隐公元年》,"庄公寤生,惊姜氏,故名曰'寤生',遂恶之",后世有多种解读。《史记·郑世家》说:"生太子寤生,生之难,及生,夫人弗爱。"寤

---

① 有些诸侯国,例如燕国,历代君王名记载缺失较多,故略。

与牾通,牾逆也。杜预注解说:"寤寐而庄公已生,故惊而恶之。"即睡觉时不自觉突然生了下来。或者像应劭在《风俗通义》中所说:"儿坠地能开目视者为寤生。"其实,这个"生"未必是"生育"之义,就像"阳生、弗生"一样,构成一个双音节词。《诗经·小雅·节南山》"式月斯生,俾民不宁","斯"是"生"的词头,而"寤"是否也只是记录词头用字符号呢?

另外,先秦时期中原周边诸国也较大程度参与了中国历史进程,只是语言上差别更大,用汉字记录下来也反映出早期中国语言的多音节性,此处仅择3国君王名为例。

吴国(姬姓):泰伯—仲雍—季简—叔达—周章—熊遂—柯相—强鸠夷—余桥疑吾—柯卢—周繇—屈羽—夷吾—禽处—转—颇高—句卑—去齐—寿梦/乘—诸樊/遏—余祭—戴吴—余眜/夷末—州于—僚—阖闾/光—夫差。

越国(姒姓):无壬—无瞫—夫谭—允常—勾践—鼫浅/菼执—与夷/于赐—鹿郢/鼫与—不寿—州勾/朱勾—翁—翳/授—不光—诸咎—孚错枝/错枝/搜—无余/初无余之/莽安/之侯—无颛/菼蠋卯—无强

莒国(己姓):兹舆期—期—庶其—季佗—朱—密州/买朱鉏(锄)—舆/展舆—去疾—狂—庚舆。[①]

莒国所有君王名都无法解释词义,惟"去疾"可按后世复合词解释反倒令人生疑,回顾晋国"去疾"与"弃疾"交替,可归入弱首音节。

表3　春秋战国中原周边诸国君王名的结构韵律类型统计

	君王	双音节/%	弱首音节/%	重首音节/%	单音节/%	复合词	起止年公元前
吴(姬)	25	19/76.0	5/20.0		1/4.0		1122—473
越(姒)	14	4/28.6	9/64.3		1/7.1		621—110
莒(己)	10	5/50.0	2/20.0		3/3.0		?—481

吴国君王仅有1人为单音节名,有4位既有单字也有双字记录,我们不做音训解读,归入双音节词。统计中此3国所有首字为后世确定的词头则算作弱首音节词,包括部分形声字"兹、余、句"等。以此,我们看到,这些君王名尚无复合词出现,重首音节词也不易统计,说明中原周边语言单音节化慢一些。

————————

① 双字和单字词同存的,统计上算作双字。

5 结　语

第 3 和第 4 节的讨论遇到两个困难,一是汉字的非标音性,二是文献的字义硬解。尤其是后者,让人们只把汉字看作当时的记音符号几乎没有可能。实际上,文字最根本的功能之一就是记音,无非汉字主体演化为一字一义之后,恰好跟表义形成对等关系,由此造成汉字表意观念。严格来说,训诂上的硬解也是有选择性和任意性的,对于那些一看就知无解的人名,例如縶扈、渠梁、勾践,似乎没有人强解,这就默认了汉字符号的记音性。吴、越、莒等国在中原诸国来看属外邦,汉字记音君王名并非不能做语音上的解析,例如"州於"(*[ʔ]a)、"僚"(*[r]ˤew),考虑语言差别较大,强解无益。

汉字非标音性带来的更大麻烦是掩蔽了早期语言单音节化的原因和过程。从双音节或多音节演化为单音节词语言必定遵循某种演化机制,或者说某种初始条件导致多音节词语言走向单音节化。本文从商周和先秦文献汇集的君王人名仅仅反映了早期语言多音节词的一个侧面,我们从中原周边语言领悟到的抑扬格词模式单音节化机制或许适用于早期汉语,(江荻 2012)但文字的非标音性仍然遏制着完整的论证。人名特征的统计,譬如,中原诸国君王名识别的弱首音节词数量强于重首音节词,周朝君王名弱首音节词的历史数量递减(或单音节词增多),汉字记录的中原周边诸国君王名以多音节词为主,这些数据和现象都只是间接论证罢了。

弱首音节词的核心要点是词的抑扬或轻重模式,Brunelle 等(2012)和江荻(2013)讨了这种模式是双音节词走向单音节词的关键。本文一定程度上揭示了中国早期各朝代君王名存在的弱首音节词现象,初步实现了对早期汉语词形韵律结构模式的粗框架式描写。图 1 是该模式的状态描写及可能的发展(Wd-PHn-Str 指词形韵律结构,HL 是重轻型,LH 是轻重型,虚线部分是后世现象)。

商周和先秦时期,双音节(SS)、弱首音节(CS)、重首音节(SC)、单音节(MS)和双词音节(BW)等多种形式都已出现,但是,随着复合词的发展,弱首音节词的单音节化过程基本停止,(刘洋,江荻 2016)于是,我们今天还能看到的联绵词,名物词,有头字(词头词),双音节人名、地名、氏族名等一定

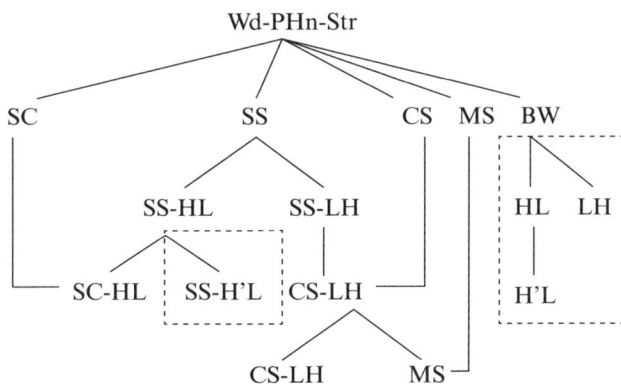

图 1　早期汉语词形韵律结构（Word Phonological Structure）演化图

程度保留了下来，包括无论当时是弱首音节的还是重首音节的。从今天的汉语方言来看，汉语北方方言的复合词发展是以口语扬抑格词模式为主，在相当多的地方，进一步发展出轻声词，即后一音节的去声调化发展，这个过程甚至影响了部分非复合词。至于汉语南方方言复合词，大多呈现抑扬格词模式发展路子，其中的原因尚需研究。（江荻，郭承禹 2015）

参考文献

陈国庆.2010.孟高棉语言前缀,《语言研究》第 1 期。

陈洁雯.1984.上古音复声母：粤方言一个半音节的字所提供的佐证,《方言》第 4 期。

陈婷珠.2004.试论甲骨文复音词的形成原因,《中国文字学报》第 2 期。

董颖红，江　荻.2013.上古语词汇长度的演化与抗演化, *Proceedings of the 25th North American Conference on Chinese Linguistics*. Ann Arbor。

《古代汉语词典》编写组.1998.《古代汉语词典》,商务印书馆。

江　荻.2012.达让语的抑扬格词模式演化特征。"第 6 届国际彝缅语学术研讨会"论文。（西南民族大学,11 月 2—3 日）

江　荻.2013.单音节型语言演化的语音后果,石锋,彭刚.《大江东去——王士元教授 80 岁贺寿文集》,香港城市大学出版社。

江　荻.2014.《尔雅》词汇形式证明汉语曾是多音节词语言,《古汉语研究》第 3 期。

江　荻,郭承禹.2015.汉语是抑扬还是扬抑格模式语言——昆虫名的词形韵律结构的启示. *The 1st International Conference on Prosodic Studies: Challenges and Prospects*（ICPS－1, Tianjin, June 12－14）。

江　荻,康才畯,燕海雄.2014.词形结构进化与世界语言的多样性,《中国科学通报》第

21 期。

江　荻,李大勤,孙宏开.2013.《达让语研究》,民族出版社。

李学勤.1991.先秦人名的几个问题,《历史研究》第 5 期。

李学勤(主编).1999.《十三经注疏·春秋公羊传注疏》,北京大学出版社。

林茂灿.2012.《汉语语调实验研究》,中国社会科学院出版社。

刘黎明.2001.《春秋》之阙文与错简,《天府新论》第 4 期。

刘芮方.2011.《周代爵制研究》,东北师范大学博士学位论文。

刘　洋,江　荻.2016.《庄子》联绵词的单音节化,《语文研究》第 3 期。

潘悟云.1999.汉藏语中的次要音节.石锋,潘悟云.《中国语言学的新拓展》,香港城市大学
　　出版社。

曲春雪.2011.《武丁时期甲骨文双音词研究》,河北大学硕士学位论文。

松　实.1985."宜臼""宜生"小释,《文献》第 3 期。

唐钰明.1986.金文复音词简论——兼论汉语复音化的起源.中山大学人类学系.《人类学论
　　文选集》,中山大学出版社。

王　力.1980.《汉语史稿·中册》,中华书局。

王　毅.2002.王敬骝:佤族的"巴诏",《云南日报·大观周刊》第 21 期 B 版。

王玉哲.2000.《中华远古史》,上海人民出版社。

严宝刚.2009.甲骨文词汇中的复音词,《宁夏大学学报》第 31 卷第 5 期。

杨怀源.2007.《西周金文词汇研究》,巴蜀书社。

杨　宽.1999.《西周史》,上海人民出版社。

赵　诚.2009.《甲骨文简明词典》,中华书局。

赵德馨.2008.《张之洞全集·读经札记二》,武汉出版社。

钟　奇.2010.《汉语方言的重音模式》,暨南大学出版社。

周法高.1962.《中国古代语法构词编》,"中央研究院"历史语言研究所专刊之 39。

周及徐.2000.汉语的双音节词单音节化现象初探.《四川大学学报》第 4 期。

Baxter W H, Sagart L. 2014. *Old Chinese: A New Reconstruction*. Oxford University Press.

Brunelle M, Pittayaporn P. 2012. Phonologically-constrained change: the role of the foot in
　　monosyllabization and rhythmic shifts in Mainland Southeast Asia. *Diachronica 29(4)*:
　　411 – 433.

Jiang D, Kang C J, Yan H X. 2014. Evolution of word-syllable structures and the diversity of
　　world languages. *Chinese Science Bulletin 59(26)*: 3362 – 3368.

Hayes B. 1985. Iambic and trochaic rhythm in stress rules. In Niepokuj N, VanClay M,
　　Nikiforidou V, Jeder D. (eds.) *Proceedings of BLS 11: Parasession on Poetics, Metrics,
　　and Prosody*. Berkeley: 429 – 446.

Matisoff J A. 1989. The bulging monosyllable, or the mora the merrier: echo-vowel adverbialization in Lahu. In Davidson J. (ed.) *South-East Asian Linguistics: Essays in Honour of Eugénie J. A. Henderson*. School of Oriental and African Studies, University of London: 163 – 198.

Thomas D. 1992. On sesquisyllabic structure. *The Mon-Khmer Studies Journal 21*: 206 – 210.

Zhang Hongming, Song Chenqing（张洪明，宋晨清）. 2013. Some issues in the study of Chinese poetic prosody. In Cao G H, Chappell H, Djamouri R, Wiebusch T. (eds.) *Breaking down the Barriers: Interdisciplinary Studies in Chinese Linguistics and Beyond*. Institute of Linguistics, Academia Sinica: 1149 – 1171.

Changes of Word-syllabic Structures with Prosodies and Evolution of Lengths of Kings' Names in Archaic China

Abstract: The article proposes a new view of the word-structure of early Chinese and adopts a new approach to its analysis. In contrast to the view that the Chinese language evolved from monosyllabic words in the ancient times, we believe that the early Chinese language, which inherited from the oracle-bone language, actually developed from the archaic multisyllabic word language. By the time of the Shang and Zhou Dynasties and even the Spring and Autumn and Warring States Periods, it had already transformed into a language in which monosyllabic words were the main part of the vocabulary. The word-structure of the Periods had five types: bisyllables, sesquisyllables, heavy initial bisyllables, monosyllables, and two-morpheme bisyllables. Monosyllabic words are the main body, two-morpheme-syllable words are emerging, and the remaining three categories are early survivals, which are also the focus of the analysis in this paper. We try to use the metrical word-structure to explain why the early names of kings are difficult to decipher, and how the prosodic rules with light-and-heavy accent affects the change of word-structure and the constraints on the names of kings.

Keywords: word-syllable structure; word length; Xizhou Dynasty;

king's names；evolution

本文初稿曾在中国社会科学院民族学与人类学研究所举办的"第二届研究员报告日"上宣读(北京,2014 年 9 月 26 日)。又应张洪明教授邀请参加"第一届韵律研究国际研讨会"并在大会上宣读(The 1st International Conference on Prosodic Studies：Challenges and Prospects〈ICPS－1〉,天津师范大学,2015 年 6 月 12—14 日)。

论文刊载信息：江获.2017.汉语词形韵律结构的变化与上古君王人名长度的演进. *International Journal of Chinese Linguistics.* Vol.4(2)：308－324。

汉语是抑扬还是扬抑格词模式语言？

——昆虫名的词形韵律结构变化的启示

摘要 文章以昆虫名材料论证甲金文之前的早期汉语曾是轻重型多音节词语言，并在后世 3 000 余年间产生和发展出现代方言多样性的轻重韵律模式合成词体系和古老双音节词的创新继承体系。学界现有的观念认为甲金文时期语言是单音节词型语言，先秦逐步发展至今为双音节为主的多音节词型语言。这种观点无法解释西周先秦文献中的诸如联绵词、名物词、词头词、重言词、多音节人名、地名、国名、氏族名等词语类型，也无法合理阐释现代汉语为何前缀缺乏、后缀不昌、词类不定、语序单一，以及双音节词轻重不明、连续变调、词尾轻声等现象。文章提出，商周春秋时期早期汉语的"准词法"是我们推断词汇单音节化的透镜，并由昆虫名的变化过程揭示双音节词词形和轻重韵律的演化模式。文章还从跨语言角度提出：词的语音形式在外显和演变过程回路中受到语音心理抽象结构模式规约，借此建立起语音层面的词形韵律结构，并与文献和现代方言词法（和准词法）关联对应，观察从古至今两个层面所产生的词形韵律类型变化。

关键词 词形韵律结构 轻重音模式 准词法 词法类型 早期汉语 现代方言

1 理 论 备 述

按照索绪尔语言符号的音义关系，词可做所指（意义）和能指（语音形式）两方面分析。不过索氏的"所指"对应事物的概念，并非事物本身（如"树"），"能指"对应声音的心理印迹，而非物理声音本身。（索绪尔 1980）①

---

① 索绪尔（Saussure 2013：66）《普通语言学教程》原文：A linguistic sign is（转下页）

我们从跨语言研究的角度发现，词的语音形式受到具体语言抽象结构模式的规约。例如英语 cricket['krikɪt]"蟋蟀"，其中 kr- 这种辅音组合，乃至更多的类似组合 br-、tr-、bl-、kl- 等物理声音会形成英语母语人心理允准结构模式（辅音 C+辅音 C，即 CC，或辅音 C+近音 G，即 CG）。但是，这样的模式不出现于汉语或者某些其他语言词形，[①]说明词的语音形式跟特定语言的抽象词形结构规则有关（Jiang, *et al* 2014），前者是外显的声音形式，后者是特定语言的语音心理结构模式。为此，我们可以在能指（语音形式）析出一个词形结构层，考虑到语音形式还包括韵律要素，也反映在词形结构层，可以称为词形韵律结构层。词形韵律结构有两重功能，既实现为外显语音形式，又规约外显语音形式的实现。它与"所指"的关系仍是索绪尔描述的"一种两面的心理实体"，[②]也就是说，词形韵律结构即声音的"心理印迹"，对应于同是心理层面的"概念"。同样，索绪尔的"所指"也是动态的，因文化和族群差异以及历史变化而不同，可表示为"概念"和"所指义"。我们用图 1 来表示动态的能指与所指的关系及其分层。

　　由于外显语音形式在语言交流、传播和传承运行中可能发生演化，促使语音心理结构模式持续发生调整，形成动态的词形韵律结构以及它所规约的外显形式。重要的是，外显语音形式变化与词形韵律结构的调整处于循环状态，二者总能跟概念/词义保持着动态联系和一致。根据索绪尔符号理论，上文采用词形韵律结构指称心理印迹，提供了对心理印迹的描述方法。我们用抽象音类符号（大写字母）及其组合结构表示词形韵律结构，例如英语 cricket['krikɪt] 表示为（P）CCV·CVC，其中"（P）"表示音节重音，"·"表示

（接上页）not a link between a thing and a name, but between a concept and a sound pattern. The sound pattern is not actually a sound; for a sound is something physical. A sound pattern is the hearer's psychological impression of a sound, as given to him by the evidence of his senses.中译文：语言符号连接的不是事物和名称，而是概念和音响形象。后者不是物质的声音，纯粹物理的东西，而是这声音的心理印迹，我们的感觉给我们证明的声音表像。（高名凯 1980：101）

　　① 汉语音节没有辅音丛或者复辅音结构，为此汉语音译英语人名、地名等一般采用两个汉字拆分英语的辅音组合。例如，Dr-汉语拆开为 d-和 r-，Drim 译作德利姆，Bradley 音译布莱德利，Green 音译格林，即应用层面只能以音节模式对应辅音丛/复辅音结构。

　　② 原文：The linguistic sign is, then, a two-sided psychological entity.（Saussure 2013：67）中译文：语言符号是一种两面的心理实体。（高名凯 1980：101）

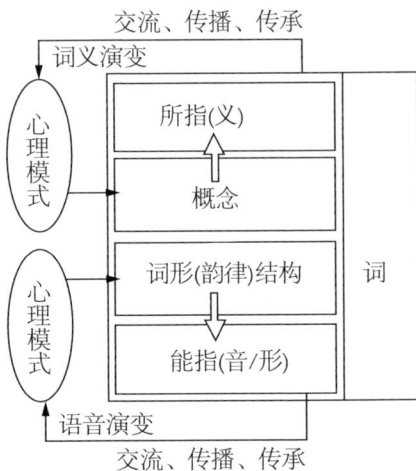

图 1　能指与所指的动态关系

韵律停延或者音节分界。如图 2 所示：

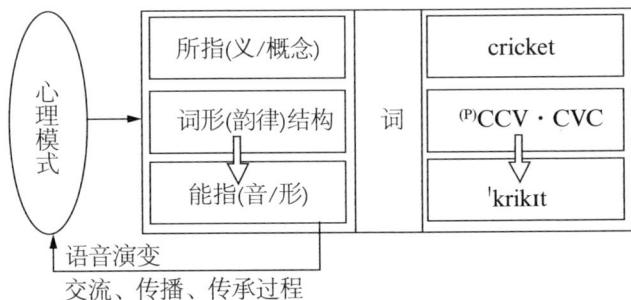

图 2　英语 criket 的词形韵律结构与外显语音形式

　　词形韵律结构层包含两种抽象类别单位：音节(S)和韵律(S、T……)，音节按照常规方法表示为辅音(C)、近音(G)和元音(V)。近音在不同理论或语言描写中或归入辅音或归入元音，也可以独立成类，韵律主要包括重音(重读)、声调等区别意义的超音段单位。能指层即外显语音形式层，包含可能的人类语言声音形式，但各语言仅选用有限的声音形式。词形韵律结构层跟外显语音形式关系复杂，既有心理印迹与声音形式一一对应关系，例如：

C＝b、＝d、＝g、＝p、＝t、＝k……（即任何辅音）

G＝l、＝j、＝w、＝ɹ(r)……（即任何近音）

V＝a、＝i、＝u、＝e、＝o……（即任何元音）

又呈类与例的实现关系(集合关系),例如:

C＝{b,d,g,p,t,k……z}

G＝{l,j,w,ɹ(r)……}

V＝{a,e,i,u,o……}

跨语言看,词形韵律结构层的单位在组合上可能产生不同排列形式,这些形式可以称为词形结构形态,[①]不同的语言可能具有不同的词形结构形态类型。词形结构形态类型是分辨语言和语言音韵结构的重要参数。(Jiang, *et al* 2014)

讨论以上问题是为本文主旨服务的。设想一种非表音文字的古代文献,后世很难获得语言的实际口语语音形式。不过,上文讨论的词形韵律结构从理论上提供了本文分析的基础,即词形呈现了文字的音节形式和可能的韵律规则,同时也跟实际口语语音形成关联,甚至可以跟历史比较法的构拟相互参证。下文以此为基础,展开昆虫名的分析,观察昆虫名的词形结构类型和演化过程。

2　早期汉语多音节词的词形和词法

西周春秋时期,汉语昆虫名呈现单音节和双音节共存形式,并以不同字形记录存世(张玉来 2014),[②]例如:蚸蜩/螗蜩、蜩。假如两个形式(语音上)有相同词形部分,且所指相同,我们可以相信二者属于同一来源,即单音节形式是从多音节形式演变而来,例如蜩<蚸蜩/螗蜩。再假如这样的案例是普遍现象,我们就可以推测早期汉语曾发生双音节词到单音节词的变化

---

①　词形结构形态是语音层面的概念,词形指音节或音素及其组合的抽象形式,例如:CV,V;有时候也指外显的语音形式;结构指音节或音素抽象形式的组织类型,例如:CV＝C＋V,CVV＝C＋V＋Ø＋V,CCV＝C＋Ø＋C＋V(Ø表示空缺元音或辅音);形态指词形结构的多样性形式和类型,例如:CV,CVC,CVCV。

②　学界将秦汉及之前语言称为上古汉语,已然涵盖了商代西周的甲金文。这个时期的语言是否完全等同早期汉语,似可商榷,但其包含了早期汉语特征,却是可以肯定的。由于语言传承性,早期汉语部分特征下限至少可延伸至商周春秋战国时期(先秦),这是本文之所以能够采用该时期文献材料追溯史前汉语的原因。关于汉语的起始时代及华夏共同语的相关论述,参看张玉来(2014)。

过程。周及徐(2000)、江荻(2013a,2014)、江荻和张辉(2015)、刘洋和江荻(2016)曾用不同案例讨论早期汉语的单音节化命题,本文昆虫名研究是对该命题的进一步论证。

早期汉语久远,难以知其口语读音,需要从文献挖掘分析线索。已知的情况是商周甲金文反映了语言的单音节性,即一个字一个音节。但是也有不少双音节甚至多音节词,主要是联绵词、名物词、重言词、词头词和大量人名、地名、氏族名等。昆虫名即名物词之一种。具体分析之前,我们还要做语音和词法两个层面的铺垫。

语音层面重要的单位有音节和韵律,音节可以是辅音音素和元音音素形式,其组织方式和结构就是第 1 节论述的词形韵律结构。从双音节角度看,组成词的语音单位可以切分为首音节和末音节,必要时还可以以元辅音音素再细分。① 进一步的分析是韵律要素,词形上的韵律具有特殊性质,是音段必备又非独立的单位。韵律单位至少包括重音(音高为主)、音长、声调、语调等,其组织方式有凸显、节奏、停延、速率等。② Patel(2006)认为,语言是口语的、表达的,甫一肇始就伴随着声音的轻重韵律规则。例如,两段声音(音节)必然呈现一重一轻的节律,这就是 Liberman(1977)说的"节律交替原则",也契合冯胜利(2000)所说的语段(音节、词、短语)"相对轻重原则"。③

词的轻重韵律是语音层面的描述,也是词形的基础要素。在词形韵律结构概念中,词形代表词的声音形式,结构指音素的抽象形式构成的包括韵律在内的结构形态。例如,英语 spider,读音是[ˈspaɪdəɹ]"蜘蛛",有 3 个音节,外显语音形式有辅音音素[s]、[p]、[d]、[ɹ],元音音素[aɪ]、[ə]和韵律音素[ˈ]。鉴于音节由各种辅音和元音构成,为此可以隐去元辅音的外显形

① 补记: 本书《音节的本质和元辅音性质新说》(原文发表于 2023 年 1 月)提出音节是语言的最基本单位,有辅元 CV 音节、V 元音音节、C 辅音音节等类型。语音学中没有元音音素或辅音音素这类单位,所以音节也不是元音和辅音组合构成的。本书其他各篇均发表于正式提出音节是最小语言单位之前,因而保持了元辅音音素的说法。

② 东亚语言的长音、声调等韵律现象的产生时代各语言不同,这里泛指一般现象,不特指具体语言。

③ 冯胜利(2000: 40)提出汉语双音词唯一合法的轻重形式只有"轻重"和"重轻"两类。"不管前轻后重还是后重前轻(应为后轻前重),只要一个轻,另一个就得重,这是逻辑的必然。"

式,直接用底层元辅音的(抽象)符号及其组合的完整词的音节结构表示(图3,w 表词,σ 表音节或音节组合,C 表辅音,V 表元音,$^{('s)}$ 表示韵律重音,$^{(T)}$ 表示韵律声调),即可获得该词的词形韵律结构:$^{('s)}$CCV-CV-C。

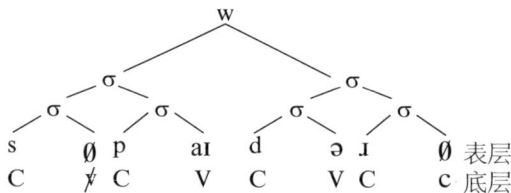

图 3　英语 spider 的词形韵律结构

同样,书面藏语 vba(v)-kog"蜗牛"词形结构可以表示为:CCV-CVC;闽方言厦门话 bi^{53}ku^{55}"米蚼"(蛀米虫)表示为:CV$^{(T)}$-CV$^{(T)}$。①

关于轻重韵律现象,20 世纪 80 年代,Hayes(1985)提出语言的抑扬格—扬抑格定律(可转称为轻重韵律),人们意识到这个概念对于认识语言类型具有重要价值,因此按此划分语言。例如英语、荷兰语、希腊语、西班牙语、希伯来语(Adam, et al. 2007)、芬兰语、斯瓦西里语(Deen 2005)等是扬抑格词型语言,法语、巴西葡萄牙语(Adam, et al. 2009)是抑扬格词型语言。

Hayes 的抑扬格—扬抑格定律放在词形上看就是词(或者短语)的轻重韵律。现代汉语普通话词形的韵律呈轻重型还是重轻型一直有争论,目前的语音或感知实验无法提供答案,(邓丹 2010)甚至有完全相反的观点。赵元任(2002)曾提出北京话的"疙瘩""蚂螂"是重轻型双音词,这里的"蚂螂"代表了一大批名物词,按照游汝杰(1995)对书面语鸟虫类双音词的分析,"蚂"为词头(见下文),"词头常常脱落,或者读音不稳定,在不同的方言里多变化"。根据 Shorto(1963)南亚语次要音节(minor syllable)特征的描述,所谓词头与次要音节基本一致,这似乎意味着"蚂螂"等名物词是轻重型双音节词。结合两种论述来看,汉语史上可能蕴含了一个特别的轻重韵律演化命题:以北京话为代表的官话(北方方言)双音节词似乎从轻重型转变为

---

①　词形结构的韵律要素(重音、声调、音长)在一般讨论中可以省略,例如英语重音是常态现象,不引起元辅音变化(暂且不论非重读元音变化现象)。汉语声调是音节音高普遍现象,即使变调也不一定影响元辅音音质。只有导致元辅音和音节发生普遍性或者类型性变化的韵律要素才必须标明,或者从把韵律要素转移为元辅音或音节的特定方式表示。

了重轻型韵律。① 汉语真的发生过这样的变化吗？果真如此，就可能帮助我们理解为什么现代汉语难以确定双音节词重音位置，例如为什么汉语北方方言有轻声词，南方方言一般没有轻声词，而轻声词是典型的重轻类型。

词法层面，由于本文研究对象已经上溯至商周语言时代，很难说已出现后世学界所熟悉的词法或形态（例如多音节词语言常见的屈折、派生、重叠和复合）。② 不过，前贤的某些描述仍然可资借鉴，包括词根、词头、词尾等概念及其形式。③

词头是一个含糊概念。例如，先秦汉语词汇"有周、有居"中的"有"字，清代学者或许对比了"有周"和"周"、"有居"和"居"，发现"有"字无义，称之为"语助"，并认为"经典之文，字各有义，而字之为语词者，则无义之可言，但以足句耳"（王引之 1985），即所谓衬音。还有学者认为"上古名词的前面往往有类似词头的前附成分，例如'有'字"（王力 1980），名之为"词头"。早期学者以字为语义载体观察多音节词，由此析出词头、词根等单位，也算是一种高明的办法。不过，进一步深究，可以发现王力等学者之所以创造术语"词头"而不用"词缀"有他们的苦衷，因为不能论证并断定这类成分所具有的所谓现代词法形态价值，但又确实可以从两字词剥离，权宜之法采用了这么一个模糊的名称。

实际情况是，本文讨论的词头的确性质上跟经典形态学界定的派生词缀不同。第一，历时上，词缀往往是词的语法化过程产生的，原有形式的意义虚化或消失，呈现自由转为黏着特征变化。而词头曾经是不是自由词形式，具有何种词义无法确定。由是，本文转向共时界定。第二，如果某个形式能产生（或构成）系列词汇，例如现代汉语"日头、热头、念头、饶头、准头、

---

① 现代南方方言和北方方言复合词在口语轻重韵律上有明显对立差别，我们检查了北京大学中文系（2003）编撰的《汉语方音词汇》，南方方言缺乏轻声词。仅吴、赣、湘、闽等方言区的历史首府城市，例如杭州、南昌、长沙、厦门等存在小量特定类词（子、儿、头等类）的轻声现象，据初步判断是官话历史影响产生的。

② 罗端（2013）认为："在殷商时期和西周早期的出土文献中，没有充分的证据能证明当时语言里有派生形态的现象。"

③ 从周法高（1962）所述来看，先秦词尾论述不详。名词后的"父/甫、斯"之类目前难以断定性质，"子、儿、头"之类出现于两汉之后，"然、尔、焉、乎、也、兮"之类多为语气词或句法词，可以通过跨层过程转变为词的附加成分。（董秀芳 2011）本书另文摹声昆虫名可能涉及双音词和词尾，待另论。

甜头"等，包含这类特征的词也可归入带词缀的派生词，其中的词缀都是非独立的黏着形式，词义模糊。但是，意义虽然模糊，却并非无义，这在汉藏语言中相当普遍。例如，彝语：$ɦɔ^{21}mu^{33}$ 苍蝇，$ɦɔ^{21}ʂɔ^{33}$ 蚊子，$ɦɔ^{21}ɬo^{21}pho^{55}$ 螳螂，$ɦɔ^{21}$ 表示带翅昆虫；$ɣo^{21}mɔ^{55}$ 鹭鸶，$ŋa^{21}ɦɯ^{33}dɯ^{21}$ 斑鸠，$ŋa^{21}dʑe^{21}vɔ^{33}$ 燕子，$ŋa^{21}$（$ɣo^{21}$）表示鸟类，这是所谓类义词缀。再如布依语：$lɯk^{8}ɓu^{3}$ 葫芦，$lɯk^{8}tɕuːi^{3}$ 香蕉，$lɯk^{8}maːn^{6}$ 辣椒，$lɯk^{8}ham^{2}$ 苦瓜，其中前缀表示的类义是细长外观和弧形特征的植物果实。由此观察，先秦词头甚至连这个求其次的词缀标准都不甚符合，词头的性质仍然成谜。

词根原本是语言学中伴随词缀产生而衍生的概念，是去掉所有词缀剩余的部分，并且不能进一步分割。在前贤的先秦语言分析中，词根是相对词头的单位，是词的主要词汇信息承载部分。但是，词根的性质并不能自证。例如，假设"周"是"有周"的词根，由于不能证明词头"有"是添加于词根的形态成分，[①]按照现代词法分析，词根"周"是否具有语素或者词的性质或地位不能确证。尽管如此，词根和词头这种经验性论述毕竟反映了双音节词音节结构和承载信息的客观差异。

上文假定早期汉语是双（多）音节词语言，因此，词根和词头无非是词法层面对应语音层面的音节而已。换句话说，词头可能是双音节词的首音节，词根是末音节。进一步，双音节可能呈现为轻重韵律格式，词头对应读音较轻的首音节，词根对应读音较重的末音节，为此，双音节词的词法和语音层面呈两种基本对应模式：[②]

　　弱首音节词：词头+词根（轻重型）

　　单纯双音节：音节+音节（均重型）[③]

相对现代词法来说，以上词法分析只能称为准词法。准词法帮助我们勘考出词根和词头的来源和性质，可视作早期语言分析的重要方法。本文

---

　　① 白平等（1988）列举了关于"有"字头性质的十余种争议，包括衬音说、实词说、定指词说等观点，但没有一种指出它的词法或形态价值。

　　② 远古语言是否存在"重首音节词：词根+词尾"模式？目前还不能确定。

　　③ 根据现代汉语方言看，完全均重是不合理的，前后音节总是存在轻重差别，只是尚未达到轻重型和重轻型那种程度，参见钟奇（2010），即可能有所谓中重型或重中型。此处"音节+音节"不等于"词根+词根"或"语素+语素"，就像英语 gecko［ˈgekəu］"壁虎"，每个音节只是成词的音节，仅此而已。

把词头定义为轻重韵律双音节词的首音节或弱首音节，不承担词义信息，词根定义为承载词义的末音节。

当历史走到商周时期，早期汉语初步完成单音节化过程（Jiang, *et al.* 2014；江荻 2013b），复合词开始萌芽发生（唐钰明 1986；马真 1998），并与残存的双音词相互影响，语音形式和韵律规则交互变化，[①]奠定了汉语今天的面貌。

3 昆虫名的准词法类型和词形韵律结构

昆虫名属于训诂学界定的传统名物词，词形上有单字词（单语素）、双字词（复合或双音），双字词是否跟底层词形韵律结构一一对应呢？是否可以做准词法分析呢？早期昆虫名名物词呈何种面貌呢？这是下文要讨论的焦点。

《尔雅·释虫》56 条，除去部分泛称性和不确定描述（例如：有足谓之虫，无足谓之豸），以及被释词和训释词不成对者（例如："不过，蟷蠰，其子蜱蛸"，"蜱蛸"无对应被释词），计有 65 词项。其中被释词复合词 3 项，单音词 33 项，多音词 29 项；训释词复合词 21 项，单音词 8 项，多音词 36 项。进一步分析，多音词训释单音词 18 对，占 27.7%，说明部分单音词新产生，需要用人们更熟悉的早期多音节词注解；多音词训释多音词 17 对，占 26.2%，或许表明用雅言训释方言；复合词训释单音词 12 对，占 18.5%，证实复合词已较普遍，单音词反而需要说明；而复合词训释多音词（8 对，占 12.3%），可能一方面说明部分多音词抗单音节化能力较强，另一方面说明复合词强势并行发展，甚或还有区域方言的因素影响。至于复合词训释复合词、单音词训释单音词或者多音词，数量都很少。总起来说，至战国末年，《尔雅·释虫》训释词反映当时尚有半数以上（53.9%）的昆虫名物词是多音节词，反之，用单音节词训释多音节词或复合词都是罕见的。以上统计数据让我们窥见早期昆虫名面貌之一斑以及可能存在从多音节到单音节的发展趋向。兹举例如表 1 所示（参见徐朝华 1994）：

---

① 冯胜利（2009）认为汉语复合词成因之一源于双音节韵律词规则，并以语音层面的变化阐述了韵律影响词法的演化过程。

表1 《尔雅·释虫》案例

被释词	被释词类别	训释词	训释词类别	被释词	被释词类别	训释词	训释词类别
蜺	单音节	寒蜩	复合词	鼠蚁	多音节	螜	单音节
蟧	单音节	天鸡	复合词	蟋蟀	多音节	蛬	单音节
蝒	单音节	马蜩	多音节	荧火	复合词	即照	复合词
蠖	单音节	蚇蠖	多音节	草螽	复合词	负蠜	复合词
强	单音节	蚚	单音节	土螽	复合词	蠰溪	多音节
螱	单音节	蟆	单音节	蛄	单音节	毛蠹	复合词
螟蛉	多音节	桑虫	复合词	螜	单音节	天蝼	复合词
蟦蛴	多音节	蛴蚕	复合词	蜩	单音节	蜋蜩	多音节
不过	多音节	蟷蠰	多音节	蜓	单音节	蟪蛄	多音节
蜉蝣	多音节	渠略	多音节				

《尔雅·释虫》单音节词和多音节词并存,以及多音节训释词数量优势都指向早期汉语的多音节词现象。下文我们将从词形结构和韵律两方面展开其中演化关系的讨论。

双音昆虫名有一种有意思的现象,同一昆虫有多个名称,包括历代训诂者的考释和增益,我们用华学诚(2006)《扬雄方言校释汇证》"蝉"名加以讨论(此处借其他文献略有补充)。为什么同一昆虫会有多种名称呢?扬雄《方言》说得很清楚,"蝉,楚谓之蜩,宋卫之间谓之螗蜩,陈郑之间谓之蜋蜩,秦晋之间谓之蝉,海岱之间谓之蜻。其大者谓之蟧,或谓之蝒马;其小者谓之麦蚻,有文者谓之蜻蜻,其鸣蜻谓之伭,大而黑者谓之蝬,黑而赤者谓之蜺。蜩蟧谓之蘰蜩。蟧谓之寒蜩,寒蜩,瘖蜩也"。也就是说有方言差别,有依据体型大小、颜色纹理的类别差别。我们对此无需过多考证和纠缠,主要关注昆虫名自身的词形和词法特征。

根据昆虫名词形特征可以分出单音节和双音节两类:[1]

(1)a. 蜩,蝉,蝒,蜺(以上:词及后世词根);

---

[1]　还有几个名物词"蜓蚞,蟪蛄,蛉蚗,蟪蛄,蛉蛄",或出自《尔雅》和《方言》,或出自后世文献,因与本文总体描述有一定差异,故不加讨论。除此之外,后世还不断出现新的词汇,例如"鸣蝉,鸣蜩",分别来自唐《艺文类聚》卷三十九:"三春润榆荚,七月待鸣蝉。"北宋《太平御览·蝉》:《夏小正》曰:鸣蜩虎悬。"本文亦不穷尽式讨论。

（1）b. 蚗,蟨,蠼,蟓,蜝,蟧,厸,蟺,螇(鑻)(以上：摹声词根)；

（2）a. 蛝蜩,螗蜩,马蜩,马蝉,马蝒(蝒马),茅蜩,胡蝉,蚱蝉,痵蝉,寒蝉,寒蜩,瘄蜩,闉蜩,瘄蝉(以上：词头+词根)；

（2）b. 蜘蟟,蟦蟟,蟭蟟,蛁蟟,蚗蟟,都蟟,貂蟟,支蟟,遮留,支留,蛞罗,即蟧,蟦蟧,蚗蟧,知蟧,蚗蟧,螇蟧,蛴蟧,螲蟧,蟷蟧,蛞蟓,时鑻,蛞蟓,蛰蚼,諮諮(与"蟦蟟"对举,证其为拟声),鷜蜻,蜻厸,蜻蜻(以上：摹声+摹声,无论摹声形式是否词化,在这个模式里都只是摹声双音节词)；

（2）c. 螗蜳,螗蚚,麦蚗,麦蚗,茅蔰,茅蟨(蛊蟨),胡蚚,胡蟓,寒蟺子/寒瘄子,寒鑻,桑蟦蟟,马蟦蟟(以上：词头+摹声词根)；

（3）蜩蟧,青蝉,秋蝉(以上：词根+词根,包括词化的摹声形式)。

资料整理结果是[不计(3)类]：独用不组合5字：蜺、蟺、蠼、蜝、厸；仅充作首音节28字：蛝、螗、马、茅、寒、闉、胡、痵、蚱、瘄、麦、蜘、蟭、遮、支、即、知、时、蛰、鷜、螲、蛁、蚗、都、貂、蟷、螲、蛞；仅充作末音节19字：蜩、蝉、蝒、瘄(子)、蟺(子)、蟓、蟧、鑻、蟟、蚚、蔰、鑻、蜳、留、罗、蟟、蚼、蜻、厸；兼出现于首音节和末音节2字：蚗、蟨。

单音节的(1)a包括常见古词或后世语素形式,"蜩""蝉"为总称,"蝒""蜺"表体型较小的类别。不管这些词来源如何,(1)a可视作最典型昆虫名词或词根语素。(1)b很少独立出现,与(2)a双字形式相比,可知基本是摹声符号,主要来自(2)b和(2)c的末音节,取得词的地位。其中(1)b的"蟓、蟧、鑻、蟺(子)"不出现于首音节而独用意味着已丢失首音节,"蠼,蜝,厸"不与其他字组合可能用得较少或未曾记录,推测也可能来自双字词的末音节[(2)b中亦有"蜻厸"]。"蚗、蟨"既出现于首音节又出现于末音节,从出现时间顺序看,《楚辞·九思·怨上》有"蟪蛄兮鸣东,蛊蟨兮号西"。当时还有双音节形式,之后,《尔雅·释虫》"蟨,茅蜩",似已脱落首音节。第2节我们已初步探讨首音节的词头性质,并且具有古老性,所以我们相信"蚗、蟨"来自早期双音节形式,脱落首音节而成词。或许其自身的摹声性质促使后世以此作为构词的理据,造成复合词"蚗蟧,蟨蟧"之类。为此,可以规定,凡是两个摹声形式相连者,均可处理为双音节摹声词。

双音节或多音节的(2)a,末音节均为(1)a的单音节形式,即"蜩,蝉,蝒",而首音节是不充当独立词形或双音节词末音节的"蛝,螗,马,茅,胡,寒,蚱,痵,瘄,闉"。据前贤观察,这些音节字大多是词源语义不明的音节,或传统认为的词头,(游汝杰 1995)在其他昆虫名之外的名物词中也普遍存在:"马舄、马薊、茅搜、唐棣、仓庚、茅鸱"。据江荻和张辉(2015),这些词无非是多音节词的首音节而已,并无特定意义,称为词头是因为在轻重韵律作用下,它们音变严重,甚至脱落,所以王念孙(2000)指出词头仅具语音"发声"性质。而且它们在方言中读音差别较大,以"蛹"和"蟷"为例,《方言》说"宋卫之间谓之蟷蜋,陈郑之间谓之蛹蜋",说明二字上古已有方言读音差别。Sargat(沙加尔 1999),以及 Baxter 和 Sagart(白一平,沙加尔 2014)分别构拟为:蛹*[r]ˤaŋ 或*C.rˤaŋ;蟷*m(ə).rˤaŋ 或*[N-]rˤaŋ,同样,"马"和"茅"两词构拟分别是:马*mˤraʔ、茅*C.mˤru,读音十分相近。在这个意义上,可以认为(1)a 实际是来自多音节(2)a 脱落首音节的形式,所以,我们可以把这些首音节看成与(1)a 一样古老的形式,或者说是老牌的表音形式。

除开"蝥、蠚",(1)跟(2)的首字和末字用字界限分明,绝无互混,而且相同的首字用于同一末字之前,以及(2)首字的非独立性,只能证明首末二者的词法地位和语音性质差别,例如(2)a:{蛹/蟷/马/寒/痦/闇/茅}+蜋,{马/寒/痦/胡/蚱/痖}+蝉,由是证明(1)a 和(2)a 同源,亦证明双音节的(2)a 的确产生了词头与词根关系,表现为轻重型韵律特征,词头往往读音变化较大,甚或脱落,可能记为不同字形,词义由词根负载。这些现象在前贤的记述中普遍呈现:

钱绎(1991)《方言笺疏》:"'茅'、'麦'同声,'蠚'、'蝥'同字,故下文又谓之'茅蜋'。"

郝懿行(1982)《尔雅义疏》:"麦蠚"即"茅蠚","麦""茅"声亦相转。

华学诚(2006):"'蟷'、'蛹'叠韵,'蟷蜋'、'蛹蜋'盖为方音转语。"

华学诚(2006):"《本草》陶注:'寒螀九月十月中鸣,甚凄急。'然则'寒螀'能鸣,《方言》以为'痦蜋',《广雅》以为'闇蜋'。'闇'与'痦'同。"……高诱淮南子注云:"寒蝉,青蝉也。虫阴类,感气鸣也。"盖此蝉不鸣于夏,因有"痦蜋"之名,至立秋阴气鼓动,乃应候而鸣,故复号为"寒蜋"。今池歙间人呼秋蝉为寒蠨子。"蠨"之为言犹"痦"也,迫秋深寒气过甚,则又无声。

华学诚(2006)汇证:"今按:蝉有大小二种,并有雌雄。雄者于胁下左右生两甲,能作声,俗谓之响版,《考工记》梓人疏云:'蝉

鸣在胁。'是也。雌者无之，不能鸣，即谓之痙蝉，古谓之蚱蝉，陶宏

景《本草》注云'蚱蝉'即是'痙蝉，雌蝉，不能鸣者'，是也。"

从以上引证来看，各种不同汉字记录的词头应该是地域读音差异的记录，还包含了历史语音演变的结果。以 Baxter 和 Sagart（2014）构拟来看，"寒"为*Cə.[g]ˤa[n]、"胡"为*[g]ˤa）、"瘖"为*[q](r)əm)、"闇"为*qˤum-s、"痙"为*ʔˤraʔ，即使作为单音节词独用，"寒"和"胡"二字词根声母咽音化，"寒"和"瘖/闇"韵尾脱落，作为双音节弱读首音节词头，则其变化必然更甚。所以，我们相信这些汉字实际只作为记音用的符号，至于所谓"瘖/闇/痙蝍"喻不鸣，"寒蝍/蝉"喻天寒（不鸣），华学诚（2006）《扬雄方言校释汇证》的文献记录了前人对词义的解读、附义和相互的辩驳，都难以据信。

（2）b 都是摹声双音节词，数量较多，后世多写作"知了"。考究起来，《尔雅》和《方言》仅出现少量形式，多数是后世出现的。既然是摹声，不同地方和不同方言当然可能摹声方式不同，模拟声音不同，记录用字也不同。我们从华学诚（2006）《扬雄方言校释汇证》摘读如下：

《广雅·释虫》："蟪螃，蛁蟟也。"王念孙《疏证》："《方言》'蟪'作'蜺'，'蛁蟟'作'蚗蟟'，四者皆'蛥蚗'别名也"……《夏小正》："七月寒蝉鸣。"《传》云："寒蝉也者，蜺蟧也。'蜺蟧'与'蟪螃'同，'蛁蟟'之转声矣。今扬州人谓此蝉为都蟟，亦蛁蟟之转声也。"郭注云："江东人呼嗔蟟。"又蚗蟟之变转矣。……钱绎《方言笺疏》："'嗔噍'与'蚗蟟'声并相近，是'蚗蟟'即以声名之也。今东吴人谓为支辽，即"蜺蟧"之转也。……黄侃《蕲春语》："蛁、蚚、蟪、蜺皆双声，蟟、螃、蟧，亦皆双声，蛁蟟、蚚蟟、蟪蟧皆叠韵随音作字，要一名耳。

郝懿行（1982）《尔雅义疏》："……'乌友'与胡蜩之声相转，蜩、蜋又声相转也。"

华学诚（2006）：《尔雅释虫》："蜇，蜻蜻。"郝懿行《义疏》："《诗·硕人·传》：蓁首，额广而方。"《笺》云："蓁，谓蜻蜻也。"《正义》引孙炎曰："《方言》云有文者谓之蓁。"今《方言》作"蜻"者，蓁、蜻声相转也。

上文已经指出，凡是两个摹声形式相连者，均为双音节摹声词，每个音节并没有什么意义。不过，历代释经者往往对可释汉字都加以硬解，加之摹声词可能分解为单音节并词化，结果把问题搅得十分复杂。例如钱绎《方言笺疏》："小蝉谓之蜺蟧，犹小榻谓之蹑，小盆谓之题，小瓯亦谓之题也。"似乎

硬要给"蜈"一个意思才能讲通。

　　从(2)b发展为(1)b也是弱首音节的脱落造成的。从 Sargat(沙加尔1999)构拟来看，这些摹声首音节形式语音极为相近：蛰(*s-qˤrət)，蠿(*[ts][e]t)，蛣(*[kʰ]i[t])，蛪(*kʰˤet)，蝍(*[ts]ik)，即(*[ts]ik)，蝃(*tˤek-s)，蛁(*tˤiw)，蚼(*tˤiw)，貂(*tˤiw)，都(*tˤa)，蜈(*[d]eʔ)，知(*tre)，咨(*[ts]ij)，时(*[d]ə(~*[d]əʔ)，鹢(*dzaj)，支(*ke)，蟏(*[k]ˤew)。同样，末音节也相当接近：蟉(*[r]ˤiw)，蟧(*[r]ˤiw)，罗(*rˤaj)，蜈螂(*[r]ˤawk)，諮(*[ts]ij)，蟓(*[dz]i[n])，蜻(*[s.r]ˤeŋ)，蟫(*N-ts[a][n])。数量之多，不太可能是偶然的，疑为不同汉字或不同区域的记音。此外，首字跟末字的配比关系与(2)a相似：{蝍/蠿/蟦/蟉/蛁/蚼/都/貂/支}+蟉，{即/蠿/蛰/知/蚼/蜈/蝃/蟏}+蟧，{遮/支}+留，等。①

　　(2)c由(1)a词头与摹声词组合构成[唯"麦"只出现于(2)c]，其中仅"麦蛰"出现于先秦文献(《方言》：其小者谓之麦蛰。)。《尔雅》"蛰"已独用，是否来自"麦蛰"尚不可考，如此，"蛰"可与"蝉、蜩"比肩，算作老牌词，但从(2)b看又属摹声形式。再如"蛦"，晋时出现在郭璞的《尔雅注》："今胡蝉也。似蝉而小，鸣声清亮，江南呼蟪蛦。"我们猜想当时"蟪蛦"或曾出现于某文献或仍出现在口语，不然郭璞何以知晓。清郝懿行(1982)《尔雅义疏》对"蛦"的摹声描述非常准确："今蟪蜩小于马蜩，背青绿色，头有花冠，喜鸣，其声清圆，若言'乌友'，'乌友'与胡蛦之声相转，蛦、蝘又声相转也。"不过，这个"胡蛦"是不是后世套用了"胡蝉"亦备一考。

　　以现有文献资料来看，无论某些形式是否组合，看作多音节来源也不妨碍下文的分析，因此这一类可归为词头+摹声词。当然，少数很明显是后世产生的，例如带派生词缀的"寒蝉子/寒瘩子"，带修饰形式的"桑蠿蟉，马蠿蟉"。②

　　(3)为词根+词根复合类，数量不多，"蜩蟧"出现在扬雄《方言》、"秋蝉"

---

　　①　此类中"蜻蜻，蜻㕰"稍微特别，暂时归入此类，未做细论。

　　②　马蜩首现《尔雅》，尚无"大"之义，后世多为引、注。扬雄《方言》(蝉，其大者谓之蟧，或谓之蝒马)、唐《艺文类聚》(蝒，马蜩。蝉中最大者)、宋《太平御览》(蝒，马蜩。蜩中最大者为马蝉)似均未特指"大"义，除非误解。至清，段玉裁《说文》注："凡言马者谓大，马蜩者，蜩之大者也。"此或为"大"义始作俑者。钱绎《方言笺疏》则独撰一大段阐释"'马'亦大之名也"。此处马蠿蟉、马蚍蜉之类似为某些方言词，究竟何时产生，取得"大"义，尚需考证。暂且取其类义"大"归入修饰型。

出自《列子·仲尼》、"青蝉"出于唐《艺文类聚》。"蝈蟧"应该是大类名加种属名构成,这样的构词方式当时可能已经出现,跟"秋蝉,青蝉"一样均可视作复合形式。

跨语言平行的例证可根据 Thurgood(1999:185—186)对占语支的描述观察,占语支分布在越南占城等地,属南岛语言。占语支不同语言显示出双音节词首音节脱落案例。例如,与其他亲属语言相比,Tsat 语明显已经脱落首音节,甚至产生声调。表 2 比较了已脱落首音节的 Tsat 语与占语支其他三种保留双音节或一个半音节的词。这样的现象在南岛语和南亚语相当普遍。

表 2　南岛语马波语族占语支语言比较

Tsat	Haroi	West Cham	Phan Rang Cham	
ma^{55}	məmăh	mamih	mɨmih	chew
ŋiʔ^{24}	ləŋiʔ	laŋiʔ	laŋiʔ	sky
naːŋ^{33}	pənaŋ	paniŋ	paniŋ	betel
pia^{33}	pəla	Pla	pala	to plant
mai^{33}	kəmŏi	Kamay	kamĕy	female
tuʔ^{42}	pətoʔ	patŭʔ	patŭʔ	cough

江荻等(2013)描述了达让语双音节词词头的多种变化,从其中细微的变化可以看出处于韵律轻声的首音节最终都可能发生脱落。(1)首音节辅音声母脱落,(2)首音节元音脱落并且双音节缩减为复辅音声母单音节词,(3)首音节脱落,词根变为单音节词。参见表 3。

表 3　达让语词汇语音交替现象

变化类	原词	变体		原词	变体	
(1)	ha^{31} r^{w}ɑi^{55}	ɑ^{31} ruai^{55}	雪	ha^{31} t^{j}o^{53}	ɑ^{31} t^{j}o^{53}	手
	ha^{31} dʑiŋ^{35}	ɑ^{31} dʑiŋ^{35}	生姜	ha^{31} di^{55}	ɑ^{31} di^{55}	故事
(2)	bɯ^{31}ru^{55}	bru^{55}	腮帮子	thɑ^{31} lo^{53}	thro^{53}	蜡烛
	bɯ^{31} lɯm^{55}	blem^{55}	眼睛	bɯ^{31} rẽ^{55}	brẽ^{55}	朋友
(3)	ta^{31} hrɯ^{55}	hrɯ^{55}	酸	tu^{31} k^{j}ɑŋ^{55}	k^{j}ɑŋ^{55}	上
	ɑ^{31} hɑ^{53}	hɑ^{53}	大腿	pi^{31} ja^{55}	p^{j}ɑ^{55}	鸟

这两种语言现象符合 Brunelle 和 Pittayaporn（2012）对南亚语言特征的描述：抑扬格语言是后重型多音节词语言，扬抑格语言则是前重型多音节词语言。抑扬格语言具有一个独特的进化特征：常规的双音节词经常演进为带弱读首音节的抑扬格词，也称为"次要音节"（minor syllable）或"一个半音节"（sesquisyllable），次要音节又会进一步缩减变成单音节词。本文昆虫名也具有这样的特征吗？

据上文分析，我们判断（2）a 的首音节无疑呈现了弱读音节特征，这部分双音词有可能属于弱首音节（一个半音节）结构，也就是抑扬格或轻重型韵律结构。为了呈现这类韵律结构，我们用小写字母代表弱首音节。以下案例的构拟取自 Sargat（沙加尔 1999，以下简称"沙"）和 Baxter 和 Sargat（白一平，沙加尔 2014，以下简称"白—沙"）①，并将构拟的单字组合起来观察：

蜋蜩：白—沙：*C.r^{ˤ}aŋ-[d]^ˤ_jiw，沙：*[r]^{ˤ}aŋ-l^ˤ_jiw

螗蜩：白—沙：*[N-]r^{ˤ}aŋ-*[d]^ˤ_jiw，沙：*m(ə).r^{ˤ}aŋ-l^ˤ_jiw

马蜩：白—沙：*m^{ˤ}raʔ-*[d]^{ˤ}iw，沙：*m^{ˤ}raʔ-l^ˤ_jiw

茅蜩：白—沙：*C.m^{ˤ}ru-*[d]^ˤ_jiw，沙：*C.m^{ˤ}ru-l^ˤ_jiw

这几个案例的词形韵律结构分别是：cvc·CV、c·cvc·CV、c·ccvCV（后两例），均可根据弱首音节理解为 c·CV 结构，这个格式一方面可能掩盖了词头弱首音节（格式：c$_ə$.CV），另一方面却也揭示了弱首音节的不稳定状态。根据跨语言经验，（2）a 的这种词首弱音节性质让我们有理由相信（1）a 是（2）a 脱落首音节产生的，即单音节化，这是早期汉语的一个重要演变特点。

由此，我们可以构建一种准词法与词形韵律结构的关联关系。以词形韵律结构的声音形式为起点观察，从语音声形看到的两个汉字（音节）可能对应准词法形态上的多种不同单位：

（1）无法切分的单纯词；

（2）可切分为词头和词根的单纯词；

（3）两个有意义的语素构成的复合词。

---

①　白一平和沙加尔的新书 *Old Chinese: A New reconstruction* 已经出版，这本书目前我们还未读到，但白—沙新的构拟词表 1.1 版已于 2014 年 9 月 20 日上网公布，故论述时先用 Sargat（沙加尔 1999）的观点。

表 4 表示准词法、语音和词形韵律结构的呈现关系，用 C 和 V 表征重音音节具体音素，用小写的 c 和 v 表示弱首音节的音素（表中带下画线），整个词形韵律结构用"{}"括起来表示，P 表示音节数和词形韵律状态。

表 4 词法与词形韵律结构关系

词法结构：	单纯词	双音单纯	词头+词根（单纯）	词根+词根（复合）
语音呈现：	单音节词	双音节词	弱首音节+音节	单音节+单音节（语素）
语音个例：	*[d]a[r] 蝉	*[ts]ik·[r]ˤaw 即蝚	*[r]ˤaŋ-·lˤiw 蜋蜩	*tsʰiw·[d]a[r] 秋蝉
词形结构：	$\{CV\}_{p=1}$	$\{CV \cdot CV\}_{p=2}$	$\{cv \cdot CV\}_{p=1\frac{1}{2}}$	$\{CV \cdot CV\}_{p=1+1}$

上文从词法和词形韵律结构两个层面讨论了昆虫名案例，观察到了从多音节词形结构转向单音节词形结构的演化，并回答了词法或准词法与词形韵律结构的关系。

4 方言昆虫名的词法类型

汉语方言昆虫名从来源和演化上看，主要有历史替代和继承两大类。[①]替代一般是按照后世复合词方式重新命名，不过，是否发生替代是特定方言内部的事，一个方言替换，另一方言未必替换。由于某个词古代可能有不同方言词形，因此各方言有不同的传承。例如：

替代，吴—上海：螽斯（之一种）ɸã⁵⁵⁻³³tsəʔ⁵⁰⁵ŋiã¹³⁻⁵³"纺织娘"；闽—福州：萤火虫 laŋ⁵³⁻²¹muoi³³⁻²¹liŋ⁵⁵（siŋ⁵⁵）"蓝尾星"；晋—忻州：金龟子 iəŋ³¹pʰɛ³¹"银婆"，蜗牛 xæ³¹³⁻⁴²lɛ³¹.tə"海螺子"。

继承（包括部分继承和音变），以"蝉"为例，有些来自上文（1）a 或（2）a，有些来自（1）b 或（2）b：吴—上海：tsʅ⁵³⁻⁵⁵liɔ¹³⁻⁵³"知了"，或 zɑ¹³⁻¹¹ze¹³⁻³³"柴

---

① 本文方言材料主要采自李荣(2012)主编《汉语方言词典》各分册，不一一具名。陕西方言神木话、吴堡话等引自邢向东及他主编的"陕西方言重点调查研究丛书"（邢向东 2002,2014）。这里还收入了部分生物学分类中非昆虫类动物名，例如蜗牛、蚯蚓、蜘蛛、蜈蚣等。

蝉";吴—苏州:tsʅ⁵⁵liæ³¹"知了";湘—长沙:çyẽ¹³lian¹³tsʅ"蝉良子";湘—衡阳:tɕʰiu⁴⁵tan¹¹tsʅ"秋螳子";客—梅县:sam¹¹me"蝉儿";客—于都:ʂĩ⁴⁴tsʅ"蝉子";赣—萍乡:ʂẽ⁴⁴tsi³⁵⁵"蝉仔";粤—广州:tsʰɐu⁵³sim²¹"秋蝉",sa⁵³sim²¹"沙蝉";晋—忻州:tʂʰẽr³¹"蝉儿",tɕʰiəu³¹³⁻³³tʂʰẽr³¹"秋蝉儿";晋—神木:tɕʰiəu²⁴ʂʌɯ⁵³"秋蝉儿";绩溪:tsʅ³¹⁻³³n̠ie⁴⁴"知了";武汉:tsʅ⁵⁵·ia"知丫",tsʅ⁵⁵·i"知衣",tɕie⁵⁵·ni"嗟哩";海口:haŋ²¹niaŋ³⁵"虫娘"。

也有来源不明的,或者古代没有记录,或者用字不同,但多数与摹声有关(蝉,蜇,蠽)。例如:粤—东莞:ŋɔŋ²¹nøŋ²¹⁻³⁵蝀蛧;闽—厦门:am⁵⁵⁻¹¹pɔ⁵³⁻⁵⁵tse³⁵蠡蜅蛴;闽—福州:a⁵⁵i⁵³阿姨,或tsieŋ⁵³⁻²¹ŋaʔ²⁴蠡甲;赣—南昌:tɕia³⁵lɔʔtsʅ借落子。客—于都:piaʔ⁵⁵⁻⁴³·fu壁虎,=çyɐʔ²²⁻⁵⁵tsʅ血子;粤—东莞:pʰau³²kɔŋ²¹³zy²¹炮公鱼;闽—厦门:sian¹¹⁻²¹tʰaŋ³⁵(laŋ³⁵)蟮虫。

从古代汉语继承来的昆虫名有程度不等的混合形式,从词法和准词法结构上分类,方言中主要有以下几类:

(4)a. 词根双音节型

(4)b. 词头+词根型

(5) 词根单音节型

(6) 冠名+词根型

(7) 词根+属名型

(8) 冠名+属名型

(9) 词根+词缀型

(10) 混合型

以下逐项讨论:

(4)a. 词根双音节型,指具有联绵性质的双音节名物词。例如:

吴—上海:βu¹³⁻¹¹dieʔ¹³⁻⁵³蝴蝶,ɦie¹³⁻¹¹ɦiɤ¹³⁻³³蚰蜒,tɕʰyoʔ⁵⁰⁵zø¹³⁻⁵⁵蛐蟮,lɤ¹³⁻¹¹ku⁵³⁻³³蝼蛄,tɕʰiɤ⁵³⁻⁵⁵ɦiŋ¹³⁻⁵³蚯蚓,dã¹³⁻¹¹lã¹³⁻³³螳螂,βu¹³⁻¹¹kɔŋ⁵³⁻³³蜈蚣,tsã⁵³⁻⁵⁵lã¹³⁻⁵³蟑螂,siŋ⁵³⁻⁵⁵diŋ¹³⁻⁵³蜻蜓。

闽—福州:tsieŋ⁵³⁻²¹ŋaʔ²⁴蠡甲(蝉),kaʔ²⁴⁻⁵⁵laʔ⁵蟑螂,siʔ²⁴⁻⁵⁵(ɛiʔ)souʔ²⁴蟋蟀,tʰi⁵⁵ly⁵⁵(tʰy⁵⁵)蜘蛛;闽—厦门:lio¹¹⁻²¹pui¹¹尿蜅,gɔ³⁵⁻¹¹kʰi³⁵蜈蜞,tsʰan³⁵⁻¹¹nĩ⁵⁵螣蛉。

湘—长沙:xoŋ⁵⁵xoŋ⁵⁵凤凤,u¹³koŋ³³蜈蚣,tɕʰi³³tɕʰi³³蛐蛐;湘—衡阳:

ɕi⁴⁵fu³³ 西虎。

客—梅县：kon⁴⁴pʰi⁴⁴ 干蜱，tʰoŋ¹¹loŋ¹¹ 螳螂；客—于都：fu⁴⁴tʰiɛ⁴² 蝴蝶。

赣—南昌：iu³⁵iɛn³⁵ 蚰蜒，tin⁴²tin 丁丁，tʰɔŋ²⁴lɔŋ 螳螂，u³⁵kuŋ⁴² 蜈蚣，tɕʰy⁴²tɕʰy 蛐蛐。

粤—广州：u²¹tip²²⁻³⁵ 蝴蝶，kʰei²¹na³⁵ 蜞𧉧，kat²²tsat²²⁻³⁵ 甴曱，kʰɐm²¹lou²¹⁻³⁵ 蟛蟧；粤—东莞：fu²¹tit²² 蝴蝶，ŋŋ²¹nɐi²¹⁻³⁵ 蛡蚰，tʰɔŋ²¹ŋɔŋ²¹ 螳螂，køŋ²¹³ŋɔŋ²¹ 蛴螃，kʰɐm²¹ŋu²¹⁻³⁵ 蟛蟧。

晋—忻州：piɛʔ²tsəŋ³¹³ 别争，tsəʔ²sa³¹³ 怎沙，lɑʔ²ku³¹³ 蜡蛄，miɛ³¹tsã⁵³ 口站（牛虻），iəu³¹xã⁵³ 油汉（蚜虫）；

晋—神木：piəʔ²tsuɻ̃²⁴ 百踪，tɕʰiəu²⁴iɻ̃²¹ 蚯蚓。

陕北—吴堡：tɕʰiɻ²¹tsha³³ 蹐荏，这个词可能与《尔雅·释虫》记载的“蟿螽”[tɕʰi⁵¹tʃɔŋ⁵⁵]或“蜓蚞”[tɕʰi⁵⁵li⁵¹]有关。

又据《不列颠百科全书》（中国大百科全书出版社，1999：261），短角蚱蜢即蝗虫，但有些方言并不区分，例如福州：tsʰaŋ³³⁻³⁵maŋ³³ 草蜢，上海话：βã¹³⁻¹¹mã¹³⁻⁵³ 蝗蜢（或者 βã¹³⁻¹¹zoŋ¹³⁻⁵³），似乎两种形式结合起来。

（4）b. 词头+词根型。方言上看，（4）b 跟（4）a 未必有多大分别，无非是早期典型“词头+词根”结构的沿袭分类，因为现代方言的词头未必是轻音。来源上看，则二者的不同之处是多方面的。首先是词头易于发生音变，辅音交替或辅音脱落，元音弱化甚或脱落，有些方言会用不同汉字加以记录，例如：吴—上海：kəʔ⁵⁰⁵mã¹³⁻⁵⁵ 圪蜢，βu¹³⁻¹¹ɸoŋ⁵³⁻⁵⁵ 胡蜂，mo¹³⁻¹¹βã¹³⁻³³ 蚂蜢；吴—苏州：fiəu¹³foŋ⁵⁵⁻³³ 胡蜂；赣—萍乡：kɛ¹³pi¹³⁴ 圪蜱；赣—南昌：ma²¹³n̠i 蚂蚁，ma²¹³uɔŋ³⁵ 蚂蜢；客—于都：ma³¹n̠ie 蚂蚁，ma³⁵⁻⁴²hɔ⁴⁴ 蚂蜢；闽—厦门：kau⁵³⁻⁵⁵hia¹¹ 狗蚁，tɔ³⁵⁻²¹un⁵³ 涂蚓；闽—福州：ka⁵³⁻³³uŋ³³ 口蚓，ma⁵³⁻³³u⁵³ 蚂蚨，ma³³⁻²¹βuŋ⁵⁵（pʰuŋ⁵⁵）马蜂；粤—东莞：tsɐi³⁵tsok⁴⁴ 子蜱，ŋɐi²¹tsɐt⁴⁴ 篱蜱；湘—长沙：ma³¹xoŋ³³ 马蜂，ma³¹uan¹³ 蚂蜢；晋—忻州：mɑʔ²tsɑʔ² 蚱蚂，mɑʔ²tsɑʔ² 蚂蚱。

其次是词头可能整体脱落，结果会造成类型 5；再次是词头可能被实义词替换或脱落后重新构词，结果会造成类型 6。例如，上海：tʰiɔ³⁵⁻³³səʔ⁵⁵³ 跳虱，用实义词“跳”替换词头，转换为复合方式。tsɔ⁵⁵⁻³³səʔ⁵⁵³ “蚤虱”则是更典型复合形式，但也产生带词缀的形式：tsø³⁵⁻⁵⁵lɔ¹³⁻³¹ 鑕佬。且举两例。

"苍蝇"：

吴—苏州 苍蝇 tsʰɑ̃⁴⁴in⁴⁰	吴—上海 苍蝇 tsʰɑ̃⁵³⁻⁵⁵ɦiŋ¹³⁻⁵³	客—梅县 乌蝇 vu⁴⁴⁻³⁵in¹¹	客—于都 乌蝇 vu³¹iẽ³¹	赣—南昌 苍蝇 tsʰɔŋ⁴²in
粤—东莞 姑蝇 ku²¹³zəŋ²¹⁻⁵⁵	粤—广州 乌蝇 u⁵³ieŋ²¹⁻⁵⁵	闽—厦门 胡蝇 hɔ³⁵⁻¹¹sin³⁵	闽—福州 蒲蝇 pu⁵³⁻³³liŋ⁵³（siŋ⁵³）	晋—神木 苍蝇 tsʰɑ̃²⁴iɤ̃⁴⁴

"跳蚤"：

官话—武汉 虼蚤 kɤ²¹³⁻²¹tsau⁰	湘—衡阳 狗蚤 kəu³³tsau³³	客—梅县 狗虱 keu³¹set¹	客—于都 狗蚤 kieu³⁵⁻³¹tsɔ³⁵	赣—萍乡 狗蚤 kæ³⁵tsau³⁵⁵
粤—广州 狗虱 keu³⁵sɐt⁵⁵	闽—厦门 家蚤 ka⁵⁵⁻¹¹tsau⁵³	闽—福州 虼蚤 ka³³⁻³⁵ʒau³³（tsau³³）	晋—忻州 圪蚤 kəʔ²tsɔ³¹³	晋—神木 圪蚤 kəʔ²⁴tsɔ⁵³

有趣的是，"狗蚤""家蚤"等借用了与词头读音的相近性，用汉字偷梁换柱式地创造了类似实义词的冠名形式。我们把这类称为半词头，仍归入此类。

（5）词根单音节型。共时平面上看到的单音节型昆虫名不算多，有两种因素可注意：单音节型跟双音节型同现，单音节名往往对应于添加冠名或者词缀和属名的双音节形式（参见下文）。此外，古代单音节型被现代继承下来，例如"蝉、蚊、蚁、蚤、蚕、蛆"等。

晋—太原：tsʰæ¹¹蝉，或tsʰæ¹¹ɚ¹¹蝉儿；粤—阳江：ʃim⁴³蝉；粤—广州：sim²¹蝉，或sa⁵³sim²¹沙蝉。

粤—广州：tsøt⁵⁵蟀，或tsek⁵⁵tsøt⁵⁵织卒/织蟀。

粤—广州：ŋei²³蚁；粤—东莞：ŋɔi¹³蚁；闽—潮州：hia³⁵蚁。

粤—广州：mɐn²¹⁻⁵⁵蚊；闽—潮州：maŋ⁵³虻（蚊）；闽—建瓯：mɔŋ²¹蚊。

粤—广州：maŋ²³⁻³⁵蜢，或tsʰou³⁵maŋ²³⁻³⁵草蜢。

吴—温州：tsɿ³⁵蚤，或tʰiɛ³²⁻⁴³tsɿ³⁵跳蚤。

蚯蚓：客—于都：çĩ³⁵螾，hɤ⁴⁴·çĩ河螾。比较：客—梅县：hian⁵³kuŋ⁴⁴螾公；赣—南昌：hon²⁴tɕin·tsɿ寒螾子；赣—萍乡：fi⁴⁴çiẽ³⁵回螾；粤—广州：uɔŋ²¹hyn³⁵黄螾；粤—东莞：vɔ²¹hɐŋ³⁵禾蜎。

吴—上海：ze¹³蚕；赣—南昌：tsʰon²⁴蚕；粤—广州：tsʰam²¹⁻³⁵蚕。

吴—上海：tsʰi⁵³ 蛆；赣—南昌：tɕʰy⁴² 蛆；粤—广州：tsøy⁵³ 蛆。

其他还有：闽—建瓯：saiŋ²² 蝇；闽—厦门：baŋ⁵³⁻⁵⁵ 蠓；闽—福州：tsieŋ³³ 蝼；pʰuŋ⁵⁵ 蜂；tai⁵³ 螯；赣—南昌：sɛt⁵ 虱；粤—广州：tsi⁵⁵ 蟖。

（6）冠名+词根型。所谓冠名指在昆虫名前添加修饰语加以分类，有语义原因也有韵律原因。例如"马蜂"在有些方言继承了原有的词头形式，即"胡、马"等文献形式，更多的方言则用冠名替换了原有词头，或以颜色命名，或以某种特征命名。例如冠名+"蜂"："黄蜂、乌肚蜂、鬼头蜂、虎头蜂、地蜂"，并且两种形式并存，并存形式可能有官话的影响，也可能是方言自身形成的。

黄蜂：湘—衡阳：uan¹¹pʰəŋ⁴⁵ 黄蜂；客—梅县：vu⁴⁴⁻³⁵tu³¹fuŋ⁴⁴ 乌肚蜂；客—于都：vɔ̃⁴⁴fəŋ³¹ 黄蜂；赣—南昌：uɔŋ³⁵fuŋ⁴² 黄蜂；赣—萍乡：uõ⁴⁴fəŋ¹³⁴ 黄蜂；粤—东莞：kuɔi³⁵tʰau²¹foŋ²¹³ 鬼头蜂，vɔŋ²¹foŋ²¹³ 黄蜂；闽—厦门：hɔ⁵³⁻⁵⁵tʰau³⁵⁻¹¹pʰaŋ⁵⁵ 虎头蜂；闽—福州：uoŋ⁵³⁻⁵⁵muŋ⁵⁵（pʰuŋ⁵⁵）黄蜂；晋—忻州：xuɛ³¹pɤ⁵³ 黄棒。

蚱蜢：客—于都：tsʰɔ³⁵⁻³¹mã³⁵ 草蜢；粤—东莞：tsʰou³⁵ŋoŋ²¹⁻³⁵ 草龙；闽—福州：tsʰaŋ³³⁻³⁵maŋ³³ 草蜢，tsʰaŋ³³ 带鼻音韵尾可能受后音节影响；晋—忻州：tɕiɔ⁵³ma²¹tsəʔ⁴ 叫蚂蚱。

蚂蚁：吴—上海：bɑʔ¹³¹mo¹³⁻¹¹n̠i¹³⁻¹³ 白蚂蚁；湘—长沙：fei³³ma³¹n̠i¹¹ 飞蚂蚁；客—于都：pʰa⁴²n̠ie³⁵ 白蚁；赣—南昌：pʰaʔ⁵n̠i 白蚁；闽—厦门：pe⁵²¹hia¹¹ 白蚁；闽—福州：øyŋ⁵⁵⁻⁵³ŋie¹³¹ 红蚁；晋—忻州：ma³¹³pʰiɛʔ²fu³¹ 蚂蚍蜉。

蚤：吴—上海：tʰiɔ³⁵⁻³³səʔ⁵⁵³ 跳蚤；闽—厦门：ka⁵⁵⁻¹¹tsau⁵³ 家蚤；湘—衡阳：kəu³³tsau³³ 狗蚤。

虱：吴—上海：tsʰɤ³⁵⁻³³səʔ⁵⁵³ 臭虱；tsɔ⁵⁵⁻³³səʔ⁵⁵³ 蚤虱；粤—广州：mok²²sɛt⁵⁵ 木虱；粤—东莞：mok²²sɛt⁴⁴ 木虱；闽—厦门：bat⁵²¹（bak⁵²¹）sat¹ 木虱；闽—福州：møyʔ⁵²¹saiʔ²⁴ 木虱；晋—忻州：piɔʔ²sɔʔ² 壁虱。

蝉：粤—广州：tsʰɐu⁵³sim²¹ 秋蝉，sa⁵³sim²¹ 沙蝉；吴—上海：zɑ¹³⁻¹¹ze¹³⁻³³ 柴蝉。

蛾：吴—上海：təŋ⁵³⁻⁵⁵ŋu¹³⁻⁵⁴ 灯蛾；赣—萍乡：fi¹³ŋɔ⁴⁴ 飞蛾；客—于都：fi³¹ŋɤ⁴⁴ 飞蛾。

壁虎：湘—长沙：pa³³pi²⁴fu³¹ 巴壁虎；吴—上海：pieʔ⁵⁰⁵ɸu⁵⁵⁻⁵⁵ 壁虎。

蜘蛛：吴—上海：çi⁵⁵⁻³³tsʅ⁵³⁻⁵³ 喜蛛；赣—萍乡：tʂʅ¹³tʂʅ¹³⁴ 织蛛；南昌：

pat⁵tɕiɔʔ⁵çi²¹³çi 八脚蟢蟢。

其他：湘—衡阳：tan⁴⁵lan¹¹ 刀螂；赣—南昌：tsau³⁵tɕʰy⁴²tɕʰy 灶蚰蚰；客—于都：hɤ⁴⁴çī 河蟪；粤—广州：iɐu²¹kat²²tsat²²⁻³⁵ 油由甲，ŋɐi21tsɐt⁴⁴ 篱蟀；闽—厦门：be⁵³⁻⁵⁴iaʔ⁵ 美蝶；ka⁵⁵⁻¹¹tsuaʔ⁵⁵ 家口；he⁵³⁻⁵⁵iam¹¹⁻²¹kɔ⁵⁵ 火焰蛄；闽—福州：pu⁵³⁻³³liŋ⁵³（siŋ⁵³）蒲蝇，huŋ⁵⁵muoŋ⁵³ 风蚊；陕北—神木：mɔ⁴⁴iɐu⁴⁴iɛ⁵³ 毛蚰蜓。

（7）词根+属名型。属名指把昆虫的种属名添加在词根后构成的名物词，经常用的属名是“虫”。属名是否会发展为词缀目前还不明显。例如：

吴—上海：məŋ¹³⁻¹¹zoŋ¹³⁻³³ 蚊虫，ɦia¹³⁻¹¹zoŋ¹³⁻³³ 蚜虫，di¹³⁻¹¹pieʔ⁵⁰⁵zoŋ¹³⁻⁵³ 地鳖虫，βã¹³⁻¹¹zoŋ¹³⁻⁵³ 蝗虫；闽—福州：ŋa⁵³⁻³³løyŋ⁵³（tʰøyŋ⁵³）蚜虫，iaŋ⁵³⁻³³iaŋ⁵³⁻³³tʰøyŋ⁵³ 蝇蝇虫。再如，赣—南昌：un³⁵tsʰuŋ 蚊虫；客—梅县：foŋ¹¹tsʰuŋ¹¹ 蝗虫，ŋ¹¹kuŋ⁴⁴⁻³⁵tsʰuŋ¹¹ 蜈蚣虫；客—于都：ŋɤ⁴⁴kəŋ³¹tsʰəŋ⁴⁴ 蜈蚣虫；湘—长沙：fan¹³tʂoŋ¹³ 蝗虫；粤—东莞：vɔŋ²¹tsʰoŋ²¹ 蝗虫；赣—萍乡：tsʰã⁴⁴tʂʰəŋ⁴⁴⁴ 蚕虫。

长沙话等地的“婆”也是一种属名，泛指屋舍内的昆虫。sə²⁴po¹³（tsɿ）虱婆（子），可比较，赣—萍乡：sɛ¹³pʰɔ⁴⁴⁴ 虱婆，客—梅县：set¹ma¹¹ 虱嫲，客—于都：siɛʔ²²⁵pʰɤ⁴⁴ 虱婆，tsʰi³³po¹³tsɿ 蛆婆子。

其他一些方言用方言汉字“公、母、仔、嫲、狂、佬”等似乎也具有属名作用，例如，客—梅县：ni⁴⁴kuŋ⁴⁴ 蚁公，或 mat¹ni⁴⁴kuŋ⁴⁴ 烌蚁公，hian⁵³kuŋ⁵³ 蟓公；赣—萍乡：ʂẽ⁴⁴tsi³⁵⁵ 蝉仔，si¹³sɔ¹³⁴（tsi¹³⁵）蟋蟀仔；客—梅县：se¹¹lo¹¹ko⁴⁴ 口螺哥；粤—广州：ma²³lɔŋ²¹kʰɔŋ²¹ 蚂螂狂；粤—东莞：sɐk⁴⁴na³⁵ 虱嫲；闽—厦门：sat¹⁰⁵bu⁵³ 虱母，baŋ⁵³⁻⁵⁵a⁵³（ŋã⁵³）蠓仔；闽—福州：sɛiʔ²⁴⁻³⁵（aiʔ）mo³³ 虱母。

（8）冠名+属名型

用冠名加属名“虫”描述昆虫形成一类新型昆虫名，现代方言常见形式多为三音节词，冠名多表示昆虫的特征。例如：

吴—上海：mɔ¹³⁻¹¹mɔ¹³⁻⁵⁵zoŋ¹³⁻⁵³ 毛毛虫，tsʰaʔ⁵⁰³pʰi³⁵⁻⁵⁵zoŋ³⁵⁻⁵³ 拆屁虫，ɦiɤ¹³⁻¹¹ɸu⁵⁵⁻⁵⁵zoŋ¹³⁻⁵³ 游火虫，tsʰɣ³⁵⁻³³zoŋ¹³⁻⁵³ 臭虫，tɕiŋ⁵³⁻⁵⁵βu¹³⁻⁵⁵zoŋ¹³⁻⁵³ 金胡虫，bieʔ¹³¹tʰi³⁵⁻¹¹zoŋ¹³⁻¹³ 鼻涕虫，mi¹³⁻¹¹tsʮ³⁵⁻⁵⁵zoŋ¹³⁻⁵³ 米蛀虫；吴—苏州：ɦiɤ¹³həu⁵¹⁻³³zoŋ¹³⁻²¹ 游火虫。

闽—福州：puŋ¹¹⁻⁵⁵tʰøyŋ⁵³ 粪虫，mi³³⁻²¹tʰøyŋ⁵³ 米虫；闽—厦门：sian¹¹⁻²¹tʰaŋ³⁵ (laŋ³⁵)鳝虫,kau⁵³⁻⁵⁵bu⁵³⁻⁵⁵tʰaŋ³⁵ 狗母虫。

赣—南昌：ia¹¹fo²¹³tsʰuŋ²⁴ 夜火虫，tsʰiu²¹³tsʰuŋ²⁴ 臭虫，tɕin⁴²tsʰuŋ²⁴ 金虫，mau³⁵tsʰuŋ²⁴ 毛虫；赣—萍乡：a³⁵pʰi¹¹¹tʂʰəŋ⁴⁴ 打屁虫，pʰi¹¹ȵiŋ¹¹¹（ȵiɛ¹¹¹）tʂʰəŋ⁴⁴ 鼻韧虫，kæ³⁵mau⁴⁴⁴tʂʰəŋ⁴⁴ 狗毛虫，tʂʅ¹¹mi³⁵⁵tʂʰəŋ⁴⁴ 蛀米虫，kuaŋ¹¹ʂʅ³⁵⁵tʂʰəŋ⁴⁴ 滚屎虫。

客—梅县：fo³¹iam¹¹tsʰuŋ¹¹ 火炎虫；tsʰu⁵³⁻⁵⁵pʰi⁵³⁻⁵⁵tsʰuŋ¹¹ 臭屁虫，ȵiok¹mau⁴⁴⁻³⁵tsʰuŋ¹¹ 蠚毛虫，tsu⁵³⁻⁵⁵mi³¹tsʰuŋ¹¹ 蛀米虫；客—于都：ŋɤ⁴⁴kəŋ³¹tʂʰəŋ⁴⁴ 蜈蚣虫，ia⁴²hɣtʂʰəŋ⁴⁴ 夜火虫；ta³⁵⁻³¹pʰi²²tʂʰəŋ⁴⁴ 打屁虫，ȵiu⁴⁴ʂʅ³⁵⁻³¹tʂʰəŋ⁴⁴ 牛屎虫，ia⁴²hɣtʂʰəŋ⁴⁴ 夜火虫。

粤—广州：kɐi⁵³tsʰoŋ²¹ 鸡虫，ŋaŋ²²hɔk³³tsʰoŋ²¹ 硬壳虫，pei²²tʰɐi³³tsʰoŋ²¹ 鼻涕虫，kɐu³⁵mou²¹tsʰoŋ²¹ 狗毛虫，pɐn²²si³⁵tsʰoŋ²¹ 笨屎虫；粤—东莞：zɐŋ²¹fɔ³⁵tsʰoŋ²¹ 萤火虫，vɔŋ²¹tsʰoŋ²¹ 蝗虫；mou²¹tsʰoŋ²¹ 毛虫。

湘—长沙：ian¹³xo³¹tʂoŋ¹³ 洋火虫，fan¹³tʂoŋ¹³ 蝗虫，mi³¹tʂoŋ¹³ 米虫，o¹³lau³¹tʂoŋ¹³ 禾老虫，u²⁴mao¹³tʂoŋ¹³ 屋毛虫，ta³¹pʰi⁵⁵tʂoŋ¹³ 打屁虫，pi²⁴tʰi⁵⁵tʂoŋ¹³ 鼻涕虫，lian¹¹xo³¹tʂoŋ¹³ 亮光虫。

跟"词根+属名"一样，属名也可以用其他方言语素表示，例如：湘—长沙：fan³¹sa³³po¹³ 纺纱婆，ȵia¹³ȵi¹³po¹³ 黐泥婆，pən¹¹ʂʅ³¹ka²⁴ 笨屎甲；客—于都：tʰəu³³iəu¹³po¹³ 偷油婆，tuɐ²²tɕie³¹kəŋ 碓鸡公；赣—萍乡：iu⁴⁴tsʰɛ11pʰɔ⁴⁴⁴ 油贼婆，fɔ³⁵tɕi¹³⁴pʰɔ⁴⁴（tsi³⁵⁵）纺机（婆）仔，tʰie¹³lɔ⁴⁴tʰæ⁴⁴⁴ 天螺头；客—梅县：tsu⁴⁴⁻³⁵ʂʅ³¹pun⁵³kuŋ⁴⁴ 猪屎粪公；吴—上海：tsɔ³⁵⁻³³pieʔ⁵⁰⁵tɕi⁵³⁻⁵³ 灶壁虮，lɔ¹³⁻¹¹baʔ¹³⁵səʔ⁵⁵³ 老白虱，tsəʔ⁵⁰³pu³⁵⁻⁵⁵ȵiã¹³⁻⁵³ 织布娘；湘—衡阳：tɕi²²y¹¹tiau³³ 织娱鸟，tʰie²⁴ku³¹ȵiəu¹³ 铁牯牛；闽—厦门：niu³⁵⁻¹¹a⁵³（ã⁵³）娘仔，gu³⁵⁻¹¹sai⁵³⁻⁵⁵ku⁵⁵ 牛屎蚼；晋—忻州：iəŋ³¹pʰɛ³¹ 银婆。

（9）词根+词缀型。部分方言词根后可添加词缀，包括双音节词根。常见词缀是"子"和"儿"，但是各方言带不带词缀或者带何种词缀并不一致。例如：官话—北京：uən³⁵tsʅ⁰ 蚊子；湘—长沙 ma³¹ȵi¹¹⁽⁵⁵⁾tsʅ 蚂蚁子；吴—上海：məŋ¹³⁻¹¹tsʅ⁵⁵⁻³³ 蚊子；客—梅县：mun⁴⁴⁻³⁵ne 蚊儿；粤—广州：mɐn²¹⁻⁵⁵ 蚊。有些方言只有一种词缀，有些方言有多种词缀。

吴—上海：ziã¹³⁻¹¹（ɦiã¹³⁻¹¹）tsʅ⁵⁵⁻⁵³ 蟓子，səʔ⁵⁰⁵tsʅ⁵⁵⁻⁵⁵ 虱子。

湘—长沙：tsan¹³tsʅ 蚕子，mən³³tsʅ 蚊子，fu¹³tʰie²⁴tsʅ 蝴蝶子，kə²⁴tsau³¹tsʅ 虼蚤子，tsa²⁴moŋ⁵⁵tsʅ 蚱蜢子，tʂʅ²⁴tɕy³³tsʅ 蜘蛛子，tʂʰəu²⁴ʂən⁵⁵tsʅ

蛐蟖子;湘—衡阳：ma³³mi(ni) ³³tsʅ³³ 蚂蚁子，fən¹¹tsʅ³³ 蚊子。

客—梅县：tʰam¹¹me 蚕儿，sam¹¹me 蝉儿，fuŋ⁴⁴⁻³⁵ŋe 蜂儿，mun⁴⁴⁻³⁵ne 蚊儿，sit¹sut¹te 蟋蟀儿，ioŋ¹¹iap⁵pe 蚜叶儿；客—于都：tsʰã⁴⁴tsʅ 蚕子，ʂĩ⁴⁴tsʅ 蝉子，fəŋ³¹tsʅ 蜂子，mẽ³¹tsʅ 蚊子。

赣—南昌：tɕia³⁵lɔʔtsʅ 借落子，ŋo³⁵tsʅ 蛾子，hon²⁴tɕintsʅ 寒蝉子；赣—萍乡：ma³⁵n̠i⁴⁴(n̠iŋ⁴⁴) tsʅ³⁵⁵ 蚂蚁子，mẽ¹³tsʅ³⁵⁵ 蚊子，tʂʰʅ⁴⁴tsʅ³⁵⁵ 蚯子。

赣—南昌：带不带词缀有两可的形式：ma¹¹tsa(tsʰa) (tsʅ) 蚂蚱(子)，tsɛt⁵maʔ(tsʅ) 虼蚤(子)。

晋—神木：ma²⁴iʌɯ²¹ 蚂蚁儿，ŋuʌɯ⁵³ 蛾儿，fʌɯ²¹³ 蜂儿，tʂʰẽr³¹ 蝉儿，çiɛʔ²xuər³¹³ 蝎虎儿，tʂʰẽr³¹ 蚕儿，mɣ̃²¹tsəʔ⁴ 蜢子，səʔ⁴tsəʔ²¹ 虱子，i³¹.tə 蝇子，çiəʔ⁴tsəʔ²¹ 蝎子。

晋—忻州：tsʰẽr³¹ 蚕儿，i³¹.tə 蝇儿，tʂʰẽr³¹ 蝉儿，xu³¹tiər³¹ 蝴蝶儿，sər⁵³(niəu³¹.tə) 色儿(牛子)，fẽr³¹³ 蜂儿，sɔʔ².tə 虱子，(i³¹) vəŋ³¹.tə(蝇) 蚊子，ŋər³¹ 蛾儿，tɕʰyəʔ²tʂʰẽr⁵³ 蛐蟖儿。

官话—北京：çie⁵⁵[lə⁰] xu²¹⁴⁻²¹tsʅ⁰ 蝎虎子，tɕʰy⁵⁵tɕʰyr⁰ 蛐蛐儿，ʂʅ⁵⁵tsʅ⁰ 虱子，xu⁵¹tʰier²¹⁴ 蝴蝶儿。

带词缀的多音节词(词头+词根+词缀，双音节词+词缀) 往往是重轻轻格式，例如长沙话，无论原双音节是否重轻型，首音节一律重读拖长，呈双音节音步，导致三音节词被重新分析为两个双音步："蚂—蚁子 ma³¹n̠i¹¹⁽⁵⁵⁾·tsʅ"，"蜘—蛛子 tʂʅ²⁴tɕy³³·tsʅ"。

（10）混合型。混合型可在词根前后添加冠名和词缀，词根后添加属名和词缀，或者重叠词根，或者产生全新的转喻替代名。

（10）a. 冠名+词根+词缀型。

湘—长沙：uan¹³xoŋ³³tsʅ 黄蜂子，mi²⁴xoŋ³³tsʅ 蜜蜂子，n̠iəu¹³mən³³tsʅ 牛蚊子，tʂʰəu²⁴ʂən⁵⁵tsʅ 曲蟖子，tʰəu³¹kəu³¹tsʅ 土狗子，fei³³o¹³tsʅ 飞蛾子；湘—衡阳：tɕʰiu⁴⁵tan¹¹tsʅ³³ 秋螳子，tʰu³³kəu³³tsʅ³³ 土狗子，tsau³⁴⁻³¹tɕi⁴⁵tsʅ³³ 灶鸡子，lo³³tɕy⁴⁵tsʅ³³ 蝶蛛子。

晋—神木：ti⁵³fʌɯ²¹ 地蜂儿，tɕʰiəu²⁴ʂʌɯ⁵³ 秋蝉儿，lao⁵³xur²¹ 路虎儿，tʰiɛ²⁴niʌɯ⁵³ 天牛儿；晋—忻州：xu³¹tiər³¹ 蝴蝶儿，tsɔ³¹³⁻⁴²mər³¹ 枣猫儿，luəʔ²tʂʰẽr³¹ 绿蝉儿，tɕiəŋ³¹³⁻³³niəu³¹.tə 金牛子，lyəŋ³¹sɔʔ².tə 龙虱子，tɕʰyəʔ²tʂʰẽr⁵³

蛐蟮儿，xæ³¹³⁻⁴²lɛ³¹.tə 海螺子，xəʔ²²sər³¹ 黑色儿。

客—梅县：voŋ¹¹fuŋ⁴⁴⁻³⁵ŋe 黄蜂儿，tsʰau³¹maŋ³¹ŋe 草蜢儿，tʰoŋ¹¹fuŋ⁴⁴⁻³⁵ŋe 糖蜂儿，noŋ¹¹ni⁴⁴⁻³⁵ie 囊蚁儿，tʰu³¹keu³¹ve 土狗儿，tsau⁵³ke⁴⁴⁻³⁵e 灶鸡儿，fa⁴⁴mun⁴⁴⁻³⁵ne 花蚊儿；客—于都：tʰu³⁵⁻³¹kieu³⁵⁻³¹tsɿ 土狗子，tsɔ²²tɕie³¹tsɿ 灶鸡子。

赣—南昌：tʰu²¹³kiɛu tsɿ 土狗子，tsau³⁵tɕi⁴²tsɿ 灶鸡子，tsʰaʔ⁵pɔʔ tsɿ 赤膊子，tsʰat²pot tsɿ 煤拨子；赣—萍乡：fã¹¹mẽ¹³tsɿ³⁵⁵ 饭蚊子，ȵiu⁴⁴mẽ¹³tsɿ³⁵⁵ 牛蚊子，tʰu³⁵kæ³⁵⁵tsɿ³⁵⁴ 土狗子，tsau¹¹tɕi¹³tsɿ³⁵⁵ 灶鸡子。

吴—苏州：piəʔhəutsɿ⁵⁵⁻²³ 壁虎子。

带词缀的形式是后起的，有些还在发展中，例如湘—长沙有两读：tsa²⁴moŋ⁵⁵(·tsɿ) 蚱蜢(子)。

(10)b. 词根+属名+词缀型。这种类型数量很少。例如：

长沙：tsʰi³³po¹³tsɿ 蛆婆子；sə²⁴po¹³tsɿ 虱婆子；ɕyẽ¹³lian¹³tsɿ 蝉良子。

此外，还可能有其他零散形式，例如词根重叠。晋—忻州：ɕi³¹³⁻⁴²tsu³¹³⁻²⁴tsu³¹³⁻³¹ 蟢蛛蛛；吴—上海：ze¹³⁻¹¹pɔ⁵⁵⁻⁵⁵pɔ⁵⁵⁻³¹ 蚕宝宝；赣—南昌：tsau³⁵tɕʰy⁴²tɕʰy 灶蛐蛐；晋—神木：tʂu²⁴tʂu²¹ 蛛蛛，mɔ⁴⁴tsa⁵³tsa²¹ 毛爹爹；闽—福州：iaŋ⁵³⁻³³iaŋ⁵³⁻³³tʰøyŋ⁵³ 蝇蝇虫，puo²¹puo⁵³tɕʰi²¹ 簸簸箕。

部分方言甚至产生了完全不带早期形式的转喻型替代形式，例如：客—梅县：pʰak⁵itʰ⁵te 白翼儿(蛾)；粤—广州：im²¹sɛ²¹⁻³⁵ 檐蛇(壁虎)；粤—东莞：pʰau³²koŋ²¹³zy²¹ 炮公鱼(壁虎)；吴—上海：ɦiʏ¹³⁻¹¹βu¹³⁻³³lu¹³⁻³³ 油葫芦(蝼蛄)，liã¹³⁻¹¹mi¹³⁻⁵⁵tsɿ⁵⁵⁻³¹ 两尾子(蟋蟀)，sɛ⁵³⁻⁵⁵mi¹³⁻⁵⁵(me¹³⁻⁵⁵)tsɿ⁵⁵⁻³¹ 三尾子(蟋蟀)；湘—长沙：tʰiẽ³³lo¹³to¹³ 天螺陀(蜗牛)；吴—上海：tsø³⁵⁻⁵⁵lɔ¹³⁻³¹ 鐕佬(跳蚤)；客—于都：tʰɔ⁴⁴mi³¹ 塘尾(蜻蜓)；客—梅县：iam¹¹sa¹¹e 檐蛇儿(壁虎)。

以上除了带词缀的类型属于重轻型，其他各类双音节词的词形韵律结构(包括词头+词根型)在各地方言不能推衍。仅以词头+词根型而言，大致来说，北方方言主要呈重轻型，南方方言主要呈轻重型，而具体落实到哪个词读轻重，哪个词读重轻，则需要逐个调查。① 本节所述方言昆虫名韵律结构类型参见表5。

---

① 令人遗憾的是，目前所有汉语方言词典或专著描写都缺乏这项资料。

表 5　方言词法与词形韵律结构关系

词法结构：	单纯词	双音单纯词	词头+词根	词根+词根 （冠名+词根） （词根+属名）	词根+词缀
语音呈现：	单音节	双音节	1. 弱首音节 2. 重首音节 3. 双音节	1. 弱首音节 2. 重首音节 3. 双音节	1. 弱首音节 2. 重首音节 3. 双音节
语音个例：	广州 tsøt⁵⁵ 蟀	忻州 maʔ² tsɑʔ² 蚂蚱	东莞 tsɐi³⁵ tsok⁴⁴ 子蟀	神木 tɕiɔ⁵³ ma²¹ tsəʔ⁴ 叫 蚂蚱	梅县 sit¹ sut¹ te 蟋 蟀儿
词形结构：	{CV}$_{p=1}$	{CV·CV}$_{p=2}$	不定	不定	不定

5　结　　语

从早期汉语到现代汉语方言,昆虫名的词法和语音呈现出两大演化特征。一是商周春秋时期昆虫名发生单音节化过程,反映这个现象的证据是单音节和双音节昆虫名共存(蝉/胡蝉,蠓/蠛蠓),呈现词头可脱落的"词头+词根"准词法格式和少量词根初始复合(秋蝉、桑茧、天蝼),以及摹声词可独用现象(蚗,蟒),这些都只能解释为单音节名来源于双音节名。二是现代方言昆虫名产生各种词法类型,有"冠名+词根""词根+属名"和"冠名+属名"复合词,有"词根+词缀"派生词,以及从古代继承的单音节词、"词头+词根"词或双音单纯词。其中,从古代继承的双音节词说明昆虫名的单音节化很可能在春秋时期突然终止,使得部分词沿袭下来(蟋蟀、蚂蚁、蚍蜉、蜣螂),这个现象与当时复合词法的出现密切相关。据刘洋、江荻(2016),当时双音节韵律结构逐步出现既是复合词产生的起点,也是双音单纯词终止单音节化的契机。昆虫名的单音节化肇始于双音节词的轻重韵律,当首音节轻读演化为弱首音节或次要音节,发生语义偏移,弱首音节会呈现为语音性质不同于词根音节的词头,这是本文建立早期语言准词法分析的基础,即词形韵律结构意义上的词头与词根分析法。

昆虫名词形韵律结构的类型分析和演化分析给我们带来诸多启迪。根据上文早期语言抑扬格词模式的认识,或许我们可以提问:为什么复合法出现后汉语北方方言普遍出现抑扬格向扬抑格词模式转变的趋势？是词法结构引起的还是词形韵律结构发生变异？若是前者，为什么南方吴闽粤湘赣客等方言的复合词主要还是轻重型模式。[①] 此处，我们追加北京话和广州话的实际案例供读者参考，从中或可感知词法与词形韵律结构之间存在相关关系（音节前"·"表示轻声）。[②]

表6　北京话和广州话词形韵律举例

词项	北京	词形韵律类型	广州	词形韵律类型
蝉	ma²¹⁴ tɕi⁵¹ 马季	轻重 cv-CV	[ʃa⁵³] ʃim²¹ [沙]蝉	轻重 cv-CVC
蜜蜂	mi⁵¹ fəŋ⁵⁵	轻重 cv-CVC	mɐt² fʊŋ⁵³⁻⁵⁵	轻重 cvc-CVC
蝴蝶	xu⁵¹ tʰier²¹⁴ 蝴蝶儿	轻重 cv-CV(-c)	wu²¹ tip²²⁻³⁵	轻重 cv-CVC
萤火虫	iŋ³⁵ xuo²¹⁴⁻²¹ tʂʰuŋ³⁵	轻重 vc-cv-CVC	jiŋ²¹ fɔ⁴⁵ tʃʰʊŋ²¹	轻重 cvc-cv-CVC
蚂蚁	ma²¹⁴⁻³⁵ i²¹⁴	重轻 CV-v	ŋɐi²³ 蚁	重 CV
臭虫	tʂʰou⁵¹ tʂʰuŋ³⁵	重轻 CV-cvc	mʊk² ʃɐt⁵ 木虱	轻重 cvc-CVC
螳螂	tau⁵⁵ laŋ⁰ 刀螂	重—轻声 CV-·cvc	ma²³ kʰɔŋ²¹ lɔŋ²¹ 马狂螂	均重 CV-CVC-CVC
蟋蟀儿	tɕʰy⁵⁵ tɕʰyr⁰ 蛐蛐儿	重—轻声 CV-·cv(-c)	[tʃɪk⁵] tʃɵt⁵ [织]蟀	轻重 [cvc]-CVC
苍蝇	tsʰaŋ⁵⁵ iŋ⁰	重—轻声 CVC-·vc	wu⁵³⁻⁵⁵ jiŋ²¹⁻⁵⁵ 乌蝇	均重 CV-CVC
虱子	ʂʅ⁵⁵ tsʅ⁰	重—轻声 CV-·cv	ʃɐt⁵ na³⁵ 虱嫲	重轻 CVC-cv
跳蚤	kɤ⁵¹ tsʅ⁰ 虼子	重—轻声 CV-·cv	kɐu³⁵ ʃɐt⁵ 狗虱	轻重 cv-CVC
蜘蛛	tʂu⁵⁵ tʂu 蛛蛛⁰	重—轻声 CV-·cv	kʰɐm²¹ lou²¹⁻³⁵ 蠄蟧	重轻 CVC-cv

　　近年有不少研究明确提出重音与语法语义的关系（端木三 2014；张洪明 2014），但深入挖掘似乎尚待时日。当然，仅用昆虫名还不足以更细致地

　　① 据我们的数据，吴闽粤湘赣客方言中，仅杭州、厦门、南昌、长沙等大城市方言出现少量轻声词，轻声词即重轻型模式。轻声的本质是去声调化，很容易凸显出重轻型模式，北方方言的轻声即重轻型的证明。
　　② 本表方音引自《汉语方言词汇》（王福堂 2003），北京话轻重类型由笔者调查记录；广州话轻重类型承蒙暨南大学钟奇教授协助调查，谨此致谢。

确定早期汉语的词形韵律结构类型,还不能充分证明早期汉语是从多音节词语言演化而来,但昆虫名的词形韵律结构的演化观察对推进这样的认识有着一定的启示作用。我们的设想是,汉语史的研究需要倡导汉语大历史观,构建一种跨越甲金文、追溯远古华夏汉语乃至汉藏语面貌的语言史。

参考文献

北京大学中文系语言学教研室.2003.《汉语方音字汇》,语文出版社。

白　平,荀　兰.1988.也释上古"有"字,《教学与管理》第 1 期。

邓　丹.2010.《汉语韵律词研究》,北京大学出版社。

董秀芳.2011.《词汇化：汉语双音词的衍生和发展》,商务印书馆。

端木三.2014.重音理论及汉语重音现象,《当代语言学》第 3 期。

冯胜利.2000.《汉语韵律句法学》,上海教育出版社。

冯胜利.2009.《汉语的韵律、词法与句法》(修订版),北京大学出版社。

郝懿行.1982.《尔雅义疏》,中国书店。

华学诚(汇证).2006.《扬雄方言校释汇证》,中华书局。

江　荻.2013a.王念孙的联绵词"天籁"说证,《语言科学》第 5 期。

江　荻.2013b.单音节型语言演化的语音后果,石锋,彭刚.《大江东去——王士元教授 80 岁贺寿文集》,香港城市大学出版社。

江　荻.2014.《尔雅》词汇形式证明汉语曾是多音节词语言,《古汉语研究》第 3 期。

江　荻,李大勤,孙宏开.2013.《达让语研究》,民族出版社。

江　荻,张　辉.2015.汉语词头残迹印证早期汉语是多音节型语言.张显成.《古汉语语法研究新论——出土文献与古汉语语法研讨会暨第九届海峡两岸汉语语法史研讨会论文集》,西南师范大学出版社。

李　荣.2012.《现代汉语方言词典》,江苏教育出版社。

刘　洋,江　荻.2016.《庄子·内篇》联绵词的单音节化,《语文研究》第 3 期。

罗　端(Redouane Djamouri).2013.从上古汉语构词形态的角度再谈商、周两代语言区别,《历史语言学研究》第六辑。

马　真.1998.先秦复音词初探,北京大学中国传统文化研究中心.《北京大学百年国学文粹·语言文献卷》,北京大学出版社。

美国不列颠百科全书公司.1999.《不列颠百科全书》(中文版),中国大百科全书出版社。

索绪尔.1980.《普通语言学教程》,高名凯译,商务印书馆。

唐钰明.1986.金文复音词简论——兼论汉语复音化的起源,中山大学人类学系.《人类学论文选集》,中山大学出版社。

钱　绎.1991.《方言笺疏》,李发舜,黄建中点校,中华书局。

王福堂.1995.《汉语方言词汇》,语文出版社。

王　力.1980.《汉语史稿》(中),中华书局。

王念孙.2000.《读书杂志》,江苏古籍出版社。

王引之.1985.《经传释词》,江苏古籍出版社。

邢向东.2002.《神木方言研究》,中华书局。

邢向东,王兆富.2014.《吴堡方言调查研究》,中华书局。

徐朝华.1994.《尔雅今注》,南开大学出版社。

游汝杰.1995.《中国南方语言里的鸟虫类名词词头及相关问题》,《汉语语源问题学术讨论会论文集》,《中国语言学报》第 8 辑。

张洪明.2014.韵律音系学与汉语韵律研究中的若干问题,《当代语言学》第 3 期。

张玉来.2014.近代学术转型与中国现代语言学的建立,《山东师范大学学报》第 3 期。

赵元任.2002.《赵元任语言学论文集》,商务印书馆。

钟　奇.2010.《汉语方言的重音模式》,暨南大学出版社。

周法高.1962.《中国古代语法·构词编》,"中央研究院"历史语言研究所。

周及徐.2000.汉语的双音节词单音节化现象初探,《四川大学学报》第 4 期。

Adam G, Bat-El O. 2007. The trochaic bias is universal: evidence from Hebrew. *Language Acquisition and Development: Proceedings of GALA*: 12 – 24.

Adam G, Bat-El O. 2009. When do universal preferences emerge in language development? The acquisition of Hebrew stress. *Brill's Journal of Afroasiatic Languages and Linguistics 1 (1)*: 255 – 282.

Baxter W H, Sagart L. 2014. *Old Chinese: A New Reconstruction*. Oxford University Press.

Brunelle M, Pittayaporn P. 2012. Phonologically-constrained change: the role of the foot in monosyllabization and rhythmic shifts in Mainland Southeast Asia. *Diachronica 29 (4)*: 411 – 433.

Deen K Ud. 2005. *The Acquisition of Swahili (Vol. 40)*. John Benjamins Publishing Company.

Hayes B. 1985. Iambic and trochaic rhythm in stress rules. In Niepokuj M, VanClay M, Nikiforidou V, Feder D. *Proceedings of the XIth Annual Meeting of the Berkeley Linguistics Society*: 429 – 446.

Jiang D, Kang C J, Yan H X. 2014. Evolution of word-syllable structures and the diversity of world languages. *Chinese Science Bulletin 59(26)*: 3362 – 3368.(中文版：江荻, 康才畯, 燕海雄.2014.词形结构进化与世界语言的多样性,《中国科学通报》第 21 期：2084 – 2090.)

Liberman M, Prince A. 1977. On stress and linguistic rhythm. *Linguistic Inquiry 8 (2)*: 249 – 336.

Patel A. 2006. Musical rhythm, linguistic rhythm, and human evolution. *Music Perception 24*: 99 - 104.

Sargat L. 1999. *The Roots of Old Chinese.* John Benjamins Publishing Company.

Saussure F De. 2013. *Course in General Linguistics (Reprint).* Foreign Language Teaching and Research Press. (中文版：1980.《普通语言学教程》,高名凯译,商务印书馆。)

Shorto H L. 1963. The structural pattern of Northern Mon-Khmer languages. In Shorto H L. (ed.) *Linguistic Comparison in South-East Asia and the Pacific*: 45 - 61.

Thurgood G. 1999. *From Ancient Cham to Modern Dialects: Two Thousand Years of Language Contact and Change.* University of Hawaii Press.

Is Chinese an Iambic or Trochaic Accent Pattern Language: Enlightenment from the Changes in Morphology and Rhythmic Structures of Insect Names?

Abstract: This paper utilizes insect name materials to argue that the early Chinese, prior to the development of oracle-bone and bronze scripts, was a polysyllabic language. The prevailing belief in academic communication is that ancient Chinese, including the language found in oracle-bone inscriptions and bronze inscriptions, consisted mainly of monosyllabic words. It is believed that compound words began to emerge gradually only after the Western Zhou Dynasty. This perspective fails to account for the origins of words such as couplets, mingwu-words, proclitics, enclitics, doublets, multisyllabic personal names, geographical names, national names, clan names, etc., as evidenced in the documents of the Western Zhou and the pre-Qin period. It is also difficult to explain why modern Chinese lacks prefixes, and has a limited number of suffixes, and has indeterminate parts of speech, and follows a rigid word order. The reasons why the accent position of two-syllable words cannot be determined, why tone sandhi occurs, and why final weak syllables lose their tones. The article suggests that the ancient Chinese language during the Shang, Zhou, Spring and Autumn periods had not yet developed a typical morphological method. Therefore, this article employs a method called the "quasi-lexical method" to conduct a grammatical analysis. It reveals the morphology and prosodic evolution pattern of disyllabic words through the historical process of changing the names of insects.

Keywords：word-Prosodic structure；tone-accent pattern；quasi-lexical method；early Chinese

本文与郭承禹合作完成。郭承禹 2017 年 9 月—2020 年 12 月在上海师范大学博士研究生，现任职于北京师范大学珠海校区，主要从事语音韵律研究。

本文曾在南京大学汉语史研究所举办的"汉语史研究的材料、方法与学术史观学术研讨会"上宣读（南京大学，2016 年 6 月 22—23 日）。

论文刊载信息：江荻，郭承禹.2017.汉语是抑扬还是扬抑格词模式语言：昆虫名的词形韵律结构变化的启示.《汉语史与汉藏语研究》（第一辑）：235‐264。

音节的本质和元辅音性质新说

摘要 人们长期把音节作为一级语音单位,却不知这是个假象;元音和辅音一直是语音学最坚实的单位,却不知实际是字母的冒名假借;而因之形成的元辅音构成音节的历史错案也无人洞察。文章分析了音节没有语言学地位的原因,叙述了元音和辅音身世不明的困惑,并从历时角度剖析音节与字母的形成渊源,以及从实验探索言语产生的单元形式,从共时角度揭示出发音时间结构对音节本质的规定。在此基础上,文章以颠覆式的思路再定义音节,重塑元辅音的真实地位和价值。文章最后提出,词的音节序列是在久远的历史演化中逐步形成的,呈现出复杂的词音节形式和有限的结构类型,据此可提出一套最简词音节分析方案和依据历史演变过程的音节分界原则。

关键词 音节定义 元音音节 辅音音节 字母 词音节类型

当代语音学中,元音音段和辅音音段是语音学和整个语言学最基本的建构单位,同时又是音节的直接构成单元,即元音和辅音以各种可能的组合方式构成音节(暂不论及韵律要素)。可是,不为人所知的是,语音学史上似乎从来没有人论证语言中为什么有元音和辅音,我们现有的从语流中切分元音和辅音的操作,是先有具体元辅音实体概念,再论述其性质、特征以及分类的理由。此外,音节也是语音系统中令人迷惑的单位,既无法定性,也说不清其价值。针对以上问题,笔者梳理了元辅音产生的历史渊源、核查了音节的真实价值,发现音节、元音和辅音的本质和特征已在多种处理方法中获得认知突破和局部性解决,并呈现出它们的本质和相互关系。这些进展是近百年来语音学和音系学领域的重要成就,包括来自传统描写领域的深化挖掘、语音结构分析、语音心理认知(言语产生)、非线性音系学理论,以及语音声学实验等。只可惜这些新知一直被强大的语音学传统所掩蔽,学界习焉不察。本文欲深挖各领域取得的相关研究成果,据此重新定位元辅音性质和界定音节,试图为建构新的语音学体系铺垫基础。

1　音节的地位

1.1　音节从未获得语言学地位

语言研究史上,音节一直处于一个奇怪的地位:各种语言学论著或者教材没有不提及音节概念的,可又从来未把音节作为一级不可或缺的实体单位对待。更可叹的是,很少有研究者清醒意识到这一点,只是自认为音节理所当然是一级重要的语音单位。无论是 20 世纪以前的传统语言学,还是 20 世纪以来的索绪尔结构主义或者以音位学著称的布拉格学派,还有布隆菲尔德领衔的美国描写结构主义,使用"音节"术语是那么顺手、那么随意,却没有给音节的价值一个子丑寅卯的说法。这其中一定蕴含了某种特别的原因和导向。不妨观察一下美国结构语言学大师布隆菲尔德(1980: 91—92)详尽描述的一个案例。

布氏认为:pin(大头针)跟 fin(鳍)、sin(罪恶)、tin(锡)以相同的声音收尾,可是开始的声音不同;pin 跟 pig(猪)、pill(药丸)、pit(坑)以相同的声音开始,不过收尾不同;pin 跟 pen(笔)、pan(盘子)、pun(双关语)的开头和收尾都相同,不过中间部分不相同;pin 跟 dig(挖)、fish(鱼)、mill(磨坊)的开头和收尾都不同,不过中间部分是相同的。"一个词有三部分,我们就是这样改变其中任何部分,找到那些跟 pin 部分相同的形式","三者之中的每一个,都是区别性语音特征的最小单位,这就叫做一个音位"。美国结构主义的分析就是这样跳过了音节。他们不说 pin 跟 pig 是不同的(音节)单位,而是说它们是首音、音核或者尾音不同的音位。所以有评论说布氏从未定义音节也是不奇怪的。(Cairns & Raimy 2011: 12)

实际上从 19 世纪末期以来,有一些极富创新的研究从不同角度提出了音节单位问题。例如,Bell(1911)在《言语机器》论著中就关注音节现象,并促使音节在聋哑人教育中发挥了重要作用。还有令人诧异的是,在 Sweet (1877)的《语音学手册》中,音节是语音学论述的主题,可是,Sweet 又跟 Paul

Passy 一块研制出了以元音和辅音音段为单元的国际音标。① 这说明当时音节跟音段概念都是活跃在学术领域的重要概念。Stetson（1945）则转述Sievers（1881）在《声音生理学基础》中的观点：他把辅音和元音分析为音节的功能，认为音节是语言的基本单位。这样的观点放在现代学术界差不多就是逆天了。

　　显然，到 20 世纪初，音节已经迅速发展成为一个重要的描述性结构，产生了一个有趣且持久的分歧，Cairns 和 Raimy（2011：8—9）回顾指出："我们是否应该把音段——或者，更好的是，把音段的序列看作是基本的，而把音节结构看作是次要的；或者音节是基本的，音段单独地根据其在音节内的功能来定义？"这种表面上二择一的选择实际更倾向音节作为基本单位。当时关于音节另一个主要观点是 Stetson（1945：50）提出的，即音节是以胸部收缩产生的声门下气压增加的脉冲，胸腔脉冲被认为是音节的语音对应物。在这样的认识基础上，Stetson（1945：11）指责 Bloch 和 Hockett 等美国结构主义者将语言学限制为一门分类科学。他说："言语声不是一系列分离的声音，就像相邻的串珠，一会儿这样产生，一会儿那样产生；它们是胸部脉搏、音节的相位，是基于呼吸装置的语音产生机制过程的一部分。"不过，19 世纪60 年代以后，Ladefoged（1967）、Lieberman 等人（1967）报告说他们无法复制Stetson 的发现。至于人们最重视的音节有内部结构观点是 Trubetzkoy（1969）提出来的，后来 Pike 和 Pike（1947）丰富和发展了这套理论，附带提出了音节结构与重音和韵律的关系。以上描述包含了一个关键的模糊不清之处，那就是音节概念总是跟元辅音音段概念纠缠，（不知）哪个是必要概念，哪个是伴随概念。Cairns 和 Raimy（2011：13）评论说：与布拉格学派的信徒一样，结构主义者认为音节是强加在预先存在的音位串上的超音段结构。

　　生成语法问世之后，以 Chomsky 和 Halle（1968）的《英语的语音模式》为例，可以清楚知道，生成语法从未认真考虑音节概念。现在回顾起来，这也算是从前人观点继承而来的。用它的话来说，传统语言学或者结构语言学以来的体系都没把音节当回事，生成语法这儿也没它什么事。在音节问题上，生成语法作为新兴理论竟也没有比结构主义多迈出一步，它也不定义音节。直到 20 世纪 70 年代中叶以后，非线性音系学逐步兴起。该理论囊括了

---

① 音段概念一般即指音素，具体指元音（音段）或辅音（音段）。

多种观念视角,形成自主音段音系学、CV 音系学、节律音系学等流派,但其中较为共性的一条是重新认识音节,大幅提升音节地位,渲染音节的价值和作用。有了这样一股推力,音节是否成为一级实体单位了呢?事实并非如此。

吸引非线性音系学关注音节的主要因素是超音段特征附载于元音或者音节的这个原因,以及由此引发的诸多难题。人们在分析中也透视出重音和声调等现象并非元音音段的固有特征,都强调超韵律的重音、声调、音长、音步和莫拉等特征可以通过音系分层分别研究。从 20 世纪 80 年代左右 McCarthy(1979)等人创建了 CV 音系学来看,该派强调音节在分析中的价值,能对音节内部结构和功能做出合适分析,使音系表述更具合理性。例如增加音节层:

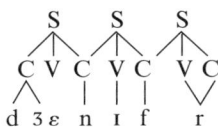

图 1a　边界相交　　　　图 1b　边界分离

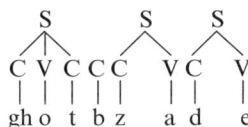

但在本质上,这个所谓音节层只是 Kahn(1976)在音节层和音段层(元辅音)之间建立的一个称为 CV 的虚拟层(参看图 1)。其功能是为了更合理地解释音节上音系和音位对音节峰、音节边缘、音节轻重、元音长短、辅音丛和元音丛等概念的表述和技术处理。不过,该理论的主要建构者 Clements 和 Keyser(1983)提出了一个非常高明的核心音节的框架,呈现为音节结构的 4 种类型:

A: CV　　　　C: CVC

B: V　　　　D: VC

这个结论是采用音系学规则推导出来,并通过世界各地语言的音系验证获得的。例如,如果一种语言具有 D 音节类型,它一定存在前 3 种类型。特别是 A 类型,是现存人类语言都有的类型,具有普遍共性,因此被称为核心音节结构。

再晚些时候,优选论兴起,提出音节结构制约律。其中 Kager(1999:97)对世界语言音节的音节首音、音节尾音,即音节边界类型加以描述和讨论,其基本思路如表 1 所示:

表 1　音节边界复杂性的类型

	仅简单尾音	允许复杂尾音
仅简单首音	CV,CVC （日语，Yokuts 语）	CV,CVC,CVCC （芬兰语，Tunica 语）
允许复杂首音	CV,CVC,CCV,CCVC （西班牙语，①Sedang 语）	CV,CVC,CVCC,CCV,CCVC,CCVCC （英语，Totonac 语）

　　Kager(1999：93—98)根据音节结构实际案例提出四条制约规则,每两种音节之间的蕴含关系清晰[此处依据李佳(2017：149)归纳。Kager 原文出处页码附后]：

表 2　Kager 音节结构制约律

	蕴含共性	制约律名	制约律形式表达	制约律内涵	原文页码
首音	无首音音节⊃有首音音节	ONSET	$^*[_\sigma\ V$	音节应有首音	93
尾音	闭音节⊃开音节	NO-CODA	$^*C]_\sigma$	音节应无尾音	94
复杂首音	复杂首音⊃简单首音	$^*COMPLEX^{ONS}$	$^*[_\sigma\ CC$	首音应简单	97
复杂尾音	复杂尾音⊃简单尾音	$^*COMPLEX^{COD}$	$^*CC]_\sigma$	尾音应简单	97

　　从传统语音学到布拉格学派,再到美国结构主义,音节仅仅作为一种描述术语填补人们对音系分析的叙述便利,就像花瓶一样,好看却不实用。更普遍的情况是,人们往往是在词的语音形式下开展音位分析,分析对象直接就是构成词形的元音和辅音。即使是多音节词,人们也可以越过音节开展研究。这就是音节的命运,表面上它是介于音段层次和语素(或词)层次之间的一个层次,并且为音位变体提供了语素或者词的结构和边界语境,有利于分析,但实质上,音节是可以略过的环节,没有任何机会充当语言学或语音学必有的一个或一级单位。

1.2　音节的价值

　　音节虽然长期处于语言分析的伴随或者陪衬位置,但是音节自身若隐

---

① 原注：西班牙语极少允许复杂尾音,例如 biceps。

若现的功能却一直促使人们深思它所蕴含的价值。

上文回顾了人们对音节的历史认知,不难发现非线性音系学的讨论全面拓宽了人们对音节的看法,很多以前模糊不清的观念逐步清晰起来。这种认识波及"系统"和"结构"两个层级。"系统"是就音节整体和音节与系统的关系而言的,包括词(系统);"结构"是就音节内部分析而言的。

第一,语言学家普遍认为音节是音系单位之一,这意味着如果像美国结构主义那样完全略过音节直奔元辅音音段分析,可能会错过某些重要的语音属性。例如音系学发现重音和声调等韵律要素的分布都相当程度上涉及音节结构条件,这是因为音节是重音、声调等韵律现象的载体。(王洪君2008:94—97)在这个意义上,音节的价值和作用不可能是可有可无的,甚至可以说,音节是各种韵律单位实现其功能的最基本领域。

第二,在有关音节的组织理论中,目前普遍接受的是 Jespersen 的响度说。因为响度说主要依据音节内部音段语音属性来组织,产生了响度顺序原则,即:塞音<擦音<鼻音<边近音<近音<元音。(王洪君 2008:99)尽管这个原则在世界语言中存在一定的反例,但总体上能反映出音节内部音段之间的音峰和边界序列关系,有利于人们对多音节词的音节划界操作。

第三,在音节结构分析上,人们提出按照内部音段性质切分和分层的方法,例如音节首、音节核、音节尾。进一步说,借助世界语言的音节结构类型普遍性分析,人们发现一些重要的音节分布类型,例如南岛语系斐济语(Fijian)没有韵尾辅音,音节是典型的 CV. 或(C)V 类型。(Dixon V1:2010:278)这一现象与英语等欧洲语言截然不同。那么,怎样的结构是更普遍的类型呢? 可能受这类现象启迪,Kahn(1976)提出首音最大原则,即将词中辅音尽可能划归后一音节首,例如 VCV 应划分为 V.CV,而不是 VC.V。

第四,音节是词的外显形式,连接着载义问题。特别是多音节词的音节之间可能存在语音特征相关性,例如两个音节叠音或半叠音。叠音:tɕi^{24}tɕi^{213}"济济";辅音半叠:p^{h}an^{35}s^{h}an^{55}"蹒跚";元音半叠:kyagkyog 藏语"弯曲"。这类现象大多与词音节(参见本文第5.3节)及词义的产生和演变有关。(江获2013,2021,2022)因此,对音节的类型学认识很有可能反映出音节形式的历史渊源。音节与词义的极度关联问题有时也很突出,这是所谓单音节性语言的特征,例如汉语语音及相关分析无法跳出文字、音韵、训诂狭小的"声韵调"音节框架,这与音位理论"一味地把语音单位往小里切分,在理论上不具

备完整性"算是两个极端。(陈保亚 2015：119)

但是,音节呈现出的这些价值讨论似乎主要围绕音节结构和功能而言,未阐释不同音节结构的性质差异,尚不能回答音节作为独立整体单位的价值,使得我们仍然无法定义音节。①

不定义音节能研究语音吗? 从目前状况看,似乎学者们都持肯定的意见。这让我想起了端木三教授(Duanmu 2009)提出的普遍性见解:

> 正如缺乏生命(或死亡)的定义并不妨碍生物学家研究生物,缺乏音节的定义也不应妨碍我们研究音节。我将论证,关于音节的许多问题都可以被解决,并得到合理的回答,比如最大的音节大小是什么,可能的音节首音是什么,以及如何确定音节的边界。这些结果构成了对音节理解的具体进展。

2　困　惑　与　出　路

2.1　彼得·拉迪福吉德

音节的本质和作用一直是语音学和音系学的痛点,不揭开这层迷雾,语言学的基石总是有点让人不放心,学术也难以进步。同时,即使随着分析技术的进步,有些研究能够更深入地逼近音节本质的研究,取得新的进展,但却无法达到音节的真相。这样的状况对于那些理论悟者,究竟何为音节本质带来的困惑令他们无法解脱。

最典型的事件来自赫赫有名的语音学家彼得·拉迪福吉德(Peter Ladefoged)。他在《元音和辅音》(2012：187)这本著作的第 16 章指出：②

> 当我们说话的时候,我们真的是在把辅音和元音连接在一起

---

① 我们注意到中国学者呈现出理论完美主义倾向,有不少教材和论著曾尝试给音节下定义。例如罗常培和王均(1981),叶蜚声和徐通锵(1981),石锋和冉启斌(2019)等。

② 该书 2001 年初版,2012 年出版第 3 版,这部分内容从第 15 章改为第 16 章。由于新版增加 Disner 作为修订人,端木三教授审读本文初稿时建议采用第 1 版。鉴于第 3 版的中译本 2022 年底已经出版[赖福吉(本文译作"拉迪福吉德")2022],为方便读者核查,本文仍依第 3 版引用。

吗？我认为答案是否定的。当我们说话的时候，我们并没有把元音和辅音连接在一起，原因很简单，他们并没有分开存放。说话（行为）涉及从大脑某部分抽取词的存储形式，但是词不是以声音序列存储。他们是以整体形式存储的，或者至少以整体音节（形式）存储的，其中辅音和元音不是分离的单元。我们甚至应该考虑辅音和元音是否存在，书面上记录词的书写形式则可以另论。对于一个撰写《元音和辅音》著作的人来说，这个想法实在是一个很奇怪的思想。我会告诫你的是，很多研究言语的人是不会同意下面两节的观点的。但是我希望让你看到，辅音和元音很大程度上是我们良好科学想象力的虚构。

这段话简直就是警言，不可能不令人震撼。拉迪福吉德（1925—2006）何等专业人士？世界著名语音学家，曾任美国加利福尼亚大学洛杉矶分校语音实验室主任、国际语音学会会长、美国语言学会会长，被认为是 20 世纪贡献最显赫的语音学家之一。他在《元音和辅音》第 16 章（2012：199）结语中再次指出：

> 我的观点（跟许多言语学家不一样）是，我们以更像音节的单位而不是单个的音素来组织我们的语言活动。如果不提音节，我们就无法解释为什么实际并没有 cat 被说成 act 这样的言语错误。字母表把音节看作由元音和辅音这样的分离片段组合而成，却只是历史上希腊人的一次发明。它是让人们能够把词记录下来的一个聪明发明，而不是发现词是由大大小小音段组成的。

这个认识太重要了，用"发明（字母）"（be invented）和"发现（词）"（discovery）来揭示音节的本质属性，直指字母表的实用性质。而元音和辅音音段仅仅只是为了记录词和音节的文字发明，只是为了书写词和音节这种真实语言单位而发明的符号。

2.2　费尔迪南·德·索绪尔

对结构主义创始人索绪尔来说，关于音节的困惑又何尝不是如此。在批评（1）元音响度说（作为音节基础）和（2）音节重音学说时，索绪尔（2001：59）提出：

　　我们的方法与上述(1)和(2)的区别是显而易见的:通过分析音节在音链中出现的情况,我们找到了不可还原的单元,即开音和闭音;然后通过组合这些单元,我们能够定义音节边界和元音峰值。现在我们知道了声学效应必须发生的生理条件。上面批评的理论遵循相反的路线:从孤立的语音种类中,理论的支持者假装推断出音节的边界和响音的位置。在给定的一系列音素中,一种发音可能比另一种发音更自然、更容易;但总的来说,在开口和闭合发音之间进行选择的可能性仍然存在,音节划分取决于选择而不是直接取决于语音种类。

索绪尔的意思不难明白,一方面他指责响度等学说是从孤立的音段,例如元音,并结合它的出现环境来假设音节边界和音节核,另一方面他认为存在完全不同的音节,例如开音节和闭音节,不同音节自身已经划分音节的边界。这是完全不同的视角,前者是孤立的音段观念,任何变异动则归咎线性音段的影响;后者是整体观念,即要看音节之间造成内部结构差异的生理特征,也看到音节与音节之间呈现的边界声学特征。不过,索绪尔似乎并未就此展开进一步的研究,他已经看到音节呈现出元音或辅音的性质(能够定义音节边界和元音峰值),却并没有放弃最传统的观念:音节是由元音和辅音等构成的。

　　一个世纪之前,索绪尔(1982:92)提出"关于音节区分理论的批判",无论这些理论本身是否发展完善,目前学界是否普遍将音节理解为表现音段响度的不同元辅音序列,科学的音节界定还是令人迷茫困惑。

　　对语音基本单位感到困惑的学者当然不止以上两位。Abercrombie(1967:38)曾就音素字母的来源表达过与拉迪福吉德(Ladefoged 2012)相似的观点,他说:"基于音节的音段书写系统曾经发明过一次,但就是这么一次:希腊人的这个杰出发现给我们带来了不同于音节的字母书写系统。所有当代的字母书写系统(有很多)都来自于希腊的系统。而对于大多数语言来说,字母书写系统是可以设计出来的最经济、最实用的系统,但事实证明,它所基于的系统的分析对于大多数人来说太难独立完成。"读者应该注意到,Abercrombie认为字母书写系统(alphabetic system of writing)是设计出来的,非凡人所能。更多人则关注它用极少的符号构建无限词语的经济性和实用性创见,不再关心语言本身的真相。

朱晓农(2010：336)也描述过赵元任的困惑："他对待音位的理论态度和实际做法相去甚远"，并指出他那篇备受西人推崇的《音位标音法的多能性》(赵元任 2002a)与《中国话的文法》(赵元任 2002b)趣旨完全相异，他这部晚年的毕生名作用以描写汉语音系的基本单位不是音位概念而是声韵调及音节表。"为什么赵元任分析汉语音系时舍弃音位概念呢？为什么他从早期的音位理论奠基者、传播者，发展到晚年的实践中竟弃音位如敝屣？"这是因为存在音节概念和声韵调单位。①

关于音节本质的认识，出路何在呢？我们认为应从相辅相成的正反两面来反思。从正面来说，音节是普通人能感知的语音单位，我们有任何理由不把它作为语音单位处理吗？回答应该是：没有！如此来说，音节不能作为一级真正的语音单位，或者人们不知道音节究竟是什么的原因不在音节自身，我们应把这个原因找出来。从反面来说，替代音节作为最小语音单位的音段，例如元音、辅音和其他喉音看上去也是人们可以感知的语音单元，例如英语词尾复数形式[z/s]等，书面藏语使动前缀[s-](grim 紧，sgrim 搓紧)。不过，迄今发现的纯辅音等特定音段被人们感知是有条件的，大多是在语法条件之下，是通过学习获知的(幼年习得时他们并不自知)。仅此也可能启发我们，带条件认识的事物属性有可能扭曲事物的本质。假如音节是最小不可再分的语音学或音系学单位，语言学和语音学将呈现怎样不同的格局？

3　字母发明陷阱

3.1　文字和语言之间

众所周知，文字编码方式和语言本身的结构之间存在着一种天然关系，

---

①　朱晓农教授(2010：322)极力提倡建立音节学分支。他认为"音节是一个语言的音系中最基本、最核心、最重要的结构单位，它由一个声母和一个韵母组成。语言中能够自由运用的最小的语音单位构成一个音节"。不过，他强调语音学和音系学的区分，想在音节和元辅音之间找平衡，甚至用上传统音韵学(汉语历史音系学)术语，最终的目的是强调音节作为音系学单位的价值。

即文字的表音性。可是,世界范围内,文字的发明不是一时一地之产物,尤其在传播应用中有些文字不知道经历了多少不同的人群和语言,这些人群对文字进行改造以适应自己的语言,以至于今天的人们对历史上的"表音性"已不知所表为何。据克里斯坦(2019)《文字的历史》,文字的表音性主要指表音节和表音素,其文字分别称为音节文字和字母文字。①

　　什么文字表音节? 什么文字表音素? 换句话说,文字的表音形式是什么决定的? 这是一个极具争议的问题,如果拿当今最知名的文字来对标和鉴别:汉字是典型的"语素—音节"文字,英文是典型的字母文字,它们在语音上的差别既有单音节性对多音节性、简单元辅音音段序列对复杂音段序列,还有大量形态音位变体差异和韵律差异。② 那么,汉字与英文对比起来,表音性是不是可以直接归结为是由具体语言的语音特征决定的呢?

　　从全球文字发展历史来看,这似乎不是一个正确的提问方式。根据文字学家的观点,最古老的楔形文字始于公元前四千纪末的美索不达米亚平原,即"乌鲁克"(Uruk)象形文字泥板,(贝瑟拉 2015)但真正成熟的楔形文字直到公元前 2500—前 2000 年才出现,主要记录苏美尔语。最初的苏美尔文楔形文字以表意字为基础,逐步发展为同时采用表意符号和音节符号来构造,其中有一个重要特征是苏美尔文几乎都是单音节字,这就意味着每个音节可能表达多个意思。例如:

　　　　/dug/　瓮,好,说(三项词义)
　　　　/lu/　繁荣,人,麻烦(三项词义)(克里斯坦 2019)

　　公元前 2004 年,苏美尔王朝灭亡,征服者阿卡得人建立的巴比伦帝国沿用了苏美尔楔形文字直到公元前 1200 年。阿卡得语所属闪米特语是多音节的,经过一些符号的调整改造,阿卡得语同样也能用楔形音节文字表达,同

----

　　① 罗杰斯(2016)主编的《文字系统:语言学方法》提出还有一种短音节文字系统(moraic writing system),短音节是介于音素和音节之间的语音单位,一个音节包括音节头、音节核和音节尾,而一个短音节只包括音节头—音节核,或者只有音节尾。英语 cut 包含两个短音节:/kʌ/和/t/。中国传统韵书另有一种声韵表音系统。此处对这 4 种表音形式简单加以区别:音节代表 CV 或 CVC 整体,音素指 V 和/或者 C,短音节指 CV 或者带韵尾音节的 CV 和 C,声韵指 C 和 V,或者带韵尾音节的 C 和 VC。

　　② 通常认为文字有 4 种类型,分别是:语素文字、语素—音节文字、音节文字和字母文字。裘锡圭(2013:18)认为,"语素—音节文字"这个名称对早期和晚期的汉字都适用。

样能够使用表意符号和音节符号。

埃及圣书字跟楔形文字差不多是同时代发明的文字,大约是公元前3500年。圣书字是具有很强图画性的但语音符号化的文字,其内部表现出辅音字母记音的特征,只是这种所谓的辅音字母实际上反映的却是音节性文字。在近东地区,音节文字传承了近3 000年。在此过程中,随着不同族群的衰落和兴盛,还出现过其他多种音节文字系统,例如克里特象形文字、线形文字A、线形文字B、古塞浦路斯音节文字。此外,在相邻周边地区也出现一些音节文字,例如原始埃兰文(今伊朗西南部)、印度河谷文字。(克里斯坦 2019)

回到文字表音性问题上来,历史的案例值得重视:语言的单音节性和多音节性跟文字的表音没有必然联系,单音节的苏美尔语和多音节的阿卡得语都采用了音节文字表征。因此,拿汉字跟英文对着说证明不了二者表音性的差异来自语言声音结构的差异。迄今为止,世界所有被发现的自源文字都是音节文字,不论发明得早还是晚,除了上述文字,还有中国的彝文、美洲的玛雅文等,音节文字反映了人类语言的真实语音本质。另一方面,音节文字未必是唯一能代表语言的书写符号方案,不排除符号的实用性以其他方式曲折实现表声音的可能性。

字母文字是以音节文字为基础产生的。最早发现的字母文字文献出现在西奈半岛(公元前1500年),据克里斯坦(2019:288),"原始西奈铭文的27个字母符号,其造型明显借用了象形文字。不过二者的音值不同,原始西奈字母的音值是通过截取该象形字所表示的西闪米特语单词的第一个音值而形成。例如表示'牛头'(西闪米特语读为 'alepha)的象形字在原始西奈字母中被用于转写辅音[']($声门塞音[ʔ]/起首元音 a),而表示'房子'(西闪米特语读为 beyt)的象形字则被用于指代辅音 B。同理,图案为波浪形指称'水'(西闪米特语读为 mayim)的象形字则用来表示辅音 M。"公元前11世纪之后500余年中,地中海地区(古黎凡特)发展出多种字母文字,其中最著名的是腓尼基文。

字母文字通过截取音节首音的音值创造字母读音(现代称为音素),这种方法本身证明字母文字不能代表真实客观的语言发音,这是一种发明。特别是这种方法相对于语言普遍的/CV/语音结构一般总是截取音节首的辅音,很难直接截取单纯的元音。理论上说,字母文字所截取的辅音从来没有以纯粹的状态存在过，它本身也是抽象化的产物。（克里斯坦 2019：43）结果，大约到了公元前 8 世纪中叶，从腓尼基文改造而来的希腊文开始采用其他方法添加元音（音素）字母，例如改造腓尼基辅音字形转换为元音字母。至此，希腊人创造出相对完整的字母表系统，并逐渐成为后世西方所有字母文字的源头，这是以字母替代语言单位的逻辑陷阱。①

西方人是希腊字母以及后来的拉丁字母、伊特鲁斯坎字母、斯拉夫等字母的发明者和使用者，很自然就占有了字母文字的解释权。他们用字母直接记录语言，不知不觉之中字母等于了语音（音素），字母替代了语音。换句话说，当字母成为独立书写符号，当字母成为编排字母表的单元，当字母成为记录语音的单位，字母的元音符号和辅音符号分类就变成语音的分类，元音和辅音就成为语音的最基本单位，称为音素。一旦西方人把文字和语言混淆起来，把字母的应用视作对相应语言单位的使用，无形中就行使了他们的字母文字解释权和定义权，其他人是很难跟他们争辩（二者的差异）并说服之的。

现在问题清楚了，元音和辅音是来自文字系统的符号和概念，拉迪福吉德（Ladefoged 2012）的疑惑得以解释：字母映射和对应到语言声音的的确确是我们的科学想象。在来源上，元音和辅音从来不是直接从语言提取或抽象出来的语音单位，而是依据文字应用和想象所发明的符号，我们没有理由给二者画上等号。

字母表这个伟大的发明为西方 2 000 多年的文明建功立业，不仅推动物质发明进步，而且缔造了无数精神成就。但是，文字毕竟是工具，是帮助人们表达和记录语言的工具，这是它产生和存在的目的，跟是否准确反映语言的语音性质和结构没有必然关系。

3.2　音节表和字母表

西方人借助字母创造了语言中对应文字的一种单位，即音素。为此，字母表成为音素文字系统的表征，也是世代族群学习母语文字的指南。迄今，世界所有音素文字都有自己的字母表，上百种文字的字母表形成了遍布世

---

① 　欧美部分西方学者（例如洛根 R. Logan 2012）认为，字母文字开启了西方分析型科学范式，产生了抽象、分类和演绎逻辑。本文认为，在文字和语言关系本体认知上，字母并不能代表客观真实的语音单位，字母所代表的元辅音音段只是音节的特定呈现形式。

界的所谓字母表文化。从历史角度看，有人说"字母表是腓尼基人对人类做出的最重大贡献之一，是人类最伟大的发明"（Hitti 1961：102）。不过，这样的认知长远看究竟利于人类（知识体系）还是相反，目前人们似乎还无法回答。就本文论述来说，字母的发明有可能带来了认知的偏误，掩盖了语言符号的声音本质。

上文明确指出了一个事实，所有原生的文字都是音节文字。音节文字实际也有音节表，例如西方文字学巨擘 Gelb（1963：93，94）在 *A Study of Writing*（《文字研究》）中列举了线形文字 A 和线形文字 B 的部分音节表。图 1 是该著列出的古巴比伦辅音表单辅音符号（实际是音节表，*Uniconsonantal signs of the old Babylonian syllabary*，Gelb 1963：109）。

表 3　古巴比伦辅音音节表

a	i	e	ú				
ba	bi	be	bu	ab	ib	eb＝ib	ub
da	di	de＝di	du	ad	id	ed＝id	ud
ga	gi	ge＝gi?	gu	ag	ig	eg＝ig	ug
ḫa	ḫi	ḫe＝hi	ḫu	aḫ	iḫ＝aḫ	eḫ＝aḫ	úḫ
ia	ii＝ia	ie＝ia	iu＝ia	—	—	—	—
ka	ki	ke＝ki?	ku	ak＝ag	ik＝ig	ek＝eg	uk＝ug
la	li	le＝li	lu	al	il	el	ul
ma	mi	me	mu	am	im	em＝im	um
na	ni	ne	nu	an	in	en	un
pa	pí＝bi	pé＝bi	pu＝bu	ap＝ab	ip＝ib	ep＝eb	up＝ub
qá＝ga	qí＝ki	qé＝ke	qú＝ku	aq＝ag	iq＝ig	eq＝eg	uq＝ug
ra	ri	re＝ri	ru	ar	ir	er＝ir	ur/úr
sa sà＝za	si sí＝zi	se＝?	su sú＝zu	ás＝áš	is＝iz	es＝?	ús＝uš
ša	ši	še	šu	aš	iš	eš	uš
ṣa＝za	ṣi＝zé ṣí＝zi	ṣe＝zé	ṣú＝zu	aṣ＝az	ıṣ＝iz	eṣ＝ez	uṣ＝uz

（续表）

a	i	e	ú				
ta	ti	te	tu	at＝ad	it＝id	et＝ed	ut＝ud
ṭa＝da	ṭi＝di ṭì＝ti	ṭe＝te	ṭú＝tu	aṭ＝ad	iṭ＝id	eṭ＝ed	uṭ＝ud
wa	wi＝wa	we＝wa	wu＝wa	—	—	—	—
za	zi	zé	zu	az	iz	ez＝iz	uz

　　早期文字大多包含各种功能符号。以埃及象形文字来说，有表意符号、表音符号、限定符号（表语义范畴或分类），因此，不同文字音节表的音节数量各语言差别很大。一般认为，如果一种文字的基本构成符号在 30 个左右，则属于字母文字；如果符号数量达到数十个以至上百个，则是音节文字；如果符号有数百个，就是语素—音节文字；再如果数量多达数千个，这种文字是语素文字。（克里斯坦 2019：237）古埃及文字符号数量是 734 个，苏美尔楔形文字（公元前 2000 年）是 598 个，原始埃兰文约 1 500 个；玛雅文约 900~1 200 个；汉语普通话音节表大致为 400 个左右，汉语粤方言用汉字记下来有 3 067 字，音节数则是 667 个（不计算声调）。（邓思颖 2015：58）

　　由此可见，把音节分析为元辅音音段是一种基于功利性和实用性目的的历史行为，这样的历史事件无所谓对与不对。但是，该事件的后果促动人们在这个基础上构建出不完全符合但相对逼近语言事实的体系，并且通过很多操作解读弥补该体系的理论欠缺（例如辅音文字一般能对应独立辅音音素），并最终产出一套看上去完备的语音学系统和音素文字字母体系。也许，当今的语音科学尚未发展到一定要突破这个体系的地步，且留待未来再议吧。

4　音节的本质和定义

4.1　发音产生什么样的单位?

　　人类发音器官直接产出的基本声音（单位）是什么? 这是心理学研究的

一个重要领域,称为言语产生。据心理学家研究,言语产生有两个阶段,词汇选择和词形编码。(余林,舒华 2002;张清芳,杨玉芳 2005;张清芳 2008)词汇选择指的是从心理词库获取相应的词及其形态规则,词形编码关注用怎样的声音单元把要表达的词转化为言语编码:音韵(编码)单元(phonological encoding)还是音素(编码)单元(phonetic encoding)。前者指的是音节,后者是音素或音位(音段)。

可惜的是,迄今为止,这个问题并没有得出明确的答案。让我们具体了解一下该领域的研究状况。20 世纪八九十年代,心理学界关于言语的产生主要形成两类理论体系。一是不连续两阶段模型(序列加工模型),由Leveltet 等(1991),Levelt 和 Roelofs(1999),Roelofs(1997)等人提出。该模型认为言语产生的音韵编码单元是音素,音节是音素与词框架的联系环节,音素按序列从左至右插入音节框架。换句话说,音节不是心理词典的存储单元,音素序列的音节化是临场产生的。另一系统是 Dell 等(1984,1986)提出的交互激活理论,该理论认为言语编码的单元包括音素、音节、音节的组成成分(辅音丛、元音丛等),并假设音节结构和框架存储于心理词典之中,言语编码时各种单元同时被激活。

更复杂而激烈的争论来自不同语言的实验结果,即不同语言发音结构特点是否对言语编码单元和编码方式产生重大影响。

表4 不同语言的编码单元实验对比

方法	语言	特征	编码单元	实验者
掩蔽启动范式	法语	音节界限清晰	音节	Ferrand 1996
掩蔽启动范式	英语	音节边界不清晰	音节/音段	Ferrand 1997
掩蔽启动范式	荷兰语	复杂条件	音段	Schiler 1998
掩蔽启动范式	英语	复杂条件	音段	Schiler 2000
内隐启动范式	英语,荷兰语	CVCV,CCV,…	音段	Levelt,Roelofs & Meyer(1999)
图画—词汇干扰范式	汉语单音节	CV,CVC	音段无效用	张清芳 杨玉芳(2005)
内隐启动范式	汉语双音节	CV-CV,CVC-CV	音节	张清芳(2008)
图画—词汇干扰范式	粤语单音节	CV,CVC	音段	Wong & Chen(2009)

以上研究常常呈现出混乱结果。例如 Ferrand(1997)的研究涉及音节边界条件,如果一个词有清晰的初始边界,例如 BALCONY,则产生明显的音节启动效应,如果音节边界模糊,例如 BALANCE,则不产生音节启动效应。此外,实验还涉及词长效用、声调和重音的干扰等问题,还有实验方式的合适性选择。表 4 列出了其中的主要方法:掩蔽启动范式(Masked priming paradigm)、内隐启动范式(Implicit priming paradigm)、图画—词汇干扰范式(Picture word interference paradigm),此外还有重复启动范式(Repetition priming paradigm)等。应该指出,实验者一般根据所用方式对实验结果进行推断,因此是受限的。Wong 和 Chen(2009)利用单音节汉字对应粤语不同音节结构就只能采用图画—词汇干扰范式,同时也把实验框在了音节内部音段上,在字等于单音节和字等于词的困境下,结论就只能是字段编码。近期有研究对这样的设计是相当不认可的。(岳源,张清芳 2015)那么,是不是不同的语言特征一定要与不同的范式相结合才可能获得较好的实验效果呢?大多数人对此持肯定的意见。

面对如此多的不同实验结果和争议,比如音节编码单元之于法语,有人提出法语作为罗曼斯语族语言,是音节定时语言,重音不敏感,处于词尾,词的边界清晰;而英语和荷兰语是日耳曼语族语言,是重音定时语言,对重音敏感,有大量边界模糊的音节(Levelt, et al. 1999)。实际上,重音或声调究竟是附着于音段的还是自主韵律要素,这本就有争议,那么它们是在声音加工的哪个阶段用顺序增添还是整体插入来编码的呢(Shattuck-Hufnagel 1979)?当人们寻找各种造成实验结果相互矛盾的观点或者没有定论时,他们是否考虑过实验的出发点本源就已经是错误的?还有人提出词的频率效用或音节的频率效用也可能对判断编码单元产生影响(周晓琳 庄捷,舒华 2001)。这些都需要更进一步的研究。

2011 年出版的《音节研究指南》刊载了 Cholin 的一篇重要论文——"音节存在吗?——言语产生中音节单位提取的心理语言学证据",该文一上来就在导言中列出言语产生的研究和实验中的 7 大疑问:(1)音节存在吗?(2)音节是否在言语产生过程中代表功能上相关的单元?(3)音节是否长时记忆中存储于词形的一部分?(4)音节独立于词形存在吗?还是只在词形编码最终阶段进入的独立存储单元?(5)音节在何种平面发挥作用?或者说音节作为音系学和/或语音学单位的心理语言学证据是什么?(6)音节是否构成适用的发音单位？（7）我们如何预设不同编码层级上音节单位的相互作用和协调？

这些问题从音节产生和编码角度囊括了该领域几乎全部相关问题，文章通过回顾词产生的理论，以及对比音节和音素编码假设的心理语言学证据，最后用不同语言中音节频率效应来验证和讨论音节的功能。文章的依据是：因为只有存储单元才会出现频率效应，根据心理语言学的反应时间数据，就可论证音节作为言语产生中的功能相关单位的存在。文章实验结果强烈地指向这样一个结论：音节在词形编码的后期阶段发挥了作用，而且很可能是以单独储存的语音单位的形式。即使采用所谓边界不清晰的荷兰语和英语实验，音节也是单独储存的语音单位。所以音节频率效应为音节是（单独）存储单元的假设提供了强有力的证据。

如果说言语产生的编码单元问题跟具体语言特征相关，就涉及跨语言的现象。可是令人疑虑的是：从进化意义说，人的语音系统进化时间相当有限，保守地说，现代人的语言能力出现或许仅 10 数万年而已，各地形成语言词汇系统可能只有数万年。发音器官的神经—生理运动，例如口腔开合、舌体长短、舌头移动、喉部音姿、气流呼应，都需要生物级别的超长时间的进化。言语产生的发音器官编码单元属于人类语言能力，这种能力的形成是漫长进化过程形成的。而现代语言的语音结构差异只是百年或者千年分化所造成，（利基 1995：97）怎么可能是由语言结构特征差异来决定言语产生的编码单元类型呢？

4.2　音姿与发音同步机制

Abercrombie（1967）是音节学说的重要创建者，这得益于他提出的用肺部气流机制来解释音节的理论。这一理论认为，当肺部气流机制发挥作用时，呼吸肌以大约每秒五次的速度交替收缩和放松，因此，空气以连续的小口气排出。每次收缩，连同由此产生的空气噗噗声，构成了一个音节的基础。因此，在持有这种理论的人看来，音节基本上是语言器官的运动，而不是言语声音的特征。他进一步指出："对音节的分析主要是指对相关的发音、嗓声和鼻音运动的分析，这些运动将胸部脉冲'塑造成'有声语言。这种复杂的运动被分割成连续的元素或片段。因此，每个部分本身都是复杂的，

有各种言语器官对其产生作用。"（Abercrombie 1967：34—41）

虽然 Abercrombie 的观点当时并未引起学界重视,令人惊讶的是,20 年后非线性音系学提出发音音系学（Articulatory phonology）,其基本原理就是采用发音音姿（articulatory gesture）作为音系的基本单位。所谓音姿就是发音器官的运动,或者说是发音器官的收紧动作。据该理论创始人 Browman 和 Goldstein（1989）,Goldstein（1986）的观点,收紧行为由 6 个发音器官承担：唇、舌尖、舌体、舌根、软腭和喉,收紧动作可以单个器官产生,也可以几个器官组合,产生的状态称为音姿,不同的音姿就是不同的语音。

更重要的是,音姿是从空间和时间来界定的单位。每个发音器官在确定位置上的收紧和收紧程度产生不同类型的音值,不同音姿之间存在动态协同关系,或者同步或者掩蔽,对音值的形成和变化均造成影响。Browman 和 Goldstein（1989）,Goldstein（1986）还建立了一个坐标轴来表现发音动作之间的动态时间关系,即所谓相位原则（phasing principles）,这些原则规定了音姿的时空协调,其中 Y 轴对应发音动作,X 轴对应发音时间。如果发音动作出现在相同相位,则同步发音,如果出现在反相位,则顺序发音。例如：

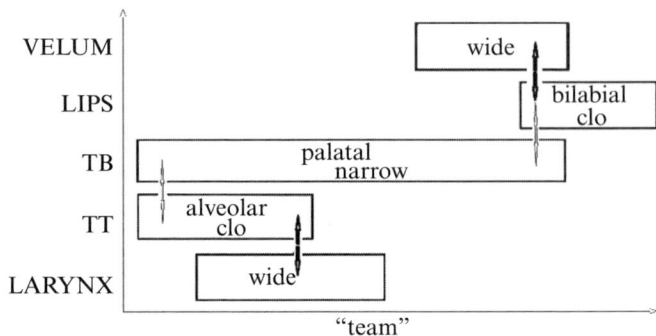

图 2　音姿同步关系（注：VELUM 软腭,LIPS 唇,TB 舌体,TT 舌尖,LARYNX 咽喉）

图 2 案例是英语词 team（$[t^hiːm]$）。口腔器官运动过程由音姿描述,图 2 中的方框对应于单个音姿,发音启动时舌尖（起首齿龈辅音）部位收紧,咽腔张开,舌面（元音）收窄并与舌尖部位同步启动,舌尖持续后释放动作终止,舌面收窄释放的同时软腭下垂,随即双唇闭合收紧。这个过程完全对应 $[t^hiːm]$ 的发音过程。

发音音系学与形式音系学或者传统音系学差别较大,本文无意具体阐述。但有两点值得指出,一是该理论以音素为基础叙述音姿构成,二是音节剖析为与音姿对应的元辅音音段。由于发音音系学是基于生理运动视角，如果产生声学上的变化，该理论就无法加以解决。例如音段波形的瞬时性和叠置性，即使音姿不曾删减也可能会发生听觉上的掩蔽。再如，音姿重叠运动听觉上实际总是产生顺序声音，忽略了可能的同步声现象。发音音系学有关发音部位同步运动概念促使人们重新认识语音序列的时间结构关系（参看图 3，Xu & Liu 2006），并借助实验证明作为词的起始音节，辅音跟元音总是同时和同步的，即 CV 结构中 C(initial C) 与 V 同时发音，与发音音系学所说同相位同步发音一致。这项实验强力支持了语音单位的音节性质，也就是说，从发音角度看，不能把时间上同时发音并包含辅音和元音的音节割裂为辅音和元音两个单位。与发音音系学相应的另一种现象是：韵尾辅音结构（C）VC 中的 C(final C) 处于反相位，只能接在前面 CV 之后顺序发音。① 当然，这项研究还涉及更多复杂的现象，例如单纯元音起首的音节、辅音丛起首的音节、多音节词内部音节之间的划界等，该文及作者相关文章对此都有所论证（Xu，Liu 2006；Xu 2020；Liu，Xu 2021；Liu，Xu & Hsieh 2022），有关细节本文不再赘述。

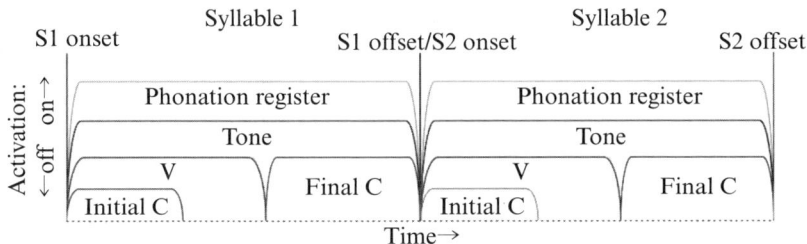

图 3　音节时间结构模型（Xu，Liu 2013）

4.3　音节的定义

以上数节讨论环环相扣，逐步揭开了遮挡音节本质的纱幔，让人们有了再度审视音节定义的全新视角。在此基础上，我们尝试提出一个或许可以

① 南开大学冉启斌教授审阅了本文初稿，对辅元音节同步发音完全赞同，且指出了 CV 为同一音节，而 VC 感觉为两个音节。他的完整的音节感知观点发表在《音节的语音融合类型及其表现》（2012a）等论文中，是对音节本质属性研究的重要贡献。后来他跟石锋教授合作发表的《音节的定义》（2019）融入了相关观点。

讨论的音节界定框架:

(1) 人一次发音感知的声音单位,具有整体不可分割性;

(2) 人的语言最小可载义语音材料或组构载义用语音材料的单位。

这个框架在内涵和外延上均需要做详尽解读,这是因为有不少原理性的内容隐含其间,例如同步发音原则、感知原则、音质内在性质、符号表征原则等。此外,由于很长一段时期以来,人们对音节的认知一直受到源自字母的元辅音音段的影响(详见本文 5.1 节),很多似是而非的概念杂糅其中,包括历史文字发明中的实用性或功利性的认知,经历 2 000 多年后,其对字母文字使用者的深彻影响似乎已经难以扭转,并一定程度影响到非字母文字母语的研究者。

音节的定义首要是确定音节的性质,这是音节作为人类语言基本单位的核心问题。人们普遍知晓的音节概念源自听音层面上对语流的切分经验,特别是普通人的感知经验。可是,这种差不多很难出错的感知切分结果一直未能进入学术主流层面而概念化、术语化。因为,人们被另一种强大的认知吸引,即音节的多型形式:元音音节和辅音音节,[①]可是,由于起始认知的偏误,这两种形式在诸多语用表征形式上竟又与文字体系中的元音字母和辅音字母相类。于是乎,这种来自字母表文字体系的单位携带着它构成音节的功能价值混入语音学系统,元音字母和辅音字母变身为语音学的元音音段和辅音音段,并自动获取了构成音节的功能,不经意间又将音节和元辅音音段分出等级。至今,语言实际使用者无法描绘出语言学意义上的元音是什么或者辅音是什么,而语言学家虽有困惑,也只能勉强把元辅音称作一种抽象的理论假设,(Ladefoged 2012:187)还为此开始了漫长的元辅音音素的性质、功能、地位的论证过程,构建出所谓以元辅音为基本单位的语音学和音系学体系。[②]

———————

① "音节的多型形式"相当于说多样形式或变体形式,可比拟传统音位学说中音位的多个变体形式,各变体都是平等的音位。音节也有多个变体形式,此处为避免误解,采用多型形式指称多种不同类型的音节。

② 西方学者为什么未能厘清元辅音概念的来源,至少有两点可以推测,一是上文提及的被传承了近 3 000 年强大的字母表文化对他们思想观念的挟持。二是很可能还有西方还原论哲学对文字符号分析的严重影响,就像语言学单位区分层级,词是由语素构成的,音节也是由元辅音组成的(音节也是文字单位)。实际上,还原方法对应着还原的意义和价值,词还原为语素不能脱离词义,音节还原为元辅音音段则很难表述其价值,特别是假定这个音节是从多音节词中取出的抽象音节。

　　回到音节的性质问题上来。音节是什么？音节是一段可载义或者组合起来载义的语音形式。这里的意思不难理解，共时上，音节是语言符号系统中词的外显形式编码，或者是词的直接物理语音形式，或者是构成词的物理语音形式音节段。来源上，音节专指人类进化过程中发展出的一套以声音为载体的意义表征形式及其集合。如果撇开意义不论，一个音节就是说话人口腔发出来的一个声音，也是听音人感知到的一个物理声音（声波）。至于这个音节（声音）涉及产生它的发音器官进行了哪些复杂运动、包含了哪些复杂的物理波形，实际已在各种不同目的音素名义下开展了大量研究，只是未曾作为界定音节理论目标而全面展开。

　　有了以上理解，我们继续讨论音节的定义。

　　（1）按照初拟的框架，我们理解：音节是人类语言的声音现象，通过人体发音器官运动产生。这似乎排除了也曾经历漫长进化历程的其他灵长类生物或者其他哺乳动物，因为人类发音器官的进化达成直喉效应，使咽喉下沉拉长声道，又进化出合适的舌体长度便于在口腔形成各类可相互区别并分节的发音共鸣腔，并且产生气流控制和声门开闭控制机制。更重要的是，发音人和听音人通过语音范畴化系统获得神经生理和心理协调的进化，为产生音节奠定生理基础。

　　（2）"一次发音感知的声音"表示同一发音个体有众多可对比的单次发出的声音，每次发出的音节不一定相同，或者不同发音个体之间有众多可对比的单次发出的声音，这说明每种语言系统都拥有相当数量的不同音节。历史上的一些古老书写系统音节表证明确实存在这样的语音单位。（Gelb 1963）

　　（3）所谓"（声音）整体不可分割"可以理解为从器官发音运动中切出一次发音行为，并体现为听觉上的单次声音（一次发音感知的声音），这也说明，音节作为人类器官发音和听音感知的单位具有一致性，这可能与习得相关。"整体不可分割性"还蕴含了音节的内在性质，无论发音器官是线性简单运动还是非线性复杂组合运动，无论物理声音是前后同质的还是变化的，例如同步从辅音性到元音性，还是同一音质贯彻始终，该声音都被感知为一次或一个整体声音，即具有同时性和同步性，并且是语感上能轻易感知到的声音单位。这又意味着音节是言语层面真实的、客观的声音，每个个体人都可发出和感知的音节声音。这是声音作为语言单位的逻辑基础。

（4）"人的语言最小可载义语音材料"是一种科学描述,一方面叙述和建立这个概念,提出音节作为语言系统的基本单位,为之构建一个平台、一套术语和一个系统,另一方面确定它是一种形式载体,具有可载义的功能、应用范围,并能表征它的各种类型。

（5）"组构载义用的语音材料的单位"反映了真实语言的面貌,指的是:音节是词的语音形式,词是不定长的。有些语言有更多单音节词,有些语言有更多多音节词,甚至有些语言完全没有单音节词。在这个意义上,音节相连会造成形式上的组合关系,或者相连音节怎样划界的操作,这种组合或分节关系在某些语言中可能带来一系列语用操作上的模糊认知或概念纠结,例如载义单音节词相连造成的复合词与组构载义用音节相连的多音节词有着本质的差别。

按照以上解读,音节可以按照以下表述明确定义,使其内容丰满、完善:

音节是人类个体发声器官同步同时运作发出的单次声音,这个声音是人类语言最小可载义或组合起来载义用的声音材料和语音单位或语音构造单位。

音节的定义不仅使语音单位的概念清晰起来,而且给语音学预设了一个新的研究思路,甚至是一个全新体系。

5　音节的性质和类型

5.1　元音是一种音节

理论上,音节作为人类语言最小的声音单位,它自身是不能再度切分的。可是,由于字母文字发明的语用性优势导向(浅层理解为"先入为主"也未尝不可),西方语言学在一种模糊的语音单位基础上业已建立起宏大的语音学体系,该体系在语言和文字两套符号系统之中纠缠,虽然在相当程度上逼近语言系统,却永远不能达至理论完善,有时候甚至造成相互冲突或引向歧路。最关键的认知差异是元音与辅音,这是两个被认定为语音学最基本的音段单位,是所谓构成音节的最小元素,也被认为是人类语言最小的基本符号,即元音音素和辅音音素。

元音和辅音真的是比音节更小的语音基本单位吗? 音节是元音和辅音构成的吗? 不回答这两个问题,就不可能真正理解音节,更不可能重新构建适合音节概念的多型元辅音音节的共存体系。事实上,本文第 3 节已经阐明元音音段和辅音音段出自文字上的字母概念,第 4 节阐明了音节的语音属性。可是,由于元音字母和辅音字母是对语音的映射,以及它们文字上构成音节的显见形式,使人们不知不觉一直将两个相互关联而本质不同的音节概念相混淆,一个是文字拼写(处理)上的字母组合单位,一个是元辅音字母映射的真实语音单位。由此可见,音节术语原初的文字单位性质相当隐蔽,导致人们一直广泛将其作为语音本体单位对待。本文"音节"概念和术语是基于语音学意义的。

承接 4.3 节的"音节定义",音节是发音器官产生的复杂语音单位。这个界定并不妨碍音节的元音呈现形式。换句话说,元音是发音器官能产生的音节形式之一。

实际上,如果人们希望从性质上界定元音,其定义大致是:元音是听感上的一种乐音。但是,这样的定义在认知上没有多大启迪价值,所以人们一般采用发音的和声学的方式来界定。例如 Ladefoged(拉迪福吉德2012:26)说:元音是呼出气流不受任何阻碍产生的语音。更完整的说法是:元音是人类发音时不受齿、舌、唇阻碍并声带规律性振动而呼出气流产生的言语声。如果按照音节的定义方法,我们只能抽取元音定义的相关意思来表示,即,元音是发音器官单次产生的气流不受阻碍且声带振动的整体声音(是人类语言最小可载义或组合起来载义用的声音材料和语音单位或语音构造单位)。把音节的定义这样套用于元音明显过于迂回,但我们的目的应该是达到了:元音也是一种音节,是本体性质上或类型上自成一类的音节,(物理声音)通常前后以自身起始或结束为边界,又分内部音质稳定或基本稳定和内部音质变动两类,前者称单元音,后者是复元音(假性的或真性的复合元音)。

5.2　辅音是不像音节的音节

再说辅音,辅音音段性质上一般被看作噪音,内部包含了湍流性质的物理声。此处，为简化讨论，我们有意略去辅音声学上那些复杂的描述，包括混波性、强频区、摩擦性、瞬流性、鼻音性、近音性等。辅音类别较多，如果阻碍或者摩擦仅仅来自口腔收窄处，可能是清辅音；如果阻碍来自口腔收窄处和声带，就形成浊辅音；鼻音略显特殊，一边放开鼻腔通道，一边造成口腔阻碍。总起来说，辅音是发音气流受到阻碍或摩擦产生的语音，有些可以延长，称为久音，有些不能延长，称为暂音或瞬音。（王理嘉　1991：22）

正是由于辅音的这种复杂现象，我们不可能简单套用音节的定义来界定辅音音节。而在真实语言中，普通人一般是不能切分出语流中的辅音音节的。如果有语言学家表示他们可以从语流中切分辅音音段，那也只能是为了某种功能目的编造的抽象概念，并不等于实际听到的语音，或者听到的只是某些特定的案例：所谓音节性的不完整辅音。例如粤语，韵尾[-m]是不除阻的鼻音，[-p̚]是所谓的无听感除阻塞音充当韵尾，实际不除阻。

元音可以定义为一种音节是由元音音质决定的，称作元音音节（vocoid syllable），简称元音。① 至于辅音是否具有音节性呢？完全可以通过一个程度阶梯量度逻辑判断，例如擦音可以被认为是一种带无实体性元音的持续音节。一般认为塞音、塞擦音、擦音等不具有音节性，实际上放在全体音素队列中，三者之间也存在音节性等级，以浊音为例，三者音节性的顺序是：塞音<塞擦音<擦音，例如[d]<[dz]<[z]。阻塞音之外，其他辅音都在一定程度上或一定条件下具有类似元音的音节性质，例如鼻音、颤音、边擦音等，近音最接近元音，通常具有音节性质。元音和辅音作为音段在已有的语音学体系中是一对平行概念，虽然辅音从性质上说不具有典型音节性，但在系统结构上或概念体系上却是具有元音音节同等地位的单位。这样的认知促使我们在构建新的音节概念中不能忽略它的价值，借助概念类推，我们尝试预设辅音也是发音器官产生的音节形式之一，即辅音音节。下文我们开展词音节性质和类型的讨论，并通过这个过程证实存在辅音音节（contoid

---

① 当代语音学中作为音段的元音音节研究已具相当深度，甚至逼近其性质真值。可是对音段来源的合法性质疑不能不危及该学科的立论基础，当前可做的是，如果去除它的音段（音素）身份而赋予其音节身份，技术处理上是否还存在不可逾越的系统障碍呢？这都是后续研究无法回避的问题。这些疑难点对于辅音音段变身为辅音音节也同样存在。

syllable），简称辅音的理由。

5.3　音节的表示方法

上文已经指出，在传统语音学或现代音系学中，音节只是一个没有实际效用的花瓶，是描述元辅音音段与词（语素）之间关系的中介表述，或者更重要的一点是描述声调—韵律作用时的一个承载形式。一旦我们把音节作为实实在在的一个一级基本单位，我们至少需要一套描述音节的符号体系。这套体系能够反映音节的内部性质、音节的类型，以及音节的功能和作用。

继续讨论之前，本文要指出，不载义音节和音节类型实质上是抽象的和理论的表述，是从真实的词的语音形式中提取出来的，尽管有些词本身就是单一音节。所以在指称词的语音或音节形式时我们称之为词音节或词音节形式。此处我们要引入"音节结构偏好原则"概念（Lowenstamm 1996；Berces 2006；Levelt, *et al.* 2000；Bonatti, *et al.* 2005；Capellan, *et al.* 2007；Nam, Goldstein, *et al.* 1986）。根据该原则，人类语音倾向于音质上的辅元（辅+元，"+"号表示辅音和元音同步叠置，下同）组合音节，是一种复杂语音属性。结合上文 4.2 节发音同步机制和 5.1 元音音节和 5.2 辅音音节论述，加上这种内在性质从辅音性到元音性复合类型，我们至少已获得三种音节类型。[①]

江荻等（2014）提出音节（CV）或音节组合（CVC、VC、CV……CV）是人类语言的基本形式，并转喻为人类语言"基因"，严格说则是"人类非生物性语言基因"。人类语言进化过程中，无论语音、词汇、形态、句法都可能发生演化，变得面目全非。但是有一种最基本的语音形式在人类语言中能够相当程度延续下来，即人类语言"基因"。我们曾用一种抽象化的公式描述这样的结构：{CV}p。CV 表示辅音+元音类型音节，括号表示音节，括号外的{}p 表示不确定数量的音节（p = polysyllable）。例如{}$_{p=2}$ 表示词形为双音节，{}$_{p=3}$ 表示词形为三音节。{CV}p 之所以被认为是人类非生物性语言基因，是因为它是唯人类拥有的符号系统建构形式。它是人类进化进程中借助人的生物性摄食器官衍生出的一套声音符号处理方法。人们需要做的就

---

① "音节结构偏好原则"概念是在音节由辅音和元音组合的理论下提出的观点，现在我们不认为音节是由辅音和元音组合的，则不再提其内部存在"结构"，而是一种复杂属性。

是观察、描写、记录这套方法，以及运用这套方法。

从书写上说，最简易的音节单位表示方法是用 S（syllable）表示音节，不同的音节可以在引导符 S 之下添加数字方式来表现，例如 S_1、S_2…S_x。但是，这个方法只能表示不同词的音节数量，不能揭示音节的性质和类型。

还有一种方法是在音节符号（引导符）之下列出音节内部可能的语音属性，例如：

符号 Scv：表示音节内部具有不同性质的语音，即 Ss。按照上文所述人类音节基本类型（Clements & Keyser 1983）或者"音节结构偏好原则"（Lowenstamm 1996），此处 Ss 的小写-s 等于传统描述的 CV，即 Ss＝Scv。为了叙述方便，下文以 CV 表征基本音节类型 Ss，V 表示又一种音节类型 Sv，C 表示第三种音节类型 Sc。所以：

符号 Scv：表示音节内部是辅元复杂叠置发音性质；

符号 Sv：表示音节内部是单纯元音性质；

符号 Sc：表示音节内部是单纯辅音性质。

不过，该方法的引导词 S-实际上是不必要的，就像非线性音系学中使用"σ"表征音节层级而无实质性作用。我们建议采用类似国际音标的表示方法，设计一个音节表达框架，本文采用双竖线"‖"。例如，|S|可直接表示具有辅元同步发音性质的音节，即|CV|。

辅音符号 C 和元音符号 V 在音节属性中构成抽象的序列和平行关系，并且性质上相互对应。以逻辑关系论，如果我们抽取 V 作为一种音节|V|，那么剩余的 C 亦当作为一种音节，即|C|。|C|作为一种音节的假设有真实的经验基础，例如，car[kaːr]：|CV.C|。

|V|和|C|作为音节虽有一定客观真实支撑，但数量并不多，它们更可能是语言演化过程中造成的音节变体，音节变体历时上包含形成的历史性。按照现代语音学的描述，还有一些常见的辅元音序列：CVC、CCV、VCC、CVV 等，也应该是语言演变造成的音节变体。如何处理这类现象并纳入本文以音节为最小本体单位的语音新说，这是需要解决的问题。

综上，在体系的表达上，前述人类非生物性语言基因的表达{CV}p 可以改为：|CV|p 或|CV|p＝n。对于音节|CV|p，我们可以将其中的 C 描述为音节的辅音属性或特征，V 则描述为元音属性或特征，但不能将之割裂为|C|和|V|，音节|CV|是同时同步包含不同音质属性的单一复杂发音单位。

音节|C|或|C·|和音节|V|或|·V|只能是历史演变造成的音节。[①]

5.4　划分音节的历史原则

当代语音学和音系学关于音节研究经常涉及的问题主要有音系结构及其相关的配列和层次分析,其次是音节划界及由此引起的音节边界和音节数量等诸多问题。关于音节结构,常见的分析是: 音节首、音节核、音节尾,主要有以下三种分层和分段方法。

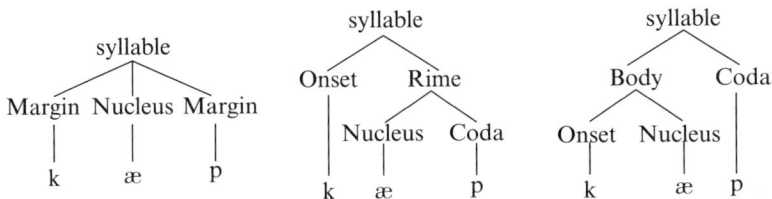

图 4　当代音节结构分层分段分析案例(Kessler & Treiman 1997: 297)

音节划分更是理论峰出,提出各种方法和术语,诸如开音节、闭音节、音节峰、音节边界和音节响度说,非线性音系学也提出音节首优先原则、核心音节模式、音节重量或作为韵律载体等分析概念。由于教学等语用目的,以上分析均带有很强的主观化方法,很可能给辅元音音段分析造成复杂性。本文拟从历史角度观察音节及其变体的来源,并以演化过程以及演化结果作为划分音节的依据。

上文曾提到"音节结构偏好原则",实际这是从多学科和世界语言历史断面观察的结果,还包括了语音类型学推论。这个原则曾帮助我们建立人类语言初始状态的理想词形语音面貌假设,即|CV|p。在对|CV|$_{p=3}$的演化过程进行数学模拟计算的时候,按照早前线性结构观点,我们也发现演化会导致大量突变形式,词音节数量逐步减少,原本规则的|CVCVCV|、|CVCV|、|CV|等词音节形式逐步复杂,产生了|CVC|、|VCC|、|CCV|、|CVV|、|VVC|、|CVCC|、|V|、|C|等多种变体词形。(江荻等 2014;Jiang, *et al.* 2014)本案所谓突变专指元音或辅音属性的变异脱落,如果音节中的元音属性脱落,则称为负向偏

----

① 　|C·|和·V|表示基于历史演变产生的音节符号描述,而在共时状态下,可以直接表征为音节|C|和音节|V|。

移,系统中出现形式上的辅音连缀。如果音节中的辅音属性脱落,称为正向偏移,系统出现元音连缀形式。元音和辅音属性的连续脱落可能导致音节整体脱落和词音节长度的变化。偏移量和偏移角度是针对具体语言的词音节形式整体而言的。

　　此处不具体讨论计算过程。从演化的结果看,可用演化的参数,包括辅音和元音属性演变产生的偏移距离与偏移角来观察世界语言发生的变化。请观察表5。

表5　179种欧洲、亚洲、大洋洲和非洲语言词音节演变抽样举例

序	语言名	区域	偏移量	偏移角	词长
1	English	Europe	1.265 3	−0.288 9	1.130 4
2	Dutch	Europe	1.519 9	−0.293 4	1.194 2
3	Norwegian	Europe	1.011 8	−0.216 7	1.405 8
4	Tamil	South Asia	0.833 4	−0.072	2.166 7
5	Vietnamese	Southeast Asia	0.507 6	−0.126 5	1.058
6	Thai	SoutheastAsia	0.686	−0.193 5	1.135 3
7	Beijing	East Asia	0.557 7	−0.050 7	1.283 6
8	Lhasa-Tibetan	East Asia	0.350 8	−0.066 8	1.620 5
9	Ge'ez	Africa	0.825 6	−0.174 7	2.082 1
10	Hadza	Africa	0.452 1	−0.015 3	2.277 8
11	Lingala	Africa	0.442 3	−0.033 6	2.374 4
12	EasternFijian	Oceania	0.211 6	0.050 2	2.449 7
13	Rapanui	Oceania	0.398	0.099 5	2.704 1
14	Malagasy	Oceania	0.312 4	0.041 5	2.898 6
15	Maori	Australia	0.333 3	0.090 5	2.313 7
16	Japanese	Northeast Asia	0.481 4	0.085 7	2.487 9

　　表5列出世界部分语言演变数据。欧洲、亚洲和非洲的语言偏移角为负,元音属性脱落较多,形成辅音丛形式。大洋洲、澳洲以及靠近西太平洋

的日语辅音属性脱落多,产生元音丛。偏移量与词形长度有相关性,非洲和大洋洲语言辅元音属性脱落数量较为均衡,无论产生辅音丛还是元音丛都不算偏激,因此词长都保持在 2 音节之上。亚洲语言词长略高于 1 音节,偏移量不大,至少反映脱落结果辅元音属性保持均衡。泰米尔语属于南亚古老的达罗毗荼语系,词长接近太平洋语言。欧洲语言可能曾发生严重的音节内部演变,目前基本词汇词形较短。就总体样本而言,本案样本采用的是 Swadesh 100 词,核心词汇偏短,样本量也偏小,结论仅作为参考。

上举案例是语言词音节形式变化的结果,包括的词音节有各类复杂结构:|V|、|C|、|CV|,以及 VC、CVC、CCV、CVV、CVCC 等待分界形式。进一步,可以设立一定的原则将音节从词音节形式抽象出来:

(1)基本音节形式|CV|不再切分,例如[pu]→|CV|,[tʰi]→|CV|,[kʷa]→|CV|。依附于辅音的送气和唇化等变体归于辅音,不单列。

(2)首辅音优先,例如[tam]→|CV.C|,[ik]→|V.C|,ivy[ˈaɪvi]→|V.CV|。① 本类也可理解为排除辅音韵尾结构。

(3)元音独立音节,例如:[ɛ]→|V|,[uə]→|V.V|。

(4)复合元音不分割,例如[ai]→|V|,[əu]→|V|。如何区分复合元音与元音组合需建立规则。

(5)辅音独立音节,例如[fri:]→|C.CV|,[ˈrɪvə(r)]→|CV.CV.(C)|,② |ælps|→|V.C.C.C|。辅音作为独立音节除了 5.2 节给出的原因,还有一点也需指出,即|C|可以理解为带有无实体(substance-free)伴生元音(anaptytic vowel)的音节。

(6)前附音节(一个半音节,sesquisyllabic)伴随元音的表示,例如达让语[pʰə³¹laŋ³⁵]→|CV.CV|"石头",该词有时也记作首音节为次要音节的形式,其中起首辅音有点像复辅音,实际是带伴随元音的一个半音节:[pʰ·laŋ³⁵]→|L·.CV|。此处用字母 L(light consonant)代表起首轻声或轻调音节的辅音(轻辅音),其中|L·|后随的伴生元音一般是偏央元音或与辅音同部

_____

① 本文用英文句号"."表示音节分界。例如|CV.C·|。多音节词不分界时则连写,例如|CVC|。

② 在现有系统中,river 切分为 riv·er|CVC.V.C|,而不是 *ri·ver|CV.CV.C|,有词义上的制约。本文基于历史演变原则分界,(The) Alps 切分是|V.C.C.C|,呈 4 个音节,与现有英语教学用音节切分体系差别甚大。

位元音(伴元音型)。这种现象在南亚语和部分藏缅语中十分普遍,具有一定的地域性特征。

(7) 附加特征和韵律成分暂不计入音节切分,包括送气、长音、鼻化、(硬/软)腭化、唇化、齿音化、重音、卷舌等。

当我们采用多型音节新观点来观察以上讨论时,在三类音节中,|V|音节和|C|音节因其内在性质的基本一致性无需进一步解释,分别称为元音音节和辅音音节。|CV|音节则需解读为是蕴含辅音和元音性质而同时同步产生的发音形式,称为(同时)同步音节。所以,多型音节指的是:音节|S|呈现为|CV|、|V|和|C|三种音节类型,其中|S|也专指|CV|类型。考虑前附音节的多音节类型,则还应有|L·|和/或|LV|音节类型,据其性质分别称为无韵音节和轻声音节。

6 结 语

什么是音节? 这是一个很长的故事,有好几个世纪那么长久。本文综合前人观点并挖掘歧见所在来重新界定音节,以颠覆式方法提出元辅音性质新说和基于语言自然演化的音节划界,这些观点成与不成得看看以下问题怎么解决。音节上场作为语音学或音系学主角的话,诸如原本描述之元辅音的发音部位和发音方法何以待之,本文元辅音性质新说能否被接受,还有与嗓音以及气流机制的关系,最重要的人们怎样重构以音节及其多型变体为基本单位的语音学整体版图,以及音节与词汇、形态、句法各系统之间的关系。总之,语音与字母分述(例如英语)、语音与汉字统论,都可能需要更多理论阐述和广泛的语用实践(参见裘锡圭 2013:9—20),譬如以元辅音字母为主角的代码、缩写、谜语、广告、游戏、排序、计算,这些语音之外的用途开辟了以语音为背景的字母应用新疆域,也值得拓展探索。①

最后,作为结语和致敬,不能不提到令人疑惑和遗憾的一件事:拉迪福吉德既然提出了元辅音是人们科学想象的单位,他当年为什么不以实验来

---

① 至于本文新创音节类型及其编码是否更适合语言(或汉语)未来的信息计算或者作为量子传输单元及其在其他领域的应用,都有待更专门的研究。

证之或证伪之呢？

参考文献

布隆菲尔德.1980.《语言论》,袁家骅等译,商务印书馆。

陈保亚.2015.《20世纪中国语言学方法论研究》,商务印书馆。

邓思颖.2015.《粤语语法讲义》,商务印书馆。

索绪尔.1980.《普通语言学教程》,高名凯译,商务印书馆。

江　荻.2013.单音节型语言演化的语音后果.石锋,彭刚.《大江东去——王士元教授80岁贺寿文集》,香港城市大学出版社。

江　荻.2021.藏语ABA'B式状貌词与表现形态理论,《中国语文》第6期。

江　荻.2022.藏语ABB式状貌词及其产生的理论根源,《语言科学》第6期。

江　荻,康才畯,燕海雄.2014.词形结构进化与世界语言的多样性,《中国科学通报》第21期。

克里斯坦.2019.《文字的历史》,王东亮,龚兆华等译,商务印书馆。

赖福吉.2022.《元音与辅音》,衣莉,兰婧晰译,商务印书馆。

李　佳.2017.《音节结构与方言分组鄂东南方言的个案研究》,中华书局。

利　基.1995.《人类的起源》,吴汝康,吴新智,林龙圣译,上海科学技术出版社。

罗常培,王　均.1981.《普通语音学纲要》,商务印书馆。

罗杰斯,亨　利.2016.《文字系统：语言学的方法》,孙亚楠译,商务印书馆。

洛　根.2012.《字母表效应：拼音文字与西方文明》,何道宽译,复旦大学出版社。

裘锡圭.2013.《文字学概要》第二版,商务印书馆。

冉启斌.2012a.音节的语音融合类型及其表现,《汉语语音新探》,中国社会科学出版社。

冉启斌.2012b.音素结合的融合程度与汉语语音的若干重要表现,《汉语语音新探》,中国社会科学出版社。

施曼特-贝瑟拉.2015.《文字起源》,王乐洋译,商务印书馆。

石　锋,冉启斌.2019.音节的定义——基于语言学的思考,《南开语言学刊》第2期。

王洪君.2008.《汉语非线性音系学》,北京大学出版社。

王理嘉.1991.《音系学基础》,语文出版社。

叶蜚声,徐通锵.1981.《语言学纲要》,北京大学出版社。

余　林,舒　华.2002.西方语言产生研究中的几个主要问题,《心理科学进展》第3期。

岳　源,张清芳.2015.汉语口语产生中音节和音段的促进和抑制效应,《心理学报》第47卷第3期。

张清芳.2008.汉语单音节和双音节词汇产生中的音韵编码过程：内隐启动范式研究,《心理学报》第40卷第3期。

张清芳,杨玉芳.2005.汉语单音节词汇产生中音韵编码的单元,《心理科学》第 28 卷第 2 期。

赵元任.2002a.《中国话的文法》(增订版),丁邦新译,香港中文大学出版社。

赵元任.2002b.音位标音法的多能性,《赵元任语言学论文选》,叶蜚声译,商务印书馆。

周晓林,庄 捷,舒 华.2001.言语产生研究的理论框架,《心理科学》第 24 卷第 3 期。

朱晓农.2010.《语音学》,商务印书馆。

Abercrombie D. 1967. *Elements of General Phonetics*. Edinburgh University Press.

Bell A G. 1911. *The Mechanics of Speech*. Funk and Wagnalls.

Berces K. 2006. What's wrong with vowel-initial syllables? *SOAS Working Papers in Linguistics 14*：15－21.

Bonatti L L, Penña M, Nespor M, *et al*. 2005. Linguistic constraints on statistical computations：the role of consonants and vowels in continuous speech processing. *Psychological Science 16*：451－459.

Browman C P, Goldstein L. 1989. Articulatory gestures as phonological units. *Phonology 6(2)*：201－251.

Cairns C E, Raimy E. 2011. *Handbook of the Syllable*. Brill.

Capellan A R, Schwartz J L, Laboissière R, *et al*. 2007. Two CV syllables for one pointing gesture as an optimal ratio for Jaw-arm coordination in a deictic task：a preliminary study. *Proceedings of the European Cognitive Science Conference*. Delphes, Grèce. EuroCogSci：608－613.

Cholin J. 2011. Do syllables exist? Psycholinguistic evidence for the retrieval of syllabic units in speech production. In Cairns C E, Raimy E. *Handbook of the Syllable*. Brill：225－254.

Chomsky N, Halle M. 1991. *The Sound Pattern of English*. The MIT Press.

Clements G N, Keyser S J. 1983. *CV Phonology: A Generative Theory of the Syllable*. Cambridge, MA：MIT Press.

Dell G S. 1984. Representation of serial order in speech：evidence from the repeated phoneme effect in speech errors. *Journal of Experimental Psychology: Learning, Memory, and Cognition 10(2)*：222－233.

Dell G S. 1986. A spreading activation theory of retrieval in sentence production. *Psychological Review 93(3)*：283－321.

Dixon R M W. 2010. *Basic Linguistic Theory, Vol. 1: Methodology*. Oxford University Press.

Duanmu S. 2009. *Syllable Structure: The Limits of Variation*. Oxford University Press.

Ferrand L, Segui J, Garinger J. 1996. Masked priming of word and picture naming：the role of syllabic units. *Journal of Memory and Language 35*：708－723.

Ferrand L, Segui J, Humphreys G W. 1997. The syllable's role in word naming. *Memory and Cognition 25*: 458 – 470.

Gelb I J. 1963. *A Study of Writing*. University of Chicago Press.

Goldstein L, Browman C P. 1986. Representation of voicing contrasts using articulatory gestures. *Journal of Phonetics 14*: 339 – 342.

Hitti P. 1961. *The Near East in History*. Princeton University Press.

Jespersen O. 1904. *Lehrbuch der Phonetik*. (Translated by Davidsen H.) B. G. Teubner.

Jespersen O. 1909. *A Modern English Grammar on Historical Principles*. Heidelberg.

Jespersen O. 1922. *A Modern English Grammar on Historical Principles. Part 1: Sounds and Spelling (3rd edition)*. Carl Winter's Universitätsbuchhandlung.

Jiang D, Kang C J, Yan H X. 2014. Evolution of word-syllable structures and the diversity of world languages. *Chinese Science Bulletin 59(26)*: 3362 – 3368.

Kager R. 1999. *Optimality Theory*. Cambridge University Press.

Kahn D. 1976. *Syllable-based Generalizations in English Phonology*. Ph.D. dissertation, MIT.

Kessler B, Treiman R. 1997. Syllable structure and the distribution of phonemes in English syllables. *Journal of Memory and Language (37)*: 295 – 311.

Ladefoged P. 1967. *Three Areas of Experimental Phonetics*. Oxford University Press.

Ladefoged P. 2012. *Vowels and Consonants (3rd edition)* (Revised by Disner S F). Wiley-Blackwell.

Levelt C, Schiller N, Levelt W. 2000. The acquisition of syllable types. *Language Acquisition 8*: 237 – 264.

Levelt W, Roelofs A, Meyer A. 1999. A theory of lexical access in speech production. *Behavioral and Brain Sciences 22*: 1 – 75.

Levelt W, Schriefers H, Vorberg D, *et al*. 1991. The time course of lexical access in speech production: a study of picture naming. *Psychological Review 98*: 122 – 142.

Lieberman P, Griffiths J D, J M, Knudson R. 1967. Absence of syllabic "chest pulses". *Journal of the Acoustical Society of America 41*: 1614.

Liu Z, Xu Y. 2021. Segmental alignment of English syllables with singleton and cluster onsets. *Interspeech*. Brno, Czechia.

Liu Z, Xu Y, Hsieh F f. 2022. Coarticulation as synchronised CV co-onset: parallel evidence from articulation and acoustics. *Journal of Phonetics 90*: 101 – 116.

Lowenstamm J. 1996. CV as the only syllable type. In Durand J, Laks B. (eds.) *Current Trends in Phonology: Models and Methods*. European Studies Research Institute, University of Salford: 419 – 442.

McCarthy J. 1979. On stress and syllabification. *Linguistic Inquiry 10*: 443 – 465.

Nam H, Goldstein L, Saltzman E. 2009. Self-organization of syllable structure: a coupled oscillator model. In Pellegrino F, Marsico E, Chitoran I, *et al.* (ed.) *Approaches to Phonological Complexity*. Mouton de Gruyter: 299 – 328.

Pike K L, Pike E. 1947. Immediate constituents of Mazateco syllables. *International Journal of American Linguistics 13*: 78 – 91.

Roelofs A. 1997. The WEAVER model of word form encoding in speech production. *Cognition 65*: 249 – 284.

Saussure F. 1959. *Course in General Linguistics*. (Translated by Baskin W.) Philosophical Library.

Schiller N O. 1998. The effect of visually masked syllable primes on the naming latencies of words and pictures. *Journal of Memory and Language 39*: 484 – 507.

Schiller N O. 2000. Single word production in English: the role of subsyllabic units during phonological encoding. *Journal of Experimental Psychology: Learning, Memory, and Cognition 26(2)*: 512 – 528.

Selkirk E. 1984. On the major class features and syllable theory. In Aronoff M, Oehrle R. (eds.) *Language Sound Structure*. The MIT Press: 107 – 136.

Shattuck-Hufnagel S. 1979. Speech errors as evidence for a serial ordering mechanism in sentence production. In William E C, Edward C T, Hillsdale W. *Sentence Processing: Psycholingistic Studies Presented to Merrill Garrett*. Lawrence Erlbaum: 295 – 342.

Sievers E. 1881. Grundzüge der phonetik: Zur einführung in das studium der lautlehre der indogermanischen sprachen. *Bibliothek Indogermanischer Grammatiken, Vol. 1*. Breitkopf und Hartel.

Stetson R H. 1945. *Bases of Phonology*. Oberlin College.

Sweet H. 1877. *A Handbook of Phonetics*. Clarendon Press.

Trubetzkoy N S. 1969. *Principles of Phonology*. University of California Press.

Wong A W, Chen H C. 2009. What are effective phonological units in Cantonese spoken word planning? *Psychonomic Bulletin & Review 16(5)*: 888 – 892.

Xu Y. 2020. Syllable is a synchronization mechanism that makes human speech possible. *PsyArXiv*: 1 – 44.

Xu Y, Liu F. 2006. Tonal alignment, syllable structure and coarticulation: toward an integrated model. *Italian Journal of Linguistics 18*: 125 – 159.

Xu Y, Liu F. 2013. Advances in prosody research and how they are related to other areas. In Wang J, Chen D. (eds.) *Linguistics*. Chinese People's University Press.

The Essence of Syllables and a New Explanation of the Nature of Vowels and Consonants as Syllables

Abstract：Syllables have long been regarded as units of speech，without realising that this is an illusion；vowels and consonants have been the most solid units of phonology，without realising that they are in fact only pseudonyms of letters；and the historical misdemeanour that has led to the formation of vowels and consonants constituting syllables has gone unobserved. The article analyses the reasons why syllables have no linguistic status，describes the confusion over the unknown origin of vowels and consonants. Furthermore，it analyses the origins of syllable and letter formation from a diachronic perspective，as well as experimentally explores the unitary form of speech production，revealing the temporal structure of articulation as a stipulation of the nature of the syllable from a diachronic perspective. On this basis，this article redefines the syllable with a subversive idea，and reshapes the real status and value of vowels and consonants. The article concludes by suggesting that the syllable sequence of words is gradually formed in the long historical evolution，presenting complex word syllable forms and limited structural types，according to which a set of minimal word syllable analysis scheme and a cut-off principle based on the historical evolution process can be proposed.

Keywords：syllable definition; vowel syllable; consonant syllable; alphabet letter; syllabic segmentation

本文曾在"汉藏语言文化专业委员会第四届学术研讨会"上宣读(四川大学文学与新闻学院,2023 年 7 月 1—2 日)。2023 年全文提交"第十五届中国语音学学术会议(PCC2023)"并做小组发言(南方科技大学人文科学中心,7 月 7—10 日)。

论文刊载信息:本文初稿于 2023 年 1 月 11 日发布在中国科学院的 ChinaXiv,即科技论文预印制平台,至当年 5 月已更新 3 个修订版本。

词形结构进化与世界语言的多样性

摘要 世界语言的基本差异源于词形结构(WSS),而不是区别性的音素。语言的多样性似乎来自词形结构的演化结果,取决于音节构造形态类型和词的音节长度。文章采集世界 179 种语言的 Swadesh 词表来分析词形结构多样性指数的地理分布,并尝试发现它们在演化过程中的进化位置和深度。通过建立理想的词形结构偏移量模型,计算每种语言的偏移距离和偏移方向,根据分析结果把语言划分成三组,每一组代表一种演化类型。得出的结论是:词形结构的多样性和偏移量模型代表了人类语言演化的多样性方向和演化过程,当今每种语言都在一定程度上保留了词形结构最基本的特征,因此,词形结构可以视为人类的非生物性语言基因。

关键词 词形结构 非生物性语言基因 语言多样性 偏移量模型 地理分布

现代人走出非洲,人类语言也随之扩散到世界各地。经历数万年,不同地区的人群形成各自的文明,也形成了多样性的语言。(Cavalli-Sforza, *et al.* 1988;Leakey 1996;Jin, *et al.* 2000)语言的多样性反映了演化的复杂性,但犹如生物自简单而复杂,语言亦非生而复杂。历史语言学证明,几乎所有复杂的词法形态和句法现象都是逐步产生的。(Bickerton 1999;Jackendoff 1999;Jiang, *et al.* 2011)但早期口语一定包含了人类语言作为区别于其他生物交流方式的符号系统所拥有的基本结构,并清晰地外显。这种结构经历数万年多样性演化也不会丧失,而会在现代语言中传承下来。这就是我们称为语言"基因"的词形结构或词音节结构(word-syllable structure)。词形结构的多样性或差异性决定了语言的类型和面貌,是观察现代语言分类和追溯语言历史渊源最重要的因素,也是追踪人类族群迁徙和地理分布的参照线索。

1　什么是词形结构

词形结构是词义的语音形式和形式的结构,由音节和组成音节的音素构成。它不是一种元音或辅音这样的个体音素形式,而是一种结构体。结构体的表达是把词的具体音素(如 a、b、m)抽象为音类 C、V(C 表示辅音,V表示元音),并以音类符号的排列结构来表达。例如英语词 sesame[sesəmi]由 6 个音素构成 3 个音节组织而成,即 CV.CV.CV。本文约定,词形结构有时候可以简称结构,例如 CV 结构,形态则指音类符号排序的各种形式。关于音节,近年来学者们有一项极为重要的发现,他们认为 CV 结构是人类语言偏好形式或基本形式。(Lowenstamm 1996;Berces 2006;Levelt,*et al.* 2000;Bonatti,*et al.* 2005;Capellan,*et al.* 2007;Nam,*et al.* 2009)不过,尽管这个结论来自心理实验、行为实验、语言习得、生成音系学等多个领域,从真实词形中抽取的单个 CV 形式却没有语言单位价值,唯有整体词形才符合词的音义结合的本质。由此,我们推论人类语言词形结构的初始形态很可能是$|CV|_p$("p"即 poly-,表示多音节),其中当然也包含了单一 CV 词的结构。

假定我们接受人类偏好的 CV 是词形结构的基本构成要素,也接受$\{CV\}_p$是早期共同语言的词形结构形态,[①]就可以承认以下推理的合理性:在语言的演化过程中,元音或辅音的演化脱落造成了辅音相连或元音连缀的相对复杂的词形结构的出现。例如英语 pluck[plʌk]的词形结构是CCVC,有辅音丛和辅音韵尾,但仅一音节长,这个单音节词来源于古英语多音节的 ploccian,中古低地德语 plucken,再比较拉丁语族罗曼斯语构拟*piluccare('*'表示词形构拟,Sykes 1976),可以判断这个词历史上曾发生多处元音脱落。日语词 kudamono(水果)结构单纯,但是 CV.CV.CV.CV 有 4 个音节长,词形结构很接近预设的初始形态。汉语是声调语言,ma[55](母亲)、ma[35](苎麻)、ma[214](马)、ma[51](骂),虽然都是由 3 个音素(含 1 个声调)和 1个音节组成,具有相同的简单结构 CV[(Tone)],但同一个音节声调不同,有多个

---

　　①　补记:所谓"偏好的 CV 结构"虽然是人们对现实语言归纳的结果,但该结构本质上必定是语言产生的基本编码,是一种具有惟人属性的符号编码系统。详情参见本书《音节的本质和元辅音性质新说》。

意思。汉语乃至东亚和东南亚大多数语言一直被认为是世界语言的特例，词形长度已达到最简地步，但正是这一点证明 CV 是词形结构的最基础要素。

人类早期在世界的活动主要呈现为迁徙模式，随着人口增长逐步扩散到世界各地。如果现代人曾拥有相同的初始语言（Jackendoff 1999），词形结构也应具有一致的初始形态，正是数万年的迁徙扩散、人群的隔绝和语言的随机演化导致了词形结构的地理区域差异，造成词形结构在世界范围内呈现出高度复杂性和多样性。

2　词形结构进化的历史深度

Atkinson（2011）曾以音素作为人类"语言基因"要素探索人类起源于非洲的命题，这种思想有着深刻的学术背景，即所谓"单源性"（Rulen 1994）。全球人类基因组创始人 Cavalli-Sforza 等人（1995）认为语言进化与基因进化具有平行性，现存的大约 5 000 种语言与今天的民族和土著部落相当吻合。甚至进化论奠基人达尔文也提出"假如我们拥有一个完善的人类系谱，则人种排列成的系谱将能提供现在整个世界上所说的各种语言的最好分类"（Darvin 1929）。不过，Atkinson（2011）采用的音素和音素数量并不是语言中稳定的参项，语言不断发生音素变化，从一种音素变为另一种音素，例如 b→ß、k→x，也经常失去原有音素，或产生新的音素，音素和音素数量在一代代人之间变化传承，累积起来足以使一个语言的音素系统面目全非。历史语言学家 Campbell（2008）指出：由于跨越如此漫长的年代，发生如此巨大的变化，原初语言没有任何东西以任何形式在现代语言里残留下来。Campbell 的观点有点片面，个体音素的确不停地变化，词形结构也会变化，但任何语言都保持着动态稳定的音系、词汇（Liu & Cong 2013）和基本词形结构，语言交流功能不会中断。迄今，语言描写和类型研究告诉我们，任何语言都没有全部词形结构都变为 $|C|_p$ 或者 $\{V\}_p$ 的，也没有全部词形都以 V 起始的，或全部词都以 C 结束的（Jakobson, Halle 1956），$|CV|_p$ 结构仍然是人类语言的基本形式。

上文推论人类语言词形结构具多音节性，其中蕴含了语言起源的单源性假说。这个假说基于语音变化的原理和规则：所有语言普遍发生语音弱化和脱落,反之,增音(音素)则是随机的、临场的和语流音变性的。换句话说,语言伊始呈现多音节词面貌,经过脱落,词长逐渐缩短,形态复杂度逐渐增加。这个观点跟 20 世纪早期 Jespersen(1922)的观点一致,他认为语言是从原始多音节词朝单音节词发展。Jackendoff(1999)对人属(包括尼安德特人)的发声音姿单位提出一个有趣的描述:每个音节都是一个整体发声音姿,用 10 个这样的音姿,人们就能建立 100 个双音节原始音节发声串和 1 000 个三音节的原始音节发声串,这种方法很好地实现了开音节结尾。Jackendoff 所说"整体发声音姿"即音节,他所描述的开音节表明音节形式就是 CV,然后可以组成双音节词 CVCV 或更多音节的词。

　　按照音素脱落的模式,词形结构在漫长的数万年演化过程中产生了复杂的多维度演变,导致世界语言演化出不同词形的形态结果。我们采用递减算法来模拟音素脱落,以观察语言的演化路径和深度。设定初始词形长度为三音节,演化过程中每次脱落一个音素,则有如下演化模型:

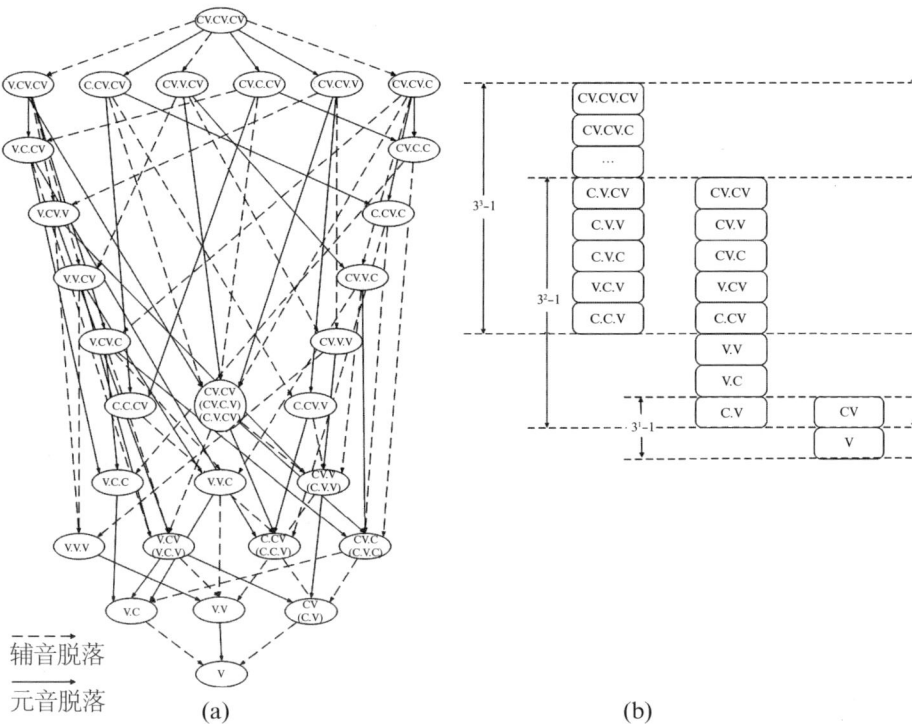

图 1　三音节词形结构的演化过程

　　从演化过程看,图1(a)中并非每种结果都实际出现过,语言凭借自身的自组织系统会选择恰当的路径,因此,在某些节点必定存在实际出现的词形结构。深度上,词形至少经历两次元音脱落才可能转变为单音节词:→CVCVC→CVCC,→CVCCV→CVCC,→CVCCV→CCCV,→CCVCV→CCCV,余则经历更多层次。元音和辅音脱落都带来复杂的词形形态,例如 CCCV(spray)、VCVVC(oriole)等,因此单个音节可能呈现 CV、V、(C) 3 种形态,n 个音节可能产生 3^n-1 种词形结构(至少保留 1 个元音)。图1(b)表示词形结构演化过程中可能会出现相同的形态,但是,由于音素值的差别,例如 CV 可能是[ta]或[si]等,语言中产生的同形词相对还是有限的。

　　在东亚和东南亚区域,有上百种语言已发展为单音节词语言,它们很可能都是这个模型的原型。至于导致语言演变的诸多其他因素,例如随机变化、地理分布、人口规模、文化接触、区域趋同等,本文结语将有所提及。

3　词形结构多样性的地理分布

　　我们选取世界 8 个区域 179 种语言的基本词汇(Swadesh list)数据为样本(Swadesh 1952),尝试使用 Shannon-Wiener 多样性计算模型对词形结构的类型和数量进行分析(Pielou 1977;Magurran 1988),下式中 H 代表词形结构的多样性,P_i 表示具有第 i 种词形结构的词汇数占总词汇数的比例。

$$H = -\sum P_i \ln P_i \tag{1}$$

　　根据计算结果,我们编制了附表 1 的词形结构数据,按语言的分布区域经纬度绘制了地理分布图(详见图 2)。该图以渐进颜色表示词形结构的多样性变化,深蓝色表示多样性较低一端,深红色表示多样性丰富一端。然后按照 8 个语言地理区域(分别是:东亚、东南亚、南亚、东北亚、欧洲/西亚/中亚、太平洋区域、美洲和非洲)数据给出词形结构多样性的箱体图(详见图 3)。

　　词形结构的多样性是由演化创新造成的。最重要的指标是词长变异和形态变异,CVCV 跟 CV、CVCVCV 词长不同,也跟 CVC、CCV、CVV 形态不

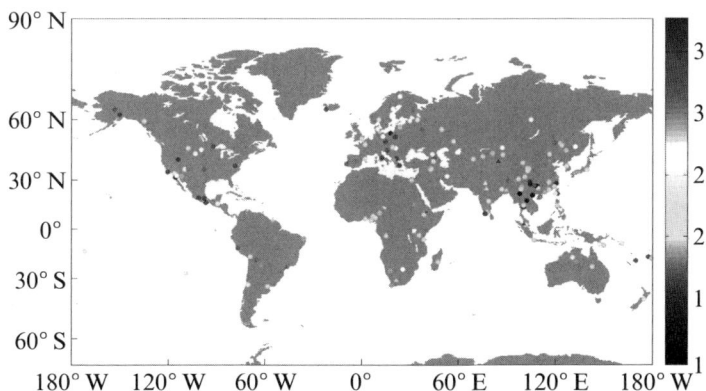

图 2　世界语言词形结构多样性分布图(详见书末彩图附录)

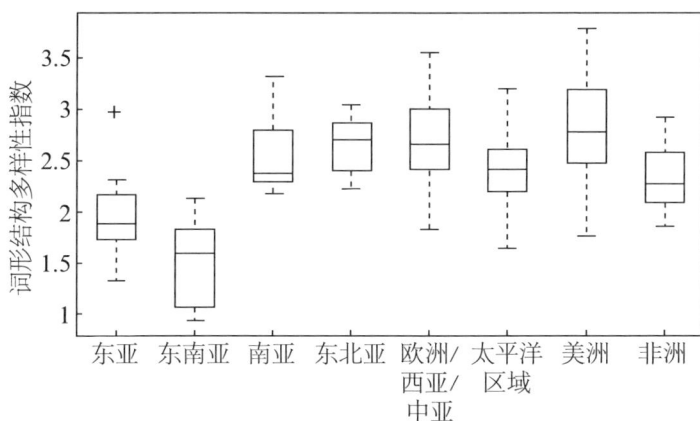

图 3　世界语言词形结构多样性箱体图(详见书末彩图附录)

同。图 2 显示出欧洲、西亚等地多样性最丰富,这主要是该区域语言词的形态变异造成的。东亚和东南亚多样性最低主要是词长变异造成的,反映了它们的孤立语性质(Schleicher 1967)。非洲、美洲、太平洋区域语言很可能在词长和结构上保留了较多早期形式。显然,现代语言的多样性聚类跟地理区域分布呈相关关系,图 3 展现了这样的聚类关系。

4　词形结构进化的偏移度量

词形结构多样性指数涵盖了一种语言的词形结构的总体丰富度与均匀度信息,但随机演化结果也可能造成低丰富度和高均匀度系统与高丰富度和低均匀

度系统具有相同的多样性指数(Pielou 1969),这种情况在上文图3显示为多个区域多样性指数不彰。因此,还要对多样性产生的根源,即词形结构本身进行分析。那么,词形结构本身又隐藏着什么样的特征信息呢? 这些特征信息能否确定现代语言处在语言演变过程中的什么位置呢? 上文已经提出词形结构的初始形态为$|CV|_p$,如果把现代语言中的复杂词形结构看作对词形结构初始形态的偏移,那么分析现代语言的偏移情况即可度量现代语言的演化程度。

假设词的元音个数为n_v,辅音个数为n_c,音节长度为n_s。根据初始结构的特征,其元音数与辅音数应等于音节长度n_s。以元音数与辅音数构建二维坐标系,将现有词形与其初始结构分别表示为该坐标系第一象限中的两个向量$m(n_v, n_c)$与$o(n_s, n_s)$,如图4(a)所示。若这两个向量之差为向量x,我们定义x的模(即长度)为该词形结构的偏移距离,元音与辅音的脱落数量越多,偏移距离越大。同时,我们将两个向量的夹角α定义为该词形结构的偏移角,偏移角为正则词形结构向元音丛倾斜(辅音脱落),反之则向辅音丛倾斜(元音脱落)。如果词内辅音和元音脱落数相同,统计上部分词形结构仅偏移距离改变,不发生偏移角变化,以三音节词为例,可能有6种变化,其中仅2种有偏移距离变化(删除线表示脱落):CV.C~~V~~.~~C~~V→CV.C.V,C~~V~~.~~C~~V.CV→C.V.CV,其余多数偏移角和偏移距离都有变化,例如:C~~V~~.CV.~~C~~V→C.CV.V,~~C~~V.C~~V~~.CV→V.C.CV。

通过几何计算,可以获得适用的偏移距离计算公式:

$$| x | = \sqrt{(n_s - n_v)^2 + (n_s - n_c)^2} \tag{2}$$

偏移角的计算公式为:

$$\alpha = \frac{\Pi}{4} - \mathrm{arctg}\, \frac{n_c}{n_v} \tag{3}$$

为直观地分析词形结构的偏移情况,我们将单个词形结构的偏移数据映射到极坐标系当中的一个点上,其极径与极角分别代表偏移距离与偏移角。那么一个语言的偏移情况也就可以通过所有词形结构的偏移距离与偏移角来度量了。本文对179种语言词表的词形结构进行计算,得出了各种语言的词形结构偏移距离及偏移角数据,以此为基础绘制了世界语言的偏移情况坐标分布图,如图(4)b所示(圆圈表示欧洲、西亚、中亚、东北亚;三角形表示东亚、东南亚,星号表示美洲、非洲、太平洋区域)。

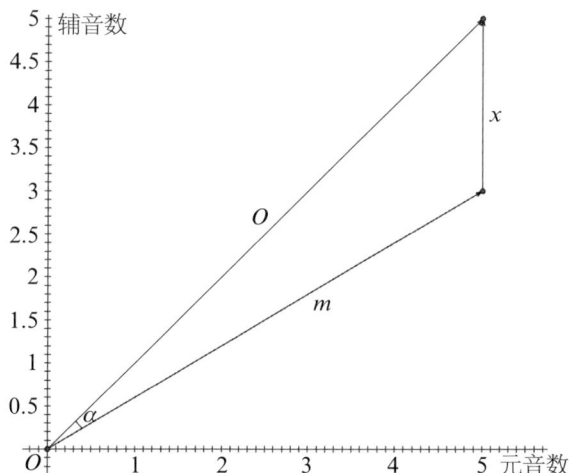

图 4(a)　偏移距离和偏移角几何示意图

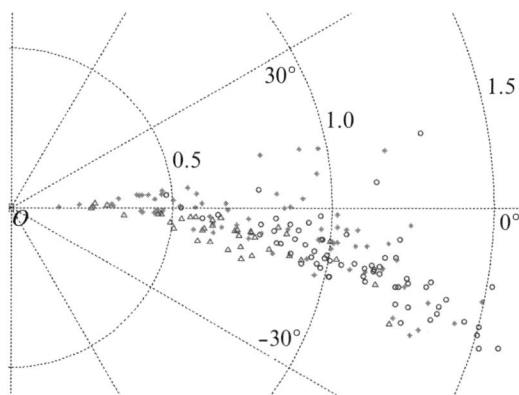

图 4(b)　偏移距离和偏移角极坐标分布图
（详见书末彩图附录）

　　从数据看,全部语言的偏移角在[−17.8,12]范围以内,其中 Chewong 语偏移角−17.8,表示该语言的辅音丛最突出。全部语言偏移距离范围是[0.148,2.678],其中 Western fijian 最小(0.148),表明最接近$|CV|_p$结构,而书面藏语为 2.678,辅音丛尤为丰富。就全局来看,有如下两个显著的特点:(1) 偏移角为负的语言要远远多于偏移角为正的语言,这说明大多数语言的词形结构呈现辅音丛形态;(2) 偏移角为正的语言其偏移距离普遍较短,这说明即使是元音丛形态为主的语言,其元音丛形态也相对简单。对比而言,辅音丛形态为主的语言偏移距离从短到长分布比较均匀,说明辅音丛具有

从简单到复杂的多种形态。

　　具体而言,以各项中值数据看(如表1),欧洲、中亚、西亚和东北亚语言[见图4(b)中圆圈]的偏移距离高于其他区域语言,并且严重朝辅音丛方向偏移,加之词形较长,说明这些语言既有较长的词形,也有丰富的辅音丛,故而归为一个类型。美洲、非洲、太平洋区域语言[见图4(b)中星号]的偏移角很小,词长最大,说明整体偏移不大。实际上,美洲、太平洋区域有部分语言偏移角呈正值,即辅音脱落较多,形成元音丛,这样的现象在世界其他语言不是主流变化。东亚和东南亚语言[见图4(b)中三角形]最为独特,目前采集的 Swadesh 词汇绝大多数是单音节词形式,少量是双音节派生词和复合词,由于历史上可能的 CV 连续脱落,无法从长度追溯初始形态。而且,东亚和东南亚语言词形形态从简单到复杂形成多个等级,藏缅语言辅音丛丰富,缅彝、景颇、侗台、苗瑶语次之,汉语最简,它的偏移角和偏移距离数据只能从单音节词的辅音丛计算,偏移距离明显较小。作为对比,我们单独列出了汉语的数据和形态特征,以此表征汉语所处的进化位置。

表 1　世界语言词形结构形态分类

语言区域	典型词形结构	偏移角	偏移距离	词长度	词形结构形态特征
欧洲,西亚,中亚,东北亚	CCVCVC	−0.144 5	1.079 9	1.891 6	辅音丛 & 多音节
美洲,非洲,太平洋区域	CVCVCV	−0.044 5	0.800 1	2.267 2	单辅音 & 多音节
东亚,东南亚	(C)CV(C)$^{(T)}$	−0.116 8	0.699 7	1.346 3	辅音丛 & 单音节
汉语	CV$^{(T)}$	−0.070 7	0.565 3	1.335 0	单辅音 & 单音节

　　据此,我们可以根据词形结构的形态将世界语言划分为三种类型:欧洲、西亚、中亚、东北亚语言是辅音丛和多音节并重形态;美洲、非洲、太平洋区域语言是简单辅音和多音节形态;东亚和东南亚语言是单音节词以及单音节词内单一辅音与辅音丛交替的形态。而南亚语言是多音节词向单音节词语言的过渡形态(Shorto 1960;Brunelle, et al. 2012),暂未列入统计数据和归类。

5　结语：词形结构作为"语言基因"

　　世界语言词形结构的多样性和偏移量模型代表了人类语言演化的多样性方向和演化过程。数万年来，随机演化因素造成的元辅音脱落突变并产生新的词形结构形态，并为不同族群传承下来，产生了语言地理分布上的多样性。如果说从现代人走出非洲至今可称得上是人类社会的大历史，那么近 1 万年来，或者新石器中晚期以来的历史就只能算是小历史。可是这个小历史以数倍于前的演化速率改变了人类，其中人口规模、人群迁徙、文化接触、区域趋同、技术发展，无一不对人的进化和语言的变化施加了社会性选择的影响（与自然选择对应）。（Atkinson 2011；Pagel，*et al.* 2007；Anthony 2007）我们采用的现代语言数据蕴含了这段小历史作用的结果，例如，汉语因为社会状态开放、人口数量较多、外部接触程度高，在抑扬格词模式演化中转变为单音节词语言。（Brunelle，*et al.* 2012；Jiang 2013）日语是一种倾向词长优势的语言，虽然地理位置在东亚，但多样性和偏移量等数据更接近美洲、非洲和太平洋区域语言，这与日语历史上所处封闭的岛屿文明环境必然相关。Chewong 语是西太平洋区域马来西亚的一种南亚的孟高棉语系（Austroasiatic languages）语言，（Howell 1984）因其同时拥有多种词形结构：单音节词，一个半音节词；双音节词，复辅音声母词，导致很高的复杂形态。本文的词形结构数据和阐释模型意在解释各语言在人类语言进化过程中的位置，在进一步的微观研究中，以上人口、地理等数据将逐步加入讨论。

　　迄今为止，词形结构的形态演化最复杂的英语和长度演化最简短的汉语都在不同程度上保存着人类语言古老的词形结构面貌。由此可以说，词形结构是人类语言的非生物性"语言基因"，是语言演化中保存至今的类似考古学化石般的遗存之一。

参考文献

Anthony D W. 2007. *The Horse, the Wheel and Language: How Bronze-Age Riders from the Eurasian Steppes Shaped the Modern World.* Princeton University Press.

Atkinson Q D. 2011. Phonemic diversity supports a serial founder effect model of language expansion from Africa. *Science 332*: 346 – 349.

Berces K. 2006. What's wrong with vowel-initial syllables? *SOAS Working Papers in Linguistics 14*: 15 – 21.

Bickerton D. 1999. *Language and Species*. University of Chicago Press.

Bonatti L L, Penña M, Nespor M, *et al.* 2005. Linguistic constraints on statistical computations: the role of consonants and vowels in continuous speech processing. *Psychological Science 16*: 451 – 459.

Brunelle M, Pittayaporn, Pittayawat. 2012. Phonologically-constrained change: the role of the foot in monosyllabization and rhythmic shifts in Mainland Southeast Asia. *Diachronica 29(4)*: 411 – 433.

Campbell L. 2008. What can we learn about the earliest human language by comparing languages known today? In Laks B. (ed.) *Origin and Evolution of Languages: Approaches, Models, Paradigms*. Equinox Publishing Ltd: 79 – 111.

Capellan A R, Schwartz J L, Laboissière R, *et al.* 2007. Two CV syllables for one pointing gesture as an optimal ratio for jaw-arm coordination in a deictic task: a preliminary study. *Proceedings of the European Cognitive Science Conference*: 608 – 613.

Cavalli-Sforza L L, Piazza A, Menozzi P, *et al.* 1988. Reconstruction of human evolution: bringing together genetic, archeological and linguistic data. *PNAS*: 6002 – 6006.

Cavalli-Sforza L L, Cavalli-Sforza F. 1995. *The Great Human Diasporas: The History of Diversity and Evolution*. Addision-Wesley.

Darwin C R. 1929. *The Origin of Species*. John Murry.

Howell S. 1984. *Society and Cosmos: Chewong of Peninsular Malaysia*. Oxford University Press.

Jackendoff R. 1999. Possible stages in the evolution of the language capacity. *Trends in Cognitive Sciences 3*: 272 – 279.

Jakobson R, Halle M. 1956. Phonology and phonetics. In Hall M. (ed.) *Fundamentals of Language*. Berlin, Boston: De Gruyter Mouton.

Jespersen O. 1922. *Language: Its Nature, Development, and Origin*. George Allen & Unwin.

Jiang D. 2011. The evolutionary consequences of monosyllabic-word languages. *Communication on Contemporary Anthropology 5*: 255 – 262.

Jiang D. 2013. The phonological consequences of evolution of monosyllabic-word languages. In Shi F, Peng G. (eds.) *Eastward Flows the Great River: Festschrift in Honor of Professor William S-Y. WANG on His 80th Birthday*. City University of Hong Kong Press: 371 – 389.

Jin L, Su B. 2000. Natives or immigrants: origin and migrations of modern humans in east asia. *Nat Rev Genet 1*: 126 – 133.

Leakey R. 1996. *The Origin of Humankind*. Basic Books.

Levelt C，Schiller N，Levelt W. 2000. The acquisition of syllable types. *Language Acquisition 8*：237－264.

Liu H T，Cong J. 2013. Language clustering with word co-occurrence networks based on parallel texts. *Chinese Science Bulletin 58*：1139－1144.

Lowenstamm J. 1996. CV as the only syllable type. In Durand J，Laks B.（eds.）*Current Trends in Phonology: Models and Methods*. European Studies Research Institute，University of Salford：419－442.

Magurran A E. 1988. *Ecological Diversity and its Measurement*. Croom Helm.

Nam H，Goldstein L，Saltzman E. 2009. Self-organization of syllable structure：a coupled oscillator model. In Pellegrino F，Marsico E，Chitoran I，*et al.*（eds.）*Approaches to Phonological Complexity*. Mouton de Gruyter：299－328.

Pagel M，Atkinson Q D，Andrew M. 2007. Frequency of word-use predicts rates of lexical evolution throughout Indo-European history. *Nature 449*：717－720.

Pielou E C. 1969. *An Introduction to Mathematical Ecology*. Wiley-Interscience.

Pielou E C. 1977. *Mathematical Ecology*. Wiley and Sons.

Rulen M. 1994. *On the Origin of Languages*. Stanford University Press.

Schleicher A A. 1967. Compendium of the comparative grammar of the Indo-European，Sanskrit，Greek and Latin languages（1871）. In Lehmann W P.（ed.）*A Reader in Nineteenth Century Historical Indo-European Linguistics*. Indiana University Press：87－96.

Shorto H L. 1960. Word and syllable patterns in Palaung. *BSOAS 23*：544－557.

Swadesh M. 1952. Lexico-statistic dating of prehistoric ethnic contacts：with special reference to North American Indians and Eskimos. *Proc Am Philos Soc 96*：452－463.

Sykes J B. 1916. *The Concise Oxford Dictionary of Current English（6th edition）*. Oxford University Press.

附表　世界 179 种语言的名称和相关数据表

表中缩写符号：

Lang-area＝language area(语言区域)

Long＝longitude(经度)

Lat＝latitude(维度)

DI＝diversity index(多样性指数)

OD＝offset distance(偏移距离)

OA＝offset angle(偏移角)

WL＝word length(词长)

ID.	language	Lang-area	Long	Lat	DI	OD	OA	WL
1	Afrikaans	Africa	22	−31	2.089 6	1.321 6	−0.293 4	1.140 1
2	Akkadian	West Asia	43.13	36.33	2.052 2	0.525 4	0.002 4	2.258 1
3	Albanian	Europe	20	41	2.918 7	0.954 5	−0.144 1	1.806 8
4	Amis	Oceania	120	22.12	2.431 2	0.863 9	−0.075 8	2.5
5	Armenian	Europe	44.52	40.17	2.389 2	1.365	−0.245 8	1.647 3
6	Aromanian	Europe	21.75	41.67	3.388 1	1.214 5	−0.082 5	2.160 2
7	Ayamara	South America	−69.05	−17.05	1.989 2	0.401 7	−0.024 5	2.519 6
8	Baheng	East Asia	109.42	25.12	2.082 9	0.597 3	−0.116 9	1.388 3
9	Baoan	Central Asia	103.42	36.23	2.426 6	0.770 1	0.074 6	2.337 7
10	Basque	Europe	2.1	41.3	2.772 3	0.870 6	−0.058 2	2.08 7
11	Beijing	East Asia	116.38	39.9	1.837	0.557 7	−0.050 7	1.283 6
12	Bengali	South Asia	90	24	2.171 2	0.626 4	−0.059 5	1.851 3
13	Brazilian Portuguese	South America	−46.62	−23.53	3.093 8	0.961 8	−0.103 1	2.176 5
14	Burmese	Southeast Asia	96	21	1.787 6	0.601 7	−0.107 2	1.207 7
15	Cahuilla	North America	−116.25	33.5	2.474 8	1.070 7	−0.181 8	1.966 9
16	Chamicuro	South America	−77.02	−12.03	3.149 7	1.046 9	−0.063 8	3.060 6
17	Chewong	Oceania	101	3.13	1.642 2	1.301 7	−0.311 4	1.328 4
18	Chumashan	North America	−120.25	34.5	3.282 9	1.330 3	−0.226 3	1.867 8
19	Cocopa	North America	−115	32.33	2.656 7	1.237 6	−0.282 1	1.368 4
20	Croatian	Europe	15.97	45.82	3.166 5	0.923 1	−0.126 8	2.072 5
21	Crow	North America	−108	47	2.421 4	0.575 5	0.075 8	2.164 6
22	Czech	Europe	15	50	3.19	1.229 9	−0.203 3	1.832 5
23	Danish	Europe	10	56	2.753 8	1.350 1	−0.262 3	1.475 5
24	Daofu	East Asia	101.2	31.63	2.276 6	0.917 9	−0.179 9	1.620 5
25	Dawoer	Northeast Asia	124.2	48.32	2.222 7	1.005 3	−0.166 3	1.466 7
26	Dena'ina	North America	−150	62	3.432 1	1.121 2	−0.181 2	1.887 6
27	Dinka	Africa	32.6	15.57	1.862 8	1.209 7	−0.136 6	1.595

ID.	language	Lang-area	Long	Lat	DI	OD	OA	WL
28	Dong	East Asia	108.85	26.55	1.498 3	0.529 8	−0.065 4	1.142 1
29	Dutch	Europe	6	52	2.577 2	1.519 9	−0.293 4	1.194 2
30	Eastern Fijian	Oceania	179.45	−18.17	2.227 3	0.211 6	0.050 2	2.449 7
31	Eastern Yugu	Central Asia	103	35	2.381 1	0.777 3	−0.106 3	1.853 5
32	Egiptian-Arabic	West Asia	31.28	30	2.135 7	0.919 9	−0.191 1	1.995 2
33	Eloyi	Africa	8.75	7.33	2.368 5	0.503	0.046 9	2.236 6
34	English	Europe	0	51.5	2.104 9	1.265 3	−0.288 9	1.130 4
35	Estonian	Europe	26	59	2.627 9	0.833 3	−0.133 2	1.888 9
36	Ewenke	Northeast Asia	119.75	49.55	3.044 1	1.14	0.072	2.933
37	Finnish	Europe	24.93	60.17	2.591 1	0.594 3	−0.055 3	2.521 7
38	Franch	Europe	2.33	48.85	2.805 4	0.987 6	−0.162	1.444 4
39	Fula	Africa	11.25	10.25	2.847 6	1.008 9	−0.112 1	2.338 3
40	Fuzhou	East Asia	119.3	26.07	2.065 3	0.713 1	−0.121 9	1.355
41	Ge'ez	Africa	38.73	9.17	2.105 9	0.825 6	−0.174 7	2.082 1
42	Georgian	Europe	44.8	41.72	3.091	0.994 2	−0.150 9	2.106 3
43	German	Europe	13.33	52.52	2.745 6	1.503 4	−0.269 3	1.512 1
44	Greek	Europe	23.73	38.03	3.282 4	1.046 7	−0.079 1	2.314
45	Guangzhou	East Asia	113.27	23.13	1.912 8	0.704 4	−0.097	1.268 7
46	Guarani	South America	−58.37	−34.6	2.266 2	0.426 3	0.097 1	2.410 5
47	Gurindji	Oceania	130.67	−17.67	2.479 1	0.742 6	−0.128 4	2.346 5
48	Hadza	Africa	35.73	−3.75	2.298 1	0.452 1	−0.015 3	2.277 8
49	Haerbin	East Asia	126.63	45.75	1.940 2	0.572 9	−0.050 3	1.33
50	Haitian	North America	−72.33	18.53	2.153	0.570 4	−0.120 2	1.512 1
51	Hebrew	West Asia	35.22	31.78	1.828 1	0.981 3	−0.194 4	1.792 3

ID.	language	Lang-area	Long	Lat	DI	OD	OA	WL
52	Hezhe	Northeast Asia	132.5	47.65	2.708 9	0.825 8	−0.039 7	2.179 8
53	Hindi	South Asia	77.72	25	2.325 2	0.877 7	−0.173 4	1.772 9
54	Hlai	Southeast Asia	110.53	20.05	1.802 4	0.763 4	−0.121 5	1.245 5
55	Hmong	East Asia	104.47	27.45	1.446 2	0.252 5	0.021	1.364 1
56	Hopi	North America	−110	36	2.758 2	0.701 2	−0.075 1	2.408 3
57	Hungarian	Europe	19.25	47.43	2.275 5	1.117 5	−0.193 4	1.512 1
58	Icelandic	Europe	−21.97	64.15	3.164 6	1.501 7	−0.250 9	1.700 5
59	Igbirra	Africa	7.38	8.17	1.973 5	0.973 6	0.192 7	2.443 5
60	Ipai	North America	−116.5	32.17	2.573 7	1.172 6	−0.163 9	2.039 8
61	Italian	Europe	12	41	2.880 8	0.822 8	−0.086	2.396 1
62	Japanese	Northeast Asia	139.73	35.68	2.398 9	0.481 4	0.085 7	2.487 9
63	Jingpo	East Asia	98.97	24.72	2.309	0.812	−0.162 8	1.517 8
64	Kala Lagaw Ya	Oceania	143	−23	2.166 7	0.316 1	0.019 3	2.437 9
65	Karelian	Europe	32	64	3.032 2	0.898 5	−0.077 6	2.961 2
66	Kashubian	Europe	18	54	3.546 1	1.384 5	−0.208 6	1.897 6
67	Kazakh	Central Asia	57.17	50.28	2.406 1	1.164 6	−0.178 6	1.655
68	Ket	Northeast Asia	105	60	2.550 7	1.326 5	−0.177 1	1.470 9
69	Khmer	Southeast Asia	104.92	11.55	1.849 7	1.231 9	−0.300 5	1.251 2
70	Kiliwa	North America	−115.67	31.33	3.791 9	1.492 3	−0.199 3	1.886 4
71	Kirghiz	Central Asia	75.42	42.75	2.263 1	1.116	−0.171 8	1.58
72	Korean	Northeast Asia	127.05	37.58	2.800 5	0.889 7	−0.108 9	1.990 3
73	Kurdish	West Asia	53	32	2.601 5	1.125 5	−0.206 4	1.531 4
74	Kwaio	Oceania	161	−8.95	2.401 2	0.469 9	0.114	2.541
75	Kwamera	Oceania	169.42	−19.58	3.186 4	0.908 9	0.031 9	2.404 3

(续表)

ID.	language	Lang-area	Long	Lat	DI	OD	OA	WL
76	Lakota	North America	−100	46	2.500 6	0.471 3	−0.017 6	2.207 7
77	Lao	Southeast Asia	102.6	17.97	1.026	0.587 9	−0.176 8	1.066 3
78	Latin	Europe	12.5	41.9	3.347 9	1.207 7	−0.129 7	2.251 2
79	Latvian	Europe	24.08	56.88	2.846 6	1.576 8	−0.282 9	1.541 1
80	Lhasa-Tibetan	East Asia	91.17	29.68	1.745 4	0.350 8	−0.066 8	1.620 5
81	Lingala	Africa	15.32	−4.32	2.247 9	0.442 3	−0.033 6	2.374 4
82	Livonian	Europe	24	56.83	2.313 7	0.846 6	−0.132 2	1.697 6
83	Loudi	East Asia	112	27.73	1.825 7	0.297 4	0.027 4	1.39
84	Magori	Oceania	150.12	−10.33	2.112 2	0.408	0.101 7	2.370 1
85	Malagasy	Oceania	47.52	−20	2.308 6	0.312 4	0.041 5	2.898 6
86	Malay	Oceania	102	3	2.449 2	1.005	−0.128 1	2.285
87	Malayalam	South Asia	76.5	10	3.321	1.000 1	−0.105 3	2.561
88	Maltese	Africa	14.42	35.92	2.764 1	1.425 8	−0.256 2	1.700 5
89	Manam	Oceania	145.03	−4.07	2.656	0.466	0.091 2	2.696 3
90	Manchu	Northeast Asia	126.63	45.75	2.997 1	0.928 5	−0.048 8	2.375 7
91	Maori	Oceania	174.45	−41.28	2.039 5	0.333 3	0.090 5	2.313 7
92	Mapudungun	South America	−70.67	−33.43	2.475 1	0.781 6	−0.101 4	2.063 4
93	Mbula	Oceania	148.1	−5.42	2.967 7	0.616 9	−0.043 5	2.389 2
94	Meizhou	East Asia	116.1	24.27	2.261	0.748 1	−0.098 3	1.395
95	Mekeo	Oceania	147.4	−9.5	2.497 5	0.790 3	0.210 1	2.424 7
96	Mixtec	North America	−97.58	17.05	2.578 3	0.665 4	0.022 2	2.152 3
97	Mon	Southeast Asia	100.5	14.83	2.128 6	1.158 5	−0.21	1.411 2
98	Mongol	Northeast Asia	116.22	43.87	2.407 5	1.136 9	−0.159 4	1.592 2
99	Motuo	East Asia	95.25	29.22	1.861 3	0.722 8	−0.172 9	1.538

ID.	language	Lang-area	Long	Lat	DI	OD	OA	WL
100	Nahuatl	North America	−98.25	19	4.489 2	1.851 8	−0.083 8	3.021 3
101	Nama	Africa	18	−25.5	1.911 8	0.631 6	−0.123	1.381 8
102	Nanchang	East Asia	115.88	28.68	2.091 3	0.698 4	−0.102 2	1.32
103	Navajo	North America	−108	36.17	3.014 7	1.078 7	−0.113 2	2.165 9
104	Nengone	Oceania	168	−21.5	2.562 4	0.570 9	0.003 6	2.248 6
105	North Saami	Europe	24	69	2.625 1	1.515 9	−0.165 1	2.021 6
106	Norwegian	Europe	10.68	59.93	2.451 7	1.011 8	−0.216 7	1.405 8
107	Nusu	East Asia	99.42	26.42	1.908 7	0.456	−0.042 3	1.305 7
108	Ojibwe	North America	−92.5	47.67	3.200 5	0.965 2	−0.107 7	2.601 9
109	O'odham	North America	−112	32	2.874 5	1.023	−0.107	1.956 1
110	Oroqun	Northeast Asia	123.15	49.37	2.825 7	0.963 6	−0.024 9	2.104 5
111	Ossetian	Europe	44	44	2.723 3	1.454 3	−0.247 9	1.713 6
112	Otomi	North America	−97.92	19.08	1.951 4	0.408 1	−0.031 3	1.820 4
113	Persian	West Asia	51.5	35.75	2.979 8	1.364 3	−0.228 6	1.905 5
114	Polish	Europe	21	52.22	3.307 5	1.256 3	−0.19	1.985 2
115	Portuguese	Europe	−9.13	38.72	3.093 8	0.974 7	−0.102 9	2.166 7
116	P'urépecha	North America	−101.67	19.5	3.196 7	0.827 6	0.053 1	3.195 9
117	Q'eqchi'	North America	−89.83	16	2.497 4	1.248 7	−0.2	1.679 6
118	Quechua	South America	−65.25	−19.03	1.766 4	0.461 1	−0.033 8	2.043 5
119	Rapanui	Oceania	−109.37	−27.12	2.424 1	0.398	0.099 5	2.704 1
120	Romani	Europe	21.5	47	2.673 4	0.968	−0.183 4	1.879 2
121	Rotuman	Oceania	178.43	−12.05	2.251 6	0.445 8	0.062 8	2.362 6
122	Russian	Europe	37.62	55.75	3.064	1.22	−0.204 6	1.903 4
123	Sala	East Asia	102.77	36.4	2.271 5	1.024 9	−0.160 2	1.619 3

ID.	language	Lang-area	Long	Lat	DI	OD	OA	WL
124	Samoan	Oceania	−171.75	−13.83	2.391 6	0.389 5	0.102	2.452 6
125	Sanskrit	South Asia	77	28	2.728 7	0.750 1	−0.102 6	2.266 7
126	Santali	South Asia	87	24.5	2.375 7	0.861 8	−0.093 1	1.786 6
127	Santee Dakota	North America	−103.4	44.13	2.584 6	0.451 6	−0.014 2	2.285
128	Shan	Southeast Asia	98	22	0.94	0.733	−0.22	1.048 5
129	Shoshone	North America	−114	41	3.445 6	1.017 5	−0.058 3	2.634 7
130	Shui	East Asia	107	26.83	1.709 8	0.762 4	−0.200 3	1.149 2
131	Sicilian	Europe	15	37	2.703	0.777 7	−0.065 5	2.432
132	Skiri Pawnee	North America	−98	35.5	3.112 5	1.113 8	−0.110 2	2.596 9
133	Spanish	Europe	−3.68	40.4	3.021 7	0.971 6	−0.103	2.137 3
134	Sranan	South America	−55.17	5.83	2.307 7	0.628 8	−0.078 7	1.804
135	Sundanese	Oceania	107	−7	2.129 1	1.007 1	−0.106 4	2.117 6
136	Suzhou	East Asia	120.6	31.3	1.837 8	0.495 6	−0.090 7	1.34
137	Swahili	Africa	39	−6.5	2.337 3	0.521 9	0.009 6	2.198 1
138	Swedish	Europe	19.75	64.25	2.678 1	1.233	−0.247 1	1.455 9
139	Syriac	Africa	43	36	2.477	1.013 6	−0.214 6	1.821 3
140	Taa	Africa	25.92	−24.75	2.648 1	1.245 1	−0.043 6	1.933 3
141	Tagalog	Oceania	121	15	2.270 8	0.737 4	−0.047	2.173 9
142	Tahitian	Oceania	−149.6	−17.57	2.649 8	0.550 7	0.115 5	2.879 2
143	Taiyuan	East Asia	112.55	37.87	1.806 7	0.465 4	−0.040 2	1.275
144	Tamil	South Asia	78.05	11	2.817 1	0.833 4	−0.072	2.166 7
145	Tatar	Central Asia	49.62	55.75	2.294	1.145 6	−0.169 6	1.615
146	Telugu	South Asia	79	17.6	2.286 7	0.652	−0.047 8	2.463 8
147	Thai	Southeast Asia	100.48	13.75	1.411 5	0.686	−0.193 5	1.135 3

(续表)

ID.	language	Lang-area	Long	Lat	DI	OD	OA	WL
148	Tlingit	North America	−135	59.33	2.778 5	0.932 8	−0.173 3	1.786 1
149	Tocharian	Central Asia	85	40	3.372 8	1.250 5	−0.178 4	2.043 7
150	Tupinambá	South America	−36	−6	2.872 1	0.957 4	0.111 9	2.358 7
151	Turkish	Europe	28.97	41.03	2.595 8	1.313 7	−0.189 6	1.879 2
152	Tutelo	North America	−78.75	37.67	3.282 5	1.081 5	−0.063 9	2.253 6
153	Tuwa	Central Asia	87.53	47.12	2.585 4	1.173 2	−0.134 4	1.747 5
154	Tzotzil	North America	−92.67	16.5	1.790 3	0.966 1	−0.220 2	1.654 8
155	Uighur	Central Asia	87.63	43.72	2.247 3	1.083 6	−0.163 5	1.625
156	Urhobo	Africa	6	5.5	2.101 8	1.175 1	0.154	2.839 7
157	Uzbek	Central Asia	69.22	41.27	2.329 6	1.146	−0.175 3	1.61
158	Veps	Europe	35	60	2.441 6	0.880 5	−0.163 9	1.686
159	Vietnamese	Southeast Asia	105.85	21.03	1.121 5	0.507 6	−0.126 5	1.058
160	Võro	Europe	24	58	2.645 9	0.948	−0.164 2	1.801 9
161	Votic	Europe	30	59.5	2.560 4	0.642 6	−0.031 8	1.951 5
162	Welsh	Europe	−3.18	51.47	2.975 9	1.161 2	−0.160 3	1.608 7
163	Wenzhou	East Asia	120.7	28	1.551 1	0.249 1	−0.001 2	1.38
164	West Frisian	Europe	6	53	2.642 1	1.272 6	−0.248 1	1.415 5
165	West Yugu	Central Asia	99.95	39.43	2.356 1	1.042 2	−0.172 1	1.617 3
166	Western fijian	Oceania	177.42	−17.08	1.678	0.148 9	0.019 9	2.260 6
167	Wichí	South America	−62.58	−22.5	2.943 4	0.655 3	−0.093	2.422 1
168	Written Tibetan	East Asia	92.28	29.37	2.963 4	2.678 6	−0.310 1	1.557 8
169	Xibo	Central Asia	81.2	44.37	2.853 4	1.292 4	0.181 8	2.96
170	Xide-Yi	East Asia	104.12	29.05	1.582 2	0.260 2	0.057 5	1.627 6
171	Yami	Oceania	121.5	22	3.195	1.0163	−0.020 6	2.670 2

ID.	language	Lang-area	Long	Lat	DI	OD	OA	WL
172	Yanghuang	East Asia	107.52	26.38	1.332 5	0.626 4	−0.170 8	1.197 8
173	Yaqui	North America	−110.25	27.5	2.694 6	0.591 4	0.023 9	2.606 7
174	Yolngu	Oceania	133.17	−20.17	2.930 7	1.172	−0.164 3	2.639 8
175	Yoruba	Africa	2.62	6.48	2.270 1	0.915	0.203 5	2.638 3
176	Yupik	Northeast Asia	−153	64	3.145 8	1.179 3	−0.095 5	2.483
177	Zapotec	North America	−97.17	16.5	3.267 1	0.850 3	−0.001 3	2.693 1
178	Zha	East Asia	97.55	30.65	2.249 5	0.627 3	−0.088 4	1.674
179	Zulu	Africa	18.58	−33.97	2.921 5	0.868 4	0.003 3	2.48

Evolution of Word-syllable Structures and the Diversity of World Languages

Abstract：A fundamental differences among modern languages in the world are made by word-syllable structures(WSS), not by distinctive phonemes. Language diversity is supposed to be an evolutionary result of the WSSs, which are decided by types of syllable constitutions and the lengths of words by syllables. Here we use Swadesh lists of 179 modern languages to analyze their geographic distribution of WSS diversity index and try to discover their developing positions and depth in the evolutionary processes. We also set an ideal WSS offset model for languages, calculate the offset distance and offset direction of each language, and then divide languages into three groups according to the data results, each of which represents an evolutionary type. Our conclusion is that the WSS diversity and the WSS offset model represent the evolutionary trend of diversity and the evolutionary process of human languages in the world. In addition, every language nowadays keeps the most primary WSS features to some extent. Therefore, the WSS may be regarded as the genetic factor or non-biological linguistic gene of human languages.

Keywords：word-syllable structure；non-biological linguistic gene（genetic factor）；language diversity；offset model；geographical distribution

本文英文版全文发表于《中国科学通报》,论文刊载信息：Jiang D, Kang C J, Yan H X. 2014. Evolution of word-syllable structures and the diversity of world languages. *Chinese Science Bulletin 59(26)*: 3362‒3368.

中文版论文刊载信息：江荻,康才畯,燕海雄.2014.词形结构进化与世界语言的多样性,《科学通报》第 59 卷第 21 期：2084‒2090。又载《语言文字学》第 11 期。

藏语 ABA'B 式状貌词与表现形态理论

摘要 文章以藏语 ABA'B 式状貌词为对象,讨论了状貌词的词形结构、语音形式、贬义语义倾向和残留的自由句法功能,由此引出表现形态理论概念。表现形态是与普通形态(传统语法体系)在系统层级上对立或不同的概念,但其词汇相对普通词汇是非全局性的子系统。尽管状貌词的句法功能和句法位置自由度较高,但在普通形态整合化作用下却呈现被驯服的特征。文章还讨论了状貌词源自造词的本质,其描摹性的价值,并以统计数确证了 ABA'B 式状貌词的所谓词根,在结语中揭示了表现形态的深层次主观认知性质。

关键词 藏语 ABA'B 式状貌词 象似性图景 表现形态理论

1 状貌词之谜

藏语拉萨话 ABA'B 格式是典型状貌词,其中 A 与 A' 是一种特定形态异音词根,表现为音节中的元音对立,常见模式是 a～o/ə～o(书面/口语,下同),变体为 a～u/ə～u;或者 a～i/ə～i,变体是 a～e/ə～e。B 的元音一律是 i 或者 e。[①] 此外,拉萨话辅音与书面语(括号内转写)的差异是历史音变造成的。例如:

(1) A：A'：a/a：o/o：ca^{55}re^{55} tɕʰo^{55}re^{55}(kyar re kyor re)歪歪倒倒,蹒跚状

(2) A：A'：ə/a：u/u：tʂʰə^{55}ki^{55} tʂʰu^{55}ki^{55}(khrag gi khrug gi)混乱,乱七八糟的样子

---

① 从演变看,拉萨话中 A 的元音央化为[ə],A' 元音不变;B 的声母可能来自 A 的辅音韵尾,元音是[e]或[i]。如果书面语中 A 和 A' 的韵尾是龈音辅音韵尾-d、-n、-l、-s,则拉萨话 A' 元音 o 变为[øː],u 变为[yː],这个变化实际跟拉萨话历史演变一致。(参看江荻 2002：155)

（3）A：A'：ə/a：i/i：sə⁵⁵pi⁵⁵ si⁵⁵pi⁵⁵（srab bi srib bi）朦朦胧
　　胧，暮色苍茫状

　　拉萨话 ABA'B 式状貌词隐藏了很多迄今未解的谜团，诸如：该格式是重叠词吗？如何重叠？A 和 A' 哪一个是词根？B 是词缀吗？深层次上，ABA'B 式状貌词跟其他词类享有一致的形态句法功能吗？ABA'B 式独特的贬损词义倾向跟语音象征性有关系吗？

　　本文从藏语拉萨话调查材料、文学作品、词表和词典中收集了近百条ABA'B 式词条，[①]拟从词形结构、语音形式和句法语义功能等多方面展开ABA'B 式状貌词的讨论，并由此提出区别于传统语法形态的"表现形态理论"及其特征和价值（详见第 4 节）。

2　结构与语音特征

　　ABA'B 式状貌词是以其音节样貌序列抽象归纳的结构代码命名的，[②]它在形式上常给人凌乱的感觉，主要表现为语音形式的多样性。以"弯曲/弯弯曲曲"义状貌词为例，试观察：

（4）ca⁵⁵re⁵⁵ co⁵⁵re⁵⁵（kya re kyo re）

（5）ca⁵⁵re⁵⁵ co⁵⁵re⁵⁵（kyar re kyor re）

（6）ca⁵⁵ke⁵⁵ co⁵⁵ke⁵⁵（kyag ge kyog ge）

（7）cʰa⁵⁵ke⁵⁵ cʰo⁵⁵ke⁵⁵（khya ge khyo ge）

　　例（4）和例（5）拉萨话读音一致，可是词典和书面记录形式有词根是否带韵尾差异。例（6）和例（7）词根声母有送气与否的差别，并且书面文字形式有带不带塞音韵尾的差别。以下结合 ABA'B 模式的语音特征来分类，纯粹来源于音变或语音磨损造成差别的不重复罗列。

　　第一类是词根用 a～o/ə～o 元音的模式，少量音变造成的变体是 a～

---

　　①　本文采用的材料有口语录音记音、词典词表、书面资料等，为保持连贯可读性，记音材料附以对应的藏文拉丁转写，藏文来源书面材料也转换为拉丁转写。

　　②　在汉藏语词汇结构上似乎只有状貌词被人们归纳出这样的结构代码：AA、AA'、ABB、AABB、A 里 AB、AXYZ（白不呲咧）、ABA'B 等，普通词则没有。由此可见状貌词的独特性。

u∕ə~u。

　　（8）ka⁵⁵re⁵⁵ko⁵⁵re⁵⁵（ka re ko re）罗嗦，磨蹭，拖拉

　　（9）ȵa¹³pe⁵⁵ȵo¹³pe⁵⁵（nya pe nyo pe）萎靡不振

　　（10）tɕʰəp⁵⁵pe⁵⁵tɕʰop⁵⁵pe⁵⁵（chab be chob be）杂乱，杂七杂八

　　（11）ȵaŋ¹³ŋe⁵⁵ȵuŋ¹³ŋe⁵⁵（nyang nge nyung nge）零儿巴碎，零零星星

　　（12）cʰa⁵⁵re⁵⁵cʰo⁵⁵re⁵⁵（vkhyar re vkhyor re）颤巍巍，步履跟跄

第二类是词根用 a~i∕ə~i 模式。

　　（13）tɕʰə⁵⁵ki⁵⁵tɕʰi⁵⁵ki⁵⁵（chag gi chig gi）积水满地，乱七八糟

　　（14）tʰaŋ⁵⁵ŋe⁵⁵tʰiŋ⁵⁵ŋi⁵⁵（thang nge thing nge）慢吞吞，犹犹豫豫

　　（15）sə⁵⁵pi⁵⁵si⁵⁵pi⁵⁵（srab bi srib bi）朦胧，暮色苍茫

　　（16）raː¹³kə⁵rɭ:³¹pɭ²（ra be ri be）模模糊糊

　　ABA'B 式状貌词中有部分音变形式可能蕴含了它的变化和来源，值得关注。首先，如果第一和第三词根音节带韵尾，则第二和第四音节声母跟词根韵尾形式一样，例词如例（10）、例（11）、例（14）；文字上带韵尾的例词也反映了这个现象，如例（12）、例（13）、例（15）。如果这是一条音变规则，那么所有 ABA'B 式状貌词都带韵尾音节，因为我们尚未发现第二和第四音节为单纯元音音节，除非词根零韵尾约定带某种声母音节。这是一个尚待查明的问题。其次，藏文是早于拉萨话的形式，少量状貌词文字上的第一音节（A）不带而第三音节（A'）带韵尾，这是否意味着带韵尾音节历史上承担词义的价值不同于已脱落韵尾的第一音节？例如：

　　（17）tɕe⁵⁵le⁵⁵tɕøː⁵⁵le⁵⁵（ce le col le）杂乱无章，乱七八糟

　　（18）tʰa⁵⁵re⁵⁵tʰo⁵⁵re⁵⁵（tha re thor re）东鳞西爪，稀疏

　　（19）ra¹³pe⁵⁵ro¹³pe⁵⁵（ra pe rob pe）凹凸不平

　　（20）ha⁵⁵ne⁵⁵høn⁵⁵ne⁵⁵（ha ne hon ne）含糊不清，含含糊糊

　　再观察韵律方面。本文实验共选用 6 个孤立发音词条，发现有两种模式。现将实验词条列出（口语音值和调值依其采录形式，不做音系化处理）：

　　（21）tsʰaː¹³rə⁵tsʰoː³¹rə²（dza re dzo re）乱七八糟

　　（22）pʰə¹³ri⁵¹pʰu¹³ri⁵⁵（ba ri bu ri）凹凸不平

　　（23）ȵaː¹³le⁵ȵo³¹lə²（nya le nyo le）疲疲沓沓

（24）hə:^{55}ri^{5}hu^{33}rɿ^2（ha ri hu ri）马马虎虎

（25）ȵa:^{13}ɸe^{5}ȵo^{31}ɸe^2（nya pe nyo pe）疲沓，萎靡不振

（26）ȵa:^{13}kə^{5}ȵo^{31}kə^1（nyag ge nyog ge）啰啰嗦嗦

　　ABA'B 式的四个音节两两为一个韵律感知段（用"‖"隔开）。声调高低上，ABA'B 式的模式分别是：A^高 B^高- ‖ -A'^{高} B^高（高高型）和 A^低 B^高- ‖ -A'^{低} B^高（低高型）。韵律轻重上，A 重 B 轻，形成 A^重 B^轻- ‖ -A'^{重} B^{轻}重轻模式。此处仅列两个实验图例（24）和例（26）：

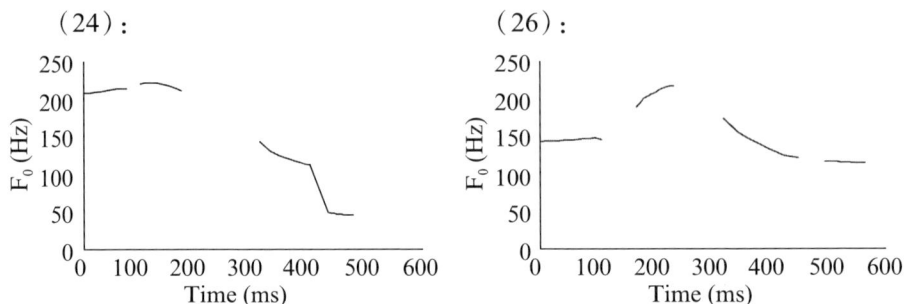

（24）：

（26）：

hə:^{55}ri^{5}hu^{33}rɿ^2(ha ri hu ri)马马虎虎　　　ȵa:^{13}kə^{5}ȵo^{31}kə^1(nyag ge nyog ge)啰啰嗦嗦

图 1　ABA'B 式状貌词音高与时长对比图

　　举例用的是个体案例，音值和调值带个体特征。根据拉萨口语与文字对应关系，例（24）的常规形式是［ha:^{55}ri^{5}hu^{55}ri^5］，例（26）是［ȵa:^{13}kə^{5}ȵo^{13}kə^5］。前者声调是高高型（55—5），但第二段调值变化为 33—2；后者是低高型（13—5），第二段调值变化（31—1）。无论哪种声调模式，A 保留原调，读长音，A' 变调；前后两个 B 的时长都很短。目前已知，决定韵律轻重的语音相关因素主要有音高和音长（参看曹剑芬 1995；王韫佳等 2003），相互之间的关系则是，音高处于高值时感知为重音，音高处于低值时感知为轻音，并且，时长短的音节无论音高值是高还是低，都会感知为轻音，时长长的音节，即使音高值低也容易感知为重（参看武波，江荻 2017）。本次实验案例都符合这个原理。①

　　本文第 6 节将讨论语法系统的整合化问题，主要涉及句法层面状貌词驯

---

　　① 轻重感知实验中经常有被试判断相互矛盾的情况。事实是，犹如声调记录一样，记音人经过反复听辨训练和经验积累是能够准确判断和记录轻重韵律的。此外，传统记音上，拉萨话 B 的声调均标 55、22 或 21，实际都是短音，本文依循旧制，只在听辨实验之处用单数字记作短音。

服化现象。但实际上,状貌词在整合过程中最为突出的是语音驯服和韵律创新。本节出现的部分语音驯服化现象都遵循藏语拉萨话历史语音演变规则,例如出现元音[ɪ、ʐ、ø],辅音[c、ɸ]和各种音高或变调等书面藏语系统没有的新音素。对照书面形式,有些还能看出韵尾脱落现象。

3　词义倾向

ABA'B 式状貌词是藏语词汇的一个很小集合(不包括状貌词+轻动词构成的复合动词),例如: ja¹³me⁵⁵ jo¹³me⁵⁵ tɕʰe¹³² (ya me yo me byed)"摇晃"。有意思的是,状貌词词义上呈现一种极强的倾向,都是以负面或贬损意义描绘事物或行为状态。本文在近百状貌词条中,初步归纳出如下几类:

(神情)急切,慌张

(27) tsʰə⁵⁵pe⁵⁵ tsʰu⁵⁵pe⁵⁵ (vtshab be vtshub be)慌慌张张

(28) tsʰə⁵⁵ki⁵⁵ tsʰi⁵⁵ki⁵⁵ (tsha gi tshi gi)慌慌张张,急急忙忙

(行事)马虎,草率

(29) rə¹³pe⁵⁵ ro¹³pe⁵⁵ (rab be rob be)粗枝大叶,马马虎虎。

(30) ja¹³pe⁵⁵ jo¹³pe⁵⁵ (ya pe yo pe)马马虎虎,草率,不认真

(物件)杂乱

(31) tʂʰə⁵⁵ki⁵⁵ tʂʰu⁵⁵ki⁵⁵ (khrag gi khrug gi)混乱,杂乱

(32) tɕʰa⁵⁵le⁵⁵ tɕʰo⁵⁵le⁵⁵ (cha le cho le)杂乱,杂七杂八

(精神)委靡不振

(33) ɳa¹³pe⁵⁵ ɳo¹³pe⁵⁵ (nyab be nyob be)萎靡不振,没精打采

(34) tɕʰə¹³ki⁵⁵ tɕʰi¹³ki⁵⁵ (ja gi ji gi)迷离恍惚,恍恍惚惚

(物件)零碎,零散

(35) tʰa⁵⁵re⁵⁵ tʰo⁵⁵re⁵⁵ (tha re thor re)零碎,东鳞西爪

(36) tsaʔ⁵⁵ki⁵⁵ tsi⁵⁵ki⁵⁵ (tsag gi tsig gi)零零碎碎,零零星星

(说话)含糊不清

(37) ŋa¹³ke⁵⁵ ŋo¹³ke⁵⁵ (ngag ge ngog ge)含含糊糊(指说不清楚)

(38) ŋa⁵⁵ke⁵⁵ ŋo⁵⁵ke⁵⁵ (snyag ge snyog ge)咕咕噜噜,叽里咕噜

（神智）迷糊

（39）tʰam⁵⁵me⁵⁵ tʰom⁵⁵me⁵⁵（tham me thom me）迷迷糊糊，昏昏沉沉

（40）pə¹³ri⁵⁵ pi¹³ri⁵⁵（sba ri sbi ri）迷迷糊糊，昏昏沉沉

（行走）晃荡

（41）cʰa⁵⁵re⁵⁵ cʰo⁵⁵re⁵⁵（vkhyar re vkhyor re）踉踉跄跄

（42）cʰa⁵⁵re⁵⁵ cʰo⁵⁵re⁵⁵（khya re khyo re）摇摇晃晃，晃晃荡荡

（事物）凹凸不平

（43）ra¹³pe⁵⁵ ro¹³pe⁵⁵（ra pe rob pe）凹凸不平

（44）pə¹³ri⁵⁵ pu¹³ri⁵⁵（vbar ri vbur ri）凹凸不平，疙疙瘩瘩

（食物）软烂

（45）ȵa¹³le⁵⁵ ȵo¹³le⁵⁵（nya le nyo le）软咕囊囊的（多指吃食）

（46）pa¹³le⁵⁵ po¹³le⁵⁵（lba le lbo le）软咕囊囊，软绵绵的（指食物等）

（衣物）松散

（47）tɕɛː¹³le⁵⁵ tɕøː¹³le⁵⁵（vjal le vjol le）肋肋忒忒（藏服肥大不合体）

（48）ɬə⁵⁵ki⁵⁵ ɬu⁵⁵ki⁵⁵（lhag gi lhug gi）松松散散（衣服肥大）

（49）sə⁵⁵pe⁵⁵ so⁵⁵pe⁵⁵（sab be sob be）松松垮垮，疏松

（物件）破烂

（50）ʂɛː⁵⁵lɐ ʂyː⁵⁵le（hral le hrul le）破破烂烂，褴褛

其他（含摹声拟态）

（51）tɕaŋ¹³ŋe⁵⁵ tɕoŋ¹³ŋe⁵⁵（vjang nge vjong nge）又长又圆，圆不溜叽（椭圆形）

（52）tɕʰɛː⁵⁵li⁵⁵ tɕʰiː⁵⁵li⁵⁵（chal li chil li）哗啦哗啦（大雨声）

藏语 ABAʼB 式状貌词为什么会与特定词义领域相关呢？究竟是 ABAʼB 的格式决定了它的意义还是这种特殊意义决定了它的形式？抑或状貌词的功能约定了它的特定形式和意义？这个问题我们尝试在结语一节讨论。

藏语偶有少量形式上像 ABAʼB 格式的词并不是状貌词，应予甄别。

（53）caʔ⁵⁵ɕɛː⁵¹ coʔ⁵⁵ɕɛː⁵¹（kyag bshad kyog bshad）曲解

该例第二、四音节是动词 ɕɛ:⁵¹ "说"（书面语现在式：shod，过去式：bshad）；第一音节 caʔ⁵⁵（kyag）有"戏谑，说谎"意思，第三音节是 coʔ⁵⁵（kyog）"歪曲，偏斜"。

（54）tʰəŋ⁵⁵ŋi⁵⁵ tʰuŋ⁵⁵ŋi⁵⁵（thang ngi thung ngi）短小，短短的

该词由词根 tʰəŋ⁵⁵（thang）"结实，均匀"带指小词缀 ŋi⁵⁵（ngi）和词根 tʰuŋ⁵⁵（thung）"短"带指小词缀 ŋi⁵⁵（ngi）构成复合词。

（55）taʔ¹³tʂa⁵⁵ tiʔ¹³tʂə⁵⁵（rdag sgra rdig sgra）踢踏声，脚步声

虽然词根来自摹声词"踢踏声"，但是已经词化并与名词构成复合词；第二、四音节是名词 tʂa⁵⁵/tʂə⁵⁵（sgra）"声音"。

造成与状貌词同形的这些案例来源零散且复杂，限于篇幅，此处不能逐一讨论。

4　句法功能与缩略形式

ABA'B 式状貌词的句法功能与形容词高度类似，可以出现在定语、状语、补语、谓语等位置上。例如：①

（56）rang_gi　　kha-spu　　tha-re-tho-re　　de_r
　　　我_GEN　　胡须　　　稀稀拉拉　　　那_LOC
　　　mdzub-mo_s　byil-byil-lan.
　　　指头_INS　　　抚摸
　　　我用指头抚摸着自己那稀稀拉拉的胡须。后置修饰语
　　　（《黑风中的雄鹰》第 99 页）

（57）vbar-ri-vbur-ri_vi　sa-cha　khod-snyoms-bzos　nas
　　　坑坑洼洼_GEN　　　土地　　平整（PST）　　　并且
　　　lo-tog　vdebs-pa.
　　　庄稼　种植

---

①　本文采用隔行对照化方法注解句子，所用标注符号如下：INS 工具格，GEN 修饰格/属格，LOC 位格，ABL 从格，FAT 结果格，TAP 结构助词，PST 过去式，NMZ 名词化，NEG 否定词，IMP 祈使词，HON 敬语标记，ADV 副词标记，ASP 体貌标记。音节或语素之间用连字符连接，黏附形态标记用下画线连接。

平整坑洼之地以种庄稼。前置修饰语（张怡苏 1985：
1968）

（58）nad-pa　cung-drag　ste　khya-re-khyo-re　vgro-ba.
　　　病人　　稍微痊愈　　并　　蹒跚　　　　　　走
　　　病人稍愈，步履蹒跚。状语（张怡苏 1985：246）

（59）khong　nyab-be-nyob-be　zhe-po-cig vdug.
　　　他　　　萎靡不振　　　　非常_ASP
　　　他总是懒懒散散的。谓语（周季文，谢后芳 2003：191）

（60）vchal-po　vdi　yang-yang　yong　nas
　　　流氓　　　这　　再三　　　来　　且
　　　vtshab-be-vtshub-be-byed gi-vdug.
　　　慌慌张张-做_ASP
　　　这个流氓三番五次慌慌张张地来此。构成复合词（《水
　　　浒全传》第 1 卷第 478 页）

对形容词出现在定状补谓句法位置的合理性，前贤有过不少讨论，提出过"名词功能游移倾向性"（参看张伯江 1994）和"名—形—动变化连续统"（参看张国宪 2006）等概念，换句话说，形容词出现的句法位置有其认知理据。张国宪（2006）透彻地阐释了这个道理："性质、状态和变化作为客观世界的物象，在人的感知世界（认识）中聚现为三种迥异的'意象'，不同的'意象'表征对语言化有直接影响。现代汉语的语言事实表明，'性质'在定语位、'状态'在状语/谓语位、'变化'在谓语/补语位都是一种最佳搭配。"藏语语法研究目前还处在浅层描写层面，形容词还只是依据形式和语义分类。（参看江荻 2021）尽管 ABA'B 式状貌词的句法功能用法强烈诱导我们把它看作所替代的形容词的子类，一则因为藏语尚未实现形容词的次级分类（例如性质形容词、状态形容词），二则状貌词的独特渊源阻止我们根据功能把它归入形容词类（参看第 4 节）。句法功能并不是确定词类的最重要标准，如例（59）也可能分析为补语，只不过仍然算作形容词的功能之一。

ABA'B 状貌词最引起人们兴趣的另一个特点是，该格式还有词义和功能等价的双音节词根组合形式，或称 AA' 缩略式。在很多使用场合，两种结构可以相互替换。

（61）AA' 缩略式　　　　　　　　　　ABA'B 式

caη^{55}co^{51}（kyag kyog）弯曲　　　　ca^{55}ke^{55} co^{55}ke^{55}（kyag ge kyog ge）弯弯曲曲

ηəm^{13}ηo^{51}（nyab nyob）萎靡　　　ηa^{13}pe^{55} ηo^{13}pe^{55}（nyab be nyob be）萎靡不振

pə^{13}pu^{13}（vbar vbur）坑坑洼洼　　　pə^{13}ri^{55} pu^{13}ri^{55}（vbar ri vbur ri）凹凸不平

ts^{h}əp^{55}ts^{h}up^{51}（tshab tshub）慌张　　ts^{h}ə^{55}pe^{55} ts^{h}u^{55}pe^{55}（vtshab be vtshub be）慌慌张张

　　理论上，ABA'B 状貌词都有相应的 AA' 对应形式。目前，一般性词典或口语词典所收 AA' 式不多，但我们查阅百科式《藏汉大辞典》（张怡荪 1985），发现存在大量对应形式。跟 ABA'B 式一样，AA' 式状貌词在句子中同样可以充当定语、状语、补语和谓语等成分。

（62）de-bas　 tshag-tshig_tu　 gyur-ba　　　　　 bzos.
　　　 更加　　慌张_FAT　　 变（PST）_NMZ　 做
　　　 变得更加慌慌张张起来。补语（《斯曲和她的五个孩子的父亲们》第 175 页）

（63）gsal-sgron-lags　 yi-ge　 de　 dang　 g-yu　 de-gnyis
　　　 色珍_HON　　　 信　　 这　 和　　 玉　　 这两件
　　　 vtshab-vtshub_kyis　 ras　 shig_la　 bsgril.
　　　 匆匆忙忙-ADV　　　 布　 一_INS　 包
　　　 色珍匆匆忙忙地把玉和信这两件东西包了起来。状语
　　　（《绿松石》第 252 页）

　　状貌词充当句法成分的多样性有可能源自它的自由性，形成了词类跟句法分布的新关系，丰富了句法类型学的库藏类型。可是这种自由性从何而来呢？

5　表现形态理论

　　上文叙述了藏语 ABA'B 式状貌词的语音面貌、形式结构、语义倾向和句

法分布诸方面特征,在这个基础上能否解答第一节提出的多个关于 ABA'B 式状貌词的问题呢? 按照传统形态方法,ABA'B 式状貌词可以用重叠方式分析为 AB+A'B 结构,也可分析为词根和词缀分别重叠,AA' 是部分重叠,BB 是完全重叠。(周季文,谢后芳 2003：190)但对于词根元音差异,这种观点很难用元音和谐或自然音变等方法证明词根元音的形态变化过程,以及 AB 双音节词的跨音节交替重叠原因(为什么不是 AA'BB 式)。又有一种观点认为 A' 为词根,重叠词根并引起元音变异产生 AA' 式结构,即 A' 的高元音 o/i/u(高/次高)变为 A 的低元音 a/ə(低/央-低),最后给每个词根附加一个跟词根韵尾相同辅音声母的音节 B,造成 ABA'B 式(金鹏 1983：30,原文记作 ACBC 式)。这两种观点,词重叠或者词根重叠,共同点是套用传统形态方法,但都无法论证 A'>A 的元音形态功能价值和交替过程,无法解释跨音节重叠过程。而且无法说服母语人的语感,因为不少情况下,AB 或 A'B 都是无意义音节串。母语人也不容易确定部分词根 A 或 A' 所含清晰明确的意义,且 A 往往无义或呈与状貌词无关的他义。

再看所谓词缀 B。在传统形态学意义上,这个 B 既没有词汇意义也没有形态价值,而且没有稳定的形式,它可以是 le[5]、re[5]、ke[5]、pe[5]、ŋe[5]、me[5]、ri[5]、ki[5]、pi[5],或者 mi[5](均为短音)。由于人们假定所有词的形成都要用屈折、派生、重叠、附加等形态学规则来表达,所以,这个 B 很难跻身于现有形态学意义上的价值单元集。

那么,ABA'B 式状貌词究竟运用了什么样的规则或者形态呢? Zwicky 和 Pullum(1987)提供了一种解决方案,称为“表现形态”(expressive morphology)。[①]他们认为语言中有两种特殊的语言应用领域(一是语言游戏,一是状貌词系统)采用表现形态词汇,它们的构词不同于普通形态。把这个意思展开来,状貌词并不是名词、动词、形容词等同一层面的词分类,后者是依据句法分布或句法功能和形态所做的分类,那么,前者是什么? 为什么被称为表现形态? 这就得先说说状貌词的真实含义。

状貌词曾有多个不同中文术语,但基本都是“穷形尽相、绘声绘影”描摹

---

① 更早提到这个概念和术语的是 Diffloth(1979)。Expressive morphology 可译作“表现(性)形态”,与传统语法形态(grammatical morphology,包括 derivational morphology 和 inflectional morphology)全然不同。本文在期刊审稿时,审稿人提议应避免该术语被误解为一般陈述性表述,我们将文题等处改作“表现形态理论”。

事物生动情景的词语。(参看叶萌 1993)搜罗下来大致有：重言形况字(清朱骏声《说文通训定声》)、状词(周法高 1972；王辅世，王德光 1983)、貌词(叶萌 1993)、状貌词(何毓玲 1989；孙天心，石丹罗 2004)、四音格(田德生 1986)以及其他名称或代称(ABB 式、AABB 式、重叠式)等。这些研究涉及古代汉语、汉语方言、苗瑶语、侗台语、藏缅语等。吕叔湘(1980)把汉语里这类词称为形容词生动式，朱德熙(1956)称为状态形容词。徐仲华(1993)为《古代汉语貌词通释》写序时提出用英语 epithet 翻译状貌词，似不完全吻合。反过来从汉语到英语，孙天心、石丹罗(2004)讨论嘉戎语状貌词时，用了英语的 ideophone 对应状貌词，对译十分准确。

　　Ideophone 这个词是 Doke(1935)研究非洲班图语时创造的术语，界定为："用声音生动地表达一种思想。一个词，通常是拟声词，用来描述谓语、限定词或副词在方式、颜色、声音、气味、动作、状态或强度方面的变化。"这个定义留有浓厚的传统语法色彩，并囊括了传统描写中的摹声词和拟态词。可是，摹声拟态词虽然有点另类，但一直还是框在传统形态之下。Doke 的贡献是客观地指出了状貌词与其他词类的关系及其不同的价值，但还缺乏点睛的定义。近年，Dingemanse(2011)提出了一个简洁的界定，他说"状貌词是描述感官意象的有标记词"。虽然简洁却直达主旨：意境或图景。

　　本文起始提到 ABA'B 式状貌词是一种"特定形态"，所指可对应"表现形态"。状貌词应该是一种描摹事物图景的词汇，它用语音唤起某种感官知觉图景，包括声音、移动、颜色、气味、形状、动作等，具有时程性、生动性和动态性功能。这正是 Zwicky 和 Pullum(1987：6)所说的："表现形态与某种表现性、游戏性、诗意性或单纯的炫耀性效果有关。"[1]表现(性)就是描摹性、表演、凸显性、张扬性的统称，它的本质是造词：凭借语音象似性思维造词，而不是受语法规则约束的构词，因此句法自由度极高，并逐渐形成异于语法形态构词的词汇类。不过，表现形态与语法形态的对立和差异看上去处在最高层级的语法体系上，实际上二者是不对称的。表现形态的词汇及其功能是非全局的，不借助语法形态系统的词汇不能表达。这是它必然逐步融于普通词汇的理论基石(参看第 5 节)。如果我们把状貌词放在造词观念下

---

　　① Zwicky 和 Pullum(1987)这里笼统包括了对游戏词汇、诗歌修辞和状貌词的汇总说法。单就状貌词而言，我们更倾向用术语"描摹形态"(depictive morphlogy)。

看待,它的诸多特异性特征就能得到解释,也就理解了表现形态不同于语法形态的真谛。总起来说,状貌词很像摹声词(onomatopoeic),但范围广多了,可称音义象似词(phonosemantic),它不是传统意义上的语法词类,而是主观赋予形式与意义之间特定关系而创造出来的词汇类。

6　句 法 整 合 性

从性质上说,表现形态的词汇类不是在语法形态中产生的,也不是从句法分布中归纳的,这意味着它与其他普通词之间存在天然的疏离性。这种性质使得状貌词本身具有一定的句法独立性,它切入的分布位置往往是自由的,有可能倾向居于句子的边界上。我们把这样的分布称为自由结构。例如:

（64）chal-chol　khungs-med_kyi　gtam　ma-shod_cig.
　　　迷迷糊糊　无根据_GEN　　　话　　NEG-说_IMP
　　　不要迷迷糊糊说些没有根据的话!(《红楼梦》第 160 页)

（65）tsha-gi-tshi-gi　vchal-po　rkub-kyog　dang
　　　慌慌张张　　　流氓　　歪屁股　　和

　　　lkugs-pa　u-tshugs　skyag-vbu　la-sogs　yin.
　　　傻瓜　　　顽固　　粪蛆　　　等等　　是

　　　你等都是甚么鸟人。(《水浒全传》第 2 卷第 30 页)①

例(64)状貌词 chal-chol 不带任何标记出现在句子左边界,跟句子的其他成分没有直接关系,也很难给它定语、状语身份的定性。这是典型的自由结构。不过,以表现形态而言,这个状貌词给全句增添了一种描绘图景的意境,好似看到对话人睡眼惺忪半醒未醒的慵态。例(65)状貌词分布在句首,tsha-gi-tshi-gi 跟句中哪个成分都不搭,但对整个句义图景化极为关键,似乎让读者看到慌乱中一群歪瓜裂枣般形象的人物及其动态情景。

---

　　① 本文句法用语料全部来自西藏当代知名作家,如《绿松石》《黑风中的雄鹰》等,《红楼梦》《水浒全传》等译文由拉萨藏族翻译家所译。这个句子中的"鸟人"竟译出一个状貌词和多个形容词性后置修饰语,译者拉萨口语文学水平可谓登峰造极,叹为观止。这种描摹绘景功能正是状貌词的价值呈现。

　　然而,虽然是来源不同的词汇类,状貌词在句法系统中并不能离群索居,它与其他语法形态的词汇发生联系,模仿其他词类的形态特征,这种现象称为状貌词驯服化。常见的句法驯服过程是普遍产生定语结构和状语结构。这可能是因为状貌词的描摹性(depictive)跟形容词的描写性(descriptive)较为相似。藏语常规形容词修饰名词一般后置,前置于名词则需添加属格标记;藏语副词相当部分来自形容词,前置于动词并逐步添加副词标记而定性。这两种定语结构和状语结构是藏语中极为普遍的现象,必定给状貌词施加压力,所以我们看到的状貌词大多产生了这样的结构,不再居于句边界,而变得像普通词了。

（66） khur-po　　lta-bu_vi　　dngos-po　　nya-re-nyo-re　　zhig_la
　　　　[一]捆　　像_GEN　　物件　　软绵绵　　　一_LOC
　　　　rkang-pa　　thogs
　　　　脚　　　　搁置
　　　　把脚搁在一块软绵绵的东西上。(《绿松石》第 212 页)

（67） mig_nas　　mchi-ma-gtong_ba　　sogs　　vtshab-vtshub_kyi
　　　　眼睛_ABL　　流泪_NMZ　　　　之类　　慌张_GEN
　　　　rnam-vgyur　　vdra-min　　ston-pa　　mthong.
　　　　表情　　　　不像　　师傅　　看见
　　　　(他)眼中流着泪,慌慌张张的样子不像是见到了师傅。
　　　　(《绿松石》第 8 页)

（68） na-zug　　chen-po_s　　khyar-khyor-ngang　　khang-pa_vi
　　　　疼痛　　大_INS　　蹒跚_ADV　　　　　房子_GEN
　　　　rgyab_tu　　yib_pa_r　　　　　　song.
　　　　背后_LOC　　躲藏_NMZ_TAP　　去(PST)
　　　　(他)忍着巨大疼痛一瘸一拐地躲到房子后面。(《水浒全传》第 2 卷第 28 页)

　　例(66)的前修饰语位置由其他短语占据,状貌词则处于后置修饰语位置,并受到数(量)词的辖制,使它像个中规中矩的后置修饰语。例(67)状貌词带属格标记 kyi 充做前置修饰语。例(68)没有 AA' 缩略状貌词也意义完整,不过,这个状貌词带了一个源自名词的副词化标记 ngang(来自 ngang-nas),它的位置与前一个短语平行,修饰其后的动词短语,有一定自由度。

　　句法整合是藏语状貌词不可避免的宿命,只是这个驯服化过程相当漫长,由此造成一些既不是典型状貌词自由结构现象,也不全是受限的驯服化结构,这都是有趣且值得深入探索的方向,其后果也可能会给句法系统带来更丰富的句法多样性。

（69）gtam　cal-le-col-le　mang-po　bshad-pa.

　　话语　胡扯　　　多　　　说（PST）

　　胡说了许多话。（张怡荪 1985：726）

（70）vkhyar-re-vkhyor-re_vi　ngang　btson-mkhar_du

　　跟跟跄跄_GEN　　　　样子　监牢　城堡_LOC

　　log.

　　返回

　　跟跟跄跄取路回营里来。（《水浒全传》第 2 卷第 196 页）

　　按语法分布,例（69）状貌词 cal-le-col-le 应理解为谓语或全句修饰语,可是却插入名词与它的形容词修饰语 mang-po（多）之间,这可能是屈从于模仿形容词定语的压力,说明它保持着一定的自由性。例（70）状貌词虽然带属格标记,可连同被修饰名词构成的短语本身展现出一幅描摹图景,且整个短语跟句子其他成分没有显性的句法关系。这两个案例都表现出状貌词的顽强自由性。

7　谜团的初步解答

　　借助表现形态理论,不难归纳 ABA'B 式状貌词的造词规则。首先,状貌词的语用目的往往与韵律凸显性联系在一起,利用韵律从结构和语音上塑造它的词形。拉萨话状貌词最显著的韵律现象是长音性。我们设想,ABA'B 和 AA' 是同一造词过程的产物,在造词上都是长音,甚至是超长音：［Aː］或［Aːː］。A 与 A' 元音之不同是造词的差别,而非后世形态变化。B 是 A 和 A' 长延音的变读和记录形式：-e 或-i,被音段化感知为音节,其中声母由前面的词根韵尾塑形（音渡音段化）,元音受限为自然音延 e（ə）或 i。现代拉萨话虽然存在元音长短差异,但并未用来构成音系层面的对立。需要强调的是,长音是表现形态最重要的特征之一,这一点已在多种语言中确证。(参看林连通 1982;王辅世 1983;Voeltz & Kilian-Hatz 2001;Dingemanse 2011)藏语普通词元音性音节添加前一音节辅音韵尾充当声母的规则是藏语演变的常例(参看金鹏 1983),B 音节产生声母与之情形相似,符合该语言演变大势。由此可以得知藏语 ABA'B 式状貌词并非由词根按照形态规则产生的,即 ABA'B 式不是从单音节词根通过附缀形态方法产生的。这是表现形态词汇本源上不同于传统形态词汇的根本之处。

句法整合是语言演化和类推现象,却影响使用者形成观念并予以实践。所谓"观念"或传统观念指形态语法体系下人们的认知和行为。面对多音节词串,即使是造词层面产生的状貌词,人们还是依循构词层面规则来寻找载义词根。我们检查 ABA'B 式的词根,发现以 A' 及状貌词义构成的词汇远多于以 A 构成的词汇,并且多数 A 使用无关义或缺少状貌词义,说明 ABA'B 式在演化和整合过程中形成了以 A' 为词根的趋势。第 2 节按照描摹义共列举 13 组/项状貌词,我们以此为对象进行统计。因变体原因,有些组的词例合并,有些分开,得到 18 组/项数据(以下略称"项")。其中,组 2 的 A' 义跟状貌词义一致,A 无义,共 5 项;组 3 的 A' 义跟状貌词义一致且更具体,A 持他义,共 10 项;组 1 的 A 义跟状貌词一致,A' 无相关义,1 项;组 4 的 A' 义跟状貌词一致且跟 A 义的引申义一致,算作跟 A 义和 A' 都相关;组 5 是摹声词,A 和 A' 都蕴含了 ABA'B 式的词义。通过这项简单统计可知,ABA'B 式是以 A' 为所谓词根的状貌词。

表 1　判断载义词根类例数

组	ABA'B 例	状貌义	AA'	A 义	A' 义	词根	例数
1	vtshab be vtshub be	慌张	√	vtshab 急忙	×	A	1
2	rab be rob be	马虎	√	×	rob tsam 粗略	A'	5
3	vkhyar re vkhyor re	踉跄	√	vkhyar 漂泊	vkhyor po 摇摆	A'	10
4	hral le hrul le	褴褛	√	hral po 稀疏;破烂	hrul po 破烂	A/A'	1
5	chal li chil li	雨声	√	chal chal 淅沥声	chil chil 汩汩声	A/A'	1

关于 ABA'B 式状貌词的负面词义倾向性,我们认为或许跟音义象似性

存在某种联系,但溯源上需要更多证据,应做专门研究。总的来说,ABA'B 式的词义应该源自造词分工的主观性和表演性,或许跟音义象似性有一定内在关系。可补充的是,藏语状貌词还有 ABB 式、AABB 式、(ADJ+) A (Ce)-ba 式、①AA 重叠式等类型,其中 ABB 式正面积极描摹词义较多,余则属于一般描摹性词义。相对 ABA'B 式这种负面语义特征来说,派生形态体系会采用贬义性词缀来构词,包括负面义名词和负面义形容词,功能更强。(参看江荻 2006)

8　结　语

　　藏语、汉语,以及其他东亚语言都有大量各式各样的状貌词,即使单一语言的状貌词,数量都可能数以千计,它们反映出语言内部词汇的多样性,甚至揭示普通形态语法系统之外还存在另类的表现形态体系。人们经常见到的独特词形结构以及复杂的韵律面貌很可能都与此相关,上古汉语重言词(AA)、联绵词(AA')等无疑是最早的状貌词记载,现代汉语的雪白(XA)、烂乎乎(ABB)、黑咕隆咚(A+附缀)也是典型状貌词。不过,很多语言具有强大的整合功能,状貌词在形态语法体系下逐渐被驯服,变得越来越像普通词汇,致使原初造词上的表现形态慢慢隐去。只有那些顽强保持表现形态的词汇(诗曲用词、游戏用词、状貌词、詈语词等)有时又会有一点"出格"的表现,似乎会给规整的语法系统"添乱"。

　　表现形态揭示了藏语词汇的异质性和来源的多样性,状貌词是与屈折、派生、重叠、复合、附加等不同的形态类别。除此外,表现形态还蕴含了什么样的理论价值呢? 张国宪(2006)有个说法很值得参悟,"因为人类自有了语言,就随之产生了范畴或概念的词汇化,即将范畴化和概念化的结果相对固

---

　　①　该类状貌词(〈ADJ+〉A(Ce)-ba 式)与 ABA'B、AA',以及 ABB 都有一定关系,例如: dmar(红) chil le ba 红艳艳,一片红色;rlangs pa(水蒸气) thul le ba 蒸汽腾腾。第一个音节 A 表状貌,第二个音节(Ce)用半虚半实格式表达,C 表示辅音,大多是浊音或次浊音(响音),例如 g、m、ŋ、r、l 等,一般也是 A 的辅音韵尾。此外第二音节韵母均为元音 e。第三音节固定为 ba,性质待查核。A(Ce)-ba 式前面或是形容词或是名词,关系亦待查核。该式在拉萨话已相对少见,其他方言分布有待核查。

定于词语的表达之中,也就是说使得词语内涵本身负载了人对周围真实世界的感知"。这段精彩的表述完全适用于形态语法词类,同时也给表现形态留下了空间。"人对周围真实世界的感知"未必都能或都应高度概念化,人的感官知觉图景在一定语用情景下对事物的理解远胜于概念化词语(符号),它集时程演进、生动活态于一体,这可能是人们顽强保留和持续创造状貌词的逻辑理据。相比之下,形态语法下的高度概念化词汇则遵循"物体就是物体、动作就是动作、性质就是性质"这样的逻辑。

表现形态实现的是表现性差异。换句话说,表现形态是主观认知情绪的渲染,意图产生一种象似性图景,这是状貌词词义的本源。表现形态具有目的性,导致造词上的特异性,结果是状貌词呈现独有的语音和结构形式,句法上自由分布,无理据占位。语法形态与此截然不同,无论屈折形态、派生形态,反映语法价值差异的词形是自然音变和类推音变的结果,具有很强的客观性。所以说,尽管从古代语言到现代语言很多状貌词已经驯服而融于形态语法词类,部分状貌词仍顽强地生存下来,有利于描摹迥异于普通词概念义的生动图景。

综合起来,表现形态的发现和应用可能颠覆人们对词汇构成和词汇渊源的既定认识,并有可能挑战或补充现有的词汇以及词法研究理论和方法。

参考文献

曹剑芬.1995.连读变调与轻重对立,《中国语文》第 4 期。

何毓玲.1989.试论《毛诗正义》疏经语言中的状貌词词尾,《华中师范大学学报》第 1 期。

江　荻.2002.《藏语语音史研究》,民族出版社。

江　荻.2006.现代藏语派生名词的构词方法.何大安等《山高水长:丁邦新先生七秩寿庆论文集》(《语言暨语言学》专刊外编之六),"中央研究院"语言研究所。

江　荻.2021.藏语形容词的音节数形态与形态类型,《中国语言学报》第 19 辑。

金　鹏(主编).1983.《藏语简志》,民族出版社。

林连通.1982.永春话单音节形容词表程度的几种形式,《中国语文》第 4 期。

吕叔湘(主编).1980.《现代汉语八百词》,商务印书馆。

孙天心,石丹罗.2004.草登嘉戎语的状貌词,《民族语文》第 5 期。

田德生.1986.土家语四音格分析,《民族语文》第 3 期。

王辅世,王德光.1983.贵州威宁苗语的状词,《语言研究》第 2 期。

王韫佳,初　敏,贺　琳,冯勇强.2003.连续话语中双音节韵律词的重音感知,《声学学报》

第 6 期。

武　波,江　获.2017.二声调语言呈现的轻重韵律模式,《南开语言学刊》第 2 期。

徐仲华.1993.《〈古代汉语貌词通释〉序》,山东文艺出版社。

叶　萌.1993.《古代汉语貌词通释》,山东文艺出版社。

于道泉(主编),傅家璋(编).1983.《藏汉对照拉萨口语词典》,民族出版社。

张伯江.1994.词类活用的功能解释,《中国语文》第 5 期。

张国宪.2006.《现代汉语形容词功能与认知研究》,商务印书馆。

张怡荪(主编).1985.《藏汉大辞典》,民族出版社。

周法高.1972.《中国古代语法·构词篇》,台联国风出版社。

周季文,谢后芳.2003.《藏语拉萨话语法》,民族出版社。

朱德熙.1956.现代汉语形容词研究,《语言研究》第 1 期。

朱骏声.1984.《说文通训定声》,中华书局。

bkra shis dpal ldan. 1999. rgyud skud steng gi rnam shes.mi rigs dpe skru khang.[扎西班典.
1999.《琴弦上的魂》(藏文),民族出版社。]

dpal vbyor. 1985. gtsug gyu.bod ljongs mi dmangs dpe skru khang.[朗顿班觉.1985.《绿松
石》,(藏文),西藏人民出版社。]

lovo kon krung dang hri rnavi an[gis brtsams]chu ngogs gtam rgyud yig sgyur tsho chung
[gis bsgyu].1978. chu dogs gtam rgyud rgas pa.bod ljongs mi dmangs dpe skru khang.
[罗贯中,施耐庵.1978.《水浒全传》(藏文),《水浒全传》翻译组译,西藏人民
出版社。]

phun tshogs bkra shi. 1997. srid chos dang movi phru gu lngavi pha rnams.bod ljongs mi
dmangs dpe skru khang.[平措扎西.1997.《斯曲和她的五个孩子的父亲们》(藏文),西
藏人民出版社。]

tshavo zhuve chen dang kavo e[gis brtsams]bsod nams dpal vbyor[gyis bsgyur].1983. khang
chen dmar povi rmi lam.mi rigs dpe skru khang.[曹雪芹,高　鹗.1983.《红楼梦》(藏
文),索南班觉译,民族出版社。]

vchi med rdo rjes. 1995. rlung nag khrod kyi bya rgod.bod ljongs mi dmangs dpe skru khang.
[其美多吉.1995.《黑风中的雄鹰》(藏文),西藏人民出版社。]

Diffloth G. 1979. Expressive phonology and prosaic phonology in Mon-Khmer. In Theraphan
L. (ed.) *Studies in Mon-Khmer and Thai Phonology and Phonetics in Honor of E.
Henderson*. Chulalongkorn University Press: 49－59.

Dingemanse M. 2011. *The Meaning and Use of Ideophones in Siwu*. Max-Planck Institute for
Psycholinguistics.

Doke C. 1935. *Bantu Linguistic Terminology*. Longmans, Green, and Co.

Voeltz E, Kilian-Hatz C. 2001. *Ideophones*. John Benjamins Publishing Company.

Zwicky A M, Geoffrey K P. 1987. Plain morphology and expressive morphology. *Proceedings of the Thirteenth Annual Meeting of the Berkeley Lingustics Society 13*：330－340.

Tibetan ABA'B Ideophones and the Expressive Morphology Theory

Abstract：The article focuses on the ABA'B ideophones in Tibetan and discusses their the lexical structure, phonological formation, negative erientation and residual free syntactic functions, leading to the theoretical concept of expressive morphology. Expressive morphology is a concept that is antithetical to or different from ordinary morphology（traditional grammatical system）at the systemic level, but whose vocabulary is a non-global subsystem relative to the ordinary vocabulary. Despite their high degree of freedom of syntactic function and syntactic position, ideophones exhibit tamed features under the integrative effect of ordinary morphology. The article also discusses the origin of ideophones, mainly facsimile and anagrammatical word formation, evaluates its depictive value, corroborates the so-called roots of ideophones of ABA'B style with statistical counts, and reveals the deep subjective-cognitive nature of the expressive morphology in the concluding remarks.

Keywords：Tibetan；ABA'B ideophone；iconic images；expressive morphology theory

论文刊载信息：江荻.2022.藏语 ABA'B 式状貌词与表现形态理论,《中国语文》第 6 期：713－723。又载《语言文字学》第 2 期：126－135。

藏语 ABB 式状貌词及其产生的理论根源

摘要 文章从词汇结构、语音特征和句法功能方面叙述了藏语拉萨话 ABB 式状貌词的特征，并采用表现形态理论讨论了它的来源和进化现象，以及该理论的概念、价值、跟传统语法形态的关系。鉴于表现形态呈现出独特的主观内涵，文章简洁地介绍了当代认知科学具身模拟理论，特别是用声音为概念命名的过程，涉及身体经验、感知的图景建构和认知的非意识性，说明表现形态的所谓主观性跟更深层次上的具身认知理论有密切关系。

关键词 藏语 ABB 式 状貌词 表现形态理论 具身认知

1 ABB 的结构特征

藏语拉萨话 maː^{55}tɕʰi^{55}tɕʰi^{55}（dmar-chil-chil）"红彤彤"是什么样的结构？不妨分解一下：与带词缀基本形容词 maː^{55}po^{55}（dmar-po）相比，tɕʰi^{55}（chil）是非词音节，tɕʰi^{55}tɕʰi^{55}（chil-chil）是摹声叠音，如水沸声，因为能添加到好多词根后，有集合性，勉强算是词缀（准词缀）。所以，maː^{55}tɕʰi^{55}tɕʰi^{55} 这样的结构，词法上被形象地称作 ABB 式叠音形容词（金鹏 1983：30；王会银 1987）或重叠形容词（周季文，谢后芳 2003：190）。细究起来，tɕʰi^{55}tɕʰi^{55} 拥有怎样的意义和语法价值呢？例如 na^{132} tɕʰi^{55}tɕʰiː^{55}（nag-chil-chil）黑黢黢，tsʰa^{55}tɕʰi^{55}tɕʰiː^{55}（tsha-chil-chil）热乎乎，似乎都包含词根属性的极限性状意义，呈现出极限状态下的情景。这种超越程度描绘的状态情景被称为状貌，所以 ABB 结构也被称为状貌词。

构成 ABB 结构的叠音词缀各方言数量不一，我们从口语记录和《口语词典》收集 ABB 词 151 条，[①]去除纯语音变体和 A-为名词或动词条，ABB

---

① 为行文方便，文中所用词典均采用简称。《口语词典》指《藏汉对照拉萨口语词典》（于道泉 1983），《藏汉》指《藏汉大辞典》（张怡荪 1985），《格曲》指《格西曲扎藏文词典》（格西曲吉札巴 1957），《古藏文》指《古藏文词典》（安世兴 2001）。

式 51 类计 99 条。由于同一个-BB 可以出现于不同的形容词词根后,因此-BB 数量多寡不一。有些词缀可搭配 10 多种词根,有些则仅用于某一个词根。例如 $t^hiŋ^{55}t^hiŋ^{55}$(thing-thing) 出现 14 次,$łaŋ^{55}laŋ^{55}$(lhang-lhang) 5 次,$sop^{55}so^{51}$(sob-sob)4 次。绝大多数-BB 仅 1 次,即只跟 1 种形容词词根匹配。[①] 例如:

（1）A-$tɕ^hi^{55}tɕ^hi^{55}$(A-chil-chil)式:

  a. $maː^{55}tɕ^hi^{55}tɕ^hi^{55}$(dmar~~）红彤彤

  b. $tʂ^ha^{55}tɕ^hi^{55}tɕ^hiː^{55}$(khra~~）花斑斑

（2）A-$tɕ^hem^{55}tɕ^hem^{55}$(A-chem-chem)式:

  a. $tʂ^ha^{55}tɕ^hem^{55}tɕ^hem^{55}$(khra~~）光闪闪

  b. $maː^{55}tɕ^hem^{55}tɕ^hem^{55}$(dmar~~）红光闪闪

（3）A-$t^hiŋ^{55}t^hiŋ^{55}$(A-thing-thing)式:

  a. $maː^{55}t^hiŋ^{55}t^hiŋ^{55}$(dmar~~）红彤彤

  b. $tʂ^haŋ^{13}t^hiŋ^{55}t^hiŋ^{55}$(grang~~）凉飕飕

（4）A-$łaŋ^{55}laŋ^{55}$(A-lhang-lhang)式:

  a. $co^{55}łaŋ^{55}laŋ^{55}$(skyo~~）悲戚戚

  b. $toŋ^{55}łaŋ^{55}laŋ^{55}$(stong~~）空落落

（5）A-$ɕu^{55}ɕuː^{55}$(A-shur-shur)式:

  a. $tʂ^haŋ^{55}ɕu^{55}ɕuː^{55}$(grang~~）冷冰冰

  b. $na^{55}ɕu^{55}ɕuː^{55}$(nag~~）黑黢黢

（6）A-$haŋ^{55}haŋ^{55}$(A-hang-hang)式:

  a. $seː^{55}haŋ^{55}haŋ^{55}$(ser~~）黄澄澄的

  b. $ŋo^{55}haŋ^{55}haŋ^{55}$(sngo~~）兰呼呼

（7）A-$si^{55}siː^{55}$(A-sil-sil)式:

  a. $tʂ^haŋ^{55}si^{55}siː^{55}$(grang~~）冷飕飕

  b. $jaŋ^{55}si^{55}siː^{55}$(yang~~）轻飘飘

  此外,还有少量 ABB 形式是由名词或动词语素+叠音词缀构成。例如:

---

  ① 　本文口语案例均按照实际音值记音,声调按照连调记录,不做音系归纳,详见第 2 节。本文材料有口语录音记音、词典词表、书面资料等,为保持连贯可读性,记音材料附以对应藏文的拉丁转写,藏文来源书面材料也转换为拉丁转写。凡书面语来源的按《口语词典》标音,不变调。

（8）lo⁵⁵ɬøː⁵⁵løː⁵¹（blo-lhod-lhod）镇定，沉着；lo⁵⁵（blo）心灵

（9）ku⁵⁵ɬøː⁵⁵løː⁵¹（sku-lhod-lhod）从容不迫，悠闲；ku⁵⁵（sku）身体

（10）kʰa⁵⁵tiʔ¹³ti⁵¹（kha-dig-dig）口吃，磕磕巴巴；kʰa⁵⁵（kha）口，嘴

（11）ɳo⁵⁵tsʰup⁵⁵tsʰu⁵¹（smyo-vtshub-vtshub）疯癫癫；ɳo⁵⁵（smyo）疯癫

（12）taɹ⁵⁵siʔ⁵⁵si⁵¹（vdar-sig-sig）颤巍巍，颤抖状；taɹ¹³（vdar）颤抖

　　例（8）拉萨话结构上的 A- 是单音节名词 lo⁵⁵（blo）心灵，例（9）的 ku⁵⁵（sku）是单音节敬语名词"身体，佛像"的意思。例（10）的 kʰa⁵⁵（kha）是名词"口，嘴"的意思，例（11）和例（12）分别是动词 ɳo⁵⁵（smyo）"疯癫"和 taɹ¹³（vdar）"颤抖"。

2　ABB 的语音特征

　　拉萨话 ABB 式结构在语音上有一些彰显其状貌词身份的独有特征，主要是叠音、长音和轻重韵律。但是，我们能清晰看到状貌词也在逐步丢失原有的语音特征，这个过程遵循普通词汇的语音演变规则。

　　1）叠音性

　　-BB 是两个音节相叠。叠音是 ABB 式状貌词的重要结构方式，也是母语人识别它的标志之一，即藏语的词形定类原理。（江荻　2021a）A$_{(ADJ)}$BB$_{(REDUP)}$ 格式表型上就是状貌词，而不是动词、名词、形容词或者其他词类。参看第 1 节例（1）—例（7）。形式上，我们注意到 ABB 式还有变异的残叠形式。例如，ɳo⁵⁵tʰiŋ⁵⁵tʰiŋ⁵⁵（sngo-thing-thing）"绿油油"，变异形式是：ɳo⁵⁵tʰiŋ⁵⁵ŋeː⁵⁵（sngo-thing-nger），第二个 -B 改用第一个 -B 的韵尾作为声母，元音采用辅音的自然音延 e（ə）或 i。我们把这类残叠仍归入叠音，不另立类。这种语音变化是藏语形态语法管控下的常态，例如：na（k）¹²ko⁵³（<nag-po）黑、loŋ¹³ŋa¹²（<long-ba）瞎子。比较括号内的文字（转写），口语的词缀声母用文字上词根韵尾充当。括号内"<"表示来源。再如：

（13）ca⁵⁵cʰi⁵⁵liː⁵⁵（skya-vkhyil-li）白花花

（14）toŋ⁵⁵saŋ⁵⁵ŋe（stong-sang-nge）空洞洞

（15）na⁵⁵tɕʰi⁵⁵riː⁵⁵（nag-chil-ri）黑乎乎（此例音变略特殊）

2）长音性

ABB 式状貌词的长音不是一般意义上或者音系价值上的长音，而是凸显状貌词身份的特征。我们观察以下词例：

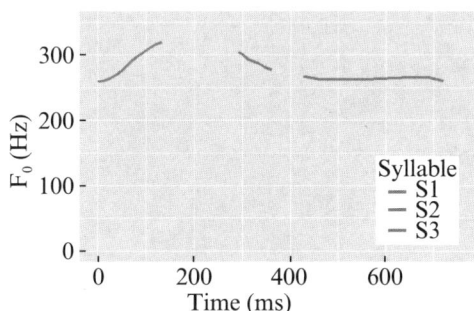

图 1　[tʂʰaŋ⁵⁵si³³siː:³³]凉飕飕（详见书末彩图附录）

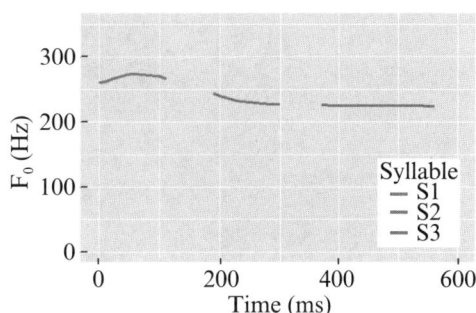

图 2　[to⁵⁵raŋ³³raːŋ³³]空落落（详见书末彩图附录）

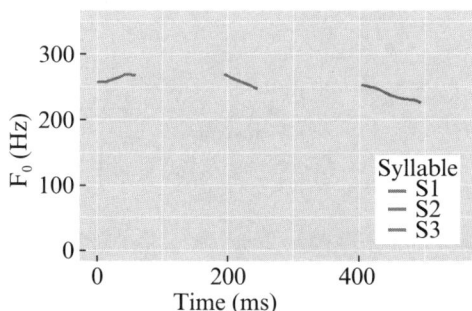

图 3　[tsʰɐ⁵⁵sop⁵³so⁵⁵]热乎乎（详见书末彩图附录）

从语图中的-BB 音段来看，各个例词第二个-B 几乎是第一个-B 的 2 倍甚至 3 倍长。对比部分词的文字形式看，有些历史变化也呈现了出来。例如图 3，tsʰɐ⁵⁵sop⁵³so⁵⁵（tsha-sob-sob）热乎乎，前一个-B 是短音，第 2 个-B 则相对长，文字上的塞音韵尾在口语第 2 个-B 音节脱落。类似的还有 tɕi³⁵tiʔ⁵⁵ti⁵³（ljid-tig-tig）沉甸甸，第 2 音节软颚塞音仍保留喉塞化形式，第 3 音节则丢失喉塞韵尾。

3）轻重韵律

ABB 的读音分两个音段。A 为一个音段，-BB 为另一个音段。-BB 音段的韵律模式是前轻后重。例如：

感知上，拉萨话韵律轻重主要由音高和音长两种物理量决定。音高可

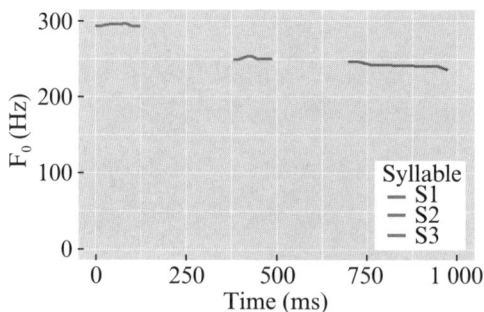

图 4　［tʂʰa⁵⁵çi⁵⁵çiːː⁵⁵］花斑斑（详见书末彩图附录）

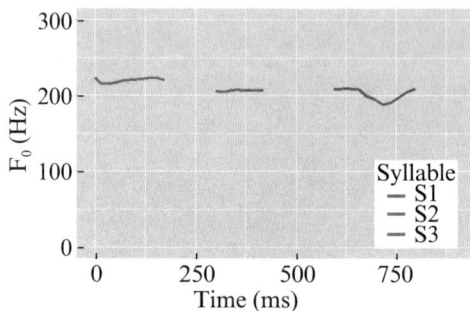

图 5　［na¹³²⁻⁵⁵n̠i¹³⁻⁴⁵n̠iː¹³⁻⁵⁵］黑黢黢（详见书末彩图附录）

借声调的高低来反映,高调往往感知为"重",低调表示听感"轻"。音长的感知则是短音轻,长音重。（武波,江荻 2017）根据拉萨话单音节词的声调模式,高调对应古代清声母词和带前置音次浊声母词,低调源自古代浊声母词和不带前置音的次浊声母词。（胡坦 2002：200）所以,图 4 例词的-BB 是前短后长,前轻后重。图 5 的-BB 都是低调音节,先发生变调,即低调变为高调,称为韵律变调。（江荻 2021b）这是一项通则,所有同类-BB 都发生相似变化。在这个变化基础上,同样是前短后长,前轻后重。上文图 1—图 3 也是同样原理。

A 音段是重音音段,长度饱满,读高调。历史上原本读高调的仍读高调,原本读低调的一定发生韵律变调读作高调。例如上图 2 和图 5 例词,以及例（16）和例（17）。ABB 式的轻重韵律模板是 H-LH（重-轻重）。

（16）tʂʰa⁵⁵tem¹³⁻⁵⁵teːm¹³⁻⁵⁵（phra-ldem-ldem）轻盈盈

（17）ŋaː¹³⁻⁵⁵siŋ⁵⁵siŋ⁵⁵（mngar-sing-sing）甜丝丝

ABB 式独有的轻重韵律是相对普通词韵律而言的。试对比以下三音节的普通词例：详见图 6—图 8。

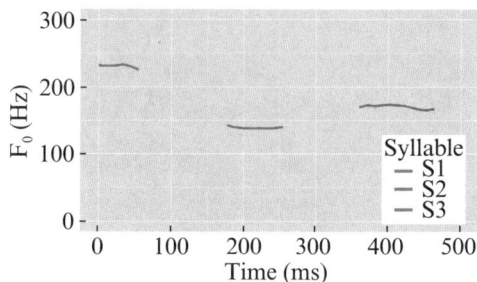

图 6　［tʃʰu⁵³tʂʰaŋ¹³⁻¹¹mo¹²⁻⁵⁵］凉水（详见书末彩图附录）

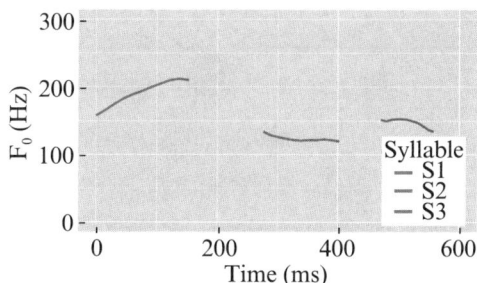

图 7　［toʔ¹³²⁻¹³ȵɛ¹³⁻¹¹po⁵⁵］难看（详见书末彩图附录）

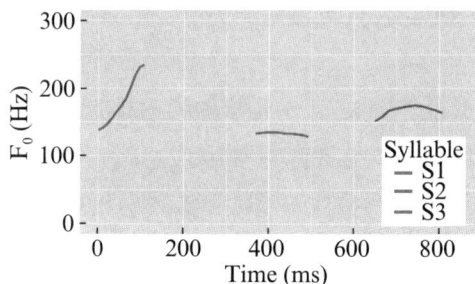

图 8　［pu¹³tsin¹³⁻¹¹tsin¹³⁻⁵⁵］知了（蝉）（详见书末彩图附录）

普通三音节词有名词、动词等不同类型,情况较复杂,此处仅列名词做简单说明。较明显的差别是：图 1—图 5 状貌词的-BB 两音节基本音高同高,后重取决于长音,属长音型重音。除少量词外,普通词后两个音节音高值总是前低后高,听感上也是前轻后重,属音高型重音。参看图 6 例(18)的音高韵律图谱。

不少国外学者提出状貌词的语音形式具有标记性,使其与其他词区别

开来。(Dingemanse 2019;Akita & Prashant 2019)江荻(2021c)发现藏语
ABA'B 式状貌词语音上的独有特征:书面上的 A 一律用低元音[a],A'用
高元音[i]或[u∕o];B 的声母与 A 的辅音韵尾相同,元音一定是[e]或
[i]。在拉萨口语中,A 的元音央化为[ə],A'元音不变,辅音变化与拉萨
话历史音变一致。ABB 式可能由于 A 与-BB 逐渐离析,部分词的元音模
式发生变化,但至少人们还能看出原有语音模式特征,即低-高元音模式,
包括低-前高模式 a-i-i、a-e-e 和低-后高模式 a-u-u、a-o-o。参看表 1 的相关
统计数据。

表 1　ABB 式元音模式数量和比率①

	元音模式	数量	元音模式	数量	小计	合计	占比
低-前高	a-i-i	29	a-e-e	6	35	57	57.57%
低-后高	a-u-u	15	a-o-o	7	22		
其他	零散 15 类,模式略					42	42.42%

3　ABB 的来源及其进化

ABB 式内部单元的性质决定了其结构的多样性。我们依据这样的性质
归纳出三种结构类型。第一类是典型摹声拟态词,其内部结构存在模糊性,
很难断定其中的 A 是什么性质的语素,-BB 则呈现确切的语用上摹声拟态
音节形式。例如:

(18) hu^{55} ru^{55}ru (hu-ru-ru)呼噜噜(未标声调表示轻声)

(19) u^{13} ru^{13}ru^{55}(vu-ru-ru)呜噜噜,呼隆隆

(20) si^{13} ri^{13}ri^{55}(zi-ri-ri)嗞嗞声,淅沥声

例(18)和例(19)可以是描绘人睡觉的低沉鼾声,也可能描绘远处闷闷

① 在主要的低—高元音模式之外,其他零散模式及数量(括号内)如下:a-a-a(8),
o-i-i(6),o-a-a(5),u-i-i(4),u-u-u(4),i-i-i(3),e-a-a(2),o-e-e(2),o-o-o(2),e-i-i(1),e-
o-o(1),e-u-u(1),i-a-a(1),i-o-o(1),o-u-u(1)。

作响的雷声;例(20)是对寂静中感受到的连续落雨声的描绘。其中 A-究竟
是事物或者动作或者状态不明确,-BB 可能是情景持续状描摹,整词的单纯
摹声拟态性质是无疑的,反映出人们对自然情景的描摹。我们不妨把这种
类型 ABB 式称为初级造词形式。

　　敦煌古藏语文献有几条珍贵记录恰能反映这个初级造词现象。《赞普
传记》(黄布凡,马德 2000:229)里记载了王后 sad mar kar 所唱的一首歌,
歌曰:(ï 是古藏文 i 反写形式。)①

je-nye_nï	je-nye na,	yar-pa_nï	dgung_dang	nye,
渐近_TOP	渐近　C	往上_TOP	天空_OBL	靠近

dgung-skar_nï　　**si-lï-li**.
天空-星星_TOP　亮晶晶

越来越近呵！向上接近天空,天边星辰亮晶晶,

je-nye	je-nye	na,	gla-skar_nï	brag_dang	nye,
渐近	渐近	C	命星_TOP	岩石_OBL	靠近

brag-skar_nï　　**si-li-li**.
岩石 白_TOP　亮晶晶

越来越近呵！上面星辰接近山岩,山岩星辰亮晶晶;

sdur-ba_nï	chab_dang	nye,	gyur-sram_nï	**pyo-la-lav**.
都尔瓦_TOP	大河_OBL	靠近	幻化水獭_TOP	扑啦啦

离都尔瓦河近了,善跃水獭上下沉浮。

nyen-kar_nï	dog_dang	nye,	vbras-drug_ni	**si-lï-li**.
年噶尔_TOP	地面_OBL	靠近	六谷_TOP	黄灿灿

离年噶尔大地近了,六谷金灿灿,

mal-tro_nï	klum_dang	nye,	skyi-bser_ni	**spu-ru-ru**.
墨竹_TOP	陇若_OBL	靠近	凉风_TOP	凉飕飕

离墨竹、陇若近了,山风凉飕飕。

---

　　①　本文采用隔行对照化方法注解句例,所用语法标注符号如下:N 名词,V 动词,
ADJ 形容词,C 连词,REDUP 重叠,ADB 状语标记,NEG 否定词,PST 过去式,AG 施格
(作格),INS 工具格,GEN 修饰格/属格,LOC 位格,OBL 旁格,ABL 从格,FAT 结果格,
NMZ 名词化,TOP 话题标记,ASP 体貌标记。音节或语素之间用连字符连接,黏附形态
标记用下画线连接。

　　这几句歌词相当古朴,用词简单无藻饰,ABB 式状貌词的词形拼写也不尽完善。对于 si-li-li,《藏汉》注解是象声词"淅淅沥沥,潺潺",《格曲》作"奏乐器声(铜铙)",明显是象声词赋义,古歌则显示为拟态词。pyo-la-lav 应作 phyol-la-laa,《格曲》收入 phyol-phyol,描述动荡状,例如水或气的澎湃声,激荡声,这个摹声词应是古老形式,后演化出 vphya、vphyan、vphye、vphyo "蹒跚,徘徊,翱翔,浮动"等形式。(安世兴 2001:243)spu-ru-ru 尤能表现摹声拟态造词情景,唱歌人描绘出感受沁人心脾凉风时的情景,全身顿时产生震撼的意境,故而借用身体来描摹毛发乍起快意突突掠过的感觉图景,此时的 spu 已不是名词"毛发"本义,而是假借其声音来表示寒凉意思,表达一种属性状态。配合表达这种状态的形式是 spu 之后添加声音-ru-ru。-ru-ru 没什么特别含义,换成-vu-vu 或者-ri-ri 也有可能,取决于唱歌人当时的情景发声。这就是所谓摹声拟态描摹图景造词。

　　不过,完全摹声拟态这样的原始造词方法是相当受限的,一刹那间口吐特定格式声音也不那么容易。一方面可能受到词库同形词的制约,另一方面摹声拟态可能有音义象似性规则限制。spu-ru-ru 的造词代表一种借物寓意,或借声音喻情景的初级造词方法。不仅 A-可以借,-BB 也可以借。换句话说,人们通过联想某些有关联意义的词汇并借用其声音外壳作为造词的一种方式。例如,toŋ¹³maː⁵⁵ kʰo⁵⁵kʰo⁵¹(gdong dmar-khog-khog)"绯红的脸庞,红润润的脸",这个叠音词缀有可能假借了 khog"内中,里面"这个词形(声音),接在 maː⁵⁵(dmar)"红色"之后,用于描摹姑娘羞涩脸红的时候从内里隐约透出那种细腻白净脸颊皮肤底下泛出的一层红晕,恰似"酒红初上脸边霞"的生动图景。而采用不同叠音词缀又可能造成不同的情景,例如:toŋ¹³maː⁵⁵ hu⁵⁵huː⁵⁵(gdong dmar-hur-hur)"红扑扑的面颊"可能描摹孩子朝气可爱的小脸,toŋ¹³tsʰa⁵⁵ hu⁵⁵hu⁵⁵(gdong tsha-hur-hur)"热辣辣的脸庞"像似满脸涨红冒汗的模样。这似乎就是 ABB 式语用图景功能上的妙不可言之处。语音形式的借用意味着结构可以分析,这正是 ABB 结构摆脱初始混沌状态的起点:A-已成为可析出的音节或者语素,-BB 亦然。

　　A-和-BB 的独立析出推动了 ABB 结构的语用进化。A-可能代表一种属性,大多以形容词担任,-BB 代表一种状态,从经验词库挑选或用摹声拟态创造。如果说敦煌古歌 ABB 结构代表了结构混沌的初级造词,那么后世 ABB 通过借音借形和内部单元离析则造就了现代 ABB 式结构。这就是上文说的第二类,是常见的形容词词根带叠音词缀结构,可以写作 A$_{(ADJ)}$BB,下标的 $_{(ADJ)}$ 表示 ABB 结构中的 A 是形容词词根,-BB 是状貌词缀。例如:

（21）ka^{13}ɬaŋ^{55}laŋ^{55}（dgav-lhang-lhang）兴冲冲

对比：ka^{13}po^{55}（dgav-po）高兴

（22）tʂʰaŋ^{13} ɬaŋ^{55}laŋ^{55}（grang-lhang-lhang）冷飕飕

对比：tʂʰaŋ^{13}ŋu^{55}（grang-mo）冷

（23）siŋ^{13}loŋ^{13}loŋ^{55}（zing-long-long）乱纷纷

对比：siŋ^{13}siŋ^{55}（zing-zing）杂乱

（24）ŋo^{55}pʰiʔ^{55}pʰi^{51}（sngo-phig-phig）青须须

对比：ŋon^{55}tɕaŋ^{55}（sngo-ljang）绿色

（25）ca^{55}tɕʰu^{55}tɕʰuː^{55}（skya-phyur-phyur）白生生

对比：ca^{55}wo^{55}（skya-bo）灰白

跟第一类摹声拟态择词不一样,造词的时候,说话人已经明确 A 的选择条件,即选择表达性质的形容词。当 A-从 ABB 析出,逻辑上必然是-BB 可析出。结构上能证明-BB 析出的证据是-BB 的独用和成词化。观察以下例句:

（26）rngon-khyi　lnga-po_s　vu-vu　zhes　zug-skad-rgyag

猎犬　　　五个_AG　呜呜　（说）吠叫

五只猎犬狺狺吠叫起来。(《遥远的黑帐篷》第 69 页)

（27）kho_vi　　　lpags-zhwa_vi　sgrog-lung　rlung_gis

3sg_GEN　皮帽_GEN　　绊带儿　　风_INS

lhab-lhab_tu　　bskyod

飘动状_ADB　　行走(PST)

他的狐皮帽上的扣袢随着风飘动。(《遥远的黑帐篷》第 3 页)

（28）so　　sum-cu-so-drug　steng-vog　phrig-phrig_tu　rdeb

牙齿　三十六　　　　上下　　抖动状_ADB　拍打

三十六颗牙齿捉对儿厮打。(《水浒全传》第 7 页)

例(26)是典型摹声词,例(27)和例(28)是拟态或状貌,并且与源自词格的标记 tu 构成状语性词语。据我们考察,-BB 的词化成熟度是不一样的。

虽然每个状貌词呈现出状貌具象化特征,有各种各样的情景和动态过程,但是,有些-BB 独用和组词已经十分普遍,产生了稳定的状貌义,这也是-BB 能够词化的前提,有些则受限较多,运用不广泛,说明形态化的抽象高度尚不充分。论证上,我们从多部词典抽取对应本文口语数据的案例,统计结果是,在 51 种叠音词缀中,独用且成词的-BB 已达相当数量。统计中凡是独立作为词条或者跟其他语素构成词条且呈状貌词义的均予以统计。以下列出各词典统计数据。

表 2　三部词典 BB 词缀成词比率

	口语词典	格曲	藏汉
-BB 词缀成词数	18	24	38
-BB 词缀比率	35.29%	47.06%	74.51%

《口语词典》是单一拉萨方言;《格曲》是对应卫藏方言区域的书面语,有历史因素加入,比《口语词典》数量多一些;《藏汉》是收录多方言多时期语料的百科式词典,数量最多。

第三类状貌词是名词或动词语素带叠音音节结构,写作 $A_{(N)}$ BB 或 $A_{(V)}$ BB,下标的(N/V)表示 ABB 结构中的 A 是名词或者动词。$A_{(N/V)}$ BB 可以代表两种不同结构:一是 A 与叠音词缀构成的派生词,形式上归类到状貌词;二是 A 与重叠词构成的后修饰名词短语。例如:

(29) ø:^{132} tɕ^{h}im^{55} tɕ^{h}im^{55}(vod-chim-chim)亮晶晶,光闪闪。

ø:^{132}(vod)光,名词。

(30) ø:^{132} t^{h}iŋ^{55} t^{h}iŋ^{55}(vod-thing-thing)亮光光。(A 描述同上)。

(31) tʂa^{55} siŋ^{13} siŋ^{55}(skra-zeng-zeng)(头发)乱蓬蓬。

tʂa^{55} 头发,名词。

(32) tsum^{132} ɕiʔ^{55} ɕi^{51}(vdzum-shig-shig)喜眯眯。

tsum^{132} 微笑,动词。

状貌词最核心的价值是描摹动态情景,用语音呈现一种象似性图景。上述-BB 都是非独用叠音词缀,仅表示某种状貌。在 ABB 模板中它的功能就是表达 A 的性质的状况并描摹出情景。如果 A 不呈现为属性,则与模板相冲突。根据生成词库理论,这是一种错配,需要强迫其中论元转化为功能上符合要求的类型,结果 A 从名词或动词转变为形容词,获得性状属性。例如 $ø:^{132}$ tçʰim⁵⁵tçʰim⁵⁵ 词根被强迫转换为"光芒、光亮"意义的程度属性,添加词缀后呈现为一种可视的光线图景,一闪一闪,整个图景转换为亮和暗的交替状态。换言之,词根名词 $ø:^{132}$(vod)"光亮"转变为性状"闪亮的"。①

不过,能发生这样变化的 A$_{(N/V)}$BB 数量不多。大多仅发生在拉萨话中,演化路径是从后修饰短语发生转喻而用作形容词,跟同形状貌词很难区分。试观察以下例句:

(33) çəp¹³²coʔ⁵⁵co⁵¹(zhabs-kyog-kyog),çəp¹³²(zhabs)脚(敬),coʔ⁵⁵co⁵¹(kyog-kyog)或者 coʔ⁵⁵po⁵(kyog-po)歪斜,短语意义"跛脚"转喻为"蹒跚"。

(34) ça⁵⁵sop⁵⁵so⁵¹(sha-sob-sob),ça⁵⁵(sha)本义"肉",sop⁵⁵so⁵¹(sob-sob)松软,例如 çiŋ¹²sɐ⁵⁵sop⁵⁵so⁵¹(zhing sa sob sob)松软土地。短语意义"松软之肉"转喻"软咕囊囊的"。

(35) $ø:^{132}$ʂi⁵⁵ri:⁵⁵(vod-hril-hril),$ø:^{132}$(vod)光,ʂi⁵⁵ri:⁵⁵(hril-hril),或者 ʂi⁵⁵pu⁵⁵(hril-po)"圆形;整体",短语"满堂光"转喻为"亮闪闪,油光光"。

4　表现形态与 ABB 进化的原因

上文 ABB 的结构分析揭示出它的起源和进化过程,可它的性质仍模糊不清,带来形态方法上的理论困惑。一是-BB 的描摹性和状貌义与形态词缀定义差别很大,后者用屈折、派生、重叠、附着等方式表达语法关系,这样的形态方法不能解释前者的性质和意义;二是给 A-指定形容词性质违背摹声拟态造词原则,因为词性源自句法功能与结构,(江荻 2021d:159)主观指定则带有强制性。怎么解释二者杆格不通相互抵触的现象呢? 本节将超越形态语法,引入一种新的称作词汇表现形态理论予以阐释。

首先我们注意 ABB 身份的模糊性。当人们从功能上考察 ABB 时,发现

---

① 生成词库理论对强迫转换过程采用词汇物性结构方法分析,此处略。有兴趣的读者请参考宋作艳(2015)。

它有形容词的性质及相应句法行为。当人们关注它的意义和内容的时候，感觉到它的主观表现性、描摹绘景作用和造词渊源，这个含义也累积在它的名称上：ideo-phone，义—音（状貌词），是本文重点关注的内容。

状貌词英文作 Ideophone，是 Doke（克莱门特·杜克 1935：118）研究非洲班图语时创造的术语，界定为："用声音生动地表达一种思想。一个词，通常是拟声词，用来描述谓语、限定词或副词在方式、颜色、声音、气味、动作、状态或强度方面的变化。"此处不讨论（拟声）象似性问题（能指与所指的关系），我们关注的是，Doke 把状貌词设定为由造词而来，从无到有，跟传统形态语法的构词学说不在一个层面。

近年，Dingemanse（帝格曼斯 2011：25）提出了一个简洁的界定："状貌词是描述感觉意象的有标记词。"所谓"有标记"指状貌词在语音、韵律、结构、词类、形态诸方面均不同于其他分类的词。这一说法对汉语、藏语等东亚语言来说的确很贴切，例如命名上用结构代码来指称足以证明它们的独特性：ABB 式、ABA'B 式、A 里 AB 式、AABB 式等。

"感觉意象"则指"状貌词所涵盖的语义范围因语言而异，可以包括对声音、运动、视觉模式等外部世界的感知，也可以包括对疼痛、平衡等内心感受和感觉的感知"（Dingemanse 2017：363）。其他学者也支持这样的观点，例如，Akita 等（2019：2）编撰出版了一部状貌词论集，提出"状貌词模仿广泛的感官体验，涉及听觉、视觉、触觉或其他类型的感知"。

语法形态或者形态语法体系一直是以欧洲语言为基础所建立理论语言学的核心，人们现有的语法知识都包含在这个框架之内。一般也会同意，除了借词来自不同语言系统，人们从来认为同一语言不同词汇只是形态上不同方法及其功能产生的，有屈折（inflection）、派生（derivation）、复合（compound）、重叠（reduplication）、附着（clitic）等。动词是具有时、体、态等形态变化和充当谓语功能的词汇，名词则是拥有人称、语法性、数、格等形态变化能充当主宾语的词类。而 Doke 和 Dingemanse 等人的状貌词定义方方面面都与形态语法相冲突。特别是，状貌词所包括的摹声拟态观点与作为现代语言学基石的音义关系任意性原则相悖，状貌词依据主观感觉和描摹图景造词（而不是形态功能构词）。Kunene（1978：3）甚至说"状貌词是行为或状态的戏剧化"。这样的理论和方法冲破了现有的学术框架，令人一时不易接受。至少我们已经看到一些实际后果。例如，极度丰富的拟声词汇甚至曾给日本语言学界带来高度的困惑（Akita, *et al.* 2019：3），而汉语这类东亚、东南亚、太平洋区域语言的状貌词"因不合常规"也常常被"主流"研究边缘化或者存而不论。

鉴于状貌词的另类性质，有学者提出"表现形态"概念（expressive morphology）予以阐释，认为表现形态的语用造词效果与表现性、游戏性、诗意性，或某种单纯的炫耀性效果有关。（Zwicky & Pullum 1987：6）他们还认为，状貌词的造词在语音、音系、句法、语义和语用各方面都表现出与其他词汇的形态学不相关原则，因此需要从常规语法形态中分离出来加以描述。换句话说，表现形态是与普通语法形态（屈折、派生等）完全不同的一种形态系统，仅适用于状貌词、语言游戏用语、脏话等特殊词汇。这种观点得到部分学者的赞同和实践，例如 Le Guen（2014：211）在描述 Yucatec Maya（尤卡坦玛雅语）时指出，这两种词汇和语法形态存在深层次的差异，普通语法形态更加客观，指的是命题真实；而表现形态传达了说话人对所叙述事件的立场，带入了说话者的某种主观参与和情感反应。

本文第 3 节已经注意到藏语拉萨话 ABB 式状貌词呈现一种进化状态：混沌的词形产生结构，结构单元开始载义分化，出现 A 和 BB 的成词化。这个现象具有极高的理论研究价值，意味着表现形态管辖功能是有界的，仅在造词阶段和辨识中发挥作用。换句话说，表现形态不是全局性系统，它仅有造词功能，给语言带来一类独特格式的词汇，但它本身不能在功能上和系统运作上跟普通语法系统平行，而只能附着于后者。由此可以说，表现形态理论为状貌词的产生和存在提供了支撑，解释了那些奇怪代码格式状貌词及其复杂的演变形式跟普通语法系统词汇的差异。

对任何状貌词而言，一旦词汇产生，表现形态的使命也就完成了。虽然造词活动会持续存在，但已然产生的状貌词则会进入普通语法形态的管控空间，它的演化发展受形态语法辖制。这是因为状貌词必须与形态语法的词汇合作才能完整遣词达意，才能有效运作。在这个磨合过程中，它不断承受来自普通词汇系统的压力，包括形容词、副词、动词及其形态的形式和功能，模仿和接受普通词汇的形态特征。我们把这个过程称为驯服。第 3 节讨论了状貌词选择形容词词根占据 A 的位置，这意味着 ABB 被驯服为"词根+叠音词缀"结构，这跟普通派生词基本同构，出现状貌词的去状貌词化过程。Dingemanse（2017）和江荻（2021c）对这个过程也有描述，认为形态语法系统具有对状貌词的整合功能，即状貌词在形态语法体系中被整合而变得更像普通词汇。

5　具身模拟：想象图景和命名

上文讨论的是以状貌词已然存在为前提,对状貌词意义及其类别进行研究,进一步引入表现形态理论对状貌词产生动因及其特定格式予以阐释。虽然,这个动因对状貌词的实际运行没有影响,但似乎给状貌词的身份带来主观属性印记。因为与传统形态语法相比,表现形态呈现出目的性和主观意图价值,这是一个值得关注的问题。这种现象当如何理解呢?

当我们讨论状貌词的意义和分类,运用的是传统语法形态理论,其中包含了状貌词的形态构词和变体,说明状貌词正处在语言系统驯服化过程中运行,跟表现形态造词没有什么关系。当我们讨论状貌词的产生和来源,就可能意味着我们在关注词语与事物的关系,或者概念与世界的关系,意味着它不是我们日常"从词到物"或"从词到词"式的思维和指称(即传统观点:符号解释符号),而是指向事物或状态先于词语存在而后才有命名的现象。这正是表现形态连接语言系统的入口。

回顾上文所说:"状貌词最核心的价值是描摹动态情景,用语音呈现一种象似性图景。"这意味着人在说话时可能处于一定的语境之中,他通过感官知觉,例如视觉,把自己内在的心理活动与现实环境联系起来,眼前呈现出一幅客观世界的图景。如例(36):

（36）me-vod_kyis　　phyogs-bzhi-mtshams-brgyad

火光_INS　　　四面八方

dmar-lhang-lhang_du　　vphros.

红彤彤_ADB　　　　　照耀（PST）

火光红彤彤地照耀着四方八面。(《遥远的黑帐篷》第14页)

进一步,面对这幅图景,说话人可能借助表现形态的描摹性、表演性、凸显性、张扬性效果创造一个声音词来实现这幅图景呈现的状态或概念(江荻2021c),例如本例的 ma:^{55}ɬaŋ^{55}laŋ^{55}（dmar-lhang-lhang）"红彤彤"。在他的经验里,这个三音格式声音具有长音特征、叠音特征和特定词形结构,恰能呈现意义表现的凸显性。更有价值的是,即使说话人不在现场,他还是能够有意识地进行想象,通过镜像神经元机能,勾勒一幅想要表达概念的图景,这就是所谓具身模拟（embodied simulation），模拟出经验中相似的知觉、运动和内省体验。就例（36）来说，说话人有可能在脑海里模拟出一个夜幕下荒原上四处红色火光闪烁的壮观情景，那种炫动的火光颜色令他抽取词库里的派生形容词词基 dmar(-po)"红色的"，发出一串特定的语音，创造出新的状貌词：ma:^{55}łaŋ^{55}laŋ^{55}（dmar lhang-lhang），或者 ma:^{55}tɕʰem^{55}tɕʰem^{55}（dmar-chem-chem）、ma:^{55}tɕʰi^{55}tɕʰi^{55}（dmar-chil-chil）、ma:^{55}tɕʰu^{55}tɕʰu:^{55}（dmar-phyur-phyur）红彤彤。这是人们临场造词的动因，也把词语与所指状态或事物联系起来。这样的造词是有理据的。

这个过程正是 Lakoff 和 Johnson（莱科夫和约翰逊 1999）所着力叙述的，"从神经系统角度来看，名称关系是一种激活作用。当我们听到和理解言语时，是语音形式激活概念；而在说话时，是概念激活语音形式。命名的具体过程是'概念-语音'的匹配，词语的名称指定了这对匹配中的语音极"（转引自李葆嘉 2018：527）。当然，造词这件事情也是很复杂的，我们在第3节讨论过一些实际例词，涉及利用已有词字组合，或者借用某类相关词语声音，或者摹声拟态。限于篇幅，此处不展开讨论。

近20年来，认知科学出现新的取向，提出具身认知学说，基本观念是，人类认识世界的方法与自身身体密切相关，通过大脑、身体和环境交互作用。叶浩生（2010：705）归纳道："认知是包括大脑在内的身体的认知，身体的解剖学结构、身体的活动方式、身体的感觉和运动体验决定了我们怎样认识和看待世界。"莱科夫和约翰逊认为：语言的获得以身体经验为基础。人类的语言既不是外部环境强加给我们的，也不是心智固有的，而是在人类进化过程中，通过身体与世界的互动，通过感觉—运动系统的经验获得的。语言中的范畴、概念及句法结构都与身体有关。身体经验因而成为理解语言的基础。（转引自叶浩生 2020：77）在这个意义上，以人的身体经验为基础所造状貌词不能完全视作主观意图所为，概念命名和词语名称与人的生理反应、感知—运动机能，以及镜像神经元系统相关。Doke（杜克 1935：118）认为用声音生动地表达思想并非任意造词，而摹声拟态显然是客观现象反射到生理知觉的再造。目前，具身认知学科正处在发展之中，语言的具身认知也有待进一步深化。本文以具身模拟简单阐释表现形态理论的内涵只是一种理论上的设想和解读，全面了解需要更专门的论述。

6　ABB 的结构模板与自由性

就 ABB 而言,A 代表想表达的意义内容,具有某种主观价值,BB 则是描摹渲染,表示 A 的属性的状态。这是表现形态最基本的造词路径,其中 BB 以单纯摹声拟态为目标,所以声音想象的自由性很高,也因此个体摹声差别较大,产生的异体 BB 形式较多。例如:

（37）a) ma˞ː^{55}tɕʰem^{55}tɕʰem^{55}（dmar-chem-chem）(红)光闪闪

　　　 b) ma˞ː^{55}tɕʰi^{55}tɕʰi^{55}（dmar-chil-chil）红彤彤

　　　 c) ma˞ɹ^{55}lam^{13}lam^{55}（dmar-lam-lam）红彤彤

　　　 d) ma˞ː^{55}ɬem^{55}lem^{55}（dmar-lhem-lhem）红翻翻

这组状貌词表达了相同或相似的意思,但采用的则是多样性叠音词缀。这也说明-BB 仅表达某种状态,跟 A-的具体意义并没有必然的联系。反过来,相同的-BB 叠音词缀也可以附着在不同的 A 上。

（38）a. tɕaŋ^{13}tʰiŋ^{55}tʰiŋ^{55}（ljang-thing-thing）绿油油

　　　 b. ŋaː^{55}tʰiŋ^{55}tʰiŋ^{55}（mngar-thing-thing）甜丝丝

　　　 c. na^{132}tʰiŋ^{55}tʰiŋ^{55}（nag-thing-thing）黑漆漆

　　　 d. ȵɹop^{132}tʰiŋ^{55}tʰiŋ^{55}（nyob-thing-thing）懒洋洋

　　　 e. seː^{55}tʰiŋ^{55}tʰiŋ^{55}（ser-thing-thing）黄澄澄

　　　 f. ca^{55}tiŋ^{55}tiŋ^{55}（skya-thing-thing）白生生

　　　 g. ŋo^{55}tʰiŋ^{55}tʰiŋ^{55}（sngo-thing-thing）兰澄澄

　　　 h. num^{55}tʰiŋ^{55}tʰiŋ^{55}（snum-thing-thing）油光光

　　　 i. tsʰa^{55}tʰiŋ^{55}tʰiŋ^{55}（tsha-thing-thing）热乎乎

这些例证告诉我们,表现形态的造词模板是固定的,但造词单元的选择却是自由的。与普通语法形态屈折、派生、重叠、复合和附着等词法构词绝对是不一样的。

藏语 ABB 状貌词格式和结构上还存在一些目前无法直接阐明的谜团,例如,为什么-thing-thing 是搭配 A 最多的词缀,却没有独用成词现象?其中的原因需要进一步考察。

7　ABB 的句法功能

ABB 状貌词的句法功能是多能性的,可以充当多种成分。试观察句例。

（39）de-dus　　shar-phyogs_nas　　nyi-ma
　　　那时候　东方_ABL　　　　太阳
　　　dmar-chem-chem　　shar-grabs-shar-grabs-byed_kyis.
　　　红灿灿　　　　　　升起_ASP
　　　那时红灿灿的太阳即将从东方升起来。（后置修饰语,
　　　《拉萨口语读本》第 236 页）

（40）pad-sgron_gyi　　skyo-lhang-lhang_gi　　yid_la
　　　白珍_GEN　　　惨兮兮_GEN　　　　　心_LOC
　　　sems-gso-yong_rgyu　　lta-ci
　　　得到安慰_NMZ　　　不仅
　　　（不仅）白珍悲伤的心得到安慰。（前置修饰语,《琴弦上
　　　的魂》第 2 页）

（41）ri-thang　　yongs　　dngul_gyi　　khu-ba_s　　byug_pa
　　　山川　　　完全　　银_GEN　　液体_INS　抹_NMZ
　　　bzhin　　skya-thing-thing_du　　gyur.
　　　如同　　白茫茫_FAT　　　　　变成
　　　整个山川犹如涂上了银水一般变得白茫茫的。（补语,
　　　《遥远的黑帐篷》第 3 页）

（42）dgong-zas　　kyang　　ma-bzas　　par
　　　晚饭　　　　也　　　NEG-吃　C
　　　khro-vtshub-vtshub_ngang　　nyal-bas
　　　气呼呼_ADB　　　　　　　睡　C
　　　晚饭也不吃,气呼呼地睡了。[①]（状语,《水浒全传》第 62 页）

───────────

[①]　藏语句法上的时间先后连贯复句中,如果前句用否定词,则动词后用 par 连接后句。
参见周季文、谢后芳(2003：271)。

例(39)—例(42)中的 ABB 状貌词独立或添加句法标记分别充当后置修饰语、前置修饰语、补语和状语,跟形容词的用法十分接近。回顾上文形态语法对状貌词的整合和驯服叙述,我们相信这些用法反映了驯服的结果。例(39)后置于中心词做修饰语;例(40)前置于被修饰语则带修饰格或属格标记;例(41)充当补语带结果格标记;例(42)带状语标记(ngang 或 ngang nas)把状貌词转为状语短语。状貌词带句法标记是典型的被驯服形式。还有一点可以提及的是,上列状貌词都是新生代的状貌词,其 A 都是表示属性的形容词,已完成驯服化和结构化历程,无怪乎人们把它们归类到形容词。

尽管如此,我们仍然不能毫无顾忌地说 ABB 状貌词已经走完整合化历程,因为我们还会不时看到一些状貌词的造词本性或者无束缚特征冒出来。例如:

(43) rgyal-po　　　de　　　mig　　　gnyis　　　hu-hrig-hrig
　　　国王　　　　那　　　眼睛　　两　　　　亮铮铮

　　　yod_pa_vi　　　mi　　　vdra-chags-po　　cig
　　　有_NMZ_GEN　　人　　　雅观　　　　　一

　　　bris_yog-red.
　　　画(PST)_ASP

　　　把那个国王画成双眼炯炯有神的帅男子。(《拉萨口语会话手册》第 189 页)

(44) sgyug-mo-livu　　dang　　sban-ar　　gnyis　　gsol-tshigs
　　　刘姥姥　　　　　和　　　板儿　　　两　　　　饭

　　　zhus　　　　tshar　　te　　vdi-phyogs_su　　vbyor
　　　做(PST)　　完　　　C　　这边_LOC　　　　到达

　　　nas　　ngag-dig-dig_gis　　thugs-rje-che　　zhus
　　　C　　憨呆呆_ADB　　　　多谢　　　　　说(PST)

　　　刘姥姥和板儿俩吃完饭过来,舔舌咂嘴地道谢。(《红楼梦》第 144 页)

例(43)从民间故事里摘录的 hu-hrig-hrig 词典未收,它的第一个音节显然是摹声词,似乎又返璞归真造出新的状貌词。例(44)是译者创造的状貌词 ngag-dig-dig,非常生动地表现出乡下刘姥姥和半大萌娃板儿在陌生场面中怯生生的图景。即使是新造状貌词,该词也根据它的功能添加了副词性标记(gis)。对比古代文献,形态语法的整合性贯彻得十分深透。

（45）ma-zhang　　phyi_r　　　tril-li-li　　vbreng.　thal-mo-

玛降　　　　　后_LOC　　紧紧地　　跟着,　　手掌

btabs　nas　pha-gi　ci　　yin　zer

拍打　　C　　那　　什么　是　　说

玛降紧紧地跟在后面。拍着手掌说:那是什么?(《拔协》第 103 页)

（46）lcags_kyi　khang-pa　sgo　med-pa　　cig_gi

铁_GEN　　屋子　　　门　　无_NMZ　　一_GEN

nang-na,　　　skad-log　　di-ri-ri_vdug

里面_LOC　　吵嚷声　　细喃喃_ASP

在一个没有门的铁皮屋子里面吵嚷声呢喃喃传出。

(《西藏王统记》第 27 页)

例(45)取自 12 世纪的历史文献《拔协》,状貌词 tril-li-li 充当状语却不带状语标记,说明当时该状貌词尚未被彻底驯服。另外这个词的正字也不容易查证。例(46)来自 14 世纪的《西藏王统记》,di-ri-ri《格曲》记录为摹声词:风声、雷声、人声、诵经声,由于未带状语标记,如果理解为后置定语则在句法上跟现代一致,但似乎也可理解为带体貌示证标记的谓语。总起来说,除了在表现形态造词上还可能保留一些状貌词的自由度,句法上现代 ABB 状貌词已经整合为普通词语。下例(47)包含前置修饰和多重后置修饰,但状貌词的句法位置合法性令人惊讶,它已经被驯服得完全知道性质和状态与中心词孰亲孰疏、孰近孰远的地步。

（47）rtswa_vi　myu-gu　gsar-pa　sngo-phrig-phrig

草-GEN　芽　　　新的　　　绿油油

thon　　　　　　vdug.

长出(PST)_　　ASP

草的绿油油的嫩芽长出来了。(张怡荪 1985:713)

8　结　　语

本文 ABB 状貌词的语音特征、词汇结构和句法功能论述已有充足理由

使之独立成类,包括语音上的特异性、词汇上的模板化、句法上的自由性和语用上的能产性。特别地,ABB 式只是藏语状貌词的一个小类,它跟其他状貌词有着相同的造词来源。(江荻 2021c)上文已经指出,表现形态的作用范围止于造词,但它创造的状貌词独特模板却不会消失。初始的 ABB 混沌模板在形态语法管控下会出现结构化,内部单元逐渐成词,但模板形式还在,不必然消失。

状貌词的独特不仅仅是它的形式,状貌义唤起的心理图景也让人惊奇。而对研究者来说也会萌生一种隐忧,例如命名,表现形态的命名是否一种个体主观行为,或者反映“音-义”之间存在联系?本文提出具身模拟并加以阐释,试图说明表现形态的主观性跟更深层次上的具身认知理论有密切关系。

此外,虽然我们看到形态语法(构词形态)对状貌词不断进行整合,而且ABB 在句法上的驯服程度很高,但另一方面,我们也看到表现形态持续不停地创造新的状貌模板词,强化模板的存在。至少从吐蕃时期至今 1 000 余年间,形态语法的整合过程不能彻底完成,状貌造词和形态构词还在相互博弈。也许,保持状貌词的表现性跟提高句法的整合性恰好是语言进化平衡活力之所需,这正是 Dingemanse(2017:363)所指出的:高表现性与低整合度相关,反之亦然。

参考文献

安世兴.2001.《古藏文词典》,中国藏学出版社。

拔塞囊.1982.《拔协》,佟锦华,黄布凡译注,四川民族出版社。

曹雪芹,高　鹗.1983.《红楼梦》(藏文),索南班觉译,民族出版社。

丹巴亚尔杰.2005.《遥远的黑帐篷》,民族出版社。

格西曲吉札巴.1957.《格西曲札藏文辞典》,民族出版社。

胡　坦.2002.《藏语研究文论》,中国藏学出版社。

胡　坦,索南卓嘎,罗秉芬.1999.《拉萨口语读本》,民族出版社。

黄布凡,马　德.2000.《敦煌藏文吐蕃史文献译注·松赞干布灭象雄》,甘肃教育出版社。

江　荻.2021a.藏语形容词的音节数形态与形态类型,《中国语言学报》第 19 辑。

江　荻.2021b.《词重音:理论和类型议题》述评,《当代语言学》第 3 期。

江　荻.2021c.藏语 ABAʹB 式状貌词与表现形态理论,《中国语文》第 6 期。

江　荻.2021d.《藏语词法和形态》,北京大学出版社。

金　鹏.1983.《藏语简志》,民族出版社。

罗贯中,施耐庵.1978.《水浒全传》(藏文版),《水浒全传》翻译组译,西藏人民出版社。

萨迦·索南坚赞.1981.《西藏王统记》,民族出版社。

宋作艳.2015.《生成词库理论与汉语事件强迫现象研究》,北京大学出版社。

土丹旺布,索　多,罗秉芬.1995.《拉萨口语会话手册》,中央民族大学出版社。

王会银.1987.现代藏语拉萨话形容词重叠形式,《中央民族学院学报》第 6 期。

武　波,江　荻.2017.二声调语言呈现的轻重韵律模式,《南开语言学刊》第 2 期。

叶浩生.2010.具身认知:认知心理学的新取向,《心理科学进展》第 5 期。

叶浩生.2020.《具身认知——原理与应用》,商务印书馆。

于道泉(主编),傅家璋(编).1983.《藏汉对照拉萨口语词典》,民族出版社。

扎西班典.1999.《琴弦上的魂》,民族出版社。

张怡荪(主编).1985.《藏汉大辞典》,民族出版社。

周季文,谢后芳.2003.《藏语拉萨话语法》,民族出版社。

Akita K, Pardeshi P. 2019. Introduction to ideophones, mimetics and expressives: theoretical and typological perspectives. In Akita K, Pardeshi P. (eds.) *Ideophones, Mimetics, and Expressives*. John Benjamins Publishing Company: 1 - 9.

Akita K, Pardeshi P. 2019. *Ideophones, Mimetics, and Expressives-Theoretical and Typological Perspectives*. John Benjamins Publishing Company.

Dingemanse M. 2011. *The Meaning and Use of Ideophones in Siwu*. Max-Planck Institute for Psycholinguistics.

Dingemanse M. 2017. Expressiveness and system integration: on the typology of ideophones, with special reference to Siwu. STUF-*Language Typology and Universals 70(2)*: 363 - 385.

Dingemanse M. 2019. "Ideophone" as a comparative concept. In Akita K, Pardeshi P. (eds.) *Ideophones, Mimetics, and Expressives*. John Benjamins Publishing Company: 13 - 33.

Doke C. 1935. *Bantu Linguistic Terminology*. Longmans, Green, and Co.

Kunene D. 1978. *The Ideophone in Southern Sotho*. Dietrich Reimer.

Lakoff G, Johnson M. 1999. *Philosophy in the Flesh: The Embodied Mind and Its Challenge to Western Thought*. Basic Books. (中文版:2018.《肉身哲学:亲身心智及其向西方思想的挑战》,李葆嘉等译,世界图书出版公司。)

Le Guen O. 2014. Expressive morphology in Yucatec Maya. In Léonard J L, Kihm A. (eds.) *Patterns in Meso-American Morphology*. Michel Houdiard: 178 - 211.

Zwicky A M, Pullum G K. 1987. Plain morphology and expressive morphology. *Proceedings of the Thirteenth Annual Meeting of the Berkeley Lingustics Society*, 13: 330 - 340.

The Ideophones of ABB in Tibetan and Their Theoretical Origin

Abstract:The article describes the features of the ABB ideophones in

Lhasa Tibetan with the aspects of the lexical structures, phonetic features and syntactic functions, and discusses their origin and evolutionary phenomena using the theory of expressive morphology, as well as their concepts, values and relationship to traditional grammatical morphology. In view of the distinctive subjective connotations of expressive morphology, the paper briefly introduces the embodied simulation theory of contemporary cognitive science, in particular the process of naming concepts with sound, involving bodily experiences, the construction of perceptual pictures and the unconsciousness of cognition, showing that the supposed subjectivity of expressive morphology is closely related to the embodied cognition theory at a deeper level.

Keywords：Lhasa Tibetan；ABB ideophone；expressive morphology theory；embodied simulation

论文刊载信息：江荻.2022.藏语 ABB 式状貌词及其产生的理论根源,《语言科学》第 6 期：634－647。

彩 图 附 录

《缘起：汉语大历史观与史前语言样貌》彩色插图

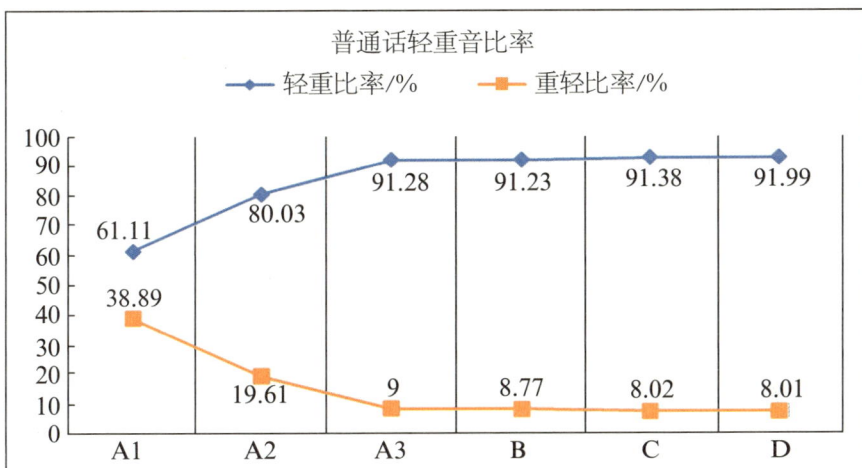

图 1　普通话轻重型和重轻型双音节词常用性分级比率

《〈尔雅〉词汇形式证明汉语曾是多音节词语言》彩色插图

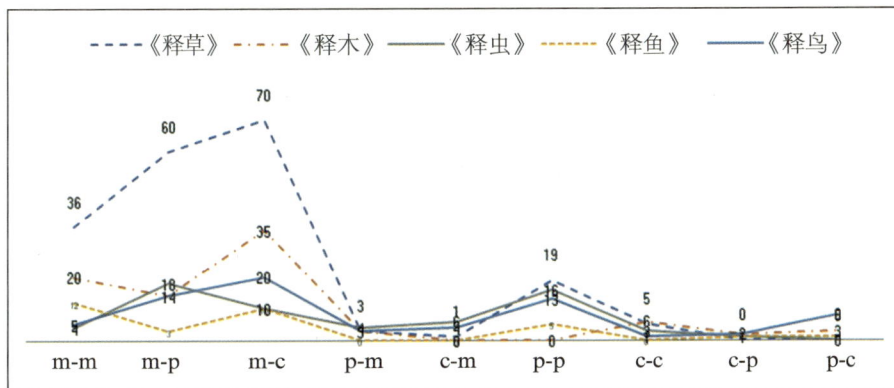

图 1　分篇被释词和训释词对比数据曲线图

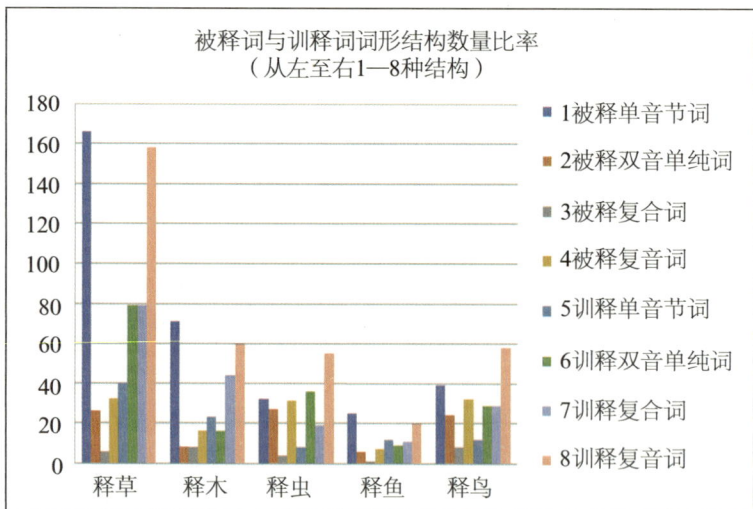

图 2　按照被释词和训释词词形结构类型统计数据图

《词形结构进化与世界语言的多样性》彩色插图

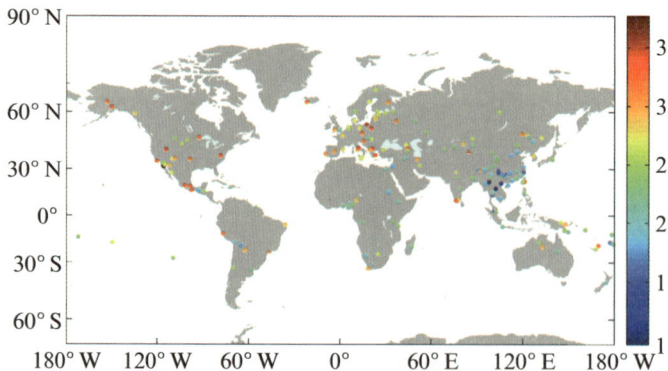

图 2　世界语言词形结构多样性分布图

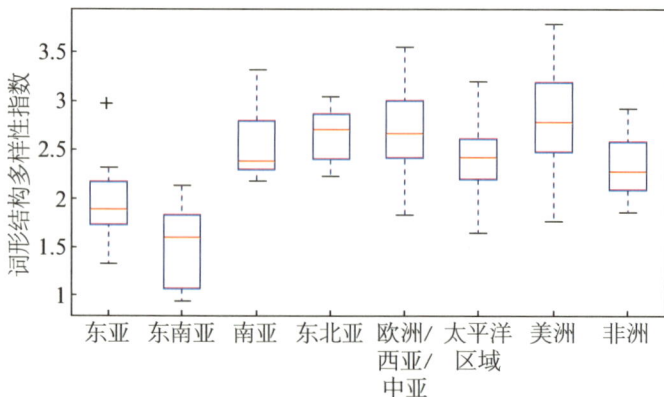

图 3　世界语言词形结构多样性箱体图

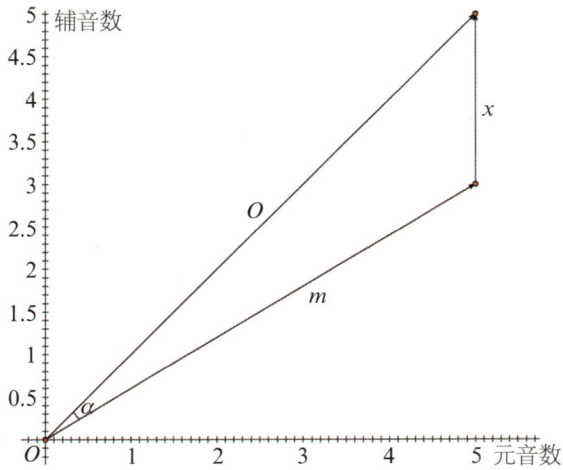

图 4(a)　偏移距离和偏移角几何示意图

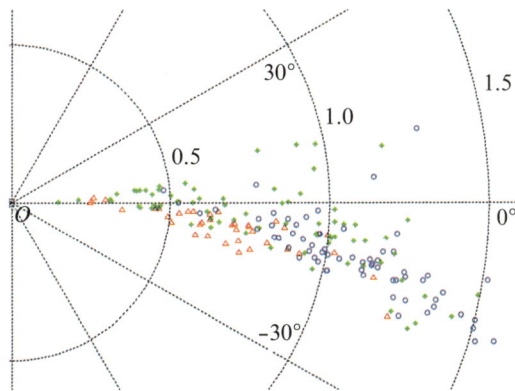

图 4(b)　偏移距离和偏移角极坐标分布图

《藏语 ABB 式状貌词及其产生的理论根源》彩色插图

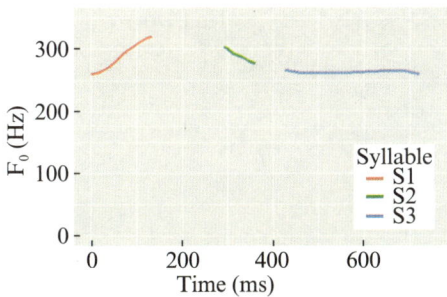

图 1　[tʂʰaŋ⁵⁵si³³siːː³³]凉飕飕

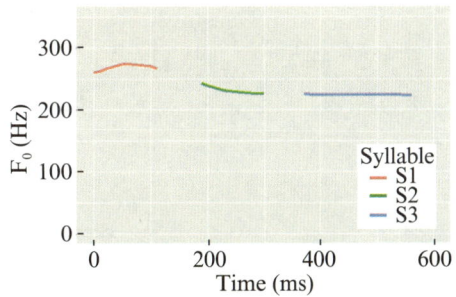

图 2　[to⁵⁵raŋ³³raːŋ³³]空落落

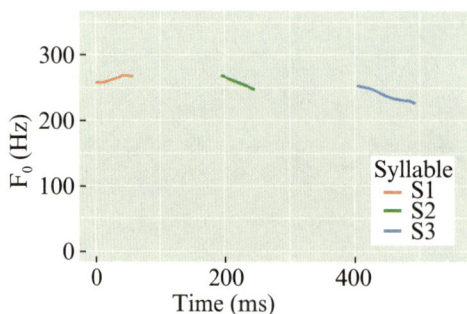

图 3　［tsʰɐ⁵⁵sop⁵³so⁵⁵］热乎乎

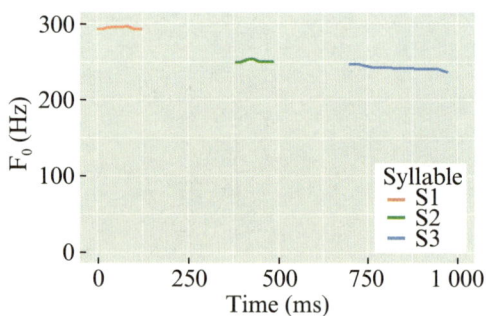

图 4　［tʂʰa⁵⁵ɕi⁵⁵ɕiːʐ⁵⁵］花斑斑

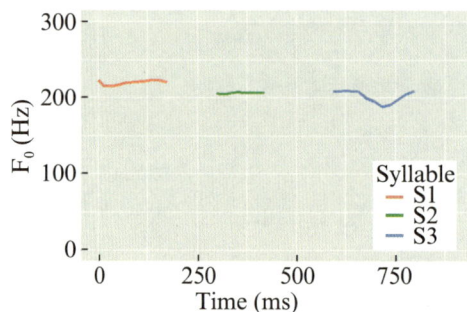

图 5　［na¹³²⁻⁵⁵n̠i¹³⁻⁴⁵n̠iː¹³⁻⁵⁵］黑黢黢

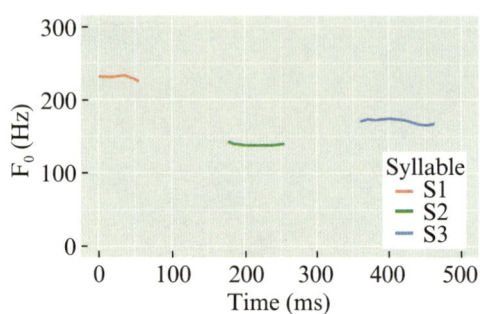

图 6　［tʃʰu⁵³tʂʰaŋ¹³⁻¹¹mo¹²⁻⁵⁵］凉水

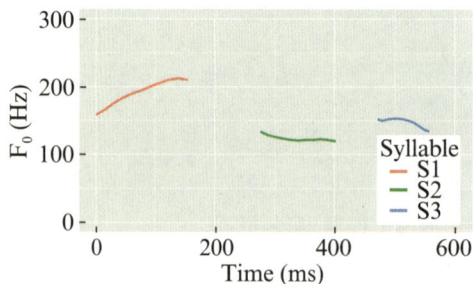

图 7　［toʔ¹³²⁻¹³n̠ɛ¹³⁻¹¹po⁵⁵］难看

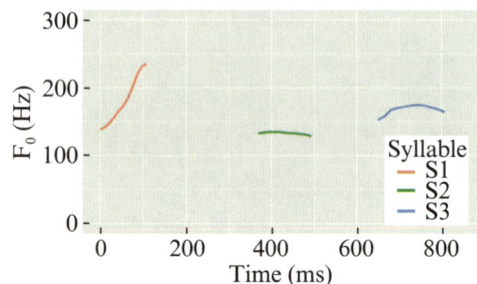

图 8　［pu¹³tsin¹³⁻¹¹tsin¹³⁻⁵⁵］知了（蝉）

后　记

　　这本集子共收录十二篇论文,大致写于 2012—2022 年的 10 年间。虽说是论文集,却只有一个主题:最早的汉语是什么样子的,或者最早的汉语有什么样的显性特征。本书开篇的《缘起:汉语大历史观与史前语言样貌》是组稿的这两年撰写的,用来贯通全书各篇散论,并串起这个主题;同时,还试图为中国语言研究提供一种新的思路,展现一种不同于以往有关古今语言演化研究的新方法。其他各篇保持原样,个别略有修改。

　　我曾跟学生讲,在中国这个地理区域内,汉藏语系就是:"东(边)"汉"西(边)"藏,中间是彝羌。如果我们对这两边的语言都有深入的研究,整个汉藏语系的面貌就比较清晰了。我长期从事藏语和汉藏语研究,对研究民族语言的学者来说,这个"汉藏语"经常特指藏缅语语族(有观点也包括侗台、苗瑶语族),跟汉语本体研究关系不大。可是,又有一些特别的机遇让我黏上了汉语一个很小的特定领域。换句话说,汉藏语系假说的确会让人好奇,早期的汉语和早期的藏语是什么样子的?藏语文献历史相对不长,1 300年来一直都有记载,我自己也写了一部《藏语语音史研究》。可是汉语历史太久远,想知道史前汉语特征样貌就得费一些功夫。这部书稿及所收文章算得上这样的努力。

　　有关这个主题的文章还有几篇。例如《单音节型语言演化的后果》(复旦大学《人类学通讯》,2011 年第 5 期),《达让语的抑扬格词模式演化特征》(西南民族大学"第 6 届国际彝缅语学术研讨会",2012 年 11 月 2—3 日),《上古汉语词汇长度的演化与抗演化》(NACCL－25, 2013),与张辉博士合作的《〈尚书〉词头的性质及其演变》(《汉语史与汉藏语研究》第 2 辑,中国社会科学出版社,2018)等。考虑聚焦主题,这次没有收录。此外,还有几篇涉及声调和轻重韵律的论文没有收录,特别是部分相关性较高的未完稿,有些已经完成了数据库建设,有些甚至做完了实验,例如声调的约定性、方言轻重音的南北地理分布及重音转移等。但最终还是没及时成稿。是为遗憾!

　　书稿中 2020 年以后的几篇文章（包括发布在中科院预印制平台的《音节的本质和元辅音性质新说》）对我的前期认识从术语一致和体系关联等诸多方面进行了梳理。例如将重言词、联绵词、象声词都归入状貌词范围，一个半音节的弱首音节不再用 G(glide) 表示而改为 L(light) 符号。以及更多涉及理论方面的术语和表述，这里不赘述。不过，应该指出的是，早期文章中有些不准确甚至错误的表述或者术语，现在很难更改，例如新观点提出元音音节和辅音音节观点，不承认它们的音素地位。这样的论述一时是无法改动的，只能一如旧议。

　　表现史前汉语样貌的特征当然远远不止本文所述的几种特定词汇及其语音形式。这本书涉及的双音节人名、地名、昆虫名及其他名物词，还有重言词、联绵词、词头词、ABB 式和 ABA'B 式等所谓状貌词，都有重要的研究价值，甚至可以作为探索语言起源的窗口。这些个看上去极为平实的词汇跟人们经常专业化提及的多音节词、一个半音节词、复辅音声母词、双音节复合词等，在结构形式上交叉关联，各有自己的特征和面貌。把这两方面串起来让人兴味盎然，算得上是我近些年来乐此不疲的驱动力。经过 10 来年的忙活，终于，我算是对"最早的汉语"有所认识了。

江荻

北京·都会华庭寓所 2022 年 10 月